Alfred Renz

MAROKKO

Alfred Renz

Marokko

Prestel-Verlag München

Mit 37 Zeichnungen des Verfassers

© Prestel-Verlag München 1984
Passavia Druckerei GmbH Passau
ISBN 3-7913-0575-1

Inhalt

Für Adrian

*den Freund, Fahrer und Gefährten
auf Tausenden von Kilometern
durch Nordafrika*

Vorbemerkung: Bei der Schreibung der arabischen Namen und Begriffe mußten sich Verlag und Autor zu einem – sicherlich subjektiven – Kompromiß entschließen. Um dem Reisenden die Orientierung im Lande nicht zu erschweren, wurde im allgemeinen für Ortsnamen und geographische Begriffe die auf verschiedenen Karten und den Wegweisern im Lande gebräuchliche französische Schreibweise verwendet. Sie ist keineswegs starr festgelegt, sondern recht variabel; deshalb haben wir manchmal mehrere Varianten nebeneinandergestellt.

Wo sich aber Schreibungen wie Marrakesch, Fes, Tetuan, Asila im Deutschen eingebürgert haben und vom Duden abgesegnet sind, haben wir diese angewandt statt Marrakech, Fès, Tetouan, Asilah. Ähnlich sind wir bei Personennamen vorgegangen, die wir sehr behutsam einer deutschen Schreibweise angenähert haben. Aus einem Moulay Yacoub, einem Abou Youssef wurden also ein Muley Yaqub, ein Abu Yussef, Entscheidungen, die der Leser und Benutzer des Buches wohl letztlich billigen wird.

An den Säulen des Herakles

Im Zwischenbereich

Die Erdkunde lehrt, daß an der Straße von Gibraltar Europa und Afrika sich nicht nur so nahe kommen wie sonst nirgendwo, sondern daß sich über die Meerenge hinweg Afrika in Südspanien oder Spanien in Nordafrika fortsetzt.

Der Mythologe weiß, wer das Zusammengehörige auseinandergerissen hat: Herakles, der starke Sohn des Zeus, hat es getan, als er gen Westen zog, um die goldenen Äpfel der Hesperiden zu holen und dem Riesen Geryoneus seine Rinder zu rauben. Damals hat er auch die beiden Säulen aufgerichtet, die das Ende der bewohnten Welt und den Eingang ins westliche Jenseits markieren.

Der Historiker endlich konstatiert: Diese zwei Kontinente trennende und zwei Meere verbindende Enge war immer auch eine Brücke, oft umstritten, stets eifersüchtig bewacht. Es ging hier immer über Kreuz – bis heute hat sich nichts daran geändert.

Wir haben von Algeciras aus die Meerenge nach Afrika überquert, aber finden uns doch wieder in Spanien. *Ceuta* ist nicht nur spanischer Posten auf afrikanischem Boden, es ist Spanien, ist so spanisch wie nur irgendeine der Hafenstädte Andalusiens, noch etwas betonter spanisch vielleicht. An der engsten Stelle, wo sich die Halbinsel dünn ans afrikanische Festland anbindet, stehen neben alten Festungsmauern und einem modernen Hotel das Rathaus mit einem besonders großen spanischen Wappen an der Front und die Kathedrale als Hintergrund für ein besonders großes Kriegerdenkmal. In der mehrfach ihren Namen wechselnden langen Hauptstraße: Banken, Agenturen, unzählige Bars und Läden. Ceuta gilt als steuerbegünstigtes Einkaufsparadies. Droben auf dem Monte Hacho hat vor die sandfarbenen Festungsmauern eine Schnapsfirma ihren riesigen schwarzen Reklamestier gesetzt. Trotzdem lassen wir es uns nicht nehmen, auf den Berg hinaufzufahren, um von der einen Säule des Herakles hinüberzuschauen zur anderen, die heute noch den Namen jenes Berbers Tariq ibn Ziyad trägt, der im Auftrag des Musa ibn Nusair, des Gouverneurs für den omayyadischen Kalifen Walid I., im April 711 seine siebentausend Streiter des Islam von Tanger aus hinüberführte nach Spanien, um das Westgotenreich der grünen Fahne des Propheten zu unterwerfen. Gibraltar, das ist, verballhornt, der ›Djebel al-Tariq‹, der Berg des Tariq also. Während des Spanischen Erbfolgekriegs hat sich Britanniens aufsteigende Seemacht des Tariq-Berges bemächtigt, ließ sich den Besitz im Frieden von Utrecht 1714 bestätigen und will den Posten nicht räumen, solange noch die schwanzlosen Berberaffen auf dem Felsen turnen. Sehr zum Ärger der Spanier. Aber wenn diese sich über die Briten ärgern – sollen sich die Marokkaner über die Spanier in Ceuta freuen? Freilich ist »Sebta«, wie die Araber die Stadt nennen (es steckt das römische »septem« darin), schon länger vom Mutterland getrennt: im Sommer 1415 bereits hatte es der portugiesische König João I. erobert. Als Philipp II. von Spanien 1580 auch die Krone Portugals erbte, wurde der Hafen spanisch – und blieb es. Er widerstand kriegerisch gewappnet allen Versuchen der marokkanischen Sultane, den einst wichtigen Handelsplatz zurückzugewinnen. Bevor die Christen davon Besitz ergriffen, hatte sich nämlich hier, wo bedeutende Karawanenwege des Maghrib zusammenliefen, der Europahandel Marokkos abgewickelt, hatten Venezianer, Genuesen, Pisaner, Katalanen und Aragonesen hier die Erzeugnisse der Handwerker von Fes und jene seltsam-kostbaren Güter übernommen, welche Kamelzüge aus Schwarzafrika durch die Sahara herantrugen.

Heute wollen die beiden Säulen des Herakles nichts miteinander zu tun haben. Kein Schiff fährt von der einen zur anderen. Nach Ceuta oder Tanger gelangt man einigermaßen bequem nur von Algeciras. General Franco hatte 1968 die Grenze zwischen Spanien und dem britischen Gibraltar geschlossen, und erst am 15. 12. 1982 wurde sie – für Fußgänger zunächst – wieder geöffnet. Aber auch am Übergang von Ceuta nach Marokko muß man sich geduldig in Schlangen eingliedern, um die lästigen Grenzen endlich hinter sich zu bringen.

Nichts hat im spanischen Ceuta auf Afrika hingedeutet, höchstens ein paar Einkäufer in Djellaba und Fez. Der erste Ort jedoch jenseits der Grenze mit seiner cremegelben Moschee und dem blaubehauchten Marabut, dem Grab des Ortsheiligen, rechts der Straße, mit den geruhig steigenden Minars in den weißen Weilern ist schon ganz islamisches Land. Selbst die christliche Kirche bemüht sich um Landestracht.

Wir zweigen rechts ab, wählen die jüngst geteerte Nebenstraße über Ksar es-Seghir nach Tanger. Sie ist zwar schmal und (vor allem in ihrem ersten Teil) kurvenreich und bergig, aber sie erspart hundert Kilometer Umweg über Tetuan, das wir zwar auch besuchen wollen, aber bitte erst später. Und sie gewährt dazu immer wieder Aussichten über die welthistorische Meerenge. *Ksar es-Seghir* war einst als Ksar Masmouda ein Hafen, von dem wiederholt Krieger des Islam abstießen, um den spanischen Kriegsschauplatz zu gewinnen. Ihn hatte der Almohade Yaqub al-Mansur 1192 befestigen lassen. Die malerisch zerfallenden Mauerzüge am Meer stammen allerdings erst aus der Zeit der Portugiesen, die hier zwischen 1458 und 1550 die Herren waren.

Später tut sich vom Leuchtturm am Cap Malabata der Blick auf über die Bucht von Tanger, das sich, fern noch, hell aus dem blauen Spiegel heraufhebt. Die Schloßruine etwas abseits der Straße ist kein Zeugnis alter Zeit, sondern nur verfallendes Produkt des romantischen 19. Jahrhunderts. Dann senkt sich die Straße hinab zu weißen Stränden, ersten Badehotels und Touristenunterkünften. Nach kurzer Fahrt ist der Stadtrand von Tanger erreicht und das vorbestellte Hotel. Erste Nacht auf marokkanischem Boden.

Tanger für einen Tag

Ein Laternenmast mit Reifen und Böglein, die alle mit Glühbirnchen besetzt sind wie ein abstrakter Weihnachtsbaum, in der Mitte eines abschüssigen, unregelmäßigen Platzes. Daneben ein mit bunten Fliesen dekoriertes Brunnenbecken, dem stets das Wasser fehlt. Auf der anderen Seite, von ein paar Quadratfuß schütteren Rasens umgeben, eine einsame Palme. Linker Hand, hinter dem Dächerblech parkender

Autos und ergeben wartender Taxis, einige Imbißstübchen, darüber das grüne Walmdach einer Moschee, deren dünnem, mit viel zu vielen bunten neuen Kacheln belegtem Minarett die Entstehung in unserem Jahrhundert im Schaft geschrieben steht. Hinter dunklem Baumgrün weitere Minarette, selbst die Spitze eines Kirchturms. Hinter uns, zwischen herabfallenden Straßen, gleichgültige gelbe Betonbauten, ein Kino mit schreiend blutrünstigen Plakaten, davor eine Bushaltestelle mit Trauben geduldig Wartender. Rechter Hand unter grünglasierten Ziegelvordächern mit sattgelben, blauroten, grün-blauen Markisen eine leuchtende Fülle: Berge von Orangen, zitronengelbe Melonen, lilaglänzende Auberginen, fleischrosa Zwiebeln, rotbackige Äpfel, braune Datteln und Grünzeug aller Art. Taxis und Busse, Eselskarren und Lastträger im bunten Geschiebe. Schlanke Jünglinge in knapp sitzenden Nietenhosen, dunkelhaarig, mit dunklem Blick müßig die leicht verschüchterten Touristen abschätzend. Elegante Nichtstuer und die Männer vom Land, die kleinwüchsigen, mit der Wollmütze auf dem Kopf und den rauhen Schafwollgewändern. Frauen in der städtischen Djellaba, Mund und Nase mit einem hellen Schleier verhüllend; schulterfreie Mädchen aus Europa oder Amerika, die neugierige Blicke auf die Berberfrauen werfen mit ihren lebhaft weiß-rot-blau gestreiften Tüchern um die breiten Lenden, den ausgewaschenen Frottébahnen um die Schultern und den ausladenden Palmblatt-Sombreros mit den scharlachroten Pompons und den wurstdicken tintenblauen Wollschnüren. Männer im schmutzigen Arbeitsgewand, Bettler, die wie Blinde ihre leeren Augen zum Himmel heben und doch ihre Opfer zielsicher anzusteuern wissen. Immer belebt, vorzugsweise aber am Donnerstag und am Sonntag, wenn die Kleinbauern aus dem Umland hier ihre Waren feilbieten: das ist die Place du 9 Avril, der *Grand Socco* von Tanger.

Wie ein antikes Theater sinkt er abwärts, aber die Tore dort unten sind nicht für Auftritt und Abgang eines einzelnen Schauspielers gedacht, dem eine atemlose Menge lauscht, sondern für ein sich drängendes Geschiebe. Die Kulissenwege rechts führen in die Markthalle, wo neben bleich-baumelnden ausgebluteten gerupften Hühnchen Blumen in allen

warm leuchtenden Farben feil sind. Frauen vom Land halten
dem Kunden Hände voll Eier entgegen, zu Bergen türmen
sich Mandeln und geschälte Nüsse, Dörrpflaumen und dun-
kelblonde Datteln, grüne, violette, rosafarbige und schwarze
Oliven, Pikantes aller Art. Wer sich vom Heimatlichen nicht
trennen mag, findet auch Stände mit allen französischen
Käsesorten, mit Paté, Schinken und Würstchen, deren Anblick einem frommen Berber aus dem Landesinnern den
Widerwillen in die Kehle triebe.

Der Durchgang in der Mitte – kein Tor, sondern nur eine
Lücke zwischen zwei crêmefarbenen Häusern – führt ins
Herz des Kleinhandels. Eine Wendung nach rechts, und die
Juwelierstraße von dazumal leitet abwärts zum »Zoco Pe-
queño«, Place du Petit Socco, zum kleinen Marktplatz also.
Juwelen und Juweliere gibt es an diesem Weg schon längst
nicht mehr, höchstens ein paar Uhrengeschäfte. Was auf
Ohren und Nacken hämmert, das sind die Geräuschmittel.
Schallplatten und Hunderte von spottbilligen Musikkassetten suchen ihre Kunden. Es stampft, brummt, blökt, näselt
und dudelt ohne Erbarmen. Aufatmend grüßt man die Sou-
venirgeschäfte, wo sich nur die Einladung »Nur schau mal,
nix kauf« anbiedert. Das Angebot ist für Tagesausflügler
vielleicht interessant. Wer tiefer ins Marokkanische fahren
will, der zuckt hier nur die Schultern. Freilich: Tanger ist
bevorzugtes Ziel der Tagesausflügler von Europa herüber.
Aber zum Petit Socco wird es uns immer wieder ziehen,
solange wir in Tanger sind.

Zur ersten Überschau wählen wir einen Umweg. Unten
links am Grand Socco öffnet sich noch ein Bühnentor, ein
maurischer Bogen. Im weißen Haus links (jetzt hat sich
eine Bankfiliale hineingesetzt) saß einst die Vertretung des
Deutschen Reiches mit einer deutschen Schule. Auch der
Bau gleich daneben hat seine Erinnerungen: er gehörte, heute
als Gericht genutzt, einmal zum Sitz des ›Mendub‹, des
Repräsentanten des Sultans von Marokko im internationalen
Tanger. Das weiße Tor führt – zwischen Cocacola links und
Cocacola rechts – in die Rue d'Italie. Da drängen rechts
Trauben von Schuhen und Ledertaschen weit und noch wei-
ter bis auf die Fahrbahn heraus, tun sich Zugänge auf in enge

Ladengassen, wo Gespinste und Gewebe in allen giftigen
Farben hängen: als chemiebunte Kleider, als Meterware
großgeblümt in Rollen und dicken Bahnen. Das ist nicht für
die Fremden, das ist für den Bedarf und Geschmack der
Stadt, der Vorstädte, des Hinterlandes. Die Wandbehänge
aus Kunst-Plüsch zeigen in seltsamen Farben märchenhafte
Haremsszenen, schillernde Pfauenvögel, die heilige Kaaba
von Mekka oder das röhrende Hirschrudel vor mondigem
Winterwald, das die Leute ums Mittelmeer und im Orient
genauso lieben wie phantastische Alpenlandschaften. Links
hinter niedrigem Gitter die Gärten der Mendubia, der Men-
dub-Residenz, mit schönen alten Bäumen und einer Sammlung spanischer und portugiesischer Beute-Kanonen. Das
Getriebe versickert schnell. Noch ein paar Lebensmittellä-
den, ein paar Cafés, in denen nur die einheimischen Marktbe-
sucher zu finden sind, dann steigt die Straße als Rue de la
Kasba – die Gehsteige vor den Kleine-Leute-Behausungen
verwandeln sich zu Treppenwegen – steil aufwärts zur Kasbah. Baulücken geben rechts ab und zu einen Blick auf die
alte Mauer frei, dann tut sich oben rechter Hand das Tor
zur einstigen Festung auf. Ausgediente Kanonenrohre lugen
zwischen den Zinnen hervor, der Torweg, dann ein stiller
Platz, wo immer ein paar Kinder auf einen Beutetouristen
lauern, um ihn – »Kasba, Misieur, Medina, Medina ...« –
durch die Altstadt zu leiten. Um die Ecke: eine zwischen
Mauern und unter Bögen laufende Gasse. Ein erstes Mal legt
sich über sie der Vorbau eines alten Palastes, aber sein Portal
führt nur zu einer Teppichweberei, in der Besucher nicht
willkommen sind. Noch ein überwölbter Durchgang, unter
ihm rechts ein Korridor zu einem bezaubernden andalusischen Garten, erfüllt von Rosen- und Orangenduft unterm
Zypressenschatten. Hibiskus, Limonen, Bougainvilleas. Ein
Brunnen lispelt zur Rast. Im ersten Stock das Restaurant »du
Détroit«. Zwar spricht die Bedienung mit Rücksicht auf die
Mehrzahl der Gäste englisch, doch ist das Lokal nicht nach
der amerikanischen Stadt benannt, sondern nach der Meerenge, über die man von hier oben einen fabelhaften Blick
genießt. Einen Blick auch über die Kasbah, über die Gärten,
auf die Minarette der Stadt, auf den Hafen.

Ein paar Schritte weiter dann die Plaza de la Alcazaba, der *Kasbahplatz* mit niedrigen zinnenbekrönten Bastionen, mit der Front des Dar-al-Mahzen, des Regierungspalastes, die sich mit einem Säulensaal auf den Platz öffnet. Der baufreudige Sultan Ismail (1672-1727) gilt als Urheber des Schlosses; das 18. und 19. Jahrhundert haben den Komplex dann erweitert und verändert.

Längere Zeit waren das hier angesiedelte *Museum marokkanischer Volkskunst* sowie die *Antikensammlungen* geschlossen, nun sind nach Restaurierungsarbeiten die Loggia, die kleinen Patios und der große Säulenhof wieder zugänglich. In den schöngefliesten, mit Stuck und bunten Balkendecken gezierten Räumen eine instruktive Überschau. Da gibt es Truhen, intarsierte Türflügel, feingedrechselte Gitter aus Holz, Alltagsgeräte und -gefäße aus Messing, mit aller handwerklichen Sorgfalt hergestellt und voll strenger Erfindungskraft, blaue und mehrfarbige Keramik aus Fes und volkstümliche Tonwaren aus dem Rif, geometrisch gemusterte Teppiche mit starken einfachen Farben, Säbel, Flinten, Dolche und Pulverflaschen mit schönem Zierat, archaisch-fremdartiger Silberschmuck der Berberfrauen, goldschimmernde Brokate, feine Stickereien, welche die Frauen in den Harems der

Stadthäuser in endlosen Stunden anfertigten, es gibt Sättel
und Ledertaschen, Bücher und Bucheinbände ... Ein Überblick über die besten und charakteristischsten Hervorbrin-
gungen des Landes in früherer Zeit, eine Schau, nicht zu
umfangreich, wie sie auch die anderen großen Städte des
Landes in ihren Museen bieten. Aber vielleicht ist diese hier,
am Anfang unserer Rundfahrt, geeignet, gleich unseren kritischen Geschmack zu schärfen, uns einen Maßstab zur Be-
wertung dessen an die Hand zu geben, was wir immer wieder
und schließlich bis zum Überdruß in den Kunsthandwerk-
und Andenkenläden angeboten bekommen werden. Für den
Eintagesausflügler sollte das Sichumschauen in diesem Museum geradezu verbindlich gemacht werden.

Ähnlich steht es mit dem, was sich *Archäologisches Museum*
nennt, aber, vom großen Patio mit seinen korinthischen
Säulen aus zugänglich, gerade nur zwei kleine Zimmer einnimmt: ein paar Kleinfunde aus Lixus und Volubilis, Kopien
der Bronzen aus Volubilis, deren Originale das Museum in
Rabat besitzt, sonst nur ›Dokumentation‹, aber als solche
hilfreich für unser Vorhaben, uns gründlicher im Lande um-
zusehen. Eine Vitrine zur Vorgeschichte: Funde aus dem
Atérien (benannt nach Bir-Ater nordöstlich von Constantine
in Algerien, das etwa vor zwölftausend Jahren endete), aus
dem Ibero-Marusien, da erstmals der Typ des Homo sapiens
auftrat. Knochen- und Steingeräte zeugen von ihm. Felszeichnungen vom Sahararand machen die Annahme zur Ge-
wißheit, daß die Wüste von heute einst ein blühender Kultur-
raum war. Aber den Zeugen dieser fernen Zeit nachzugehen,
das kann in Marokko nicht Sache des in seiner Zeit doch
beschränkten Touristen sein. Einzig den Hinweis auf den
Cromlech in der Fotodokumentation notieren wir als Rei-
sehilfe.

Die Bräuche sind streng hier. Wo wir hereinkamen, dürfen
wir nicht wieder hinaus. Wir müssen den Weg durch den
andalusischen Garten unterm »Détroit« als Ausgang wählen,
kommen auf diesem Umweg zum Kasbah-Platz zurück. An
der Nordseite des länglichen Platzgevierts hoch überm Meer
öffnet sich ein Bogen auf eine Aussichtsterrasse. Sie scheint
uns eine Art Asyl. Keiner der recht lästigen Buben, die den

Fremden sonst als ihr Beutewild betrachten, nähert sich dem, der hier weltgeschichtliche Horizonte umfassende Ausschau hält, dabei aber wahrnehmen muß, daß die Umwohner dieser Terrasse ihren Müll einfach über die Mauer hinunterkippen. Auch auf dem Platz selbst ist der auf den ersten Blick als Fremder Erkannte immer noch einer halben Schonung sicher. Er kann unbelästigt das Bild in ein paar Strichen festzuhalten versuchen, kann belustigt erleben, wie es zugeht, wenn eine Gruppe von Touristen, geführt von einem beamteten Guide im traditionellen Gewand, sich dem Platz nähert. Kaum haben die ersten ihn betreten, beginnen auch schon die Flöten zu klagen und die Trommeln zu wummern; die Schlangenbeschwörer, die hier ihren Stammplatz haben, holen ihre bedauernswerten Würmer aus dem Kasten, reizen sie, damit sie Männchen machen und sich so drohend aufrekken wie die Königsschlangen, die überm Stirnreif ägyptischer Pharaonen einst die Unantastbarkeit des Sonnenherrschers symbolisierten. Wie tief sind die Nachkömmlinge heruntergekommen! Die Vorstellung endet damit, daß eine harmlose Schlange – die Giftzähne herausgebrochen, die Kiefer vernäht – einer fotogenen Dame um den mutigen Hals gelegt wird. Dann wird abkassiert, pro Foto bitte einen Dirham, das ist der Tarif überall im Lande. Das traurige Tier hat ein paar Minuten Ruhe, bis eine neue Gruppe kommt und das Spiel von neuem anhebt.

Ein Bogentor, dahinter ein mit Kachelmosaik gezierter Brunnen: so beginnt der Weg hinab durch die Medina, durch ein Labyrinth enger Gassen. Keine Angst, man kann sich gar nicht verlaufen, denn irgendeiner der kleinen Buben, die nichts zu tun haben und sich eine Münze verdienen wollen, nimmt sich des Fremden an, ob der will oder nicht, und geleitet ihn abwärts durch das halbschattige Gewinkel aus Crêmeweiß und Himmelblau und die engen Marktgassen. Man muß sich an diese aufdringlichen, manchmal aber auch recht hilfreichen und immer lustigen Geister gewöhnen.

Auch ohne solche Hilfe fände man den Weg zum Petit Socco,
zu diesem Handtuch von einem Platz. Ob man sich gleich auf
den ersten Blick für eines der vielen Cafés als ›Stammlokal‹
entscheidet oder sie der Reihe nach durchprobiert, das hängt
von Geschmack und Temperament ab – aber niemand wohl
kann sich dem behaglichen Reiz dieses kleinen Welttheaters

entziehen. Da bewegt sich's über die Bühne: das Volk vom
Lande und die Leute aus der Stadt. Viele Männer halb oder
ganz europäisch angezogen, feingliedrig und biegsam, die
meisten jung oder jugendlich, nur wenige Alte, bewußt
konservativ in die blütenweiße Djellaba gehüllt, den roten
Fez auf dem Kopf und gelbe Babuschen an den Füßen, die
spitzen Pantoffeln aus weichem Leder, die im Maghrib zur
Tracht des Stadtarabers gehören. Nicht nur die alten Herren
tragen das traditionelle Obergewand, auch junge Männer
streifen es über. Gar an religiösen Feiertagen wie dem Ait-
el-Kebir, dem Großen Fest, an dem in Mekka zum Ende der
Wallfahrt und überall in der islamischen Welt zur Erinnerung
an Abrahams Opfer die Widder und Lämmer geschlachtet
werden. Da hüllt sich auch der modernste Jüngling in die
herkömmliche Tracht. Marokko ist ein von Grund auf isla-

misches Land, der Islam ist Staatsreligion, seine Gesetze bestimmen das tägliche Leben, auch wenn andere Religionen
geduldet sind.

Ob der Gesichtsschleier für die Frau tatsächlich zum islamischen Herkommen gehört, darüber mögen die Theologen
weiterhin diskutieren. Die Berberfrauen vom Land tragen
ihn nicht, aber eine arabische Städterin, die auf sich hält,
würde nicht auf ihn verzichten. Sie weiß, daß er ihr steht.
Zur taubenblauen, malvengrauen, moosgrünen, in schweren
Falten fallenden Djellaba bildet er einen reizvollen Kontrast:
milchweiß, meergrün, nelkenrosa verhüllt er die untere
Hälfte des Gesichts, nicht aber die dunklen Augen, deren
Zauber zu erhöhen alle kosmetischen Hexereien eingesetzt
werden. Die züchtige Verhüllung macht nicht nur neugierig
auf das, was sich verbirgt, sie läßt auch genug ahnen: die
gazellenhafte Schönheit der brünetten Mädchen, die überaus
stattlichen Formen der mit einiger Mühe hinschreitenden
Matronen, die von langer Lebensmühe gekrümmte Hutze-
ligkeit der Greisinnen. Und bei Mann wie Weib: die Füße,
die nicht wie bei uns daheim in Schuhen stecken, sondern
nackt in Sandalen, sie verraten auch so einiges.

Über den Rand einer Zeitung geht der neubegierige Blick
in den Gesichtern der Nachbarn spazieren. Große dunkle
Augen unterm dunklen Lockenhaar, schmale Nasen mit rassigen Nüstern, leicht aufgeworfene Lippen, die beim Lächeln
raubtierhaft weiße Zahnreihen zeigen. Aber da sitzt auch
eine Knollennase und unterhält sich mit einem olivblassen
Hellauge. Hier, wo sich zwei Kontinente und zwei Meere
begegnen und kreuzen, da kreuzt sich auch Menschlichkeit
aus allen Richtungen der Windrose.

Im Café am Petit Socco nehmen wir, als Zuschauer, erste
Fühlung mit dem Land unserer Reiselust und seinen Menschen. Hier lernen wir auch das allem Chemiegebräu, das
sich in arabischer oder lateinischer Schrift überall im Land
anpreist, zum Trotz immer noch charakteristische Getränk
kennen und auf den ersten Schluck schätzen: den »Thé à la
Menthe«. Ein hohes Glas mit frischer Pfefferminze gefüllt (in
guten Lokalen wird darin erst brauner Zucker zerstoßen)
und mit grünem Tee überbrüht. Es ist eine durststillende und

magenfreundliche Erquickung. Aber sie wird siedend heiß serviert. Bis sich das Glas zum Munde führen läßt, schaut man mehreren der an Touristenvormittagen von ihren Guides geleiteten Gruppen zu, die von oben, vom Grand Socco herab, ihren Weg nehmen, umrieselt von einem ganzen Sturzbach fliegender Händler, die kehlig in den Lauten vieler Sprachen den Verwirrten rote, gelbe, gelbliche Portefeuilles anbieten, Wolljacken, Handtücher und handtuchgroße Teppiche, Taschen, Pouffs, Gewänder, Anhänger, Ringe, Dolche, bemalte Teller, Kerzenleuchter, Tarboukas und was nicht noch alles. Wenn ein großes Kreuzfahrerschiff im Hafen liegt, dann wird der Rhythmus fast hektisch, haben die Anbieter kaum noch Zeit, oben am Grand Socco erneut Posten zu beziehen und bei der nächsten Gruppe noch und noch einmal ihr Glück zu probieren.

Das Tanger von heute – obwohl Hafenstadt mit einiger Industrie – versucht, von den Touristen zu leben, den Eintagsfliegen, die als Kreuzfahrer an Land gehen, als Neugierige von Ceuta oder Gibraltar herüberkommen, um »Orient« zu erleben. Sie gehören meist jenen Jahrgängen an, denen schon beim Namen Tanger ein bißchen krimigruselt. Tanger, das war doch einmal der beliebte Schauplatz spannender Kriminalromane, aufregender Spionagefilme, eine verbrecherische Lasterhöhle. Nach Derartigem sucht man heute vergebens. Vielleicht, daß einem irgendwo hinter vorgehaltener Hand ein Quantum Rauschgift angeboten wird (»Kifkif aus dem Rif«). Wer sich Sensationen erwartet hat, geht enttäuscht ins Bett. Tanger ist eine eher brave Stadt geworden, seit sie 1956 ins freie Marokko heimgekehrt ist. Aber es ist immer noch eine recht lebendige Stadt, eine Stadt von mittelmeerischer Heiterkeit, die von Tag zu Tag zu leben scheint, unbekümmert um alles, was sie im Lauf der Jahrtausende erlebt hat.

Das Land an der Meerenge ist Mythenland, und dem Mythos gehört der Gründer des antiken Tingi an. Kein Gott freilich war es, sondern nur ein Riese, der erdgeborene Poseidonsohn Antäus, dessen Kräfte sich stets durch die Berührung mit der göttlichen Mutter erneuerten und den Herakles nur dadurch besiegen konnte, daß er ihn vom Boden emporlupfte und ihm die Luft abdrückte. Die Geschicke freilich dieser Gründung des Erdsohnes waren weniger von der Erde als vom Meer her bestimmt. Übers Meer kamen die Phöniker aus Tyros und die Punier aus Karthago, die Römer und die Vandalen. Zwischendurch waren hier die Berberkönige Mauretaniens die Herren gewesen und später die Byzantiner, bis 705 die Krieger des Propheten sie eroberten und zum Sprungbrett für die Eroberung Spaniens machten. Bis 1471 teilte sie das Geschick des Maghrib, gehorchte den Idrisiden, den Almoraviden, den Almohaden, den Meriniden, dann fiel sie den Portugiesen anheim, kam 1578 nach dem Ende der Dynastie Avis an die Krone Spaniens, kehrte 1640 jedoch wieder unter portugiesische Herrschaft zurück, nur um 1661 als Mitgift der Katharina von Bragança an Karl II. von England zu gelangen. Für einige Jahre war Tanger britisch, erhielt eine Charta, die es englischen Städten gleichstellte, doch schon 1679 machte Muley Ismail, der große zweite Herrscher aus dem noch heute regierenden Haus der Alaouiten, den Versuch, Tanger zurückzugewinnen. Ein Sturm brachte keinen Erfolg, aber eine strikte Blockade machte die Briten mürbe. Das Parlament in London verweigerte dem König die Mittel zur Verstärkung der Garnison, und so zogen schließlich die Engländer ab, die Stadt als einen Trümmerhaufen hinterlassend. Muley Ismail, der unersättliche Bauherr, sorgte für den Wiederaufbau, ließ Kasbah, Große Moschee, Koranschule errichten und setzte, nachdem er die Stadt mit Berbern neu besiedelt hatte, einen Pascha als Gouverneur ein, dessen Nachfolger sich allerdings recht selbständig gebärdeten, so daß Tanger im 18. Jahrhundert der Zentralgewalt des Sultans nur noch nominell unterstand. Das bekam der Stadt gar nicht: um 1810 soll sie kaum mehr fünftausend

Einwohner gezählt haben. Im 19. Jahrhundert war sie das
diplomatische Foyer des den Christen sonst versperrten Landes, war aber auch Ziel europäischer Gewaltaktionen wie
der Beschießung und Zerstörung der Befestigung durch ein
französisches Geschwader im August 1844 als Repressalie
dafür, daß der Sultan Abderrahman den algerischen Frei-
heitskämpfer Abd el-Kader unterstützte. Doch das Tanger
des 19. Jahrhunderts sah nicht nur das brüske Vorgehen europäischer Politiker und Militärs; es sah empfängliche Europäer
auch dem Zauber des so fremdartigen Landes erliegen. Schon
1832, im Todesjahr Goethes, kam der Maler Eugène Delacroix im Gefolge des französischen Gesandten, des Grafen
de Mornay, nach Tanger und blieb hier einige Wochen, bis
die Weiterreise nach Meknes gestattet wurde. »Ich fühle mich
im Augenblick wie ein Träumer, der fürchtet, die Dinge,
die ihm erscheinen, könnten ihm im nächsten Augenblick
entfliehen«, schrieb er an einen Freund. Angesichts der wal-
lenden Djellabas: »Wie schön ist das – das ist ja wie zu den
Zeiten Homers!« Doch auch ihm, dem Orient-Romantiker,
ging es, wie es einem Reisenden von heute auch ergeht: Die
bunte Fülle des Pittoresken, die dunkeläugige Menschheit,
das von Lärm und Staub begleitete Geschiebe in den Gassen,
das alles machte ihn mürbe. Mürbe und so müde, daß ihn, der
das graue Licht von Paris gewöhnt war, die weißgleißenden
Mauern und die unbarmherzige Helligkeit fast umbrachten:
»Das tötet dich.« Und doch waren die Wochen in Tanger
voller Anregungen, zeitigten nicht nur prachtvoll lebendige
Skizzen, sondern auch so große Tableaux wie die ›Juden-
hochzeit‹. »Mon Maroc« nannte der Maler das Land bis an
sein Lebensende. (Siehe die Skizzenbuchblätter nach S. 48)

Nichts erinnert in Tanger an den großen Maler. Keine
Gedenktafel an der Pension Fuentes am Kleinen Socco hält
fest, daß hier einmal der Komponist Saint-Saëns gewohnt
hat, keines am Café La Menara, daß hier einmal das deutsche
Postamt untergebracht war (das gab es einmal, ebenso wie
eine englische, eine französische, eine spanische Post!). Tanger läßt seine Vergangenheit vergangen sein. Nirgendwo
Denkmäler oder Gedenktafeln (und nach dem 1304 geborenen großen Sohn der Stadt, dem berühmten arabischen Welt-

reisenden Ibn Battuta, sind gerade eine Straße und ein Gym-
nasium benannt), nur in Hafennähe kündet an einer Garten-
mauer eine italienische Inschrift, daß hier ein Tenente
geboren wurde, der la patria gloriosamente am Piave vertei-
digt hat.

Kein Kaiserwetter

»Mon Maroc«, das wollten nicht nur die Künstler sagen,
sondern leider auch die Politiker und die Militärs. Die europäischen Mächte unterhielten in Tanger ihre diplomatischen
Vertretungen; nicht nur England, Spanien und Frankreich,
auch das junge Deutsche Reich, denn es hatte wirtschaftliche
Interessen wahrzunehmen (u. a. Erzmutungen der Brüder
Mannesmann), obwohl Bismarck Marokko einmal als die
»Falle« bezeichnet hatte, in die er Frankreich locken wollte,
um es in Schwierigkeiten zu verwickeln. Aber seine dilettan-
tischen Nachfolger hatten es anders im Sinn. Angesichts
des deutschen Flottenbaues hatten sich Großbritannien und
Frankreich einander genähert. Frankreich hatte, ohne engli-
sches Dazwischentreten, den Sultan genötigt, die Organisation seiner Armee in die Hände französischer Offiziere zu
legen. Ganz gegen seinen eigenen Willen und nur auf die
dringendsten Vorstellungen des Reichskanzlers von Bülow
hin stattete Kaiser Wilhelm II. dem Sultan, bzw. dessen
Onkel, am 31. März 1905 den Besuch ab, der vor allem einen
Keil zwischen Paris und London treiben und den französischen Ministerpräsidenten in Schwierigkeiten bringen sollte.
Majestät hatten gar keine Lust zu der Sache, und die wurde
dann auch so unerfreulich wie möglich. Das war keine Gelegenheit, bei der der eitle Herr hätte glänzen können. Das
Wetter war miserabel. Das zum Empfang des Monarchen
versammelte diplomatische Corps mußte lange warten, bis
ein Kran den Kaiser in einem Korb vom schaukelnden Schiff
ans Land gehievt hatte. Und wie befürchtet, waren die Straßen gesäumt »von italienischen und südfranzösischen Anar-
chisten, Betrügern und Abenteurern«. Der dunkelhäutige
Oheim des Sultans bot ihm zum Empfang einen weißen
arabischen Hengst, der so lebhaft war, daß der Kaiser seine
Mühe hatte, das Pferd mit seinem einen brauchbaren Arm

zu bändigen. Der Ritt glich einem Alptraum, denn das Pferd reagierte lebhaft auf die brodelnden Menschenmassen, die ihrer Begeisterung dadurch Ausdruck gaben, daß sie die Luft mit ohrenbetäubendem Gebrüll und wildem Geschieße in alle Richtungen zerrissen (V. Cowles). Die alten Fotos vom Kaiserbesuch lassen ahnen, wie unbehaglich das ganze gewesen sein muß. Wilhelm II. riet dem Onkel des Sultans, »nicht blindlings dem französischen Druck nachzugeben«, sagte dem französischen Vertreter, daß er gekommen sei, die Unabhängigkeit Marokkos und das Prinzip einer Politik der ›offenen Tür‹ für alle Völker zu bewahren, besuchte die deutsche Vertretung und tat dort kund, daß die wirtschaftlichen Interessen Deutschlands geschützt würden. Schon um 4 Uhr nachmittags war er wieder an Bord seiner Jacht, mitsamt dem Geschenk des Sultans: einem baumlangen Neger für seine Garden.

Der Auftritt erregte das vom Kanzler beabsichtigte, vom Kaiser befürchtete Aufsehen, führte zu einer internationalen Krise (sie ist als die erste Marokkokrise in die Geschichtsannalen eingegangen), zum Rücktritt des französischen Ministerpräsidenten Delcassé und zu der von Deutschland geforderten Konferenz, zu der im Januar des folgenden Jahres in Algeciras die Vertreter der dreizehn Signatarstaaten des Vertrags von Madrid zusammentraten. Kurzum: Deutschland erzielte einen Prestigeerfolg, aber die Schlußakte von 1906 gab praktisch Frankreich und Spanien grünes Licht für die Errichtung ihrer Protektorate über Marokko. Als es im Jahr 1912 soweit war, wurde Tanger internationalisiert. Dem Repräsentanten des Sultans, dem Mendub, stand ein Rat von sechs marokkanischen Moslems, drei einheimischen Juden und je einem Vertreter der christlichen Mächte zur Seite.

International und marokkanisch

Man kann sich kaum vorstellen, daß ein solcher Apparat funktionieren konnte, aber er tat es. Recht wurde gesprochen nach dem (modifizierten) Code Napoléon für die Europäer, nach dem Koran für die Moslems und nach talmudischem Recht für die Juden, es gab vier verschiedene Postämter und keinerlei Steuern. Tanger mag damals – wenn man den nostalgischen Erinnerungen glauben darf – ein Eden gewesen sein, ein Paradies für eine ›geschlossene Gesellschaft‹ ohne Sorgen, ein Ort jenseits aller Grenzen. Arabisch, Spanisch und Französisch waren gleichberechtigte Verkehrssprachen, alle Währungen waren zugelassen, Waren jeglicher Art konnten zollfrei aus- und eingeführt werden. Da keine Steuern erhoben wurden, etablierten sich Tausende von Firmen in dem Steuerparadies, wo es natürlich von Spekulanten, Glücksrittern aller Art wimmelte, das nicht nur (geduldete) Schmuggler anzog, sondern auch Agenten. Im Zweiten Weltkrieg war Tanger ein Drehpunkt der Geheimdienste und zugleich unerreichbares Sehnsuchtsziel jener, die verzweifelt vor den Nazis flohen. Als der ›Kalte Krieg‹ ums Jahr 1948 auf seinem Höhepunkt war und nochmals während des Koreakrieges erlebte Tanger einen neuen ›Boom‹. Selbst als 1956 Marokko seine Unabhängigkeit zurückgewann, blieben dem Territorium von Tanger noch für vier Jahre einige Sonderrechte. Dann wurde das Paradies geschlossen, in dem es sich so angenehm, manchmal auch gefährlich lebte, in dem eine Flasche Whisky nicht einmal ein Zehntel des heutigen Preises kostete. Worte einer Augenzeugin: »Es war sehr schön damals, die Leute waren alle zufrieden.« Die zugelassenen Bürger wohl. Das waren im Jahr 1930 rund sechzigtausend Menschen: zehntausend Europäer, fünfzehntausend Juden und fünfunddreißigtausend Moslems. Sie alle hatten einen besonderen Paß. Jene Zuzügler, die das friedlich-kosmopolitische Geschäftsleben störten, in dem es zwar hart auf hart ging, in dem aber das Wort und der Handschlag soviel galten wie ein notarieller Akt, die wurden durch Ausweisung in ihre Heimatländer bestraft. Natürlich gab es auch ein hochbrisantes Nachtleben, aber von dem ist genausowenig geblieben wie von der wirtschaftlichen Blüte. Tanger heute ist geschäftlich nicht mehr interessant. Und es gibt auch keine großen Affären mehr – kaum einmal einen kleinen Taschendiebstahl.

Im Jahr 1947 hat der damalige Sultan Sidi Mohammed ben Yussuf, der spätere König Mohammed V., die Stadt besucht und couragiert den Anspruch Marokkos auf seine staatliche Unabhängigkeit und Einheit und damit auch auf den Besitz Tangers verkündet: »Wer vermeint, er könne das Recht des marokkanischen Volkes verletzen, der möge wissen, daß dieses Recht besteht und bestehen bleibt. Der Sultan Marokkos erklärt: Mit der Hilfe und Gnade Gottes wird die Persönlichkeit des Landes gewahrt bleiben.«

Tanger ist trotz seiner ›europäischen‹ Stadtviertel heute eine gänzlich marokkanische Stadt, aber eine mit vielen Gesichtern. Wir denken dabei gar nicht so sehr an die oft so gegensätzlichen Menschengesichter, sondern an die einzelnen Viertel der Stadt selbst.

Wenn wir nach der Rast am Kleinen Socco durch die Rue de la Marine meerwärts weiterwandern, kommen wir an der alten Großen Moschee vorbei, einem Bauwerk Muley Ismails, aus dem ausgehenden 17. Jahrhundert, das an die Stelle der portugiesischen Kathedrale trat, die ihrerseits eine noch ältere Moschee verdrängt hatte. Freilich können wir nur das Äußere betrachten, denn in Marokko sind alle Moscheen und religiösen Bauten dem Fremden rigoros verschlossen. Nur das Portal und das gegenüberliegende, das zu einer alten, noch heute lebendigen Koranschule führt, ist sichtbar. Die mit grünglasierten Mönch- und Nonne-Ziegeln gedeckten Walmdächer und das wohlproportionierte Vierkantminar sehen wir besser noch von der kleinen, stets belebten Plattform aus, zu der am Ende der Gasse ein paar Stufen hinaufführen. Da schaut man dann hinunter auf die museal schlafenden Kanonen eines der im 19. Jahrhundert errichteten Geschützstände und hinaus auf den Hafen und die Bucht von Tanger.

Unvermeidlich, daß sich auch hier die lästigen Bürschlein andrängen, die den Fremden wieder hinaufgeleiten möchten zum Kasbah-Platz. Wir folgen jedoch dem abschüssigen Weg zur Bahnhofsesplanade. Hier reihen sich die kleinen und großen Verkehrsunternehmen, die Büros für die Überlandtaxis, für die stets vollbesetzten – spottbilligen – Autobusse. Morgens so gegen neun Uhr und dann noch einmal nach dem Mittagsgebet geht es hier besonders laut zu. Dann fahren die brechend vollen Busse nach Tetuan, nach Fes, Asila, Larache, Rabat ab. Mit ihnen zu reisen ist zwar eine Geduldsprobe, aber auch ein unvergleichliches Mittel, nicht bloß durchs Land, sondern auch zu seinen Menschen zu finden. Ein paar Schritte weiter der Bahnhof. Meist vergittert, denn nur zwei- oder dreimal am Tag macht sich ein Zug auf nach Rabat–Casablanca oder gar weiter bis Marrakesch. Und er läßt sich Zeit dabei.

Den Gleiskörper begleitend schwingt am Rand der Bucht entlang die Avenue de l'Espagne (Avenue des Forces Armées Royales), eine palmengesäumte Promenade, an der sich zuerst die kleinen Pensionen und billigen Hotels, dann an der »Plage« entlang die vielbesternten vielstöckigen Luxusunterkünfte reihen, die zu Bett, Dusche und WC sündteure, dafür nach ganz und gar nichts schmeckende »Menüs« servieren, die nur bedauern lassen, daß Marokkos nicht mehr französisch ist. Sie haben den Strand vor der Tür, an dem sich das Baden aber eigentlich von selbst verbietet. Wem nicht vor den in die Bucht von Tanger fließenden Abwässern graust, den werden bald die allgegenwärtigen Bettelkinder und Strichjungen das Vergnügen am Meer verleiden. Erst weiter draußen, beim Hotel Malabata etwa, schaut der Strand einladender aus, aber von Einsamkeit ist keine Rede. Der Club

Mediterrané unterhält hier ein lautstarkes Feriendorf. Schon unterwegs dahin immer wieder schöne Blicke auf die Stadt – und der vom Cap Malabata ist zu Recht berühmt. Aber wir haben ihn von Ceuta kommend ja bereits erlebt.

Ein paar Schritte vom Grand Socco aufwärts führen ins Villen- und Gesandtschaftsviertel aus der Belle Époque. In den gepflegten Gärten unauffällig die allerbesten Hotels, und gleich daneben moderner Autoverkehr und schmale Gassen der kleinen Leute, dann wieder »bessere« Wohnquartiere, mit autogerechten geraden Straßen, eingestreuten Grünflächen, Sportstätten und staubigen Halden.

Ihre ganze Vielgesichtigkeit zeigt die Stadt erst dort, wo sie ihr Gesicht verliert, wo sie ausfranst ins Umland, wo nur einen Steinwurf weg von gleichgültig in die Höhe wachsenden Betonkästen die Ärmsten der Armen in Wellblechhütten hausen, ohne Wasser und ohne Elektrizität oder Kanalanschluß. Das steht hart nebeneinander. Zwischen weiße Villen der Reichen mit grünenden und blühenden Gärten schieben sich Ödflächen, auf denen breithüftige Berberfrauen ein paar schmutzige Schafe ihr mageres Futter suchen lassen, wo sich die Tankstellenzivilisation an den Ausfallstraßen ablagert, wo Unbehauste in der Bauruine einer Plaza de Toros, einer Stierkampfarena, nächtigen, wo sich eine groteske Betonmoschee die Nachbarschaft eines Swimming-pool-Hotels gefallen läßt, wo sich zwischen hellen Häusern totgeborene Industrieruinen ins Land hinausschieben. Tanger, das ist zwar nicht so recht marokkanisch, aber doch eine Einführung ins Marokkanische mit allen seinen Kontrasten und Widersprüchen.

Herakles ist nicht schuld

Das eigene Auto macht die von allen Prospekten empfohlene Rundfahrt zum Cap Spartel und zu den Grotten des Hercules möglich. Der Weg dahin führt durch die ›Montagne‹, die noch im 17. Jahrhundert dicht bewaldet war und Hinterhalt bot für den Kleinkrieg der Moslems gegen die in Tanger sitzenden Europäer. Heute ist's ein Nobelvorort der Reichen mit ihren Villen hinter weißen Mauern und dunklem Grün. Hier oben ließen bereits die Sultane Abdelaziz (1894-1908) und Muley Hafid (1908-12) ein Sommerschloß erbauen, das heute dem regierenden König gehört. Wer dem Wegweiser zum »Mirador de Perdicaris« folgt, wird mit einem Blick auf Küste und Wasserweite belohnt. Noch ›atlantischer‹ ist die Aussicht vom Cap Spartel mit seinem Leuchtturm (dem ältesten an dieser Küste). Das ist der nordwestlichste Punkt des afrikanischen Kontinentes, das Kap Ampelusium, das ›Taubenkap‹ der Alten.

Ein Schild weist dann zu den »Grottes d'Hercule«, bzw. zu dem Dreisternehotel, das sich bei den Grotten angesiedelt hat. Hier harren schon wieder Händler auf Touristenbeute, bieten Ledertaschen, Schaffelle feil und schlichte Fiedeln, deren Schallkörper aus einer Schildkrötenschale besteht und so an die Sage vom Ursprung der antiken Lyra erinnert. Ein solches Instrument hält Thomas Manns schelmisch-ernster Joseph in der Hand, während er in der kretischen Halle selbst den Hermes und Mittler macht zwischen den sich drehenden Sphären, zwischen oben und unten und aller Bedürftigkeit. Hermes eigentlich ist der Gott, der die Enge zwischen den Säulen des Herakles beherrscht, gar nicht so sehr der starke Zeussohn, dessen Namen und Taten hier geistern. Und Herakles/Hercules ist hier an phönikischen Küsten ja niemand anderes als Melkart: der Stadtgott von Tyros, der Sonnenheld, der Kämpfer gegen dunkle Feinde.

Die nach Herakles/Melkart benannten Höhlen haben gar nichts mit dem Heros zu tun, haben keine Stelle in dem Sagenkreis, der seine Mühen zur Krone der Vergöttlichung verflicht. Nicht der starke Sohn des Zeus hat sie geschaffen, sondern das Meer hat sie in die Klippen genagt, und bereits der vorgeschichtliche Mensch, dessen Anwesenheit seit dem Paläolithikum, der Altsteinzeit, man hier nachweisen kann, hat sie genützt und mit seinen Kräften die Tätigkeit der Natur unterstützt. Seit der frühesten Vorzeit nämlich, deren Siedlungsspuren durch Grabungen nachgewiesen wurden, bis in die jüngste Vergangenheit wurde der Kalkstein der Höhlen für Mahl- und Schleifsteine abgebaut. Heute allerdings ist die Grotte eine (ab 18 Uhr geschlossene) Sehenswürdigkeit, die man gerne mitnimmt, nicht nur, weil sie in die frühe Vergangenheit des Landes zurückführt, sondern auch

ihrer geheimnisvollen Lichtwirkungen wegen. Der Blick aus
der Höhlung hinaus aufs Meer – phantasiebegabte Fremden-
führer wollen einem einreden, der Umriß gleiche dem Kar-
tenbild Afrikas – findet sich auf Postkarten in jedem Anden-
kenladen.

Kaum sehenswert sind die ein paar hundert Meter südlich
gelegenen Ruinen von Cotta, einer ursprünglich wohl punischen Faktorei, welche später die Römer in Besitz nahmen.
Aus der Kaiserzeit stammen die wenigen Reste, die zu sehen
sind: Fundamente von Thermen und einem kleinen Tempel
für Hadrian und die Becken für die industrielle Herstellung
von ›garum‹, der scharfen Fischsauce, der Würze für die
gehobene römische Küche.

In der Umgebung von Tanger und abseits unseres weiteren
Weges an der atlantischen Küste südwärts hat man zahlreiche
Spuren römischer Anwesenheit feststellen können: Reste von
Kastellen und Kasernen, von Landhäusern und dörflichen
Siedlungen, von Wasserleitungen und Werkstätten. Aber es
sind meist nur dürftige Trümmer, schwer aufzufinden, und
der Augenschein ergibt kein anschauliches Bild. Was wichtiger ist als die Pilgerfahrt zu ein paar Ziegeln: das Wissen
darum, daß es auch hier einst römisches Leben gab (und es
entfaltete sich oft auf punischen und mauretanischen Sied-
lungsplätzen), ist mithin der rein kulturhistorische Aspekt.
Für Bild und Lebensgefühl des Landes von heute spielt die
Antike eine viel geringere Rolle als in den maghrebinischen
Nachbarländern. Wenn wir anhand der bewährten alten Rei-
sehandbücher und einiger archäologischer Fachaufsätze und
mancher Hinweise, die wir in den Museen gefunden haben,
uns unterwegs da und dort erinnern, daß Spuren aus der
vorislamischen Zeit zutage traten, dann sind das eben nur
Erinnerungen, nicht aber Aufforderungen zur Besichtigung.

Gegenwart und Vergangenheit

Insel des Maghrib

Als eine Insel sahen die erobernden Araber den widerspenstigen mittelmeerisch-atlantischen Westen ihres schnell zusam-
mengerafften Weltreichs, das Land des Sonnenuntergangs.
Al-Maghrib heißt heute offiziell jener arabische Staat, der als
›Äußerster Westen‹ (Maghrib el-aqsa) innerhalb dieser Insel
zwischen Salz- und Sandmeer noch einmal eine Insel für sich
bildet: jenes Land Nordafrikas, das wir Marokko nennen.
Die von Südwest nach Nordost streichenden Ketten des
Atlasgebirges umschließen es, sondern es ab: der Anti-Atlas
im Süden, die schneehäuptigen Ketten des Hohen Atlas
(höchster Berg: der Djebel Toubkal mit 4167 m) und dann
die Bergzüge des Mittleren Atlas. Mit einer Ausnahme streben alle großen Flüsse Marokkos zum Atlantik. Dieser Ozean
bestimmt – zusammen mit den Bergen – auch das Klima.
Ihm schaut das Land entgegen, ihm öffnet es sich. Dem
Mittelmeer dagegen wendet es die unfreundliche Schulter
zu: einen unwirtlichen und schmalen Küstensaum, arm an
Häfen, steil abfallend von den Bergen des Rif, die einen Wall
gegen den Norden bilden. Einzige Pforte zwischen ihnen
und dem Mittleren Atlas ist die Senke von Taza: der ›Weg
der Fürsten‹, der Weg aller Eroberer und der Gründer der
aufeinanderfolgenden Dynastien. Auch wenn die entscheidenden Impulse immer wieder vom Süden ausgingen: nur
auf diesem Weg ließ sich der grünere und fruchtbarere Norden gewinnen, der Weg nach Fes, der ältesten der Königsstädte. Heute folgt dieser Route die P 1, und sie führt weiter
über Meknes nach Rabat am Atlantik, der heutigen Verwaltungshauptstadt. Die einzigen Autobahnkilometer Marokkos verbinden diese jüngste Königsstadt mit dem traditions-
arm-modernen Casablanca, der Wirtschaftsmetropole. Seinen in den europäischen Sprachen gebräuchlichen Namen
Marokko – Morocco, Maroc, Marruecos – aber verdankt
das Land der Hauptstadt des Südens: Marrakesch.

Eine Handvoll städtischer Zentren, historisch, politisch, wirtschaftlich bedeutend alle, aber kein natürlich-fragloser Mittelpunkt. Marokko hat zu viele Gesichter, als daß nur *einer* Stadt die repräsentative Rolle zukäme. Sie kommt vielleicht überhaupt keiner Stadt zu, sondern nur dem weiten Land. Einem Land der Gegensätze und Widersprüche, gespannt zwischen Meeresstrand und Hochgebirge, mit Reisbeeten und grünen Gemüsefeldern hier und steinigen Wüsten dort, mit üppigen Obstgärten, wo in den Kanälen nackte Kinder glücklich plantschen, und steppigem Weideland, auf dem nur noch Schafe und Kamele dürre Nahrung finden, mit kalkweißen, lohfarbenen, gelberdigen und rosenroten Siedlungen. Keine drei Autostunden von vollklimatisierten Hochhäusern haben Nomaden ihre schwarzen Zelte aufgespannt, eine halbe Tagesfahrt führt von Strandhotels zu Schipisten, von subtropischen Gärten durch strengduftende Macchia, vorbei an Orangenhainen, durchs sandgrau Steinige in eine grüne Palmoase vor roten Felshängen. Nur hundert Kilometer trennen den Eisgipfel des Djebel Toubkal im Hohen Atlas von der Hitze des Draa-Tales im Süden. Hier stoßen sich die Gegensätze hart im Raum, kontrastieren die Farben: pastellzarte Zwischentöne, eingelassen ins ruhige Grün, und das gespannte Konzert ungemischter Grundfarben vor einem weißlich-heißen Himmel, in dem sich alle Tinten ergießen können, vom Goldocker des Morgens bis zum unfaßlichen Purpurblau der Abendschatten.

Vielfältig und gegensätzlich wie die Landschaft ist auch das Spektrum der Lebensformen. Sie reichen von noch ganz ›vorgeschichtlichen‹ Strukturen bis in die Computer-Büros, und aus dem Atomzeitalter wieder zurück bis in das der ersten Hirten und Viehzüchter. Da verbergen sich hinter hohen weißen Mauern die üppigen Blütengärten der unverschämt Reichen – und nur wenige hundert Meter entfernt stinken die aus Wegwurf gebastelten Siedlungen der Ärmsten, düstere Nester vager Hoffnungen und jugendlicher Kriminalität. Unfaßlich, daß diese Gegensätze einander nicht wehtun. Die farbigen Kontraste sind es, aber diese Widersprüche auch, die den Fremden anlocken. Nicht nur den Farbfotografen oder den Maler. Nein: jeden, dessen Sinne noch alle Abstufungen von Farben, Gerüchen, Tönen und Rhythmen aufzunehmen vermögen, jeden, der Meersalz auf der Haut genauso zu ertragen vermag wie Wüstenstaub und die weißen Pfeile der prasselnden Sonne. Gegensätze prallen hier aufeinander, zwischen Extremen spannt sich der Bogen unter einem Licht, das die trockene Helligkeit der Wüste mit dem weißen Glanz der Küsten zu einer schmerzhaften Tagesklarheit verbindet. Kaum vermittelt durch ein karmesinrotes Spiel der himmlischen Farborgel sinkt dann die Nacht herein und hängt die unglaublichen Silberkugeln ihrer Sterne in die samtblaue Unendlichkeit.

Menschen

Aus dem gleichbleibenden Einerlei der täglichen Mühe, aus beweglichem Treiben und müßig-ergebener Gelassenheit setzt sich dem, der nur daran vorbeifährt, ein vielgestaltiges Mosaik zusammen. Jeder Tag ist ihm farbig und erlebnisreich. Al-Maghrib ist ein Land vieler Gesichter. Alter Gesichter und junger Gesichter, feinnüstriger und grobgehackter, olivblasser und dunkler mit dunklen Wulstlippen. Vielerlei Ströme mischen sich mit dem »netten Zuschuß aus Negerblut«. Es sind vor allem zwei Komponenten: die der hamitischen, in Nordwestafrika eingesessenen Berber und die der später eingedrungenen Araber, die man der semitischen Sprachgruppe zurechnet. Ethnologische Scheidung zwischen ihnen ist heute kaum mehr möglich; eine soziologische Abgrenzung, nach der die Städter als ›Araber‹, die Leute vom Land als ›Berber‹ gelten sollen, ist so schief wie jedes Pauschalurteil. Berber leben in den Städten ebenso wie auf dem Lande, und dort finden sich, unter den Nomaden noch häufiger als unter den Seßhaften, reine Arabernachkommen. Am ehesten könnte die Sprache ein Kriterium darstellen. Danach wären statistisch vierzig Prozent der Landesbewohner Berber, weil sie sich im täglichen Umgang eines berberischen Dialekts bedienen. Ethnisch gesehen ist ihr Anteil weitaus höher, denn nicht alle, die arabisch sprechen, sind Nachkommen der Araber.

Die Araber kamen als Eroberer, als räuberische Nomaden

(wie die Beni Hillal nach der Mitte des 11. Jahrhunderts) und auch als Flüchtlinge aus Andalusien, doch ihr Idiom war seit der Eroberung durch den Islam die offizielle Staats- und Schriftsprache, die Sprache des Koran, des Gebets, des Rechts, die Sprache der Bildung also, und ist heute die der Massenmedien. Wer etwas gelten wollte, bediente sich des Arabischen. Wer berberisch sprach, wies sich eben dadurch als ungebildet, als ›Bauer‹ aus, und auf ihn schauen die Leute aus der Stadt achselzuckend herab. So ist es verständlich, daß in den Küstenebenen nördlich von Marrakesch und besonders in den Städten nur arabisch gesprochen und verstanden wird (und als erste Fremdsprache das Französische), das Berberische jedoch in den Bergen und in den Tälern des Südens. Das Berberische? Aber das gibt es ja gar nicht. Es gibt nicht *eine* Berbersprache, sondern nur verschiedene berberische Dialekte, die manchmal so verschieden voneinander sind wie Friesisch und Bairisch, sich zur Not aber in drei Gruppen zusammenfassen lassen: ins Tarifi der Berber im Rif, in das Tamazit der Berber im Bergland des Mittleren und Hohen Atlas östlich einer gedachten Linie zwischen Kasba Tadla und Ouarzazate und in das Tachelhait der Schlöh (Chleuh) im westlichen Hoch- und im Anti-Atlas. Keiner dieser Dialekte hat es zum Rang einer Schriftsprache gebracht. Vielleicht ist Berbertum eher umrissen durch zäh überlieferte Lebensformen, Sitten und Bräuche. Aber diese Fragen wollen wir zunächst auf sich beruhen lassen.

Die Franzosen haben während ihrer Protektoratsherrschaft versucht, Araber und Berber auseinanderzudividieren und gegeneinander auszuspielen – ohne Erfolg. Trotz verschiedener Herkünfte betrachten sich die Moslems Marokkos heute – sofern sie das überhaupt reflektieren – als ein Volk, geeint im Islam, der arabischen Welt zugehörig, aber nicht ohne deutliche Animosität dem östlich angrenzenden islamischen Nachbarstaat Algerien gegenüber.

Je weiter man nach Süden kommt, desto merkbarer wird der Anteil Dunkelhäutiger, der Nachkommen von Negersklaven, die als Krieger oder Arbeitskräfte ins Land geholt wurden. Sie tragen zur physiognomischen Vielfalt bei, der wir auf unseren Fahrten immer wieder begegnen.

Noch bevor die Araber kamen, gehörten schon Juden zur eingesessenen Bevölkerung. Ob ihre Vorväter seit der Zerstörung des salomonischen Tempels durch Nebukadnezar (587 v. Chr.) oder erst nach der Eroberung Jerusalems durch Titus (70 n. Chr.) ins Land kamen, das ist nicht mehr auszumachen und auch so wichtig nicht. Genug, daß sie hier schon seit langem heimisch sind. Keine Stadt ohne ihr umfang- und volkreiches Judenquartier. Jüdische Silberschmiede und Goldarbeiter schufen den Schmuck der Berberfrauen, den auch die Araberinnen schätzten, waren in Handel und Handwerk tätig, wirkten als Ärzte und Rabbis. Freilich haben seit der »Marokkanisation« des Landes und der Gründung des Staates Israel viele Juden – nicht verfolgt, aber wegen ihrer Zusammenarbeit mit den Franzosen scheel und voller Mißtrauen angesehen – wieder zum Wanderstab gegriffen, um ins Gelobte Land heimzukehren oder in Frankreich, Spanien oder jenseits des Atlantik neue Lebenschancen zu finden. Ihr Wegzug hat die marokkanische Judenschaft zu einer Minorität schrumpfen lassen – eine Verarmung der Volkspalette. Äußerlich freilich unterschieden die Juden sich kaum von den arabisch-berberischen Stadtbewohnern, nicht in der Kleidung, nur durch die von ihrem ›Gesetz‹ bestimmten Sitten. Am Sabbat bleiben ihre Läden geschlossen. Noch immer darf man aber darauf wetten, daß die geschicktesten Silberschmiede und kundigsten Juweliere, daß die Chefs so mancher großer Handelshäuser Söhne Jaakobs sind – doch auch viele der kümmerlichen Unterhalt erwerbenden Kleinhändler in Fes, in Tanger, in Marrakesch.

Das Neben- und Miteinander verschiedener Rassen und Mischungen ist eines der Elemente der Vielfalt. Ein anderes: der Kontrast zwischen dem würdig-tattrigen Alten in Dorf und Stadt und der elastisch-zudringlichen Jugend von heute, die von den Giften des ausgehenden 20. Jahrhunderts gekostet hat. Da klafft ein Abgrund wie zwischen Mittelalter und Moderne.

Das von allen Seiten bedrohte Europa mag uns alt erscheinen, alt durch seine Kultur, alt auch, weil die Gealterten den Ton angeben. In der Bundesrepublik sind ein Fünftel der Bevölkerung unter fünfzehn Jahre alt, in Marokko beinahe

die Hälfte. Ist es deswegen schon ein »junges« Land? Ist es
jung und dynamisch, bloß weil sich seine Bevölkerung seit
der Unabhängigkeit (1956) verdoppelt hat, jährlich um
40 000 Menschen zunimmt und man damit rechnet, daß noch
vor 1990 die 30-Millionen-Grenze überschritten sein wird?
Ist es ein dynamisches Land, weil immer mehr Menschen –
vorwiegend junge Leute – in die Städte drängen? 1960 lebten
noch mehr als 70 Prozent aller Marokkaner auf dem Lande,
1971 nur noch knapp 65 Prozent. Sechs von den 18 Millionen
Einwohnern leben heute schon in Städten, davon vier Millionen in den elf Großstädten. Casablanca, das 1960 850 000
Einwohner zählte, hatte 1974 bereits eine volle Million mehr.

Ein junges Land? Noch immer geben die ehrwürdigen
Alten den Ton an, die Scheiks und die religiösen Führer,
denen sich eine aufmüpfige Jugend unterwirft, unterwirft im
Zeichen des Islam und des Herkommens – und repressiven
Zwanges. Zwar besuchen in den Städten 82 von hundert
Knaben und 53 von hundert Mädchen eine Schule, aber auf
dem Lande schaut es ganz anders aus, da erhalten aufs Hundert nur 35 Knaben und nicht mehr als vier Mädchen einen
rudimentären Unterricht. So darf es nicht verwundern, daß
80 Prozent der Marokkaner noch immer Analphabeten sind,
auf dem Land 98 Prozent aller Frauen. Dürre Zahlen – aber
wie soll mit der Wirklichkeit, die hinter ihnen steht, das
Land in der Zukunft bestehen?

Über das Volksvermögen

Noch immer leben von hundert Marokkanern 62 von der
Landwirtschaft, obwohl nur ein Teil des Bodens für den
Anbau geeignet ist.

Kahle oder nur dürftig begrünte Bergketten bilden das
Rückgrat des Landes, seine nutzbringenden Agrargebiete
liegen im Westen, auf der dem Atlantik zugeneigten Platte
und in den breiten Becken der großen Flüsse. Ein Gebiet,
das nur etwa ein Zehntel des irgendwie nutzbaren Bodens
ausmacht und das zu mehr als der Hälfte einer kleinen Clique
von Großgrundbesitzern gehört (egal ob es zweihundert
oder nur fünfzig sind); der König ist der größte und mächtig-

ste unter ihnen. Die übrigen neunzig Prozent des Nutzlandes werden von ihren Eigentümern mit Holzpflug und Esel gepflügt – aber Eigentümer sind auch dort nur die Ausnahme. Allzuoft sind auch die Bauern im armen Land von einem fernen Besitzer abhängig, der für die Nutzung des Landes, für Wasser und Ackergerät mehr als die Hälfte des Ertrages einfordert.

Zweifellos haben die Fünfjahrespläne der Regierung das Brutto-Inlandsprodukt anwachsen lassen, ist das Pro-Kopf-Einkommen im Jahrzehnt zwischen 1960 und 1970 gestiegen, aber inzwischen ist die weltweite Inflation auch an Marokko nicht spurlos vorbeigegangen. Die Hoffnungen, die man auf das Phosphat der einst spanischen Sahara setzte, haben sich nicht erfüllt, die Phosphatpreise am Weltmarkt sind gefallen.

Aber keinem aufmerksamen Beobachter wird entgehen, daß Immenses für die Förderung der Landwirtschaft geschah und geschieht: die Staudämme und Kanäle, die Wasserleitungen und die Aufforstungen, welche auf lange Sicht den Wasserhaushalt im Bergland verbessern sollen, bekunden eine konsequente Entwicklungspolitik, die nur den einen Fehler hat: daß sie der Bevölkerungsexplosion hoffnungslos nachhinkt.

Wir Landfahrer profitieren zwar dankbar von den Maßnahmen, die den Tourismus ankurbeln sollen, doch das darf uns weder über die Einsicht hinwegtrösten, daß er ein höchst krisenanfälliger Devisenbringer ist, noch darüber, daß er eben das zerstört, was er verspricht. Basso ostinato bei jeder Fahrt durchs Land und bei jedem Gang durch die alten Städte ist die beflissene Zudringlichkeit der Halbwüchsigen und arbeitslosen Jungmänner, die sich des Fremden schon annehmen, noch bevor er aus dem Fahrzeug gestiegen ist. Man versteht es bei der bitteren Armut gerade in den Städten, aber auch wenn es nur Gesprächs- und Kontaktfreude bekundet: es belästigt sehr und kann oft die Freude trüben.

Später, unterwegs, werden wir an einige der einander ablösenden Dynastien, an bedeutende Gestalten der marokkanischen Historie erinnert werden. Vielleicht gewinnt dann die Vergangenheit wieder Lebensfarbe. Doch mag schon jetzt ein summarischer Überblick willkommen sein, denn wer hat schließlich auf der Schulbank von den Schicksalen des islamischen »fernen Westens« gehört? Des islamischen Westens. Wenn nämlich auch der Boden des Landes Fundstücke freigegeben hat, die für frühmenschliche Anwesenheit seit etwa hunderttausend Jahren v. Chr. zeugen, wenn sich im Süden prähistorische Felsbilder finden, an der Küste die Phöniker und ihre karthagischen Nachkommen Faktoreien errichtet haben, das »mauretanische« Marokko dann eine Provinz Roms bildete: die vorislamische Vergangenheit ist hier merkwürdig stumm. Was aus ihr bis in die Gegenwart hineinragt, das sind einzig die ahistorischen Daseinsformen der Berber.

Marokko ist also kein ›antikes‹ Land, sondern ein grundsätzlich islamisches. Der Islam bildet sein Fundament, ein König regiert es als Scherif, als Nachkomme des Propheten. Militante ›islamische Fundamentalisten‹ wie die Studenten-Protestler mit Khomeini-Parolen wären nicht so schnell zum Schweigen gebracht worden, hätten sie auf einer breiten Plattform gestanden. Der Ferne Maghrib versteht sich als ein grundislamisches Land. Und so beginnt seine Geschichte eigentlich erst mit seiner Eroberung durch die Krieger der ersten Kalifen. Berberischer Freiheitswille setzte ihnen zähen Widerstand entgegen, aber endlich verschrieben sich die Berber dem Kampf für die Ausbreitung der Botschaft Allahs und seines Propheten, eroberten unterm grünen Banner fast die gesamte Pyrenäenhalbinsel. Die Verbindung über die Meerenge des Herakles hinweg blieb eine Schicksalskonstante. Drüben in Spanien errichtete der dem abbasidischen Massaker (750) entkommene letzte Omayyade das Emirat von Córdoba, das schließlich den Anspruch aufs Kalifat erhob. Vor den »ruchlosen« Abbasiden floh auch Idris, ein Urenkel des Prophetenenkels Hassan, in den Westen. Er wurde von den um Volubilis wohnenden Berbern zum Herren ausgerufen, gilt als der Begründer der Eigenstaatlichkeit des Fernen Maghrib. Das Reich der *Idrisiden* umfaßte allerdings nur einen Teil des heutigen Marokko. Im südmarokkanischen Tafilalet errichteten die Beni Midrar – gleichfalls dem Kalifen von Bagdad feindlich gesonnen – ein Teilreich mit der Hauptstadt Sidjilmassa, die einen Brennpunkt des Trans-Sahara-Handels darstellte. Als die Herrschaft der Idrisiden in Teilungen, Erbkämpfen und Auseinandersetzungen mit den Omayyaden Spaniens und den Fatimiden von Tunesien unterging, entstand im 11. Jahrhundert ein Machtvakuum, in das Sanhadj-Berber vom Sahararand hineinstießen, schleiertragende Kamelnomaden vom Stamme der Lemtuna. Der Missionar Abdallah ben Yasin hatte sie einem wörtlich-strengen Verständnis des Islam gewonnen, und sie hatten diesen ihren Glauben in den Senegal und bis in den Sudan hinein verbreitet, wobei – nicht ganz zufällig – die Goldstraßen der westlichen Sahara unter ihre Kontrolle geraten waren. Ihre Aktionen stützten sich auf die von einer schmalen Elite von Glaubensstreitern besetzten Klosterburgen, Ribat genannt. Als »Männer des Ribat« (arabisch al-Murabitum, woraus im Spanischen *Almoraviden* wurde) haben sie Geschichte gemacht. Unter der Führung des Yusuf ben Taschfin drangen sie über den Hohen Atlas nach Norden vor und eroberten ganz Marokko. Marrakesch, 1062 als Etappenlager gegründet, wurde Hauptstadt dieser ersten berberischen Dynastie des Landes.

In Spanien war inzwischen das Reich der Omayyaden von Córdoba in eine Anzahl kleiner Emirate zerfallen, die, untereinander uneins, sich der christlichen Reconquista nicht zu erwehren vermochten. Zu Hilfe gerufen, schlug Yussuf ibn Taschfin 1086 König Alfons VI. von Kastilien und León, schwang sich schließlich zum Herren des reichen Andalusien auf. Doch dessen satte Kultur korrumpierte die asketischen Krieger vom Wüstenrand. Höfische Pracht, Luxus und Wohlleben, begleitet von einer ›Verknöcherung‹ des religiösen Lebens, riefen eine Gegenbewegung hervor, die wiederum von Berbern getragen war, diesmal von den Masmuda des Hohen Atlas und angeführt von einem gleichfalls

berberischen asketischen Gelehrten, dem religiösen Fanatiker
Mohammed ibn Tumart: die Bewegung der *Almohaden*.

Auch dieser Name ist spanische Verballhornung eines arabischen Wortes, welches ›Unitarier‹, d. h. Verfechter der Einheit (Gottes) bedeutet. Sie errichteten das einzige berberische
Großreich zwischen der Sahara und der spanischen Hoch-
ebene, vom Atlantik zur Kleinen Syrte, in seiner Ausdehnung kaum regierbar, stets im prekären Gleichgewicht zwischen Arabern und Berbern. Der Enkel des Dynastiegrün-
ders, Yaqub (1184-1199), verdiente sich den Sieger-
Beinamen al-Mansur in der Schlacht bei Alarcos (in der
Nähe von Ciudad Real, 1195). Doch dieser Erfolg führte die
zerstrittenen Christen zusammen und endlich zu ihrem Sieg
bei Las Navas de Tolosa (1212): für das Reich der Almohaden
der Anfang vom Ende. Spanien ging dem Islam verloren.
Seit 1231 war (bis 1492) einzig noch das nasridische Königreich Granada Stützpunkt der arabischen Kultur jenseits der
Meerenge.

Während die in die Köstlichkeiten einer verfeinerten Kultur verliebten Enkel des einst so mächtigen almohadischen
Kalifen ihr Erbe verspielten, standen schon neue berberische
Nomaden bereit, die Macht zu übernehmen: die Beni Merin,
zur Zenata-Gruppe gehörig, die jährlich mit ihren Schafen
und Kamelen zwischen der Oase von Figuig an der heutigen
Grenze zu Algerien und dem Tal des Moulouya gewandert
waren. Sie hatten sich den Almohaden nie unterworfen,
aber an ihrer Seite im Heiligen Krieg gestritten. Durch den
Korridor von Taza, auf dem ›Königsweg‹, drangen sie um
die Mitte des 13. Jahrhunderts in den fruchtbaren Norden
Marokkos ein, nahmen Fes und Meknes, die Fluß- und Küstenebenen. Fes bauten sie zu ihrer Hauptstadt aus: 1276
gründete Abu Yussuf Yaqub seine Residenzstadt Neu-Fes
(Fes el-Jdid) und stiftete die erste Medrese. Die merinidischen
Sultane waren eifrige Stifter religiöser Institutionen, galt es
doch, vergessen zu machen, daß sie – anders als ihre Vorgänger – ohne religiöse Legitimation zur Macht gelangt waren.
Ihr Traum, noch einmal ein maghrebinisches Großreich aufzurichten, ließ sich nicht verwirklichen: Marokko blieb auf
sich selbst zurückverwiesen, gewann zugleich etwa seinen

heutigen Umriß. Immerhin haben die *Meriniden* fast zweihundert Jahre lang geherrscht. Doch als sei das von Ibn
Khaldun aus der Geschichte der Berber destillierte Gesetz
eine eherne Regel: auch innerhalb der dritten berberischen
Dynastie begann in der dritten Generation der Abstieg, die
innere Auflösung. Vor der Mitte des 14. Jahrhunderts, trotz
interner Zwistigkeiten, noch ein mächtiges Geschlecht, das
im Dienste des Glaubens Bethäuser und Koranschulen stiftete
und reich dotierte und Fes für einige Jahre zum Brennpunkt
des gesamten Maghrib erhob, stürzte die Herrschaftsfamilie
in der zweiten Hälfte des Jahrhunderts in eine tödliche Krise.
Nicht nur, daß rücksichtslose Intrigen und blutige Kämpfe
um den Thron die Spitze zerrissen: bald gab es keine Basis
mehr, denn die entfernteren Gebiete machten sich selbständig. Der unglückliche Gedanke, die Übel des Landes durch
erhöhte Steuern kurieren zu wollen, schuf der Regierung
weitere Gegner. Der Schwarze Tod, jene Pestepidemie, die
um die Mitte des 14. Jahrhunderts Europa entvölkerte, fraß
auch in Nordafrika ungezählte Opfer, mancherorts, so heißt
es, bis zwei Drittel der Stadtbewohner. Dann: eine Flucht
vom Land in die Städte, ein Sichverlegen der Handelswege,
welches das wirtschaftliche Rückgrat des Landes zerbrach.

Die christlichen Erbfeinde nützten die Lage nicht nur zur
Wiedereroberung iberischen Bodens (Reconquista), sondern
zur erobernden Offensive. 1399 zerstörten die Kastilier unter
König Heinrich III. Tetuan, 1415 besetzten die Portugiesen
Ceuta, dann Safi, Mazagan, Agadir, 1471 endlich Asila und
Tanger. Die Spanier eroberten den letzten Rest des islamischen Andalusien: Stadt und Reich Granada (1492). Während die christlichen Feinde ihre Schwerter schliffen, waren
die letzten merinidischen Kind-Könige so hilflos, war das
Land so in Anarchie versunken, daß verschiedenste Kräfte
versuchten, Macht um sich zu sammeln, wie die mit den
Meriniden verschwägerten Banu Ouattas (Wattasiden), die
über drei Generationen eine nirgendwo unbestrittene Herrschaft auszuüben versuchten, letzten Berberelan entfaltend
im Spiel um die Macht, deren Waagschale sich bedenklich
den christlichen Aggressoren zugeneigt hatte.

Wie im damaligen Europa die christlichen Orden, so stellten im sich auflösenden Maghrib die religiösen Bruderschaften einen bedeutenden Faktor im Abwehrkampf dar. Mit ihnen im Bund und als Führer im Kampf gegen die Übergriffe der Christen gelangten die *Saadier* zur Macht, Araber vom Stamme der Banu Saad, die als Nachkommen des Propheten galten oder zumindest als die seiner Amme. Um die Mitte des 14. Jahrhunderts findet man sie im mittleren Draa-Tal, später weiter im Norden bei Tidsi südwestlich von Taroudannt, Hüter des Grabmals eines frommen Marabuts. Eine Bruderschaft beauftragte 1511 den Saadier Mohammed ben Ahmed el-Qaim (gest. 1517) mit der Kriegführung gegen die Portugiesen an der Küste von Agadir. Erste Erfolge steigerten das religiöse Prestige der Saadier und fundamentierten auch wirtschaftlich ihre Herrschaft, sicherten den alten Formen des Karawanenhandels eine Zukunft. Religiöse, politische und wirtschaftliche Motive verflochten sich. Glaube, Friede und Wohlstand waren die Parolen. Die Marabuts und Bruderschaften unterstützten die Saadier in ihrem Heiligen Krieg gegen die Portugiesen (denen 1541 Agadir entrissen wurde) und gegen die Herrschaftsansprüche der Wattasiden. Sie setzten eine Art Teilung des Landes durch: Fes und was sich von dort aus noch regieren ließ sollten die Banu Ouattas behalten, der Süden mit seiner Hauptstadt Marrakesch gehörte den Saadiern. Daß die wattasidischen Erben der Meriniden Hilfe suchten, wo sie sich bot, bei Portugiesen, Spaniern, Türken, diese instinktlose Wahllosigkeit beraubte sie auch ihrer letzten Anhänger. Seit 1554 gehörte auch Fes der aufsteigenden scherifischen Dynastie der Banu Saad. Sie führten den Heiligen Krieg weiter, versuchten jedoch auch, sich nicht ganz in die Hand der Bruderschaften zu begeben und bewiesen vor allem einen wachen Sinn für wirtschaftliche Notwendigkeiten – vielleicht einen zu wachen. Sie scheuten auf diesem Gebiet nicht die Zusammenarbeit mit den Glaubensfeinden. Vor allem gelang es ihnen, die Saharawege fest in den Griff zu bekommen und auf diese Weise den Karawanenhandel zu beherrschen. Ihr größtes Problem allerdings blieb die Gefahr, die von den Türken ausging. Die lastende Größe des Osmanenreiches, das durch die Admirale des glanzvollen zweiten Süleyman auch im Maghrib Fuß gefaßt hatte, erschien einerseits als Bedrohung, gegen die man selbst den spanischen Erzfeind um Hilfe anging, übte andererseits eine seltsame Anziehungskraft aus. Die Armee der Saadier begann sich zu türkisieren.

Um Distanz zum mächtigen Gegner zu gewinnen, wählten die Sultane wieder Marrakesch zur Residenz. Die Stadt lag näher an den transsaharischen Routen, auf welchen die Mittel für die Machtentfaltung ins Land kamen. Um diese Wege zu sichern, ließ man sich gleichfalls auf Verträge mit den Erbfeinden ein, die zu bekämpfen doch die raison d'être der Dynastie gewesen war. Daß sie sich nicht scheute, mit den Christen gegen Moslems zusammenzuarbeiten, war eine der Ursachen ihres schließlichen Sturzes. Eine andere waren die üblichen Familienfehden. Eine erste, Vorspiel für jene, in denen das Geschlecht schließlich versank, führte zu der Dreikönigsschlacht am Oued al-Makhazin vom 4. August 1578, an deren Ende zwei marokkanische Brüderprätendenten und der König von Portugal tot lagen und Ahmed zum Herrscher ausgerufen wurde, der sich »der Siegreiche« (al-Mansur) nannte und den man den »Goldenen« (el-Dehbi) hieß wegen der reichen Beute, die ihm zufiel, und der Reichtümer, die er aus Schwarzafrika herauszuholen verstand. Er regierte bis 1603 und war ohne Zweifel die überragende Persönlichkeit unter den Saadiern: vital, energisch, welterfahren, von staatsmännischem Weitblick, ein Mann, der im Inneren für die Ruhe sorgte, welche dem Lande nottat, der die Verwaltung der einzelnen Regionen organisierte, die Armee mit ihren türkischen Militärberatern am straffen Zügel führte und zugleich die Aktivitäten der frommen Bruderschaften und ihrer Scheikhs kontrollierte. Das alles mag in der konkreten Wirklichkeit nicht immer glimpflich und ohne Blut abgegangen sein – genug: zu seinen Lebzeiten wagte sich kein Gegner mehr hervor. Land und Leute durften aufatmend friedliche Tage begrüßen. Der Sultan wußte die kulturelle Bedeutung des Osmanenreiches zu schätzen, unterschätzte jedoch nicht seine Gefährlichkeit und ließ vor

sichtig verschleiert Fes befestigen und seinen Draht zu den
Spaniern nicht abreißen.

Alle zentrifugalen Kräfte, welche Ahmed al-Mansur el-
Dehbi klug und kraftvoll gebändigt hatte, wurden ihrer
Fesseln ledig, als drei seiner Söhne um die Macht zu ringen
anhuben. Fragwürdige Gestalten alle drei. Der designierte
Thronerbe Mohammed (er regierte dann doch von 1608-
1613) machte sich als Gouverneur von Fes durch Zügellosig-
keit und Grausamkeit so unmöglich, daß ihn der Vater ein-
kerkern ließ. Abu Faris (1603-1608), Statthalter in Marrakesch, war ein hilfloser Epileptiker, und Zidan (1613-1627)
galt im Volk schlicht als Vatermörder. Bald waren die wirtschaftlichen Fundamente dahin, kam der Karawanenhandel
zum Erliegen oder wurde von den Rivalen zu neuen Zielen
gelenkt: nach Tunis, Algier, Larache. Nur knapp ein Zehntel
des Goldes, das einstmals nach Marrakesch geflossen war,
fand nun noch seinen Weg in die saaditischen Münzstätten.
Und das zu einer Zeit, da Goldwert wieder einmal rapide
sank und der nordafrikanische Zuckerrohrexport zum Erliegen kam. Jetzt belieferten die Antillen und Brasilien den
Markt. Bis über die Mitte des 17. Jahrhunderts führten die
Nachkommen al-Mansurs ihre Fehden. Das Land zerfiel in
Anarchie, Region stand gegen Region, in den Städten Stadtteil gegen Stadtteil. Das Jahr 1659 gilt als das, in dem die
Saadier endgültig ausgespielt hatten.

Glück für das zerrissene Land, daß auch die Nachbarn
und Rivalen gelähmt waren, das Osmanenreich von Krisen
erschüttert, die Christenheit durch Religions- und Hegemo-
nialkämpfe zerrissen. Zur gleichen weltgeschichtlichen
Stunde zerfiel der ›ferne Westen‹ in ein halbes Dutzend vage
umrissener Regionen, in denen ein Berberhäuptling, der
Scheik einer der wiedererstarkten fanatischen Bruderschaften, ein echter oder falscher Marabut und dessen Anhänger
das Sagen hatten und Abgaben eintrieben; es herrschte also
völlige Anarchie. In einer islamischen Gemeinschaft gilt die
Beistimmung der Gemeinde als Legitimation des Herrschers,
nur der erklärte Wille Gottes steht darüber. Wie aber wird
dieser sichtbar, wenn es gilt, die Ansprüche einer durch ihre
Taten diskreditierten, aber aus dem Samen des Propheten

stammenden Dynastie für ungültig zu erklären? Nur Nachkommen des Propheten konnten Prophetenenkel ablösen. Die *Alaouiten,* die wie die Saadier ihre Abkunft von Ali, Mohammeds Vetter und Schwiegersohn, und seiner Gattin Fatima, der Tochter des Propheten, herleiten konnten, haben den Saadiern das halb verspielte Erbe abgenommen und Marokko über lebensbedrohliche Krisen und selbst die komplette Abhängigkeit von den Christen hinweg als staatliche und nationale Persönlichkeit in die Gegenwart hineingerettet.

Ali Scherif, ein Nachkomme des Propheten mithin, dessen Voreltern aus Yanbo an der arabischen Rotmeerküste im frühen 13. Jahrhundert ins Tafilalet gekommen waren, Haupt selbst einer Bruderschaft, wandte sich – erfolglos zunächst – gegen die Herrschaft der Marabuts der Dila-Zawiya. Seine drei gewaltigen Söhne gelangten, obwohl untereinander verfeindet, ans Ziel. Muley Raschid, 1664 Sieger über den älteren Bruder, zog 1667 ins von inneren Kämpfen zerrissene Fes ein und eroberte im gleichen Jahr auch Marrakesch, begründete damit die Herrschaft der alaouitischen (alidischen) Dynastie. Nach seinem Tod (1672) erkoren die Ulema, die Notabeln und Schorfas seinen 26jährigen Halbbruder Ismail (1672-1727). Ihm, dem Sonnenkönig des Maghrib, werden wir später in Meknes begegnen. Ein absoluter Herrscher von starker Hand, vom Bauwurm besessen, der zugleich das Land aussog, um sein stehendes Heer zu unterhalten, der tief ins Wirtschaftsleben eingriff: ein großer Mann – und ein öffentliches Unglück. Nicht nur der Thronfolger Muley Abdallah (1728-1757) hatte die Zeche zu zahlen. Dessen Regierungsjahre waren eine dreißigjährige Folge von Aufständen, Fehden, Machtkämpfen, Plünderungen, Blutvergießen, denen erst Sidi Mohammed (1757-1790) durch rücksichtslose Härte ein Ende zu machen versuchte. Er, der Tausende massakrieren ließ, starb im Ruhm eines Friedensfürsten. Sein stets aufrührerischer Sohn Yazid saß nur zwei Jahre auf dem Thron.

Die letzten hundertfünfzig Jahre

Fremder Fuß in der Tür

Während Europa durch die Revolutions- und napoleoni-
schen Kriege mit sich selbst beschäftigt war, rissen die diplomatischen und wirtschaftlichen Verbindungen zum Maghrib
ab. Marokko verschloß sich, Europäern war die Einreise,
den Marokkanern die Ausreise verboten. Erst das durch den
Wiener Kongreß neugeordnete Europa war imstande, den
Sultan Abderrahman ben Hischam (1822-1855) zu Konven-
tionen mit Portugal (1823), Britannien (1824), Frankreich
und Sardinien (1825) zu bewegen. Unter der Flagge der
Handelsfreiheit und im Interesse von Manchester ertrotzte
Großbritannien bald einen neuen Handels- und Schiffahrts-
vertrag, der freien Güteraustausch zusicherte, die meisten
Monopole abschaffte, die Zölle auf zehn Prozent des Wertes
der Waren festlegte, die britischen Untertanen von allen
sonstigen Abgaben befreite und sie der Rechtsprechung des
Konsuls unterstellte – auch bei einem Rechtshandel mit einem Marokkaner, wenn der Beklagte britischer Untertan
war. Andere Staaten wie Belgien, Sardinien, Portugal, das
Königreich beider Sizilien, die Niederlande traten dem Vertrag bei, der zugleich die Rivalität der an Marokko interes-
sierten Mächte schürte. Frankreich und Spanien verlangten
für sich noch weitergehende Rechte.

Mohammed IV. (1859-1873) versuchte die Widerstands-
kraft des Landes gegen europäische Einflüsse zu stärken.
Allein ein Grenzzwischenfall bei Tanger führte zum bewaff-
neten Konflikt mit Spanien, dessen Truppen Tetuan besetzten. Um dieses Pfand auszulösen, mußte der Sultan eine
enorme Kriegsentschädigung bezahlen. Sie ließ sich nur mit

$\rightarrow$

Eugène Delacroix, Marokkanische Impressionen
acht Seiten aus dem Skizzenbuch von 1832
aquarellierte Federzeichnungen

traversé un ruisseau rapide au milieu de la bou... f...ou
le bacha de Meguinez et le chef du Mischoar étaient
ja venu à notre rencontre. nous avons grimpé la
collin... remonté le porteur... garder de l'empereur.
...tre affeup à trente ...guicas. très beau burnous
lane: bonnet pointu sans turban. s...anto..fles jaune...
... e per... on d'o...és

...inture violette brodée d'or. porte cartouches très brodé
bride du cheval violette et or. — ~~fille~~ courses de la garde no...
...mets sans turban. ~~Ha~~ très beau coup d'œil en regardant derrière
... cette quantité de figures basanées ou noires, le blanc des
...ements ternes sur le fond. — ~~s...~~

fait l'unique promenade. Courses toutes mêlées
à notre gauche. à droite coups de fusil de
l'infanterie. de temps en temps nous arrivions à
des cercles formés d'hommes assis qui se levaient
à notre approche et nous tiraient au nez. précédés
de la musique

tête de l'ambassade

marchant derrière les drogmans

descendent à gauche. le Kaïd présentait
et apporte

un des ancêtres de l'emp. actuel devait faire prolonger
jusqu'à Maroc. la muraille qui part des deux côtés jusqu'en haut
— taches blanches sur toute cette colline. figures de toute espèce
blanc dominant toujours

bel effet en montant. les drapeaux &c se détachant en

... sur la ... le plus pur du ciel

une vingtaine de drapeaux

passé le long du tombeau d'un saint

talmise auprès. bâti en briques

porte de la ville très haute. porcelaines variées &c.

une fois entré à gauche les cavaliers et les tentes fu...

enjante

femme assise brodant un habit de femme chez le chef
de juifs. très vives couleurs de rose à la figure se détachant sur
une blanc. l'enfant auprès.

la maison ruinée du Portugais

rue du haut de la terrasse

autre côté — porte de la ville. marai
du quartier des juifs

fontaine avant d'arriver à la grande place

grande maison à gauche sur la grande place

Plan

Corps de garde intérieurs

intérieur de la cour

porte dégradée par en bas

Hilfe einer englischen Anleihe aufbringen; zur Deckung mußte ein großer Teil der Einkünfte aus Zoll- und Hafengebühren für lange Zeit verpfändet werden, was das Budget auf Jahre hinaus schwer belastete.

Nun verlangte auch Frankreich einen neuen Vertrag (1863), der nicht nur die französischen Kaufleute von allen Steuern befreite, sondern jedem auch gestattete, zwei marokkanische Untertanen als ›Schützlinge‹ in seine Dienste zu nehmen, die gleichfalls von Abgaben befreit und der Konsulargerichtsbarkeit unterstellt waren. Obwohl der Sultan ein weiteres Eindringen der Europäer verhindern wollte, öffneten diese Verträge sein Land den fremden Einflüssen und machten es abhängig von der internationalen Wirtschaft und Politik. Hatten 1832 erst 250 Europäer, zumeist Briten, im Lande gelebt, so waren es 1864 bereits 1360 und dreißig Jahre später 9000, davon neun Zehntel Spanier, die ein Fünftel der Bevölkerung von Tanger ausmachten. Zusammen mit den ›Schutzbürgern‹ (in vielen Fällen einheimischen Juden) ergab das eine stattliche Zahl von Bewohnern, die praktisch der Gewalt der marokkanischen Regierung entzogen waren. Und diese Zahl sollte ständig steigen.

Ziel der Europäer war in erster Linie Profit durch wirtschaftliche Erschließung, durch Handel und Abbau von Bodenschätzen. Es bildeten sich Gesellschaften, die Eisenbahnen, Straßen, Brücken bauen wollten – im Dienste des profitablen Handels. Die Schaffung derartiger Infrastrukturen hätte dem reformfreudigen Sultan gelegen kommen können, nur führte es auch immer mehr Fremde immer tiefer ins Land und zu Veränderungen im Wirtschaftsgefüge, die Marokko aufgrund seiner natürlichen Gegebenheiten nicht verkraften konnte. Die Landwirtschaft war nun einmal vom Klima abhängig, das städtische Handwerk der Konkurrenz der Maschine nicht gewachsen. Marokko war auf dem schlimmen Wege zum Absatzmarkt für Fertigprodukte, Hand in Hand mit einer Geldentwertung, der gegenüber alle Versuche, das Münzwesen wieder auf festen Fuß zu stellen, kläglich versagten. Die Folge: eine völlige Zerrüttung des Staatshaushaltes, eine wirtschaftliche Krise nach der anderen – und das alles ging zu Lasten des kleinen Mannes, vor allem der Landbevölkerung. Der Verarmung der Massen stand der Aufstieg einer kleinen bourgeoisen Händlerschicht gegenüber, die mit den Europäern zusammenarbeitete und Niederlassungen in allen großen Städten Europas besaß (1874 unterhielten allein in Manchester zwölf Firmen aus Fes ihre Kontore). Mit Hilfe hochverzinsbarer Darlehen an die Fellahs gelang es solchen Unternehmern, deren Land in ihr Eigentum zu überführen. So entstand rund um die Städte (um die damalige Hauptstadt Fes vor allem) bürgerlicher Großgrundbesitz. Zugleich etablierten sich in einigen Regionen neue große Feudalgewalten. Gestützt auf Abenteurer, auf die Notabeln und den Ältestenrat ihres Stammes, die sie an den Vorteilen beteiligten, dehnten kleine Caids ihre Macht langsam über benachbarte Stämme und weite Gebiete aus. Ein Beispiel dafür: der Aufstieg der Glaoui-Familie im östlichen Hochatlas.

Der Gedanke lag nahe, das Land durch Reformen vor dieser Bedrohung zu schützen. Dem wollte die utopische und an Symptomen kurierende Politik der Sultane *Mohammed IV.* (1859-1873) und *Hassan I.* (1873-1894) Rechnung tragen. Vergeblich, denn alle schönen Pläne für Verwaltungs- und Heeresreform, für die Schaffung einer einheimischen Industrie, für Bahn-, Straßen-, Brückenbau, Erschließung von Bodenschätzen blieben unausgeführt, weil das nötige Geld fehlte. Viele Fromme dankten Allah, als er den Sultan abberief. Der Großvezir Ba Ahmed setzte – ohne eine Fetwa der Ulema einzuholen – den jüngeren Sohn Hassans, Muley Abdelaziz (1894-1908) auf den Thron. Die Anhänger des älteren Bruders Mohammed wurden verfolgt, verschwanden im Kerker. Eine Rebellion der Stämme, die für ihn eintraten, ward gewaltsam niedergeschlagen. Der neue Sultan war vierzehn Jahre alt. Der ehrgeizige Vezir sorgte für seinen Zeitvertreib durch alle Arten von mechanischem Spielzeug (Photo- und Phonographen, Automobile, selbst eine Kleinbahn in den Palastgärten, die allerdings nicht fahren durfte, weil die Frommen darin ein Teufelswerk sahen), aber hielt ihn von allen Geschäften fern. Das war das Ziel der Politiker auch nach dem Tod des Vezirs. Sie waren unter sich uneins, einig nur darin, ihre Vorrechte zu wahren und den Sultan für alle Übel verantwortlich zu machen.

Die Schwäche der Regierung hatte schon seit 1890 die Franzosen zu ersten Eroberungen im Gebiet der marokkanischen Sahara ermutigt. Bald führten die internationalen Rivalitäten zur ersten Marokkokrise, zum Besuch des Deutschen Kaisers in Tanger, zur Konferenz von Algeciras, die Frankreich und Spanien schon eine praktische Schutzfunktion über das Land übertrug. Das alles brachte den Sultan gänzlich um seinen moralischen Kredit. Sein Bruder Muley Hafid (1908-1912), Vizekönig im Süden, empfahl sich in den Augen der Öffentlichkeit als der Mann der Stunde und Verteidiger des Landes gegen die Eindringlinge. Am 16.8.1907 wurde er unter Mithilfe des Glaoui-Paschas in Marrakesch zum Sultan angerufen. Er sollte den ›Heiligen Krieg‹ führen. Aber das ging nicht ohne Geld, und nach verschiedenen Experimenten sollte der Teufel mit Beelzebub ausgetrieben werden, griff die Regierung zum verhängnisvollen Mittel der Auslandsanleihe. Damit wurde ein Mechanismus in Gang gesetzt, der schon Ägypten und Tunesien ihre Unabhängigkeit gekostet hatte. Um die Schulden zurückzuzahlen, wurden neue Schulden gemacht, um ein Loch zu stopfen, wurden zwei neue gerissen. Dem neuen Sultan blieb keine andere Wahl, als damit fortzufahren und zur Sicherheit weitere Staatseinnahmen zu verpfänden. Weit davon entfernt, die ›Ungläubigen‹ aus dem Lande jagen zu können, mußte er mit ihnen verhandeln, mußte zusehen, wie französische Truppen 1909 Oujda, Figuig, Casablanca und das Gebiet um Chechaouen besetzten, mußte er 1910 den Spaniern überlassen, was sie schon besetzt hielten, 1911 den Franzosen das Kontrollrecht über die Zölle und die öffentlichen Arbeiten einräumen. Hatte man deshalb den ›Sultan des Heiligen Krieges‹ auf den Thron erhoben? Seine Politik stieß überall im Lande auf Ablehnung, die Stämme erhoben sich, Meknes wurde geplündert, Fes von Aufständischen eingeschlossen. Frankreich entsandte am 26.4.1911 Truppen – zum Schutz der in Fes lebenden Europäer, wie es hieß –, und deren Kommandant bewog den Sultan zu einem offiziellen Hilfsersuchen an Frankreich. Dagegen protestierte Deutschland. Am 1.Juli 1911 erschien das Kanonenboot ›Panther‹ mit zweihundert Soldaten an Bord vor Agadir (der

»Panthersprung«). Diese zweite Marokkokrise, die beinahe schon den Ersten Weltkrieg ausgelöst hätte, ward durch Verhandlungen im November 1911 beigelegt. Das Deutsche Reich verpflichtete sich, durch ein Stück des französischen Kongo entschädigt, den Franzosen freie Hand in Marokko zu lassen. Unter französischem Druck unterzeichnete in der Mittagsstunde des 30. März 1912 der Sultan den Vertrag, der Marokko zum französischen Protektorat machte. Als das bekannt wurde, brach in Fes ein fremdenfeindlicher Aufstand los, den französische Truppen gewaltsam niederschlugen – aber noch nach Wochen war die Ruhe nicht wiederhergestellt. Der zum Generalresidenten ernannte General und spätere Marschall Hubert Lyautey (1854-1934) bewog den Sultan, ins ruhigere Rabat zu übersiedeln. Von dort begab sich der unglückliche ›Sultan des Heiligen Krieges‹ am 12. August ins Exil und hinterließ seinem Großvezir die Urkunde, in der er seine Abdankung zugunsten seines jüngeren Bruders Yussuf erklärte.

Das Protektorat etabliert sich

Was Frankreich mit dem Vertrag bezweckte, war Herrschaft. Zwar versprach er dem Sultan und allen seinen Nachfolgern stetige Hilfe, verpflichtete er die Schutzmacht zur Respektierung seiner traditionellen Stellung, zur Achtung der Religion des Landes und ihrer Institutionen (einschließlich der Habous-Ländereien, um die es in Tunesien so viel Wirbel gegeben hatte), aber er sah die Teilung des Landes zwischen Frankreich und Spanien vor, übertrug den Fremden die gesamte Polizeigewalt, die Kontrolle über die Wirtschaft, dem Generalresidenten als dem Beauftragten der Französischen Republik die Vertretung des Landes nach außen (die marokkanischen Interessen in dritten Ländern sollten durch die französischen Diplomaten wahrgenommen werden) sowie die Finanzverwaltung. Alle Erlasse des Sultans mußten vom Generalresidenten gegengezeichnet werden – wie umgekehrt die seinen der Zustimmung des Sultans bedurften.

Um wirklich Herren im Lande zu werden, hatten die Franzosen einen mehr als 20jährigen verlustreichen Krieg zu führen, der immer stärkere Kräfte (Fremdenlegion und im Lande rekrutierte Hilfstruppen) erforderte.

Bis zum Beginn des Ersten Weltkrieges wurden nur die wichtigsten Städte und die atlantischen Küstenebenen besetzt, Schritt für Schritt dann die Paßstraßen des Hohen Atlas und die Sous-Ebene. Die Jahre bis 1920 sahen die mühselige »Befriedung« des Mittleren Atlas. Seit 1921 bildete die Unterwerfung des unter Emir Abd el-Krim aufständischen Rif die vordringlichste Aufgabe. Das Tafilalet, das östliche Hochland, Djebel Sahro und Anti-Atlas und die weite Südregion bis zum Rio de Oro wurden erst in einer 4. Etappe der Eroberung (1931-1934) unterworfen. Schätzungen, dieser lange Kolonialkrieg habe mehr als 27000 Opfer gekostet, sind beschönigende Untertreibung.

Lyautey hatte auf Diplomatie und die altrömische Maxime des divide ut imperes gesetzt und verstand das Protektorat als »ein Land, das seine eigenen Institutionen, seine Regierung, seine Selbstverwaltung bewahrt – aber unter der Kontrolle einer europäischen Macht«. Er versuchte, jene Fehler zu verhindern, die in Algerien und Tunesien gemacht worden waren. In seinem Konzept gab es keinen Platz für eine direkte französische Verwaltung, für europäische Landnahme. Erst nach seinem Sturz wurde aus dem Protektorat so etwas wie eine Kolonie, erwarben immer mehr Europäer Landbesitz und wurde eine zentralistische Verwaltung aufgebaut. Das komplizierte System der politisch-juristischen Organisation kann hier nicht einmal in groben Zügen nachgezeichnet werden. Genug: auf allen Stufen der Verwaltung standen den einheimischen Beamten französische (ihnen praktisch übergeordnet) zur Seite. Nur die Feudalherren behielten, sofern sie sich den französischen Interessen hilfreich erwiesen, die richterliche Gewalt in ihrem Bereich.

Das spanische Protektorat (durch Vertrag vom 27. November 1912 geschaffen) unterstand nominell einem ›Vertreter‹ des Sultans, de facto einem spanischen Hochkommissar. Tanger wurde durch einen französisch-englisch-spanischen Vertrag vom 18. 12. 1923 zur Internationalen Zone.

Marokko war also aufgeteilt. Das Volk besaß keine Vertretung, die Einheimischen keine Freiheiten. Erst ein Erlaß vom

18.9.1953 verlieh den paritätisch aus Franzosen und Marokkanern zusammengesetzten Gemeinderäten den Status gewählter und mitberatender Vertretungen. Doch da sie zur Hälfte aus Franzosen gebildet waren, konnte man sie nicht als Repräsentanten des marokkanischen Volkes betrachten, sondern als Instrument, die Herrschaft der Europäer aufrechtzuerhalten.

Kolonialismus und seine Folgen

Es waren vor allem die wirtschaftlichen Möglichkeiten, die Marokko bot, welche das Interesse der europäischen Firmen und der europäischen Staaten erregt hatten. Ins französische Protektorat investierten nun französische Konzerne Kapitalien mit dem Ziel, möglichst hohe Gewinne zu erwirtschaften. Häfen wie Kenitra, Safi, Agadir wurden ausgebaut, ein Straßennetz geschaffen, auch ein fragmentarisches Eisenbahnsystem, das in erster Linie dem Transport von Mineralien aus den Abbaugebieten dienen sollte. Freilich kam das alles schließlich auch dem Lande zugute, aber den Einheimischen half das wenig.

Im Gegenteil, immer mehr der zumeist in Großgütern bewirtschafteten besten Böden wurden durch Subventionen, vorteilhafte Kredite und durch Hilfe bei der Energieversorgung begünstigt. Sie lieferten die Hälfte der Weichweizenernten, 35 Prozent der Gemüse-, 75 Prozent der Agrumenernten. Die auf kargere Böden zurückgedrängten einheimischen Bäuerlein konnten ohne Kredite und ohne moderne Maschinen nicht konkurrieren, fielen hoffnungslos zurück und verarmten. Noch 1947 lebten vier Fünftel der einheimischen Bevölkerung von Ackerbau und Viehzucht. Sie konnten auf ihren dürren Böden zumeist nur Gerste anbauen. Aus dem saftigen Weideland verdrängt, grasten die Schafe und Ziegen das spärliche Wachstum auf den Höhen im Landesinnern ab. Folge: gefährliche Überweidung. Die Kolonialverwaltung tat nichts, um die Einheimischen vor den fatalen Folgen ihrer Politik zu schützen:

Vergleichbar das Geschick des städtischen Handwerks, das mit seinen noch mittelalterlichen Fertigungsmethoden und

Organisationsformen nicht mit der maschinellen Produktion Schritt halten konnte.

Der Einbruch Europas hatte das wirtschaftliche Gleichgewicht des Landes, und nicht nur dieses, gestört. Eine selbstbewußte europäische Minorität setzte mit ihren Sitten und Forderungen neue Normen und schuf neue Probleme. Obwohl nach Lyauteys Konzept die europäische Gegenwart distanziert neben der marokkanischen Wirklichkeit hätte verlaufen sollen, hat sie die Gesellschaftsstruktur des Landes tiefreichend verändert. Die breite Masse sank auf ein ›proletarisches‹ Niveau, eine schmale Schicht Reicher wurde noch wohlhabender. Unter dieser dünnen Schicht städtischer Großhändler und reicher Feudalherren (dem Pascha von Marrakesch, dem Thami el-Glaoui, gehörten allein 35000 Hektar Fruchtland) gab es eine Mittelklasse, der etwa zehn bis fünfzehn Prozent der Stadtbewohner zuzurechnen sind, und darunter die breite Masse des Kleinbürger- und Bauerntums am Rande des nackten Elends.

Diese Entrechteten bildeten das Fußvolk im Kampf um die Befreiung, um die Unabhängigkeit. Aber diese hat die problematische Entwicklung nicht rückgängig gemacht. Im Gegenteil: seit sich Marokko als unabhängiges Königreich in Weltwirtschaft und Weltpolitik behaupten muß, haben sich die fatalen Tendenzen eher noch verstärkt.

Widerstand

Der bewaffnete Freiheitswille der Bergstämme, der Kampf des ›Blauen Sultans‹ el-Hiba, der hartnäckige Widerstand der Stämme des Mittleren Atlas (Niederlage der Franzosen im November 1914 bei Khenifra), der von Abd el-Krim entfachte Krieg des Rif bis 1924 – wir werden unterwegs im Land an alles das erinnert werden – war Widerstand, der noch nicht seine geistige Grundlage gewonnen hatte. Nebeneinander standen jene, die panarabische Doktrinen verfochten, die Hoffnungen setzten auf eine »Rückkehr zum wahren Islam«, standen die Traditionalisten und die jungen Intellektuellen mit europäischer Bildung, denen die Gesellschaft nur untergeordnete Stellungen zu bieten hatte. Das politische, gesellschaftliche und wirtschaftliche Unbehagen machte sich mehrfach in Unruhen gegen die Besatzungsmacht Luft. Aber diese Aktionen waren ohne klares Programm – sozusagen negativ.

Einen positiven Widerstand brachte erst einer der gar zu schlau berechneten Verwaltungsakte zustande: der berüchtigte Berbererlaß, der »Dahir berbère« vom 16. Mai 1930. Ein Erlaß, der versuchte, einen Keil zwischen Araber und Berber zu treiben, indem er die als »berberisch« deklarierten Stämme dem koranischen, dem Schariat-Recht, und damit der Jurisdiktion des Sultans entzog. Für die Berber sollten fortab im Zivilrecht die Stammesältesten, im Strafrecht der Code Napoléon verbindlich sein.

Der Erlaß, der Spaltung bewirken sollte, wurde zum Kristallisationspunkt aller Opposition. Die jungen Intellektuellen erkannten darin eine perfide Mischung des ›Divide-et-impera‹-Prinzips mit verkappter Reaktion und fanden sich Seite an Seite mit den traditionalistischen Gelehrten der Qarawiyn-Hochschule von Fes und dem einfachen Volk. Proteste in den Moscheen, öffentliche Demonstrationen – Verhaftungen. Das »Junge Marokko« organisierte sich 1934 im Comité d'Action Marocaine (CAM), das dem Sultan und dem Generalresidenten einen Reformplan vorlegte. Höher als zu Reform verstiegen sich die Hoffnungen zunächst gar nicht.

Den 20jährigen Sultan Mohammed ben Yussuf, der, kaum der Vormundschaft eines Regentschaftsrates entwachsen, das Berberdekret hatte gegenzeichnen müssen, machte das mißtönige Echo stutzig. Anfangs zögernd, fand er Kontakt zur jungen Intelligenzija, gewann Verständnis und Sympathie für ihre Bestrebungen. Und da sich in ihren Reihen keine überlegene Führungsgestalt befand, sondern nur eine Reihe guter Köpfe, kam ihnen der Sultan als Symbol sehr gelegen. »Der traditionelle Monarch und die moderne Nationalbewegung sind in der Folgezeit in Marokko nicht auseinander –, sondern durch eine Kette teils zufälliger Ereignisse aufeinanderzugewachsen; sie konnten von der Kolonialmacht nicht gegeneinander ausgespielt werden«, wie F. Ansperger den jahrelangen Prozeß charakterisiert. Angesichts der wachsenden Kriegsgefahr schlug 1939 der Generalresident eine liberalere Richtung ein. Und der Sultan besaß Weitblick genug, auch nach der Kapitulation Frankreichs vor Hitlers Armeen nicht auf die deutsche Karte zu setzen. Seine Loyalität machte sich bezahlt. Im November 1942 landeten amerikanische Truppen an der marokkanischen Küste, auf der Konferenz von Casablanca 1943 erhielt er – als nomineller Landesherr der Gastgeber – vom Präsidenten Roosevelt das Versprechen, nach dem Siege der Alliierten werde Marokko seinen Platz in einer Gesellschaft freier und ihr Geschick selbst bestimmender Staaten einnehmen. Der amerikanische Präsident starb, bevor er seine Zusage einlösen konnte. Aber sie war gegeben. Der Zweite Weltkrieg war die Götterdämmerung des Kolonialismus.

Unterwegs in die Unabhängigkeit

Aus der Nationalbewegung, die bisher nur Reformen des Vertrags von Fes und der Verwaltungspraxis gefordert hatte, wurde 1944 die ›Istiqlâl‹, die Unabhängigkeitspartei, und sie verfocht, was ihr programmatischer Name versprach: die Unabhängigkeit. Der Sultan und seine Regierung stellten sich hinter diese Forderung. Verhaftungen, Verhandlungen waren die Folge, Protest der europäischen Siedler und Interessenvertreter gegen jedes liberale Entgegenkommen. Die Ereignisse begannen sich zuzuspitzen.

Im April 1947 hielt Sultan Mohammed im international-neutralen Tanger jene vielbejubelte Rede, in der er die Freiheit eines wiedervereinigten arabisch-moslemischen Marokko forderte. Wenige Wochen später traf General Juin als neuer Generalresident in Rabat ein und ging auf harten Kurs; intransigent gegen alle Nationalisten, versuchte er den Sultan durch Drohungen und Pressionen einzuschüchtern.

Zugleich wurde der Glaoui-Pascha von Marrakesch, der den Franzosen seinen Reichtum und seine despotische Stellung verdankte und von »neuen Ideen« alles zu fürchten hatte, ins Spiel gebracht. Unter seiner Leitung tagte die Versammlung, die den Sultan für abgesetzt erklärte. Das war die Ermächtigung für Juin, ihn gefangenzunehmen und

zusammen mit seinen Söhnen über Korsika ins Exil nach
Madagaskar zu schicken. An seiner Stelle wurde ein alter
Onkel, Mohammed ben Arafa, zum Herrscher proklamiert.

Die plump manipulierte und gewaltsame (übrigens auch
dem Vertrag von Fes widersprechende) Absetzung des legiti-
men Herrschers war, wie sich herausstellen sollte, ein entscheidender Wendepunkt. Das Volk weigerte sich, die zahnlose Marionette der Franzosen anzuerkennen. Wo sein Name
im Freitagsgebet genannt wurde, blieben die Moscheen leer.
Französische Waren wurden überall boykottiert. Schlimmer:
es begann der Terror mit Bombenanschlägen auf öffentliche
Einrichtungen und auf Sympathisanten der Protektoratsmacht. Deren Antwort war wiederum nur Gewalt, Verhaftungen, Aktionen von Polizei und Militär, ein Gegenterror
der »Présence Française«. Das nur zu bekannte traurige Spiel.

Letztlich war es wohl die Weltpolitik, die den Ausschlag
gab. Im Mai 1954 mußte Frankreich seinen Indochinakrieg
verlorengeben, im November desselben Jahres begann der
Befreiungskrieg Algeriens. Am 1. Juni zog Habib Bourguiba
triumphal in Tunis ein, am 16. November kehrte Sultan
Mohammed V. auf seinen Thron und nach Rabat zurück,
am 2. März 1956 unterzeichnete er die Urkunde, die Marokko seine rechtliche Selbständigkeit zurückgab. Am
7. April des nächsten Jahres endete das Protektorat Spaniens
über Nordmarokko, am 29. Oktober trat auch das internationale Statut für Tanger außer Kraft.

Das freie und wiedervereinigte Land wurde Mitglied der
UNO. Am 12. November 1956 nahm eine beratende Natio-
nalversammlung ihre Arbeit auf, fast auf den Tag genau
reiste ein Jahr später Mohammed ben Yussuf, jetzt König
Mohammed V., in die USA und sprach vor der Vollver-
sammlung der Vereinten Nationen. Die unterm 8. Mai 1958
erlassene Königliche Charta versprach die Errichtung einer
konstitutionellen Monarchie mit strikter Gewaltenteilung.
Der »König der Befreiung« starb am 26. Februar 1961 an den
Folgen einer Operation. Sein Nachfolger war Hassan II.,
der schon als Kronprinz die Rolle des Regenten erfolgreich
gespielt hatte.

An der Küste der Phöniker und der Römer

Die Seefahrer aus dem Osten

Der Morgenstern erlischt am blassenden Himmel, rosenlippig küßt erstes Licht die Kämme purpurdunkler Wogen. Unterm Frühlicht fröstelt die Kreatur, als wir uns auf die Reifen machen. Zu solcher Stunde mag erstmals ein dunkles Schiff der Phöniker hinausgefahren sein in die Weiten des westlichen Okeanos. Nicht um eine neue und unbekannte Welt dort zu finden, wo die Sonne sinkt, sondern auf der Suche nach neuen Märkten. Dabei hielt man sich an die Küsten.

Griechen wie Römer besaßen nur unzulängliche Vorstellungen von Erstreckung und Ausdehnung des Kontinents, den sie »Libyen« nannten. Einige ihrer wissenschaftlichen Autoritäten vertraten die Ansicht, Ostafrika und Indien seien durch eine Landbrücke verbunden, andere glaubten daran zwar nicht, dachten sich aber den Kontinent Libyen viel kleiner, als der schwarze Erdteil in Wirklichkeit ist. Daß ihn tatsächlich das Meer umfließt, bewies erst die Expedition des ägyptischen Pharao Necho (610-594 v. Chr.), der mit phönikischen Seeleuten bemannte Schiffe vom arabischen Meerbusen nach Süden aussandte. »Er befahl ihnen, sie sollten den Heimweg durch die Säulen des Herakles nehmen und also wieder nach Ägypten zurückkehren. Die Phöniker fuhren also ab aus dem Roten Meer und fuhren in das Südmeer. Und wenn es Herbst ward, gingen sie an das Land und besäten das Feld, wo sie immer gerade in Libyien waren, und warteten die Ernte ab, und wenn sie das Korn eingeerntet hatten, gingen sie zu Schiff, so daß sie, als zwei Jahre herum waren, im dritten Jahre einbogen durch die Säulen des Herakles und in Ägypten ankamen.« Und dann folgt in des Herodot (IV, 42) Bericht jener von des Autors Zweifeln erfüllte Satz, der uns Heutigen die Bestätigung gibt: »Und die erzählten – ich kann es nicht glauben, vielleicht aber glaubt's ein anderer – sie hätten, als sie um Libyen herumschifften, die

Sonne zu ihrer Rechten gehabt.« Wer um das Südkap Afrikas in ost-westlicher Richtung herumfährt, der sieht wirklich die Sonne zu seiner Rechten, d. h. im Norden stehen. Des Herodot Zweifel besiegeln die Wahrheit dessen, was er berichtet. Im gleichen Kapitel erzählt der ›Vater der Geschichte‹ auch von der Unternehmung des persischen Prinzen Sataspes, eines Vetters von Xerxes I. Der Herr hatte am Hof Skandal verursacht und wurde zum Tod verurteilt. Auf Fürbitte seiner Mutter gab der Großkönig ihm eine Chance: Wenn es ihm gelänge, den libyschen Kontinent zu umschiffen, sei ihm die Strafe erlassen. Der verwöhnte Prinz heuerte zwar eine punische Mannschaft an, aber gab auf noch nicht halbem Weg auf. Nach ruhmloser Rückkehr erwartete ihn der Tod am Schandpfahl.

Pharao wie Großkönig wollten nur ihren Namen mit das Menschenwissen bereichernden Unternehmungen verknüpfen. Die Punier dagegen waren Entdeckungsreisende aus wirtschaftlicher Notwendigkeit. Die Kaufleute der von Tyros aus gegründeten »Neuen Stadt« Karthago betrachteten die atlantischen Küsten als ihre Domäne. Wenn sie die Söldner bezahlen sollten, die ihre Kriege gegen zahlenmäßig überlegene Konkurrenten führten, dann mußten sie immer neue Märkte erschließen und zugleich die cleveren Griechen von ihnen fernhalten. Das Seemannsgarn, das sie um Seelen und Segel der Konkurrenten schlangen, mochte zu Homers Zeiten noch an- und sogar in die Dichtung eingehen, doch schon im 6. Jahrhundert wußten die Griechen über karthagische Praktiken Bescheid. So Herodot (IV, 42):

»Und wenn sie [die Karthager] dieses Land [die Küsten jenseits der Straße von Gibralta] erreicht haben, laden sie ihre Güter aus und ordnen sie auf dem Strande. Dann kehren sie an Bord ihrer Schiffe zurück und geben ein Rauchzeichen. Wenn die Eingeborenen den Rauch erblicken, kommen sie ans Meer herunter, legen für die Waren eine bestimmte Menge Gold auf den Strand und ziehen sich sodann zurück. Die Karthager gehen wieder an Land und besichtigen das Gold, das man zurückgelassen hat. Wenn sie meinen, daß es dem Wert der Güter entspricht, nehmen sie es mit und segeln davon, wenn nicht, gehen sie abermals an Bord und warten, bis die Eingeborenen genug Gold hinzugetan haben, um ihre Wünsche zu befriedigen.

Keine Seite sucht die andere zu übervorteilen. Die Karthager rühren das Gold nicht an, solange es nicht an Wert dem entspricht, was sie mitgebracht haben, und die Eingeborenen rühren die Waren nicht an, bevor das Gold nicht weggeholt worden ist.«

Herodot kannte die Usancen (sie blieben bis weit ins 19. Jahrhundert fast die gleichen), aber von den geographischen Realitäten hatte er nur undeutliche Vorstellungen. Die Karthager führten ihre Rivalen an der Nase herum. Sie wollten ihr Licht als Entdecker nicht unter den Scheffel stellen, aber kein Konkurrent sollte aus den Expeditionsberichten Nutzen ziehen können.

Etwa gleichzeitig mit dem Bericht Himilkos, der (wann aber?) an der spanischen und französischen Küste entlang zu den Zinninseln segelte (nach Britannien und Irland also), mag der des Hanno über eine Westafrikaexpedition entstanden sein. Eine griechische Fassung des rätselhaften Textes ist überliefert.

1. Die Karthager verordneten, daß Hanno über die Straße von Gibraltar hinauszusegeln und libyphönikische Kolonien zu gründen habe. Er stach in See mit 60 fünfzigrudrigen Schiffen, Männern und Frauen, 30 000 an der Zahl, Lebensmitteln und anderen Bedarfsgegenständen.

2. Nachdem wir die Straße durchfahren hatten und zwei Tage lang weitergesegelt waren, gründeten wir die erste Kolonie, die wir Thymiaterion nannten und in deren Nähe sich eine weite Ebene befindet.

3. Westwärts segelnd erreichten wir sodann einen Ort namens Soloeis, ein mit Bäumen bewachsenes Kap.

4. Nachdem wir dort ein Heiligtum dem Poseidon geweiht hatten, kehrten wir um und fuhren einen halben Tag lang ostwärts, worauf wir zu einer nicht weit vom Meer entfernten Lagune gelangten, die mit dichten, hohem Schilf bewachsen war. Dort weideten Elefanten und zahlreiche andere Tiere.

5. Einen Tag hindurch fuhren wir an dieser Lagune entlang und ließen dann [neue?] Kolonisten in der Festung Carian, in Gutta, Acra, Melitta und Arambys zurück.

6. Von dort segelten wir zum Lixus, einem großen Flusse, der aus Libyen kommt. An seinen Ufern weiden die Lixiten, die Nomaden sind, ihre Herden. Wir blieben eine Zeitlang bei diesem Volk, mit dem wir Freundschaft schlossen.

7. Jenseits dieses Gebietes hausen barbarische Äthiopier in einem Land voll wilder Tiere, durchquert von hohen Gebirgsketten, in denen, wie sie sagen, der Lixus entspringt. An den Hängen leben Menschen von wunderlichem Aussehen, die Troglodyten. Die Lixiten behaupten, daß sie schneller laufen können als Pferde.

8. Nachdem wir uns von den Lixiten Dolmetscher erbeten hatten, segelten wir zwei Tage lang an einer Wüstenküste in südlicher Richtung und dann einen Tag lang in östlicher Richtung. Dort stießen wir in einem Golf auf eine kleine Insel mit einem Umkreis von fünf Stadien [etwa 960 Meter]. Wir tauften sie Cerne und ließen Kolonisten zurück. Nach der Strecke, die wir zurückgelegt hatten, berechneten wir, sie müsse gegenüber von Karthago liegen, denn die Fahrtzeit von Karthago bis zur Straße von Gibraltar war genauso lang wie die von der Straße nach Cerne.

Es folgen dann Angaben über wilde Äthioper, riesige Golfe, lange Küsten, geheimnisvolle Zeichen, Trommelgetön und Barbarengeschrei, unheimliche Glutströme und Feuersäulen und von Wilden wimmelnde Inseln – über Dinge also, die den Griechen Angst machen sollten. Abgesehen davon, daß im ersten Absatz ein Abschreiber die Zahl der Passagiere verzehnfacht hat, will der Text manche Tatsachen bewußt verfälschen. Vor allem das Ziel wird verheimlicht, nämlich die Sicherung des Seewegs zu den Goldmärkten. Absichtlich gab der Hanno-Report schon den Zeitgenossen Rätsel auf. Wie weit diese Reise überhaupt führte, kann wohl niemand mehr genau sagen. Cerne, damit dürfte die Insel vor Essaouira (Mogador) gemeint sein Der Lixus/Loukkos ist identifiziert. Die antike Siedlung Liks liegt nur knappe 85 Kilometer von Tanger entfernt. Die sieben Kolonien, deren Namen der Hanno-Bericht nennt, wurden also alle auf dieser kurzen Küstenstrecke gegründet.

Überall ist das, was Archäologen fanden, jünger als die überlieferten Gründungsdaten, stammt an den atlantischen Gestaden aus einer Zeit, da Karthago sicherlich schon bestand. Aufs 7. Jahrhundert v. Chr. datiert man die spärlichen Herdstätten, Geräte und beschrifteten Scherben, welche tief drunten im Süden, auf der Insel Mogador (vor Essaouria) gefunden wurden. Klärlich können Lixus und die anderen Landeplätze kaum viel älter sein.

Es ist also punisches Kolonialgebiet, das wir durchfahren, wenn wir uns von Tanger aus auf den Weg nach Rabat machen, in die heutige Haupt- und Königsstadt. Abseits von der P 2 haben sich da und dort Überbleibsel aus römischen Tagen gefunden, auch Hinweise, daß dort vorher schon Punier siedelten oder Nachtquartier suchten. Wir verzichten jedoch darauf, jeden römischen Ziegelstein aufzusuchen.

Da wir früh aufbrachen, glaubten wir Zeit genug vor uns zu haben, um bequem das Sehenswerteste an der kaum dreihundert Kilometer langen Straße nach Rabat ansteuern zu können, zumal wir ja die Herkulesgrotte schon besucht haben, aber wir täuschten uns.

Asila: Terrorchef und Kulturprogramm

Nur etwa zwanzig Kilometer südlich von Tanger zeigt sich, nachdem wir Hügel und Eukalyptuswälder durchfahren haben, wieder das Meer. Etwa zehn Kilometer weiter überquert eine nach Mohammed V. genannte Brücke den Oued Tahadart (Oued Hachet). Hier fand man Reste eines Betriebs zur Herstellung der römischen ›garum‹-Paste. Dann weiter beim Dorf Kouars die Spuren eines im 1. Jahrhundert n. Chr. angelegten und im 3. Jahrhundert aufgegebenen Römerlagers. Ein paar Trümmer des Aquädukts am Strand, und, meernahe, auch wieder Zeugnisse für ›garum‹-Fabrikation. Die Kunde, zehn Kilometer weiter östlich vermute man die Stätte einer schon mauretanischen Königsstadt, die unter den Römern Ad Mercuri hieß, soll uns nicht aufhalten. Rechts der Ozean, links bläuliche Hügelketten, dann vor dem Meer Salinen und vor einem weißen Marabut am Strand wieder ein paar Reste alten Mauerwerks.

An *Asila* jedoch, das sich früher auch Arzila oder spanisch Arcila schrieb, dürfen wir nicht einfach vorbeifahren. Das war einmal der phönikisch-punische Stützpunkt Zili (Silis), war nach Karthagos Fall (146 v. Chr.) königlich mauretanische Münzstätte. König Bogud stand auf seiten des Marcus Antonius, also deportierte der siegreiche Oktavian die Bevölkerung nach Spanien, siedelte dafür ihm getreue Römer aus Hispania an und verlieh ihrem Gemeinwesen den Status

einer ›Colonia‹. Später war die kleine Hafenstadt Sitz idrisidi-
scher Fürsten, die mehrfach – man denke! – normannische
Wikinger abzuwehren hatten, gelangte 972 in die Hände der
spanischen Omayyaden, sank dann zur Bedeutungslosigkeit
herab. Doch als es im 14. Jahrhundert dem merinidischen
Teilstaat von Ceuta angehörte, öffnete es sich dem Handel
mit Europäern. Schiffe der italienischen Seerepubliken wie
der Katalanen und Provenzalen lagen hier vor Anker. Am
24. 8. 1471 gingen die Portugiesen an Land und verwandelten
die Stadt in eine ihrer Festungen, in eine Basis für ihre Züge
gegen die ›Heiden‹. Hier landete 1578 König Sebastian I.,
um ganz Marokko zu erobern, von hier aus zog er in Niederlage und Tod in der ›Dreikönigsschlacht‹ von Ksar el-Kebir.
Dann waren die Spanier hier die Herren, 1589 der Saadiersultan Ahmed al-Mansur, dann die Spanier noch einmal, bis
Muley Ismail sie 1691 endgültig vertrieb. Obwohl der große
Herrscher Leute aus dem Rif hier ansiedelte, Medrese, Bad
und Moscheen errichten ließ, blieb Asila fortan ein bedeu-
tungsloses Nest. Trotzdem wurde es im 19. Jahrhundert
mehrfach von Schiffen der europäischen Mächte beschossen,
am 21. Juli 1829 auch von einer österreichischen Flotille.
Kurios nur für den, der vergißt, daß Metternichs Österreich
auch eine Seemacht war. Anno Domini 1906 fiel die Stadt
in die Hände eines abenteuerlichen Freibeuters. Der Palast,
den er sich hier erbauen ließ, ist bis heute das bedeutendste
Bauwerk der Stadt.

Ahmed Raisouli, ein Berber aus den Bergen, Jahrgang
1858, Sohn eines idrisidischen Scherifen, Nachkomme des
Propheten also und auch eines lokalen Heiligen, war von
seinem Vater zu frommen Studien bestimmt. Aber der Sinn
schon des Halbwüchsigen stand auf anderes: auf Jagd, Vieh-
diebstahl, Raub und wilde Abenteuer. Mit seiner Bande
terrorisierte er die Stämme zwischen Tanger und Tetuan.
1876 wurde er auch zum Mörder. Als der Mann seiner
Schwester eine zweite Frau nehmen wollte, tötete er am
Hochzeitsabend die Braut und deren Mutter. Der Sultan
befahl seine Verhaftung, aber der Bandit verschwand im
Untergrund, lebte von seiner Beute, bis einer seiner Freunde
ihn verriet, ihn nach Tanger lockte, wo der Pascha ihn mit

falscher Freundlichkeit empfing, zum Gastmahl lud und beim Essen verhaften ließ. Er wurde auf der Insel Mogador vor Essaouira an der Atlantikküste eingekerkert. Doch Haft ist kein Mittel, einen Verbrecher zu bessern. Als er nach dem Tod des Sultans (1894) amnestiert wurde, hielt er sich zwar einige Monate ruhig, aber als er erfuhr, daß der Verräter von einst zum Pascha von Tanger ernannt worden war, sammelte er erneut seine Spießgesellen und machte die Gegend unsicher. Eine veritable Militärexpedition gegen die Kasbah seiner Heimatstadt Zinat führte nicht zur Ergreifung des Übeltäters. Vielmehr ließ der nun den Times-Korrespondenten W. Harris, den US-Konsul von Tanger Mr. Perdicaris und dessen Schwiegersohn Mr. Varley kidnappen, erpreßte damit die Freilassung seiner alten Kumpane, die in die Hand der Regierung gefallen waren, außerdem 14 000 Pfund Lösegeld und die Absetzung des ihm verhaßten Paschas und schließlich für sich das Kommando über die Bergstämme im Hinterland von Tanger. Als Caïd sorgte er für ›law and order‹ in seinem Sinne, nahm Asila ein und erreichte es durch geschickte Manöver, als Herr der Stadt und Pascha der Region anerkannt zu werden. Damals ließ er sich hier seinen Palast erbauen. Während des Ersten Weltkrieges machte er sich Liebkind bei den Spaniern und sogar beim Deutschen Kaiser, aber dann brach alles zusammen. Die Spanier verjagten ihn 1922 aus Asila, er mußte sich einem seiner einstigen Kumpane ergeben, der zu Abd el-Krim übergegangen war, dem Helden des Rif. Seltsam sind die Wege der höheren Gerechtigkeit. Erstaunlicherweise war diesem asozialen Selbsthelfer ein natürlicher Tod beschieden: freilich in Armut, Krankheit und Verlassenheit.

Asilas Neustadt extra muros ist deutlich spanisch geprägt, aber in ihrem Lebensrhythmus ganz marokkanisch. Weiß und von kleinen Leuten bewohnt – grüner in den Straßen um das ›Hotel de Villa‹ –, mit kleinen Cafés und Restaurants, kleinstädtischen Läden und behaglichem Zeitmaß, etlichen ganz billigen und einigen freundlichen, ein- bis zweisternten Hotels, legt sie sich um das Rechteck der altersbraunen portugiesischen Mauer. An der Avenue Hassan II haben sich ihr im Schatten faseriger Eukalyptusriesen kleine Markt- und

Imbißbuden vorgelegt. Durch das Bab Homar, das ›Landtor‹ in einem dicken runden Turm, betreten wir die schmalen stillen Gassen der Medina und verfallen einem Zauber. Die milchweißen, bläulichen, rosigen Häuser haben resedagrüne, orangegelbe, blaßblaue oder tiefrote Sockel, himmelblaue oder türkisgrüne Tür- und Fensterumrahmungen. Die Gäßlein sind peinlich sauber, und die Wände werden mehrmals im Jahr neu geweißelt. Erst rechts, dann wieder links einbiegend, gelangen wir zu einem kleinen Platz, den der viereckige ›Rote Turm‹ beherrscht. Neben ihm öffnet sich das ›Meertor‹, das Bab el-Bahar, zum Strand zu Füßen der Kasbah, wo die Fischer ihre bunten Boote an den Strand ziehen und ihre rotbraunen Netze flicken, bevor sie wieder ausfahren ins feindliche, flaschengrüne Gewoge. An Zinnenmauern entlang schlendern wir zum Raisouli-Palast mit seinen andalusischen Ziegeldächern. Zwei Stockwerke hoch, aber so verschlossen wie die anderen Häuser auch, verrät er nach außen wenig von der Bequemlichkeit seines Inneren, das seinerzeit die besten Handwerker von Fes im traditionellen Stil auszuschmücken hatten.

Die enge Behaustheit schmaler Gassen verbindet sich mit dem Atem der Meeresweite. Kaum ein Ort sonst, an dem diese Durchdringung so körperlich spürbar ist. Auf dem Weiß nackter Wände stehen starkfarbige Bilder, entstanden beim letzten ›Moussem culturel‹, das in jedem August avantgardistische Maler des Landes einlädt, die Hausmauern mit ihren abstrakten Schöpfungen zu beleben. Parallel dazu findet in Asila ein internationales Musikfestival statt. Der Ort kann nicht mit den großen Touristenstädten wie Fes oder Marrakesch oder mit der Badehochburg Agadir konkurrieren – und will es auch gar nicht. Er hat von der tunesischen Küstenstadt Tabarka das Schlagwort übernommen »Ne bronzons pas idiots« und möchte seine Kulturwoche auf einem anspruchsvollen Niveau halten; er will die Kultur ins Leben einbeziehen, in Vorträgen, Diskussionen, Atelierbegegnungen eine künstlerische Infrastruktur schaffen und endlich die Züge eines arabisch-islamischen Menschenbildes von heute herausstellen. Kein bescheidenes Vorhaben für eine so kleine Stadt.

Durch überwölbte Durchlässe schlendernd, vorbei an Fassaden, die an Granada erinnern, durch elfenbeinern verschlossene Gäßchen, die Meerwind erfüllt, finden wir an der Südwestecke der Festungsstadt einen bezinnten Turm und ein paar Stufen hinaus auf eine Bastion. Ein zaubervolles Bild. Die von Felsriffen zerrissene blaugrüne See, weiße Hauskuben über der goldbraunen, von der Gischt des Ozeans gepeitschten Mauer. In diesem Winkel hat ein kleiner Friedhof Schutz gesucht, mit einer weißen Kuppel über dem Grab eines Frommen und bunten Kacheln über den Ruhestätten seiner Jünger und Nachfahren.

Abstecher in die Vorzeit: Cromlech von M'Soura

Die ersten Kilometer, die sich zunächst von der Küste entfernen, bieten wenig Abwechslung, doch dann windet sich die Strecke abwärts, auf- und wieder abwärts in die Küstenebene und läßt auch den eilig Vorüberrollenden etwas ahnen von der Vielgesichtigkeit des Landes. Wo im Frühjahr fleißig bestellte Hügel grünen, da hügelt es sich im Herbst nur noch lehmrot, strohfahl und dürr. Etwa siebzehn Kilometer hinter Asila zweigt landeinwärts eine Straße nach Tetuan ab und verleitet uns zum Ausflug zu einem in Nordafrika ziemlich einzigartigen Denkmal, dem *Cromlech von M'Soura,* einer schätzungsweise achttausend Jahre alten kreisrunden Steinsetzung um einen Hügel von 54 bis 58 Meter Durchmesser, der freilich durch Grabungen weitgehend abgetragen ist. Er enthielt treppenartig aufeinandergesetzte Steinblöcke und eine Grabkammer, in der man Knochenreste ohne irgendwelche Beigaben fand. Die Phantasie hat dieses Mal mit dem mythischen Riesen Antäus in Verbindung gebracht, dem angeblichen Gründer von Tanger und Lixus. Etwa 170 geglättete Monolithe reihen sich zum dichten Kreis. Die meisten sind weniger als mannshoch, doch einer von den vieren, die dort standen, wo ein außen umlaufender niedriger Steinwall eine Art Vorhof bildet, steht noch in voller Höhe aufrecht und erreicht fünf Meter. Von seinen drei Brüdern sind zwei gestürzt und einer verschleppt worden. Rätselhaft wie Stonehenge und stumm wie die bretonischen Steinalleen von

Carnac stehen diese Zeugen einer fernen Vergangenheit in der Landschaft, umdrängt von den Wellblechdächern und Opuntienhecken eines abgelegenen Dorfes, das man mit einem normalen Personenwagen nur unter besonders günstigen Bedingungen erreicht.

Der Michelinführer empfiehlt, auf der Straße nach Tetuan nach vier Kilometern das links abzweigende, zum Dorf Souk-Tnin Sidi-el-Yamani führende Asphaltsträßlein einzuschlagen und rät, dort einen einheimischen Führer zu suchen. Man braucht ihn nicht zu suchen. Die Burschen im Dorf warten auf jedes fremde Auto, wissen sofort, was die Fremden wollen und kennen auch ihren Preis. Den gilt es vorher hart auszuhandeln, denn hinterher sind die Forderungen grotesk überzogen. Die Piste vom Dorf an, so erklärt unser Hassan, ist länger, schlechter und nur für Jeeps geeignet. Er wisse eine bessere und kürzere, dirigiert uns auf die Tetuan-Straße zurück. Vierhundert Meter nach dem Kilometerstein mit der Aufschrift »Tetouan 71« (oder: Larache 33) biegen wir scharf links in einen kaum merkbaren Feldweg ein. Reifenspuren verraten, daß heute schon einmal Fremde hier unterwegs waren. Ein kurviges Auf und Ab, von Querrillen durchzogen, staubig, aber ohne Abzweigungsalternativen, und dann sind wir nach 4700 Metern am Ziel.

Mögen die Dorfköter kläffen – uns versinkt die Zeit. Das Aug-in-Auge mit dem Zeugnis der Vorzeit löst deren Rätsel nicht, aber den ganzen Tag noch schwingt sie in uns nach, als hätten wir eine schwere eherne Glocke angeschlagen. Der Cromlech ist mehr als bloßer Gegenstand der Schaulust. Er ist ein Halt auf der Fahrt in den tiefen Brunnen der Vergangenheit, aber doch nur ein Scheinhalt, der einem den sicheren Boden unter den Füßen wegzieht. Es ist, als hätten wir unter den Kämmen der Brandungswogen hindurchtauchend den Sand unter den Sohlen verloren und müßten nun trachten, aus dem jenseitigen, dem toten, dem unbetretbaren Land wieder ins begehbare Diesseits zurückzufinden.

Zurück also auf unseren Spuren zur Tetuan-Straße, zur Kreuzung und dann südwärts weiter auf der Route nach Larache. Sie schlingt sich wieder durch die Küstenhügel. Händler mit Mineralien und buntbemalter Keramik haben sich neben ihr eingerichtet und hoffen, daß eines der vorübereilenden Automobile anhält. Plastikplanen, auf denen sich Zuckermelonen türmen und davon künden, wie gelb reines Gelb sein kann. Und die Erde: da intensiv orangenfarben, dort von einem blutigen Ocker, über den lindernd Korkeichen ihren Schatten breiten. Nur alle acht Jahre sind nach der Ernte der Korkrinde ihre Stämme so rostrot wie der Boden. Souk el-Khemis el-Sahel tritt nur am Donnerstag, wenn hier Markt gehalten wird, als ein ›Zentrum‹ in Erscheinung. Wo die Straße das Tal des Oued Loukkos erreicht, halten wir neben Bruchstücken römischen Mauerwerks und viereckigen auszementierten Becken: dem Gewerbeviertel der alten Stadt Lixus.

Mauretania – Roms Provinz am Ende der Welt

Lixus ist altes punisches Terrain. Manche Autoren legen die Gründung dieser Kolonie (wie auch die von Gades/Cadiz in Spanien) ins 12. Jahrhundert v. Chr. – ein fabelhaftes Datum vielleicht, denn die ältesten Spuren, die Archäologen in Lixus auffanden, stammen erst aus dem 7. Jahrhundert v.Chr. – aus der gleichen Zeit, aus der auch ein paar phönikische Scherben von Essaouira (Mogador) zutage kamen; auch in Sala (Rabat) glaubt man, phönizische Spuren aus jenen Tagen nachweisen zu können. Damals bestand zwar Karthago bereits, die Tochterstadt von Tyros, aber sie konnte noch nicht daran denken, ein eigenes Reich aufzubauen und die Küsten Nordafrikas und des westlichen Mittelmeeres mit einer Kette von Faktoreien zu besetzen. Das geschah erst im 6. Jahrhundert, als sich die Assyrer der Mutterstadt an der Küste vor dem Libanon bemächtigt hatten. In jener Zeit wurde Karthago zur ›Neuen Hauptstadt‹ eines Reiches, das sich bemühte, die konkurrierenden Griechen von den einträglichen Märkten fernzuhalten, sie zu verwirren und abzuschrecken.

Seltsam immerhin, daß Gades wie Lixus in symmetrischer Entsprechung gleich weit entfernt liegen von den Säulen des Herakles-Melkart, auf dem Seeweg zu den britannischen Zinninseln die eine, auf dem zum Gold des Kongo die andere.

Dem nüchternen Sinn der Römer waren die bunten Mythen von Herakles – der ja hier niemand anderes ist als Melkart, der göttliche Stadtherr von Tyros in Phönizien – nur krause Märchen: Die Geschichte von seinem Sieg über den erdgeborenen Riesen Antäus, die Erzählung, wie er durch Überlistung des Riesen Atlas, der das Himmelsgewölbe zu tragen hat (und der, zum himmelhohen Gebirge versteinert, noch immer den Himmel Marokkos trägt), die von einem nie schlafenden Drachen bewachten goldenen Äpfel der Hesperiden, der gen Untergang wohnenden Nymphen, gewann, wie er den siebenleibigen Geryon besiegte, Europa von Afrika trennte. Den Drachen meinte Plinius d. Ä. in den silberglänzenden Windungen des Oued Loukkos zu erkennen, der nie aufhört, Wasser zu führen, nie also »schläft«. Von den sagenhaften Gärten (und wir denken bei goldenen Äpfeln natürlich gleich an die goldglühenden Orangen, welche die Antike freilich so wenig kannte wie den Pomodoro, die scharlachrote Tomate, den Zuzügling aus der von Kolumbus entdeckten Neuen Welt), von diesen Gärten, so bemerkt er ironisch, seien nur noch ein paar wilde Ölbäume übrig. Folglich bezweifelt er auch die Nachrichten, Lixus sei einst so groß gewesen wie Karthago. Für ihn war es einfach eine der Römerkolonien, von Kaiser Claudius gegründet, nachdem Rom sich jener Gebiete bemächtigt hatte, die heute Nördliches Marokko und Westliches Algerien heißen und vorher den Berbern und ihren Königen gehört hatten, Männern vom Schlag eines Skyphax oder Massinissa.

Als die Römer das volkreiche Karthago zerstörten (146 v. Chr.) und sein Gebiet zur Provinz machten, ergoß sich ein Flüchtlingsstrom in die Lande der Berber, brachte punische

Anschauungen, Sitten, Techniken mit. Die Fürsten der Berber, mit Rom verbündet, benutzten beides: Den römischen Schutz und den kulturellen Zustrom, um ihre lockeren Herrschaftsbereiche im Sinne hellenistischen Königtums umzumodeln. Das sichtbarste Beispiel setzte der Numiderkönig Massinissa, Roms Verbündeter im Kampf gegen Karthago. Zur Zeit, da Rom gegen dessen gerissenen Enkel Jugurtha focht, regierte im ›mauretanischen‹ Westen König Bokchos (ca. 118-81), der Schwiegervater Jugurthas. Sein Verrat am Numider brachte dem ›Mauren‹, dem willigen Helfer der Römer, den Besitz Westnumidiens ein. Über die Geschicke des so gewachsenen ›Reiches‹ wissen wir nur wenig – vermutlich waren sie recht unruhig, denn verschiedene Namen von »Königen der Mauri« tauchen auf. Im Bürgerkrieg zwischen Caesar und den Pompejanern boten Bogud und Bokchos II. als gemeinsame Herrscher Caesar wertvolle Rückendeckung. Im Machtkampf der Caesarerben schloß sich Bogud der Partei des Antonius an und fand den Tod, der jüngere Bokchos II. (gestorben etwa 30 v. Chr.) hatte vermutlich Octavian zum »Erben« eingesetzt. Jedenfalls trat ein staatsrechtlicher Schwebezustand ein. Augustus als direkter Verwalter gründete zwar Veteranenkolonien in Tingi (Tanger), Zilis (Sili, Asila), Babba, Banasa, doch kehrte er schließlich zum bewährten System der indirekten Souveränität zurück. Der Sohn des von Caesar besiegten Juba I. von Numidien war 46 v. Chr. im Triumphzug mitgeführt worden, erhielt aber dann als C. Iulius Iuba das römische Bürgerrecht sowie eine aristokratische Erziehung und gehörte später zum engsten Kreis des Augustus. Im Jahre 25 v. Chr. wurde er aufgrund seiner Verwandtschaft mit dem mauretanischen Königshaus zum Rex Mauretaniae befördert und mit Kleopatra Selene vermählt, der von des Augustus' Schwester Octavia erzogenen Tochter der großen Kleopatra und des Marcus Antonius. Sie war die letzte Ptolemäerin auf einem Königsthron. Der Sohn und Nachfolger bekam den Namen Ptolemäus. Unter der langen Herrschaft Jubas II. (25 v. Chr. bis 23 n. Chr.) entwickelte sich Mauretanien zu einem der bedeutendsten Pflegestätten hellenistischer Kultur im westlichen Mittelmeer. Zwar verlegte der König – geschmackvoller

Kunstfreund, angesehener Literat, Förderer der Wissenschaf-
ten — seine Residenz nach Iol, das nun Caesarea hieß (dem
heutigen Cherchell in Algerien), doch scheinen auch Städte
im Westen Förderung erfahren zu haben. In Volubilis jedenfalls kam eine herrliche, griechisch-idealisch überhöhte
Bronzebüste des Königs zutage, die heute einen Glanzpunkt
des Archäologischen Museums von Rabat bildet. Auch in
Sala (Rabat) fand man ein Bild des Königs, und die Ausgrabungen dort wie hier in Lixus brachten Zeugnisse für den
damaligen Wohlstand des Landes. Freilich nötigten immer
wieder unruhige Stämme zu militärischem Eingreifen der
Truppen Roms und des Königs, die Hauptsorge jedoch galt
der wirtschaftlichen Entwicklung, Erschließung oder auch
»Ausbeutung«. Um die Dörfer in den Tälern wogte wohl
Getreide, sprenkelten Ölbäume die Hänge, doch die meisten
Bewohner des Binnenlandes waren Nomaden, trieben frei
und freiheitsbewußt ihr Kleinvieh zu günstigen Weidegebie-
ten. Die Seßhaften an der Küste fingen Fische und bereiteten
das begehrte ›garum‹ oder nach alten phönikischen Rezepten
aus den Murexschnecken Pupurfarbstoff. Aus den damals
noch dichten Waldungen wurden wilde Tiere für die Schaulust des Pöbels nach Rom exportiert, auch edle Hölzer für
Luxusmöbel. Die italischen Kaufleute fanden feisten Gewinn.

Mit dem jungen Ptolemäus war man in Rom zufrieden.
Er hatte sich durch seinen Beitrag zur Niederwerfung des
Tacfarinas-Aufstandes in der Provinz Africa die ornamenta
triumphalia verdient. Caligula lud den entfernten Vetter
nach Rom, erwies ihm alle Ehren, aber dann ließ er ihn
plötzlich verhaften (Sueton meint, weil sein Purpurmantel
bewunderndes Aufsehen erregte) und wegen Hochverrats
hinrichten (40 n. Chr.). Die Antwort: ein Aufstand der
Stämme, entfacht von Adaemon, einem Freigelassenen des
Ptolemäus. Zwei Jahre lang mühten sich zwei Legionen, ihn
niederzuschlagen. Als die Mauri sich endlich ergaben, da war
der wahnsinnige Caligula schon ermordet. Sein Nachfolger
Claudius (41–54) teilte das nun unterworfene Gebiet in zwei
neue Provinzen: in die Mauretania Caesariensis mit der
Hauptstadt Caesarea/Cherchell und die Mauretania Tingitana, das heute nordwestliche Marokko.

Eine Provinz, die sich nicht unerheblich von den anderen unterschieden haben mag. Von beschränkter Ausdehnung, dünn besiedelt, ohne verwurzelte civitas-Traditionen, war sie Lückenschließer zwischen den blühenden Provinzen Numidia und Hispania, diente der Sicherung der Meerenge, blieb im übrigen ein Land weit dahinten. Zu ihrer Verteidigung genügten zwei, notfalls fünf Alae Kavallerie und sechs bis neun Kohorten Infanterie, im ganzen weniger als 14 000 Mann, rekrutiert aus Illyrien, Gallien, Spanien.

Die Archäologen haben kleine Truppenlager bei Tocolosida und bei Ain Chkour in der Nähe von Volubilis, in Tamouda, in Rabat (Sala/Chella), in der Umgebung von Tanger und Lixus ausmachen können, etwa zwölf Kilometer südlich Rabat auch Spuren eines Festungsgrabens zwischen dem Meer und dem Zusammenfluß des Oued Akreuch mit dem Bou Regreg. Man glaubte, einen Limes, einen Grenzwall entdeckt zu haben, wurde aber enttäuscht. Es scheint nicht einmal ein Kohortenlager östlich von Volubilis, an der Grenze der beiden mauretanischen Provinzen gegeben zu haben. Vermutlich wurde das entlegene Gebiet vor räuberischen Überfällen durch ein tiefgestaffeltes System mobiler Grenzwachen mit gekauften Clanchefs im Vorfeld gesichert.

Die Mauretania Tingitana war eine kaiserliche Provinz, die den Senat nichts anging. Einzig der Princeps bestimmte den in Tanger residierenden Procurator. Die Fehden der Wüstenstämme konnte man leichtnehmen. Die wenigen Städte waren vor ihnen sicher. Diese genossen den Status von ›coloniae‹ mit weitgehender Verwaltungsautonomie, eigenem Stadtrat (Senat), gaben sich selbst ihre Magistrate, wählten ihre Aedilen, Sufeten, Duumvirn aus dem lokalen Grundbesitzeradel. Es gab hier keine spektakulären Karrieren von Olivenölmagnaten, keine Aufstände eines ausgesogenen Proletariats.

Ein Städteland wie die Africa proconsularis (Tunesien) war die Tingitana nie. Die wenigen Städte mit Thermen und Tempeln, Theater und Arena, mit bequemen Wohnhäusern, bemalten Wänden und Mosaikböden, teuren Bronzen und zierlichem Mobiliar waren nur Inseln in einer dem allen ganz fremden Umwelt, die sich nicht romanisierte und später, wenn überhaupt, auch das Christentum nur zögernd und oberflächlich annahm und bald wieder vergaß. Die erste und für lange Zeit einzige Nachricht über ein christliches Martyrium stammt aus dem Jahr 298. Damals wurde in Tingis ein Hauptmann Marcellus hingerichtet, der sich lauthals seiner Zugehörigkeit zu der verbotenen Gemeinschaft gerühmt hatte. Im Grund weiß man recht wenig über die Ereignisse in dieser entlegenen westlichen Provinz. Man weiß nicht, ob sich der wirtschaftliche Aufschwung, den Nordafrika unter den Severern erlebte, auch hier auswirkte, weiß wenig von den Schwierigkeiten in der Zeit der Soldatenkaiser oder aus der Zeit des Rückzugs und Verfalls des Imperiums. Zwar sind einige Stätten aus dem Altertum bekannt und oberflächlich freigelegt, nur eine einzige Römerstadt ist jedoch in wichtigen Teilen ausgegraben und erforscht: Volubilis. Deren Reste sprechen wohl von den zivilisatorischen Normen der Kaiserzeit, verraten den Lebensluxus einer dünnen Schicht, die von der kolonialen Wirtschaft profitierte, aber sie schweigen vom Leben und Schicksal im weiten Land ringsum. Über mehr als einem halben Jahrtausend liegt ein Schleier, unter dem sich kaum einige undeutliche Züge abzeichnen, und er wird sich noch lange nicht lüften. Das selbständige Marokko vergibt keine Grabungslizenzen an Ausländer, aber verfügt selbst über viel zu geringe Mittel, um eine Kultur zu erforschen, die der islamische Staat als eine ihm eigentlich fremde empfindet. ›Fremd‹ war das Römertum hier schon vor dem Islam: eine ausgesprochen ›koloniale‹ Kultur. Die Reste von Lixus reden davon.

Besuch in Lixus

Unmittelbar rechts der Straße nach Rabat finden wir das ›Industrieviertel‹: Fast ein Dutzend Betriebe waren hier angesiedelt mit über anderthalbhundert Becken zum Einsalzen der Fische und zur Gewinnung von ›garum‹. Sie waren von der Zeit Jubas II. bis mindestens ins 3. oder 4. Jahrhundert für den Export tätig. Damals wurden sie wieder einmal überholt. Die ›garum‹-Würze, auch ›liquamen‹ genannt, schien den römischen Köchen unentbehrlich. Aber sie war so umständlich herzustellen, daß man sie – vor allem in den meerfernen Gebieten – lieber als Konserve bezog. Eines der Rezepte: »Fischinnereien in einem Tongefäß unter Beigabe von kleinen Fischlein einsalzen. Das stelle man in die Sonne, rühre es öfters um, bis die Flüssigkeit verdunstet.« Dann: »Nimm ein feinmaschiges Sieb und lege es in die Mitte des mit der oben erwähnten eingesalzenen Fischmasse gefüllten Gefäßes. So kann das Liquamen, durch das Sieb gepreßt, herausgenommen werden.«

Die Herausgeber des Heimeran-Büchleins ›An der Tafel des Trimalchio‹, dem wir dieses Rezept verdanken, empfehlen als Ersatz für ›garum‹ ganz einfach Sardellenpaste. Überzeugend. Man versuche nur einmal mit dieser Würze in Öl gebratene Aprikosen!

Ein steiniger Pfad zieht von der Straße hinauf zur Oberstadt, zu einem Plateau, das noch einige Reste der Stadtmauer aus der Zeit der mauretanischen Könige begrenzen. Zunächst trifft man auf das Amphitheater, eine gut drei Meter vertiefte kreisrunde Arena für Tierhetzen und Gladiatorenspiele, aber mit einem nur halbkreisförmigen Zuschauerraum und einst wohl versehen mit einer Bühne für Sprech- und Musiktheater. Unter ihr ein Durchgang, der zu einem Bau führte, welcher im 3. Jahrhundert zu Thermen umgestaltet wurde. Hier kam der Mosaikboden mit dem tentakelgekrönten Haupt des Okeanos zum Vorschein, das einzige Mosaik, das in Lixus an Ort und Stelle erhalten blieb.

Höher oben, weiter westlich, innerhalb des an die Westmauer anschließenden Berings der Tempelbezirk der ›Akropolis‹. Gut ein halbes Dutzend kleiner Kultstätten, mehrfach umgebaut, kamen zutage. Sie verraten orientalische, römische, griechische, punische Ideen. Ein Apsidenbau mit vorgelagertem Atrium wird als frühchristliche Kirche gedeutet, ein quadratischer Platz mit einer halbrunden Exedra an der einen Seite als das einstige Forum. Und doch bleibt das alles merkwürdig stumm. Es ist keine säuberlich präparierte und beschriftete Grabungsstelle, ist unbewacht und ungeschützt. Die Steine erzählen keine Geschichten.

Aber natürlich ereilt uns ein ›Bewacher‹, übernimmt die Führerrolle und weiß was zu erzählen. Im Grund sind ihm die Ruinen fremd, befremdlich die Neugier der Fremden. Die großen glattbehauenen und fugenlos gefügten Quadern der noch mehrere Meter hoch stehenden Stadtmauer bezeichnet er als ›karthagisch‹. Aber weder in Karthago noch sonstwo in der punischen Welt sind wir ähnlichem begegnet. Sie entsprechen genau hellenistischen Baugewohnheiten, aber hier, wo mythische Schatten geistern, wollen manche in ihnen Zeugen aus mythischer Vergangenheit sehen.

Die archäologischen Buchstabennamen der verschiedenen Tempel auf der Höhe bringt unser Mann etwas durcheinander – aber was soll's, wo sowieso alles durcheinanderliegt. Er läßt uns erst in Ruhe, als ich – abseits der Rundgangsroute – ihm das zeigen kann, was ich besonders gesucht habe: die Reste eines frühen islamischen Bethauses, eines dreischiffigen Raumes hinter einem quadratischen Hof, mit einer achteckigen Mihrabkapelle. Gültiges Zeugnis dafür, daß Lixus über das Ende der Römerzeit hinaus besiedelt war, sich der Bogen von den Phönikern bis in die Frühzeit des Islam spannt, über Jahrhunderte, in denen am Atlantik ebenso *more romano* gelebt wurde wie an Euphrat und Nil, an Rhein, Donau und Themse.

Wir schauen von den Mauern der ›Akropolis‹ hinab ins grüne Tal und hinaus zum fernhin erglänzenden Meer. Gleißend bricht sich das Himmelslicht drunten in den flachen Salinenbecken, in denen das durch die Flut heraufgeführte Meerwasser gefangen wird, damit es, zur Verdunstung gezwungen, sein mineralhaltiges Salz abscheide. Männer in hohen Gummistiefeln schaufeln die Salzberge zusammen, Lastwagen fahren das weiße Gut weg zur Reinigung. Salz, das benötigten schon die römischen Garum-Betriebe.

Der Oued Loukkos, der seinen Schlangenlauf vom Gebirg her durch grüne Täler heran nahm, zieht in weiten Windungen silberglänzend dem westlichen Meere zu, wirklich wie der riesige Drachenwurm, der die Gärten der Hesperiden bewachte. Diese suchten die Griechen – oder waren es nur die alexandrinischen Gelehrten? – dort, wo heute *Larache* liegt.

Das ist, auf einer Mündungsterrasse des Oued Loukkos gelegen, eine junge Stadt an einer schicksalsschweren Stelle,

die sich den Hunderttausend zu entwickelt, besiedelt schon
seit Puniertagen, immer wieder in Krieg und Gewalttat hin-
eingerissen, umkämpft von Portugiesen, dem Sultan von
Fes, den Spaniern, ein Nest für Piraten, von Österreichern,
Franzosen, Spaniern beschossen. Diese waren schon seit 1911
hier die Herren, haben die Neustadt angelegt mit der pal-
men- und platanenbestandenen Avenida, die jetzt nach Mohammed V. heißt, und mit dem üblichen begrünten Rundplatz, jetzt Place de la Liberté, gesäumt von Restaurants und

Cafés, mit Zugang zu einer Terrasse, die den Blick freigibt
auf Meer und Loukkosmündung und stinkende Abfallhal-
den. Neben einem stattlichen Brunnen ein Tor mit Hufeisenbogen, das in ein malerisches Marktquartier führt. Eine win-
kelige, von Schwibbogen überspannte Gasse endet beim fliesenbelegten Vorplatz einer Moschee, und wenn man dann
noch ein Tor durchschritten hat, steht man auf einem weiteren Aussichtsplatz mit Blick zum Loukkostal und über die
Salinen hinweg zur Stätte von Lixus. In einem spanischen
Festungsturm ist das kleine Archäologische Museum untergebracht. Zwei Räume nur, der eine der Geschichte von
Lixus gewidmet, mit einem hilfreichen Stadtplan, und in
den Vitrinen Scherben von Öllämpchen aus phönikischer,
punischer und mauretanischer Zeit, mit römischen Münzen,

Terra sigillata (Importwaren aus Gallien) und Fragmenten
islamischer Keramik. Im unteren Geschoß dann eine kleine
Schau römischer Fundstücke: Werkzeuge, Schmuck- und
Toilettenartikel, Keramik und bronzene Möbelbeschläge.
Ein Pferdekopf, ein eindrucksvoll besoffener Silen und gute
Repliken der beiden Gruppen von des Theseus' Sieg über
den Minotaurus und von des Herakles' Bezwingung des
Antäus aus dem Museum von Tetuan. Es freut uns, dem
starken Zeussohn und dem Riesensohn des Poseidon und der
Erdmutter hier zu begegnen, wo ihre großen Schatten noch
umgehen.

Vorbei an den braunen Mauern des ›Storchenschlosses‹,
des spanischen Forts aus der Zeit Philipps III., gelangen wir
dann wieder zur Hauptstraße und finden ein Eßlokal, das
unseren Appetit auf Krabben und Meeresfische stillt. Augen-
zwinkernd serviert der Ober uns auch eine kühle Flasche von
angenehmem marokkanischem Roséwein, aber stellt sie in
eine Serviette gewickelt unter den Tisch, auf ihn aber zur
Tarnung eine Flasche mit dem überall im Land beliebten
Mineralwasser. Davon gibt es, in Plastikflaschen überall er-
hältlich, im wesentlichen drei Marken: das Oulmes-Wasser,
mit Kohlensäure versetzt, und, sans gaz, ›Sidi Ali‹, das eben
nur nach Wasser, und ›Sidi Harazem‹, das dazu auch leicht
mineralisch, also ›gesund‹, schmeckt, laut Etikett leicht ab-
führend wirkt und der Leber gut tut. Wir werden noch
Gelegenheit genug haben, der Leber wohlzutun, und lassen
uns den Wein (aus tarnend gefärbten Gläsern) schmecken.

Wein – das werden wir noch lernen – wird zwar in den
mehrsternigen Hotels zum Essen ausgeschenkt, selten aber,
nur in Großstädten oder Zentren des Tourismus, in öffentlichen Restaurants. Auch nur in solchen Orten findet man
einen Laden für Spirituosen, ohne die tunesischen Beschränkungen, die den Verkauf nur am Nachmittag und nicht
am Freitag gestatten, und zu normalen Preisen, nicht den
astronomisch hochgesteuerten von Algerien.

Wer unterwegs ist, um fremdes Land und fremde Menschen zu erleben, für den gibt es eigentlich nichts Uninteres-
santes – und das von Touristenbussen unberührte Larache
böte in seiner arabischen Altstadt wie in den eher spanischen

Neustadtgassen Fesselndes genug. Doch trösten wir uns: Wir werden in den nächsten Wochen mehrfach ähnlich Fesselndes zu sehen bekommen. Wenn wir das heutige Tagesziel noch erreichen wollen, müssen wir weiterfahren.

Die portugalesische Schlacht

Landschaftlich nicht ohne Reiz sind die waldig-hügeligen Kilometer bis zur Abzweigung nach *Ksar el-Kebir*. Die neue Straße läßt diese Landstadt, die fast so volkreich ist wie Larache, links liegen. Aber wir sind neugierig. Die Betonkuben der Neustadt machen keine Freude. Eher schon die bunten Souks mit den Resten alter Moscheen, Funduqs, Schulen. Anziehender als im maritimen Larache sind hier die Gewerbe, die sich nach den Bedürfnissen eines bäuerlichen Hinterlandes orientieren. Kaum mag man's glauben, daß der Ort vor kaum zwei Menschenaltern nur ein sterbendes Nest gewesen sein soll. Im 11. Jahrhundert an der Stelle eines römischen oppidum neugegründet, von dem Almohaden Yaqub al-Mansur erweitert und mit einer Mauer bewehrt, erhielt es davon den Namen El-Kasr el-Kebir (die große Festung), woraus die Spanier »Alcazarquivir« machten. Noch vor den Spaniern waren die Portugiesen zur Stelle, unternahmen von Asila aus Vorstöße. Mehr als episodische Bedeutung hatte nur einer: der Feldzug König Sebastians im Jahre 1578.

Der unbärtige junge König, semmelblond, mit der von spanischen Müttern angeerbten Habsburgerlippe, war ein religiöser Fanatiker und ein Phantast dazu. Sein Traum war, Marokko zu erobern, den ägyptischen Sultan zu stürzen, das Heilige Grab zu befreien und Konstantinopel den Türken zu entreißen. Vorher, so gelobte er, wolle er keine Frau berühren. Neidisch sah er auf den Erfolg seines Vetters Don Juan d'Austria bei Lepanto (1571). Zwietracht zwischen den Saadier-Fürsten Marokkos bot den Vorwand zum Eingreifen. Al-Mutawakkil, einer der vertriebenen Teilsultane des zerrissenen Maghrib, wandte sich an den Kreuzzugsträumer um Hilfe, schwor ihm Vasalleneid. König Sebastian warb Truppen an, ließ Tausende von Stricken drehen, an denen er die gefangenen ›Heiden‹ als Sklaven heimzuführen gedachte,

entwarf prunkvolle Gewänder für seinen Hofstaat und gab
eine goldene Krone in Auftrag, die seine Siegerstirn zieren
sollte. Träume eines Don Quichote. Alles wurde bedacht,
nur nicht die militärischen Realitäten. Feierliche Messen und
Prozessionen verzögerten immer wieder den Aufbruch der
Flotte. Und als man endlich in Asila gelandet war, traf das
Expeditionsheer vor der Großen Mauer von Ksar el-Kebir
auf einen entschlossenen Gegner. Die Schlacht war hart und
heiß. Am Ende des blutigen Tages lagen der moslemische
Bundesgenosse wie sein siegreicher Rivale, der Sultan Abd
al-Malik, in ihrem Blut. Ob der romantische König im
Fluß ertrank, zerhauen ward oder von den Hufen feindlicher
Pferde zerstampft wurde – niemand weiß es. Sein Leichnam
wurde nie gefunden. Alles war verspielt: das Leben Tausen-
der, der Nimbus des siegreichen Kreuzes, das Goldene Zeital-
ter Portugals, die Dynastie Aviz. Nach einem kurzen Zwi-
schenspiel nahm Philipp II. von Spanien Portugal unter seine
düsteren Fittiche. Vergebens hoffte Lusitanien auf die Rückkehr des zum messianischen Helden verklärten Sebastian.
Wunderbar auftauchende falsche Sebastians fanden unter
dem erbarmungslosen Philipp ein grausiges Ende. Spanien
löste den iberischen Rivalen auf allen Posten ab, fortan waren
die portugiesischen Festungen an der afrikanischen Küste
eben spanische – und manche blieben es auch noch, als die
Portugiesen schon des blutig-frommen Philipp Enkel abgesetzt und ihre überseeischen Kolonien zurückgewonnen
hatten.

Bald passieren wir dann die ehemalige spanisch-französi-
sche Grenze, die einst das Land teilte, überqueren den Oued
Loukkos, lassen Arbaoua rechts liegen und kümmern uns
vorerst nicht um die links abzweigenden Straßen: weder
um die P 23, die über Ouezzane nach Chechaouen führt
(nebenbei: eine außerordentlich schöne Route), noch um die
P 6, die in Souk el-Arba du Rharb (oder du Gharb) nach
Meknes abzweigt. Beide wollen wir später einmal befahren.

Für einen Umweg nach *Banasa* nehmen wir uns allerdings
noch die Zeit, da wir uns nun schon einmal auf mauretanischen und römischen Spuren bewegen, und hinterher finden
wir, daß die Unternehmung sich lohnte.

Bald hinter Souk et-Tleta du Rharb (Gharb), wo, wie der
Name sagt, am dritten Tag der Woche, am Dienstag also,
Markt gehalten wird, weist ein Schild links ab zu den »Rui-
nes«. Das Teersträßlein überquert auf schmaler Brücke den
Oued Sebou. Wenn man sich dann auf der Straße nach
Mechra bel-Ksiri (also links) hält und nach einigen Kilometern wiederum links abzweigt, erreicht man auf kurzer Piste
bei einem Gehöft und zwei Marabuts die Reste dieser römischen Stadt. Eine mauretanische Siedlung aus dem 4. oder
3. Jahrhundert v. Chr. verschwand unter dem römischen Forum. An dessen Südseite erhob sich das Capitolium für die
römische Göttertrias, daneben Tempelcellae für andere Gott-
heiten (durch Inschrift auf ihrer Statuenbasis ist Isis als eine
von ihnen gesichert). Gegenüber ein Bau, von dem nur ein
großer Eingangsbogen blieb: Gerichtsbasilika wohl, Cardo
und Decumanus zeichnen sich deutlich ab. Jenseits des Decumanus die ›Großen Westthermen‹ mit weitem Vorsaal, mar-
morgelegtem Auskleideraum, Kalt-, Warm- und Heißbad
und instruktiven Resten der Heizungsanlage. Weiter westlich
und auf tieferem Niveau die kleineren ›Thermen mit Fres-
ken‹ überraschend gut erhalten, selbst Spuren der namengebenden Wandbemalungen sind noch sichtbar. Jenseits eines
Quartiers mit Wohnungen, Werkstätten und kleinen Läden
trifft man abermals auf Reste eines öffentlichen Bades (mit
Mosaikfragmenten) und des Macellums, des peristylartigen
Fleischmarktes. Bis ins 3. Jahrhundert lebte der Ort als Vete-
ranenkolonie. Über sein Ende ist noch nichts bekannt. Der
Relikte der Römerzeit haben sich Spanier und Franzosen
angenommen, die sich als Erben Roms fühlten. Für die
Moslems Marokkos ist die Zeit vor dem Islam die der »Un-
wissenheit«, die man gering achtet. Dennoch weiß der Wärter, der sich uns bald zugesellt und sich als »befugt« ausweist,
archäologisch ganz gut Bescheid und beschränkt sich auf ein
paar hilfreiche Hinweise. Wir bescheinigen ihm auf seine
Bitte hin gern auf einem großen Blatt Papier, daß er uns
vortrefflich geführt habe – und dafür bedankt er sich sehr.

Wer in *Souk el-Arba* an einem Mittwoch durchkommt (oder im 20 km weiter südlich gelegenen *Souk et-Tleta* an einem Dienstag), der kann gar nicht anders, er muß einfach anhalten und die Fülle der Früchte besehen. Der Rharb (oder Gharb) – immer wieder tritt auf Karten und Wegeschildern das Zeichen gh für rh ein oder umgekehrt, für einen ganz tief in der Kehle gebildeten Reibelaut – der Rharb also, die fruchtbar-breite Landschaft am Unterlauf des Oued Sebou, war von alters her eine der landwirtschaftlich ertragreichsten Regionen Marokkos. Im Vorbeifahren nahmen wir die Agrumenhaine wahr, die Felder mit Rebstöcken, Baumwollstauden, Zuckerrüben. Sogar Reisfelder lagen seitlich der Straße. Die Märkte sind ein fesselnder Querschnitt durch all dies, faszinieren durch ihre üppige Buntheit. Da türmen sich die goldenen Orangen zu Pyramiden, häuft sich roter und grüner Paprika, lachen die Tomaten, rollen die Krautköpfe, glänzen feist die dunklen Auberginen und rosig die Zwiebeln. Neben einfachen Geräten für Feld und Haus flittern die billigbunten Fertigwaren, die farbigen Stoffe, die faden Plastikeimer, der banale Krimskrams. Zwischen dem Angebot eine fast scheue Menge. Nicht nur Kauflustige, sondern hohlwangige Bettler, gebeugte Weiblein, Mütter, die ohne Hoffnung in den Augen die Hand nach einem Almosen ausstrecken, zu müde, um die Fliegen von den Augen des Säuglings wegzuscheuchen. Trachom bald und Blindheit später – aber wer begreift hier schon die Kette von Ursache und Folge. Allah hat es so bestimmt.

Ein reicher Landstrich – und doch solche hoffnungslose Armut? Leider ja. Nach den Erhebungen des Jahres 1971 besitzt ein Drittel der hier lebenden Familien nicht einen einzigen Quadratmeter des Bodens, während ein Viertel des Landes 250 Großgrundbesitzern gehört. Die Zahl der kleinen Betriebe (mit weniger als 8 Hektar) und der mittleren (bis 20 Hektar), die 1965 noch beinahe die Hälfte ausmachten, schrumpft stetig. Einstiges Gleichgewicht ist offenbar zerstört, ähnlich wie in den anderen ergiebigen Landstrichen der Sebou-Ebene und am Unterlauf des Oum er-Rbia, im

Hinterland von Casablanca. In der Protektoratszeit waren sie wie der Rharb Schwerpunktgebiete der agrarischen Kolonisation gewesen, wo europäische Kapitalgeber mit Unterstützung von Regierung und Verwaltung den ansässigen Berberclans das fruchtbare Land abkauften. Sie verwandelten es in Großbetriebe, die mit modernen Maschinen nach den neuesten Erkenntnissen agronomischer Wissenschaft mit geringstem Einsatz von Arbeitskräften möglichst viel für den Export produzierten. Damit setzte ein Prozeß ein, der zur ›Unterentwicklung‹ führte. Die Clans und Sippen, die ihr Land verkauft hatten, erwarben mit dem schnell verdienten Geld neue, aber viel weniger ergiebige Böden, die als Kollektivbesitz nun immer mehr Familien ernähren mußten. Die Bevölkerung nahm zwar ständig zu, doch machte die maschinelle Bodenbearbeitung immer mehr Hände überflüssig. Und die im Besitz der Stämme verbliebenen minderwertigen Böden mußten immer mehr Münder sättigen, wurden unter immer mehr Teilhaber aufgesplittert. Nachdem Marokko 1956 seine staatliche Unabhängigkeit zurückgewonnen hatte, sprach drei Jahre später ein Gesetz den einheimischen Bauern ein Vorkaufsrecht auf jene Ländereien zu, welche von den bisherigen französischen Herren aufgegeben wurden. Schön und gut, nur womit hätten die armen kleinen Bauern einen solchen Bodenerwerb bezahlen sollen? Nicht ihnen fiel also das Land zu, sondern jene während der Protektoratszeit zu Geld und Ansehen gekommenen Familien allein verfügten über die nötigen Mittel, das produktive Land aufzukaufen. Als der marokkanische Staat um 1970 auf ›legalem‹ Wege, nämlich durch würgende Gesetze und Erlasse, den französischen Colons das Dasein unmöglich machte, setzte eine rücksichtslose Bodenspekulation ein. Die ›Großbauern‹ kauften nicht nur das Land in französischen Händen, sondern auch das der kleinen und mittleren Bauern. Innerhalb weniger Monate eines ›legalen‹ Bauernlegens erwarben sie fünfzehn Prozent des ertragreichen Landstrichs. Sie sind – obwohl sie nicht hier leben und arbeiten – die Herren. Sie allein kommen in den Genuß der günstigen Kredite, können ihr Land damit zu immer größeren Erträgen ausbeuten. Ihnen ist niemand gewachsen. Der König ist schließlich der

größte unter den Grundbesitzern. Der Kleinbauer, wenn er
nicht wenigstens zwanzig Hektar bewässern, bestellen und
abernten kann, ist darauf verwiesen, mit seinen viel zu vielen
Kindern auf ein paar Quadratmetern zu hungern oder für
gerade ein Fünftel dessen, was er unter rückenkrümmender
Mühe herauswirtschaftet, das Land eines großen Herren zu
bestellen. Wen wundert dann noch die fatalistische Skepsis
gegen alle Maßnahmen von oben und die apathische Erge-
benheit der Armen, der auf reichem Boden Entrechteten.

Dem Oued Sebou, den wir bald überqueren, verdankt die
Rharb-Ebene ihre Fruchtbarkeit. Er ist der nach dem Oum
er-Rbia zweitlängste Fluß Marokkos. In seinem Verlauf vom
Mittleren Atlas her haben ihn Nebenflüsse steigen lassen, bis
zu jener majestätischen Breite an seiner Einmündung in den
Ozean. Im Sommer führt er zwar bloß dreizehn Kubikmeter
in der Sekunde, doch wenn Schneeschmelze oder Regenfälle
ihn zu gewaltiger Wut anschwellen lassen, dann hebt er sich
bis zu acht Meter über seine Müdigkeit empor, überflutet das
Umland, bedroht die Siedlungen und reißt in einer Sekunde
zweitausend Kubikmeter Wasser, Sand, Lehm und Kies dem
alten Vater Ozean freudebrausend an das Herz.

Zwischen Wald und Meer

Noch eine antike Stätte liegt an unserem Weg: *Thamusida*.
Auch eine Küstensiedlung der Mauri, die, von den Bewohnern aufgegeben, in der zweiten Hälfte des 2. Jahrhunderts als
befestigtes römisches Militärlager wiedererstand: auf einem
Areal von 165 mal 135 Meter, nach dem obligaten Schachbrettplan angelegt (Reste des Praetoriums – der Komman-
dantur – und des Fahnenheiligtums sind aufgedeckt), hat sie
eine Zivilsiedlung mit den unvermeidlichen Thermen, mit
Hafenanlagen, Tempeln, Wohnungen und Läden an sich
gezogen. Der Weg dahin ist unbequem. Kein Hinweisschild
hilft. Man muß sich nach dem Kilometerstein Kenitra 15
beim Hundertmeterstein 3 einem Feldweg anvertrauen und
nach etwa fünfhundert Metern am Ende des elenden Weilers
den linken Zweig der Weggabel einschlagen.

Kenitra, seit 1913 auf freiem Feld nach Reißbrettplan erbaut, ist heute eine beachtliche Stadt. Obwohl sein Hafen mehr als ein Dutzend Kilometer oberhalb der Sebou-Mündung liegt, können ihn selbst bei niedrigem Wasserstand Schiffe mit bis vier Meter Tiefgang erreichen, um Kork aus dem Mamora-Wald und landwirtschaftliche Produkte des Rharb zu laden. Kenitra ist die moderne Nachfolgerin des alten *Mehdiya,* wohin wir uns den kurzen Umweg doch gönnen dürfen. Hier suchen manche – ob mit Recht? – das Thymiaterion des Hanno-Berichts. Undenkbar jedenfalls, daß die Punier an einem solchen Punkt keine Niederlassung gehabt hätten. Sicher bezeugt ist, daß im 10. Jahrhundert Berber hier einen Hafen anlegten und eine Siedlung, die, seit der Almohade Abd al-Mumen sie im 12. Jahrhundert befestigt und mit Schiffswerften versehen hatte, die »Wohlbevölkerte« hieß – al-Mamoura. Diesen Namen hat der Wald im Hinterland geerbt. »Wohlbevölkert« scheint der Platz nicht lange gewesen zu sein. Seit dem 15. Jahrhundert versuchten – freilich mit nur vorübergehendem Erfolg – Portugiesen, Spanier, Niederländer hier Fuß zu fassen. Schließlich nahm Muley Ismail 1681 das ganze Gebiet, errichtete – die spanischen Bastionen nützend – eine Garnisonsfestung, die er mit schwarzen ›Abids‹, Soldatensklaven, besetzte und Mehdiya nannte.

Das monumentale Tor der *Mehdiya-Kasbah* Muley Ismails wurde im November 1942, als amerikanische Truppen hier landeten, schwer beschädigt, hat inzwischen jedoch sein altes Gesicht zurückerhalten. Innerhalb des Mauerzingels eine grasige und krautige Ödnis, aus der sich bröckelnde Mauern herausheben, die Ruine eines Marabuts, eine umgrünte und noch intakte Moschee, das verfallende Schloß des Gouverneurs mit schönem Portal und Innenhof, Wohnsälen und Badetrakt. Von der Terrasse der Nordwestbastion, wo sich eine alte grünspanige Kanone sonnt, überschauen wir die Mündung des Oued Sebou: wie der breite Fluß sich zwischen durch Steinmolen verlängerten Schwemmlandfalten ins Meer ergießt. Das Dorf drunten am Fuß der Festungsmauer ist trotz des vom Meer her wehenden Windes, der die dürftigen Bäume und Sträucher landeinwärts gekrümmt hat, vom

fischigen Geruch der Konservenfabrik wie imprägniert. Der
Strand dann von Mehdiya Plage ist breit und lang und fein
und hat eine Kolonie von Ferienhäusern der Wohlhabenden
aus Kenitra und Rabat hergelockt – ein nicht gerade anmuti-
ges Dorf. In der Nachsaison ist es hier bei herabgelassenen
Rolläden still, nur die Meeresgischt braust und die Sonne
rötet die nackte Haut.

Durch macchiaähnliches Dünengesträuch folgen wir den
nach Rabat weisenden Schildern. Links zeigt sich der See
von Sidi Boughaba, am Hang über seinem Südende eine
verfallende Zawiya, eine islamische Klosteranlage. Dann sind
wir wieder auf der Hauptstraße nach Rabat. Sie führt am
Rand des *Marmora-Waldes* entlang, des – wie es heißt –
größten geschlossenen Waldgebiets des Landes. Hier steht
mehr als die Hälfte der Korkeichen Marokkos. Von ihnen
gewinnt man einen ausgezeichneten Kork und hartes wider-
standsfähiges Holz. Dazwischen endlose Flächen mit Eukalyptus, mit Kiefern. Der eilige Reisende mag mit ein wenig
Phantasie eine Vorstellung von dem fremdartigen Reiz des
Waldes gewinnen, der so gar nichts mit Fichtendunkel und
Buchengrün zu tun hat, wenn er von der Straße aus nur ein
paar hundert Meter hineinwandert zwischen die Kiefern,
die Korkeichen, die Eukalyptusstämme. Wenn die wilden
Hyazinthen, Narzissen und Iris blühen, lohnt sich ein solcher
Spaziergang sehr.

Für solche Ausflüge ist es heute zu spät. Wir wollen Rabat
noch vor der Dunkelheit erreichen, denn dann sind Marokkos Straßen unfallträchtig. Zu viele Radler, Mopedfahrer
und Eselkarren sind ohne Beleuchtung unterwegs.

So lassen wir auch am Ortsanfang von Sidi Bouknadel
den Wegweiser nach rechts zur *Plage des Nations* unbeachtet,
wo sich am Sonntag das Personal der Botschaften zum Bade-
und Picknickvergnügen trifft, bei dem der Sand zwischen
den Zähnen knirscht. Wer kann sich schon leisten, die Familie
ins Nobelhotel El-Firdaous, das ›Paradiesische‹, zum Essen
einzuladen? Nur ein paar Ölscheichs mit bulligen Leibwäch-
tern sitzen im Speisesaal, die Weinflaschen verhüllt auf dem
Tisch und die mit Whisky darunter, oder vergnügen sich in
der piscine oder am hoteleigenen Strand.

Ein Ausflug nach Mehdiya oder hierher kann einen Ruhe-
tag in Rabat angenehm füllen – oder der Besuch der ›Jardins
exotiques‹. Sie sind das für jede finanzielle Unterstützung
dankbare Privatunternehmen eines ›grünen‹ französischen
Botanikers und vermögen stundenlag zu fesseln. Auf ziemlich engem Raum ein Irrgarten mit Tunnelwegen und Hän-
gebrücken (der große Rundgang gelb, der kleine rot markiert), in dem wir unsere stumm blühenden Mitgeschöpfe
grüßen, ihre sinnigen Metamorphosen bestaunen. Üppiges
Wuchern im ›Urwald Brasiliens‹, der Pflanzengesellschaft
Polynesiens, Südasiens, Chinas. Papyrus und blauter Lotos,
gelbe Seerosen und rosige Magnolien, brennendroter Hibiskus und schnellwelkende Kamelien, bittere Aloe, Palmen
aller Arten und Baumfarne (»Das ist mehr als kurzatmige
Kulturhistorie. Das ist Erdaltertum.« Th. Mann).

Bevor wir Salé erreichen, spannt sich der Bogen eines
Aquädukts – nicht römisch, sondern aus der Merinidenzeit
des 14. Jahrhunderts – über die Straße. Das Fes-Tor von Salé
lassen wir wie die ganze Stadt einstweilen rechts liegen und
suchen unser Quartier. Diesmal nicht den Campingplatz an
der Mündung des Bou Regreg, sondern im stillen Hotel im
Diplomatenviertel der Hauptstadt, benachbart ihrem schönsten Wahrzeichen: dem almohadischen Hassan-Turm.

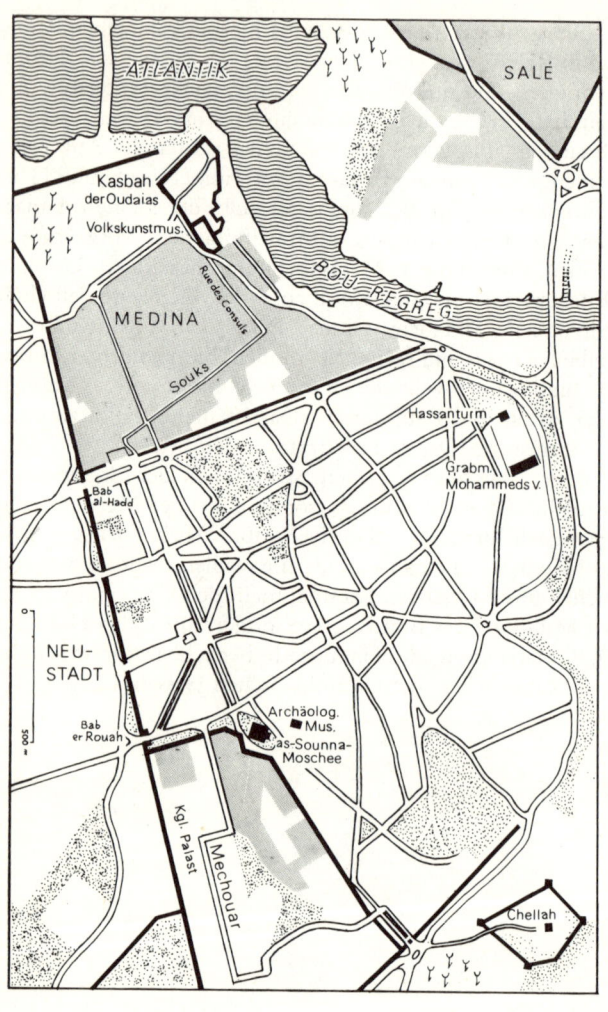

ATLANTIK

SALÉ

Kasbah
der Oudaias

Volkskunstmus.

Rue des Consuls

MEDINA

BOU REGREG

Souks

Hassanturm

Grabm.
Mohammeds V.

Bab
al-Hadd

NEU-
STADT

Bab
er Rouah

Archäolog.
Mus.
as-Sounna-
Moschee

Kgl. Palast

Mechouar

Chellah

Rabat – ein Reiseziel

Kontraste und Verwirrungen

Der grüne Guide Michelin versieht Rabat mit drei Sternen und der lakonischen Bemerkung »vaut le voyage«. Tatsächlich ist Rabat die Reise wert. Die Regierungs- und Verwaltungshauptstadt des Königreiches, durch schnelle Straßen mit dem Wirtschaftszentrum Casablanca verbunden, ist unter anderem auch ein Freilichtmuseum westislamischer Baukunst, dazu bequemer Ausgangspunkt für Fahrten zu anderen sehenswerten Städten des Landes.

Eine einzige Stadt, und sei es auch die Hauptstadt, kann freilich ein Land nicht repräsentieren, das, wie immer man seine Grenzen umreißen mag, großflächiger ist als Frankreich, dessen landschaftliche und menschliche Vielfalt sich auch auf wochenlangen Fahrten kaum erschließt. Trotzdem kann man in der jüngsten der Königsstädte (Rabat wurde erst 1912 Regierungssitz, aber ist auf altem Boden eine Gründung schon der Almohaden des 12. Jahrhunderts) wenn schon nicht die gesamte Breite des Landes, doch etwas von seiner zeitlichen Tiefe, seinen alten und neuen Widersprüchen erfahren und seinen Menschen begegnen. Rabat mit seinen breiten Avenuen, den Handwerkervierteln, den gelassen-farbfrohen Märkten, mit seinen Elendsquartieren, seinem dick aufgetragenen Reichtum und seiner hoffnungslosen Armut von einst und immer – Rabat ist hell.

Die Helligkeit strahlt nicht von den weißen Hauskuben, sie liegt in der Luft. Vom Ozean und vom Fluß aufsteigende Dunstschleier trüben das Licht der Sonne nicht, sie steigern es vielmehr zu schmerzhafter Intensität. Doch sattes Grün dämpft das zu Grelle, so wie der Atem des Meeres überall an der Küste die harten Gegensätze des Klimas mildert. Auch im Menschlichen scheint es gesänftigt, obwohl die sozialen Gegensätze hier noch krasser sind als anderswo, Casablanca ausgenommen. Sind sie hier nicht nur verdrängt, weil nicht sein kann, was nicht sein darf?

Die Stadt ist weder die größte, noch die wirtschaftlich
bedeutendste des Landes, ist nicht so ehrwürdig wie Fes,
nicht so heilig wie das kleine Moulay Idris, nicht so robust-
kontrastfarbig wie Marrakesch, ist weder so andalusisch wie
Tetuan noch so mittelmeerisch-heiter wie Tanger. Der Mann
vom Land, der zu Kauf und Verkauf hergekommen ist,
bestimmt so wenig das Bild wie der traditionsgebundene
Handwerker, die konservativen Korangelehrten oder die
Studenten (die aufmüpfigsten Elemente hat man eingefangen
und abgeschoben), die smarten Manager im dunklen Jackett.
Aber sie sind alle da, so gegenwärtig wie Herrscher und
Hof, Ministerien und Behörden mit all den Beamten und
Angestellten, wie Polizei und Gendarmerie und die Botschaften vieler Mächte hinter hohen weißen Mauern, mit
blühenden Büschen, zu denen in der Morgenfrühe die schä-
big entlohnten Bediensteten aus den Elendsquartieren im
Flußtal heraufsteigen. Da drunten und draußen am Rande
der Stadt wuchert schamhaft verhüllt die nackte Dürftigkeit,
breiten sich die Notstädte der Landflüchtigen, ohne Wasser,
Kanalisation, Elektrizität, mit Behausungen aus geradege-
klopften Blechbüchsen und zufällig gefundenen Brettern.
Ihrer schämt sich die Obrigkeit überall, läßt sie periodisch
wegbulldozern oder geschämig mit einer Mauer umziehen,
die wenigstens den Einblick verwehrt. Symptome sind dann
beseitigt – die Krankheit wuchert weiter. Doch wenn erst
einmal eine Mauer herumgezogen ist, kann sich das Elend in
eine trostlose Trabantenstadt verwandeln. Der erste stabile
Bau ist dann die Moschee und ihr Minarett.

Täuscht das »mittlere Klima«, das wir auf den ersten Blick
zu erkennen meinten? Bebt hier der Boden? Verbirgt sich
hinter hellem harmlosem Antlitz schizophrene Gefahr? Kann
denn die Hauptstadt eines so kontrastreich-widersprüchli-
chen Landes selbst ohne Kontraste sein, ohne Widersprüche
und Wirrungen?

Doppelgebilde

Seit einigen Jahren ist Rabat mit seinem Gegenüber Salé nördlich der Flußmündung zu einer Verwaltungseinheit zusammengespannt, zu einer Doppelstadt mit zwei Seelen. Schon in ferner Vergangenheit begannen Rivalität und Verwirrung. Im Namen von Salé – nördlich des Bou Regreg – steckt noch der, den einst die seit dem 8. Jahrhundert v. Chr. bestehende Ansiedlung der Mauretanier am südlichen Flußufer trug, in die später auch die Punier Fuß faßten, später noch die Römer.

Der Atlantik ist tückisch. Sala Colonia, der ferne Vorposten Roms, war als Flußhafen vor den Launen des Meeres geschützt. Doch auch der Fluß war launisch, hat seinen Lauf mehrfach geändert. Der Hafen versandete, in dunklen Jahrhunderten schwand die alleingelassene Kolonie dahin, der Sala-Name wanderte aufs Nordufer des Flusses.

Dann ein neuer Anfang: Die Zenataberber, die im 10. Jahrhundert das Gebiet nördlich des Bou Regreg beherrschten, wurden Herren auch der halbtoten einstigen Römerstadt. Zugleich errichteten sie auf dem Felssporn südlich über der Mündung des Flusses eine Klosterburg, ein Ribat. Solche Wehranlagen entstanden seit dem 8. Jahrhundert, bildeten einen Limes ums ›Haus des Islam‹, boten notfalls auch der Zivilbevölkerung Schutz, aber waren trotz ihres klösterlichen Charakters nicht mit durch lebenslängliche Gelübde gebundenen Mönchen im christlichen Sinne besetzt, sondern mit Glaubenskriegern, die sich freiwillig und auf Zeit dem Wacht- und Kampfdienst, verbunden mit religiösen Übungen, Gebeten und Koranlektüre, verpflichtet hatten.

Diese Klosterburg ist längst der Kasbah der Oudaias gewichen, doch lebt sie im heutigen Namen weiter. Die Stadt der Kämpfer reckte sich, als ihr die Almohaden eine Rolle im Abwehrkampf gegen die vordringenden christlichen Könige Spaniens zuwiesen. Abd al-Mumen erweiterte das Klosterfort zur Festung mit Moschee und Sultanspalast. Noch weiter gingen die Vorstellungen seines Enkels Yaqub al-Mansur (1184-1199). Er plante eine Basis für den Kampf gegen die Ungläubigen, einen Sammelplatz aller zum Einsatz auf der

iberischen Halbinsel vorgesehenen Kontingente, der sich
vielleicht einmal auch zu einer Stadt vom Range Alexandrias
oder Tunis' entwickeln würde. Zwei Mauern von zusammen
gut sechs Kilometer Länge wurden von der Kasbah und vom
Flußtal aus gezogen. Wo sie im spitzen Winkel zusammen-
trafen, sollte im 20. Jahrhundert der königliche Palast entstehen. Nach dem Sieg von Alarcos (in Neukastilien, 1195)
erhielt die geplante Stadt den Namen Ribat el-Fath, ›Sieges-
kloster‹. Doch den siegreichen Emir besiegte der Tod, das
Ende seiner Dynastie setzte auch den Arbeiten an der Sieges-
stadt ein Ende. Das Gelände innerhalb des almohadischen
Mauerzingels blieb Ödland. Nur eben die Mauern und Tore
reden vom Ehrgeiz der ursprünglichen Planung, und die
Bauruine der Hassan-Moschee. Aber diese spricht inzwischen
noch vernehmlicher vom Marokko des 20. Jahrhunderts.
Daß das »siegreiche Ribat« nicht ganz verging, dankt es außer
der Gunst seiner natürlichen Lage den Meriniden, die in der
Kasbah eine Garnison unterhielten und die Chella – an der
Stelle der alten römischen Sala, ihren Namen verballhornend
– als ihre Grablege befestigten. Aber das Übergewicht gewann nun wieder das Salé jenseits des Flusses. So sehr, daß
die Siedlung, die sich später nahe dem einstigen Ribat in
einem Winkel der Almohadenmauer einnistete und sich
durch die Andalusiermauer schützte, an der heute auf der
Avenue Hassan II die Autos entlangrasen, im 17. Jahrhundert
Neu-Salé hieß: eine Vorstadt von Salé, mit Flüchtlingen
besiedelt.

Krieg, Handel und Piraterie

Während im 17. Jahrhundert das Land in Anarchie verfiel,
nahmen die Städte an der Mündung des Bou Regreg einen
spektakulären Aufschwung. Salé hatte sich politisch selbständig gemacht, entwickelte sich zur Konkurrentin von Algier,
Tunis und Tripolis und wurde unglaublich reich. Die Jahres-
einkünfte aus dem Seeraub waren zeitweilig zehnmal höher
als das Steueraufkommen des ganzen Landes in den glänzenden Tagen des »Goldenen« Ahmed al-Mansur.
     Vielerlei kam zusammen, um diese Blüte zu ermöglichen:
die Lage der Stadt außerhalb der Meerenge von Gibraltar,

nahe am Weg, den die spanischen Handelsschiffe, den Passat-
winden folgend, von Cadiz und Sevilla aus über die Kanarischen Inseln nach Amerika nahmen, um von dort mit Gold,
Silber und Zucker beladen über die Azoren in die Heimat
zurückzukehren, zugleich auch am Seeweg zur Gold- und
Elfenbeinküste und weiter um Afrika herum nach Indien,
also auch am Indonesien-Weg der holländischen Kauffahrer.
Mit den Niederländern verständigte man sich schnell: sie
hatten mit Marokko einen Feind gemeinsam: Spanien. Die
meisten Einwohner von Neu-Salé, das später wieder Rabat
heißen sollte, waren aus ihrem spanischen Vaterland Vertriebene. Als erste waren hier die Moslem-Abkömmlinge aus
Hornachos in Estremadura, 50 km südöstlich von Merida,
ansässig geworden, die das Edikt von 1609 aus ihrer Heimat
verjagt hatte. Im nächsten Jahr folgten ihnen die ›Moriscos‹
aus Andalusien, 1611 wurden die ›Mauren‹ aus Katalonien
vertrieben, 1614 schließlich die aus Murcia. Die Horna-
cheros, reich an Unternehmungsgeist, hatten schon in der
heutigen Kasbah festen Fuß gefaßt und begonnen, eine wirtschaftliche Position einzunehmen, als die anderen Exulanten
folgten und Neu-Salé vergrößerten. Die Doppelstadt wurde
nach dem Vorbild der alten Heimat organisiert, mit einem
jährlich gewählten Alcalden an der Spitze, dem ein »cabildo«,
ein Stadtrat, zur Seite stand. Der Sultan empfing jährlich vier
Sklaven als eine eher symbolische Abgabe und Anerkennung
seiner Oberhoheit, im übrigen regelte die Stadtrepublik ihre
Angelegenheiten selbst – nicht ohne daß es zu blutigen Auseinandersetzungen zwischen den Einwohnern verschiedener
Herkunft kam. Doch wenn Feinde von außen drohten, dann
waren alle internen Zwistigkeiten vergessen, dann stand man
im Zeichen von Religion und Geschäft zusammen – nicht
anders als im Kampf gegen Spanien die Holländer. Diese,
kolonial ausgreifend, erkannten in der Seeräuberstadt einen
wertvollen Bundesgenossen und fanden Wege zur Zusammenarbeit.

Viele der großen Korsaren waren europäische Renegaten.
Einer der bedeutendsten Kaperkapitäne von Salé, Morat
Raïs, war als Jan Jansz in Haarlem auf die Welt gekommen.
Seit 1619 unternahm er Piratenfahrten im Ärmelkanal, vor

den Küsten Irlands und selbst bis Island. Die Malteser fingen ihn 1640 und schmiedeten ihn an die Ruderbank, doch kam er wieder frei und starb im Frieden seines Alters als Inhaber hoher Ämter.

Der Dreißigjährige Krieg, in dem die großen Mächte im Herzen Europas ihre Kämpfe austrugen, schwemmte Männer aus allen Gegenden an die afrikanischen Küsten und ins Seeräubergeschäft, in dem sie Karriere machten. Zugleich lenkte er das Augenmerk der kontinentalen Politiker von den maritimen Problemen ab. Nur die Engländer suchten den Kontakt zu den Korsaren von Salé, entsandten einen Admiral zu offiziellem Besuch, der dann nichts eiligeres zu tun hatte, als einen Geheimbericht über die Stärke der im Hafen stationierten Flotte nach London zu senden. Darin ist außer von den schweren Einheiten die Rede von 50 Briganti-nen mit je 12 Kanonen bestückt und mit 100 Mann besetzt.

Im englisch-holländischen Handelskrieg konnten die Hol-länder auf die Sympathie der Leute von Salé zählen. Afrika-nische Korsaren kreuzten bis in die Mündung von Themse und Severn und führten ihre überraschenden Schläge. Die Beute an Gütern und Menschen war jedesmal beträchtlich. Die menschliche Ware wurde auf dem Markt von Salé ver-steigert. 1653 zahlte man für einen gewöhnlichen Matrosen 30 Pfund, für einen Offizier niedrigen Ranges das doppelte, die Preise für die höheren Offiziere wurden von Fall zu Fall ausgehandelt. Wer keinen Käufer fand, lag angekettet in den unterirdischen Verliesen. Und wenn nicht Trinitariermönche ihn freikauften, blieb ihm nur die Wahl: entweder qualvoll als Galeerensklave zu enden oder Moslem zu werden und selbst ins Kapergeschäft einzusteigen. Bald waren nicht nur viele Kapitäne, die meisten höheren Chargen, die Steuer-leute, Zimmerer, Kanoniere, Feldschere gebürtige Europäer.

Die Blütezeit der Korsarenrepublik war allerdings kurz. Seit 1664 war vier Jahre lang Rhaïlan der führende Raïs, der etwa zwanzig Fregatten und Bankverbindungen mit Marseille und Tetuan unterhielt, aber die Kapertätigkeit war schon um die Jahrhundertmitte merklich zurückgegangen. Als Salé sich dem Machtbereich des Dila-Klosters einordnen mußte, erlahmte der Schwung. 1672 stachen gerade noch zehn Kaperschiffe in See, und unter den Alaouiten fand das Korsarentum Salés praktisch sein Ende. Das ›freie Unternehmertum‹ wurde abgelöst durch staatliche Kontrolle. Muley Ismail versuchte, die Piraterie in ein Kronmonopol zu verwandeln und wurde Besitzer der Hälfte aller Kaperschiffe; er befahl seinen Beamten, die ›freien‹ Gewinne streng zu kontrollieren. Als er 1701 gar siebzig Prozent der Erträgnisse abschöpfen ließ, wurde der Seeraub für die marokkanischen Unternehmer uninteressant. Am Anfang des 18. Jahrhunderts gab es keine Korsaren mehr in Salé.

Doch die auf wirtschaftlichen Gewinn für die Krone abzielenden und letztlich ruinösen Maßnahmen des Sultans waren es nicht allein, die den Seeräubergeist Salés zum Erliegen brachten. Der Schmuggel erwies sich bald als einträglicher. Vor allem auch: die europäischen Flotten ließen sich die Kühnheit der salenter Piraten nicht länger gefallen, sicherten ihre Handelswege militärisch ab, schritten sogar zur Seeblokkade. Als sich 1704 die Briten in Gibraltar festsetzten, betrachtete der Sultan das als eine ernste Drohung und unterband aus Furcht vor weiteren Repressalien die Tätigkeit der Korsaren.

Andererseits hatte der Rückgang der Piraterie schon im späten 17. Jahrhundert dem Seehandel Marokkos einen vorübergehenden Aufschwung gebracht. Als das Piratenwesen in schönster Blüte stand, da war der Handel unbedeutend gewesen. Seit 1665 kamen die geschäftlichen Beziehungen wieder in Gang. In Salé und Tetuan, den beiden bedeutendsten Häfen des Landes, verzehnfachten sich die Importe, dutzendweise lagen französische, englische, venezianische, genuesische und flandrische Kauffahrer dort vor Anker, die Seide und Baumwolle, Gewürze aus der Levante, Alaun und Schwefel aus Italien, Scharlach- und Zinnoberfarbe aus Spanien, englische Wollstoffe, Lyoner Brokate und rote Mützen aus Marseille brachten und dafür Wachs, Leinen, Kupfer, Blei und Zinn und Gerbstoffe mitnahmen, farbiges Leder und Straußenfedern, wohl auch ab und zu ein Säckchen Gold, obwohl dessen Ausfuhr verboten war. Die Ein- und Ausfuhrzölle, die in der Regel zehn Prozent des Warenwertes betrugen (bei manchen Gütern, wie dem begehrten

Wachs, gar ein Viertel), bedeuteten für den Sultan eine schätzbare Einnahmequelle. Schon bei seiner Thronbesteigung hatte Muley Ismail die Kaufleute unter seinen besonderen Schutz gestellt und dem französischen Konsul in Salé freie Fahrt für alle französischen Handelsschiffe zugesichert.

Aber zu ungeduldiges Andrehen der Abgabenschraube und willkürliche Beschränkungen ließen die hoffnungsvolle Blüte bald welken. Das Handelsvolumen sank auf den Stand vor 1664 zurück. Schon am Ende des 17. Jahrhunderts machten die ersten ausländischen Kontore in Salé Bankrott. Kleinliche Ausfuhrbestimmungen (für alles und jedes mußte eine schriftliche Genehmigung erwirkt werden), Habsucht der subalternen Beamten und Korruption der höchstverantwortlichen Würdenträger ließen den Marokkohandel für die Europäer uninteressant erscheinen. Schon um 1712 gab es ihn praktisch nicht mehr – oder bloß noch als Monopol der Krone. Salé hatte seine großen Tage hinter sich.

Königliche Gegenwart

Die Einkünfte aus dem Seeraub blieben aus. Kaum einen Ersatz dafür bot das Entstehen eines Herrschersitzes im spitzen Südwinkel der almohadischen Mauern. Das war die Keimzelle der heutigen Königsresidenz, die mit ihren Parks und Nebenquartieren soviel Raum beansprucht wie Medina und Kasbah, die für das soziale Gefüge Rabats aber von ungleich größerer Bedeutung ist als alle historischen Stätten und alten Wohnbereiche. Die Anwesenheit des Königs zieht die des Hofes nach sich, des gesamten Regierungs- und Verwaltungsapparats, des diplomatischen Korps, macht Rabat also zum Schauplatz des politischen Lebens, wo alle Gruppierungen vertreten sein wollen – auch die wirtschaftlichen, obwohl auf wirtschaftlichem Gebiet eindeutig Casablanca den ersten Rang einnimmt.

Den Rang einer Königsstadt, der jüngsten in der Reihe, gewann Rabat erst in diesem Jahrhundert. 1912 wählte Sultan Hafid – gedrängt von General Lyautey – die Stadt zu seiner Residenz. Unter Sultan Yussuf (1912-1927), dem Großvater des heutigen Königs, etablierten sich Herrscher

und Mahzen, das heißt die Regierung, auf dem Areal eines
schon verfallenen Palastes aus dem 18. Jahrhundert, wo schon
Sultan Mohammed IV. 1864 ein neues Schloß hatte errichten
lassen. Gestalt gewann der Herrscherpalast erst unter Mohammed V., der baulustige heutige König hat ihn noch
erweitert.

Die mit grünen Ziegeln gedeckten Bauten – grüne Ziegel
zieren in Marokko alle staatlichen und religiösen Gebäude,
denn Staat und Religion des Propheten sind untrennbar –,
die sich zum Palastkomplex zusammenstaffeln, sind der Touristenneugier so unbetretbar wie die Gardekaserne oder die
Verwaltungsbauten innerhalb des königlichen Mauerpoly-
gons, wie z. B. das unscheinbare, doch für das Rechtsleben
des Landes so bedeutsame Ministerium zur Verwaltung des
Habousbesitzes, d. h. aller frommen Stiftungen an geistliche
Einrichtungen. Unzugänglich bleibt auch das recht junge,
aber altbewährten Vorbildern folgende Bethaus der Königsresidenz, dahin sich die Scherifische Majestät noch bis vor
wenigen Jahren jeden Freitag zum Mittagsgebet begab, auf
milchweißem Hengst, in makellos weißem Burnus, über-
schattet vom zeremoniellen Schirm, eskortiert von den
gleichfalls in weiße Gewänder gekleideten Leibgardisten,
deren rote Mützen einen aparten Akzent ins feierliche Schauspiel setzten. Es unterschied sich kaum von jenem, das Delacroix zu dem Bild ›Muley Abderrahman vor den Mauern
von Meknes‹ anregte.

Heute bekommt man den König, das Volk nennt ihn
immer noch »Sultan«, kaum mehr zu Gesicht, aber sein Bild
hängt in jeder Hotelrezeption, in jeder Pommes-Bude. Und
wenn er seinen Ruf als Playboy nicht los wird, sich Unhöf-
lichkeiten gegen Staatsgäste erlaubt, mehr an Golf als an
Politik denkt, das Land in einer merkwürdigen Scheindemo-
kratie autokratisch regiert als Exponent einer Handvoll reicher und einflußreicher Familien, und keine Opposition zu-
läßt, die sich um die verbotenen Gewerkschaften gruppieren
könnte: Er ist als Scherif, als Nachkomme Mohammeds
Weiterträger von dessen ›Baraka‹, des magischen Segens, der
sich von ihm auf Land und Leute ergießt.

Die Aura der Heiligkeit hat noch keinen Scherifen vor Nachstellungen bewahrt. Zwei Attentate auf den König sind bekannt geworden – seine Baraka hat ihn beide Male bewahrt. Als während eines offiziellen Geburtstagsempfanges in Skhirkat bei Mehdiya-Rabat ein schußbereiter Soldat den König in seinem Versteck aufstöberte, soll der ihm kaltblütig die Rechte entgegengehalten haben mit dem Befehl, den Ring des Scherifen zu küssen. Daß der Mann gehorchte, rettete dem Herrn des Ringes Leben und Herrschaft.

Der damalige Verteidigungsminister und Chef des Geheimdienstes Oufkir räumte unter allen »Verschwörern« so rigoros auf, daß die Welt sich empörte, aber die Empörung schnell wieder vergaß. Marokko war ein Bauer im Schachspiel der Wirtschaftshaie und Generäle. Der gleiche Mann zog wenig später die Drähte des Anschlags, den Luftwaffenoffiziere 1972 auf die von einem Auslandsbesuch heimkehrende Maschine des Königs unternahmen. Er verschwand unter nie geklärten Umständen. Aus Sicherheitsgründen meidet der König nun öffentliche Auftritte.

Am Rand der Grünanlagen liegen grünspanige Geschützrohre: Beute aus den Kriegen mit Spaniern und Portugiesen, schöngezierte barocke Stücke darunter, mit tönenden Inschriften. Bloße Dekoration oder doch auch Siegergeste eines unabhängigen Marokko? Ist es nur ironischer Zufall, daß eine der müde gewordenen ehernen Echsen sich »Matamoros« nennt, den Beinamen Santiagos führt, des »Maurentöters«, und daß sie nun Wache halten muß vor dem Schloß eines maurischen Königs und spielende kleine Mauren auf ihrem Rücken reiten?

Chella

Der Autofahrer muß lange Umwege, verwirrende Umleitungen auf Einbahnstraßen um die halbe Stadt nehmen, der Fußgänger verläßt das Palastquartier einfach durch das Südtor oder durch das westliche, das auf die Avenue Yaqub al-Mansur führt, jenseits derer das Viertel der Ministerien und Botschaften – weißer Villen hinter ummauerten und bewachten Gärten, mit blanken Messingschildern, mit bunt-

fremden oder auch vertrauten Fahnen und Wappen – die
Hauptstadtrolle Rabats eindringlich vor Augen führt. Die
Avenue Yaqub al-Mansur zieht von der zentralen as-Sunna-
Moschee geradewegs zum dreifach sich öffnenden Bab Zaers,
und vom Verkehrskreisel an seiner Feldseite sind es nur ein
paar hundert Schritte zur *Chella*.

Die Annahme, die Punier müßten im Mündungsbereich
des Bou Regreg eine Faktorei unterhalten haben, wurden
durch Funde bestätigt. Mehr noch: daß schon seit der Altsteinzeit die Stätte bewohnt war. Die Geschicke der punischen Niederlassung sind uns unbekannt, doch daß Sala im
ausgehenden 1. Jahrhundert v. Chr. eigene Münzen mit neo-
punischen Aufschriften prägte, zeugt von ihrem Selbstbe-
wußtsein. In der römischen Provinz Tingitana stieg sie zum
Municipium, schließlich zum Rang einer Colonia auf und
erlebte wohl blühende Jahrzehnte. Doch von ihnen ist uns
so wenig in literarischen Quellen überliefert wie von ihrem
Abstieg und Ende. Im späten 5. oder 6. Jahrhundert dürfte
die Colonia aufgegeben und verlassen worden sein. Jedenfalls
ist die punisch-römische Stadt nicht zur Keimzelle des moslemischen Rabat geworden. Seinen Ursprung bildete vielmehr
das Kriegerkloster an der Stelle der heutigen Kasbah der
Oudaias, etwa 60 Meter über Fluß und Meer. Den Sala-
Namen übernahm die moslemische Siedlung am anderen
Ufer, die ihren Ursprung auf einen der beiden heiligen Idris
(Idris I. oder II.) zurückführen möchte, die aber vielleicht
erst unter dem Zenata-Emir Abu el-Kamal-Temin zu einiger
Bedeutung gelangte.

Die alte Stelle bestimmte der Merinide Yaqub Yussuf zur Nekropole seines Geschlechts. Heute ist sie eines der romantisch-berückendsten, baumgrünen und blumenbunten Ruinenensembles Marokkos. Den Zauber zerbricht freilich das massierte Auftreten der Touristen und aller, die ihnen Geld aus der Tasche locken wollen. Wie originell schon das Tor von 1399! Zwei Türme treten mit fünf Seiten ihres Achtecks dem Durchgang zur Seite, verwandeln mit Hilfe von Stalaktitelementen ihren Grundriß zu quadratischen Plattformen mit zinnenartigen Ecktürmchen. Eine pittoreske Architektur, wie der Phantasie eines Gotikers um 1400 entsprungen, nur in einer Skizze festzuhalten, denn davor stehen aufgereiht die lackbunten Touristenbusse, und vor dem Durchgang hat ein »Wasserverkäufer« in seiner traditionellen Tracht Posten bezogen, mit seinem pomponbesetzten Sombrero überm Kopfbund, dem roten Gewand, der mit glänzenden Münzen besetzten Ledertasche, dem Ziegenschlauch, dem Messingbecher und seiner Schelle. Ein mit weißen Zähnen freundlich grinsender Trachtler, der längst nicht mehr um Gotteslohn an Dürstende Wasser austeilt und von den Almosen lebt, sondern sich selbst als Fotoobjekt verkauft und pauschal für jede Aufnahme seinen Dirham kassiert.

Ein gepflasterter Pfad führt zwischen üppigem Blühen und Grünen abwärts zu einer Aussichtsplattform, von der aus sich die Reste des antiken Sala, die weißen islamischen Grabmäler unterm Baumschatten, das Flußtal und das andere Ufer überblicken lassen. Auch hier steht schon wieder ein Wasserträger und will sein Modellgeld. Treppab führt der Pfad. Zwischen Öl- und Johannisbrotbäumen stehen rechts um eine Quelle beschattete weiße Marabuts, Grabbauten heiliger Männer. Das Wort ›Marabut‹ ist von der gleichen Wurzel abgeleitet wie ›Ribat‹ und bezeichnet einen Frommen, der sein Leben der Verkündigung und Verbreitung des Glaubens gewidmet hatte, meint dann auch sein Grab und dessen Umgebung. »Die Stätte, die ein guter Mensch betrat, ist eingeweiht« – und die, wo er der Auferstehung entgegenschläft, ein Ort des Segens, den der Fuß des Unreinen trübt. Fast jeder Ort im Maghrib hat seinen Ortsheiligen und sein Marabut, und die Leute sehen es nicht gerne, wenn sich

ein Nicht-zu-ihnen-Gehörender dem Grabbau ungebührlich
nähert. Marabut, das heißt für den taktvollen Fremden »off
limits«.

Diese Erinnerung hindert uns nicht, die schlicht aus Kubus,
Kegel und Kugel gefügten weißen Gebilde unterm zäh-
grünen Schattengesprengsel als einfache Plastiken fast genie-
ßerisch zu betrachten. Zu Füßen des einen Grabbaues der
dunkle Spiegel einer Heiligen Quelle. Phallisch-feiste Aale
auf dem Grund des Beckens. Ihnen opfern unfruchtbare
Weiber hartgesottene Eier. Daneben ein Ruinenkomplex,
bestehend aus einem breitgelagerten Moscheeraum mit Mihrabkapelle, dem verfallenen Mausoleum des Schwarzen Sultans Abu el-Hassan (1331-1351) und seiner Lieblingsfrau

»Morgenlicht«, der von ihnen gestifteten Zawiya mit Schü-
lerherberge, Brunnenhof und Betsaal; es blieben Marmorstu-
fen, Ziegelmauern und -bögen und brüchige Fayencebeläge
in altersblassen distinguierten Pastelltönen.

Wir dürfen uns einen Spaziergang unter subtropischen
Gewächsen gestatten, eine Rast, einen Blick hinunter ins
Flußtal und auf eine der sonst so schamhaft verborgenen
›Kanisterstädte‹, auch einen Blick durch den Zaun auf die
freigelegten, doch der Wißbegier versperrten Straßenzüge

der römischen Sala Colonia, die Decumanus-Achse, Forum und Capitolium, Ehrenbögen und natürlich Bäder, Läden und Wohnhäuser besaß und die von Steinräubern ausgebeutet wurde.

Wen eine offizielle Rundfahrt durchschleust, wird gebeten, in zwanzig Minuten wieder im Bus Platz zu nehmen. »Meine Herrschaften, sind Sie alle da? Ja? Danke. Dann fahren wir am östlichen Rand der Stadt entlang – rechts noch einmal ein schöner Blick in die Ebene des Bou Regreg – links (von hier aus nicht zu sehen) die Botschaft der Bundesrepublik Deutschland. Wenn wir gleich aussteigen, bitte Fotoapparate nicht vergessen. Die Damen mögen bitte Umhängtücher über die Schultern legen. Thank you – merci – danke.«

Hassanturm und Königsgrab

Ein rechteckig ummauerter steingeplatteter Platz mit aus stumpfen Trommeln neugetürmten Rundpfeilern. Aber den Blick zieht der Viereckturm an: eine Bauruine, betrogen um die einst makellos gewollten Maße, und doch noch als Fragment das Auge so entzückend wie der Torso eines archaischen Apoll. Dieser Bruder der Giralda von Sevilla, des Kutubiya-Minars von Marrakesch, besticht auf den ersten Blick. Die herb-großförmige und klare Gliederung der einzelnen Geschosse wechselt von Seite zu Seite, bedient sich eines einheitlichen und doch nach strengen Regeln variierten Vokabulars. Über dem ganz geschlossenen unteren Geschoß steht eines, dessen Reliefs im Viereckrahmen dort einen Vielpaß-, da einen Lambrequinbogen und an der anderen Front einen Zackenbogen herzeigt. Die zugleich phantastischen und strengen Netze, zu denen sich die Bögen verflechten, haben ihr eigenes, auch farblich eigenes Gesicht, steingrau, veilchenfarben, ockerrötlich, das unterm Sonnenumlauf eines Tages vielerlei Ausdruck gewinnen kann.

Die Faszination des Turmes ist so stark, daß man ihn als das Ziel empfindet, auf das sich die ganze Umgebung auszurichten hat. In Wirklichkeit bildete er damals nur Eingangs-Auftakt einer Garnisonsmoschee, die ihrer Grundfläche nach als die größte des islamischen Westens, die viert-

größte der islamischen Welt überhaupt geplant war, jedoch
unvollendet blieb und später zum Steinbruch degradiert
wurde. Selbst der Betsaal der riesigen abbasidischen Moschee
in Samarra (Irak) besaß nur siebzehn in Gebetsrichtung führende Schiffe von je neun Jochen. Die von Yussuf Yaqub
gewollte Halle sollte nicht weniger als 21 Schiffe zu 18 Jochen
drei der Qibla, der nach Mekka weisenden Seite, parallelen
Schiffen entgegenführen. In den Stützenwald von etwa fünfhundert Säulen und Pfeilern waren wie Lichtungen zwei
Brunnenhöfe eingefügt.

Das einst frühlingsgrüne oder herbstfahle Trümmerfeld
wurde nach dem Hintritt Mohammeds V. im nationalen und
islamischen Sinne aufgewertet. Der staubige Boden verschwand unter einem sündhaft teuren ›Plattensee‹, die ge-
stürzten Säulen wurden aufgerichtet, ergänzt. Das von erneuerten Ziegelmauern umzogene, von Gardereitern bewachte Geviert hat das kleine Volk der engen Gassen sich
dennoch erobert. Müde Mütter, sommers im Schatten, winters der Sonnenseite der Säulen angelehnt, die arglos spielenden Kinder stets im Auge, tauschen Weibertratsch, strecken
nur einmal wie im spielenden Versuch dem Fremden die
Almosenhand aus.

Der Turm ist nur Rufzeichen für sein Gegenüber: die auf
den einstigen Qiblaschiffen errichtete Moschee zum Geden-

ken an den König der Unabhängigkeit, Mohammed V.
Rechts flankiert sie ein als Museum und Bibliothek zur Befreiung Marokkos gedachter, aber noch unfertiger Bau, auf
dessen marmornen Säulen sich Vielpaßbogen aus einem
Netzwerk almohadischer Art verschlingen wie an den Fronten des Hassanturmes, der übrigens den Namen nicht nach
dem heutigen Herrscher nahm, sondern von dem Stadtquar-
tier von einstmals.

Links von der Moschee unterm grünen Pyramidendach
das Mausoleum Mohammeds V., das auch der Fremde nicht
nur betreten darf, sondern besuchen soll. Zwischen Garden
und Gittern steigt er die marmornen Stufen hinan, betritt
vom Umgang aus die Galerie, von der aus jeder, wenn er
den Grabschrein des Königs sehen will, das Haupt neigen
muß. Schnell und erkältend wird einem bewußt: der Architekt (seltsamerweise ein Mann aus Vietnam) zitiert die Situation ums Grab Napoleons I. im Invalidendom.

Die Ausstattung des Raumes, von höchster Kostbarkeit
und Präzision im Handwerklichen, mag uns fast überladen
scheinen. Ein Überreichtum, der kleinlich wirkt. Die Auf-
träge, die hier vergeben wurden, haben an das Kunsthandwerk Marokkos so hohe Anforderungen gestellt, daß sie
etwas wie eine Renaissance einleiteten. Eine Renaissance freilich nur der präzisen Qualität, nicht des Geistes. Es ging nicht
darum, Neues zu erfinden, sondern sich dem überkommenen
Formenschatz einzuordnen. Die Künstler, die aus den Fesseln
der Tradition ausbrechen wollen (denken wir an Asila!),
sind selten. Marokkanische Kunst – wir erfahren das in den
Museen des Landes – ist vor allem Kunst-Handwerk. Und
die Kunsthandwerker von heute tun nichts anderes, als die
immer gleichen alten Formen unfrei und schnellfertig immer
wieder zu kopieren. ›Mittelalterlich‹ in der lähmenden Gebundenheit an die Tradition, in der schöpferische Phantasie
erstarren muß.

Den Porphyrsarkophag des Korsen umstehen stumm kalt-
steinerne Victorien, und in die Wände sind Schlachtennamen
geschrieben. Das Grab Mohammeds V. umziehen Verse des
Koran in den satten Farben der Fayence, und statt marmorner
Ruhmesgöttinnen wachen am Grab des letzten Sultans eines

unfreien, des ersten Königs eines freien Marokko rund um
die Uhr Koranleser, die einander ablösend Tag und Nacht
die Verse des Heiligen Buches rezitieren.

Kunst in der Kasbah der Oudaias

Die Felsplattform über der Mündung des glitzernden Bou
Regreg in die Altstadt wurde, nachdem der Fluß seinen
Lauf schlangenwandelnd immer wieder verlegt hatte, zum
Standort des almohadischen ›Siegesklosters‹ bestimmt, ist
somit die Keimzelle des Rabat von heute. Doch aus dem 10.
oder 11. Jahrhundert blieb nichts bewahrt, die Klosterburg
ist vergangen. An ihrer Stelle haben die Alaouiten des
17. Jahrhunderts eine Garnisonsfestung für ein Kontingent
der Oudaias-Krieger gesetzt, welche die Stadt zu überwa-
chen und in Schach zu halten hatten. Sie waren Nachkommen arabischer Beduinen, welche im 13. Jahrhundert in die
westliche Sahara eingewandert waren. Der große Sultan
Muley Ismail hatte sie seinem Söldnerheer eingegliedert,
ihnen alle Abgaben erlassen, ihnen eine Sonderstellung einge-
räumt. Bald glaubten sie sich stark genug, selbst Politik zu
machen. Sie rebellierten wiederholt, unterstützten ehrgeizige
Prätendenten, bis man ihr Korps aus Fes entfernte und zerstreut an verschiedenen Stellen des Landes stationierte. Eine
Schar mit einem Caid an der Spitze erhielt die alte Kasbah
als Garnison zugewiesen. Ihre Aufgabe war, räuberische
Stämme, die sich bis vor die Tore Rabats wagten, in Schach
zu halten. Wenn der Sultan hier weilte, bildeten sie seine
Leibwache und Eskorte.

Heute umschließen die alten Mauern ein volkstümliches
Quartier, in dem es jedoch, wie neue Fenster und blanke
Türklinken verraten, auch ein paar beneidenswerte Wohnungen gibt. Sehenswert vor allem das Tor, eine wahrhafte
Torburg mit zweimal abgeknicktem Durchgang aus dem
almohadischen 12. Jahrhundert (erbaut unter Yaqub al-Mansur), die ihre Verteidigungsrolle wohl zu erfüllen verstand,
aber vor allem durch ihre Proportionen und durch die zugleich reiche und gehaltene Ornamentik beeindruckt. Um
die feld- wie die stadtseitige Toröffnung zieht sich ein groß-

formiges Flechtband, dessen kräftiges Relief bewußt den
Gegensatz zur kleinteiligeren und flacheren Formenwelt des
kufischen Schriftfrieses und des abschließenden Arkadenban-
des sucht. Die Stadtverschönerer haben ihm eine Schleppe
aus breiten Treppen vorgebreitet, die zu würdigem Schreiten
einlädt.

   Weiteres verwehrt neuerdings eine organisierte Bande von
frech-brutalen Jugendlichen, die jedem, der nicht einen aus
ihrer Mitte als Führer anheuert, vom Betreten des moslemischen Wohnviertels abschreckt. Nun, man muß dieses Quartier nicht gesehen haben. Ob die Teppichknüpferei, in die
man einstmals geschleppt wurde, noch heute existiert, kann
ich nicht sagen. Das war eine dumpfe Werkstatt schamlos
ausgenutzter Kinderarbeit, und über die Rabat-Teppiche, die
unter den flinken Fingern entstanden, über deren scheußliche
Chemiefarben und elenden Muster sei geschwiegen.
   Manchmal wird einer der Burschen gar so keck, daß er –
fermé – fermé! – einem auch den Besuch des *Nationalmuseums
marokkanischer Kunst* verwehren möchte, das in dem durch
einen viergeschossigen Turm ausgezeichneten Palast untergebracht ist, den Muley Ismail zwischen 1672 und 1694 als
Sitz eines seiner jüngeren Söhne erbauen ließ, der sich als
Stellvertreter des Vaters auf diesem strategisch bedeutsamen
Posten zu bewähren hatte. Kein Lustschloß, sondern eher ein

karges Gebilde, ein Zweckbau, doch erfüllt vom Zauber des Maghrib. In den Alkoven des fliesenbelegten Arkadenhofes kobaltblaue und polychrome Teller, Schüsseln, Kannen aus Fes, die vom durchs Herkommen gebändigten Erfindungsreichtum der Handwerksmeister zeugen. Aus dem Salon mit stadtbürgerlicher Einrichtung – er dient manchmal noch für offizielle Empfänge – geht der Blick hinaus in den ›andalusischen‹ Garten mit Brünnlein, Pergolen und Zypressen. Entlang seiner Zinnenmauer liegen die Ausstellungsräume für Musikinstrumente, für Waffen und Schmuck, für archaische Teppiche, für Brokate, Stickereien und Volkstrachten, eine strenge Auswahl des Besten und Charakteristischsten aus dem ganzen Land. Nicht nur, daß das Gezeigte durch Reichtum und einfache Schönheit seiner Formen bezaubert und durch die Ausdruckskraft des Dekors einnimmt, man findet sich auch ganz unaufdringlich belehrt über die Vielfalt der Erzeugnisse in den einzelnen Regionen, über Techniken und Traditionen. Wünschbarste Vorbereitung also für eine Fahrt durchs Land. In den Regionalmuseen unterwegs können und werden wir Eigenart und Besonderheit der jeweils lokalen Kunstübung in breiter Auswahl kennenlernen, werden unterwegs manches, das hier museal eingesargt ist, noch quicklebendig funktionieren sehen; wir werden dem Handwerker über die Schulter schauen, der einen Krug formt oder bemalt, einen Silberreif schmiedet oder eine Kupferkanne.

Den kritischen Blick für Erzeugnisse von heute schärft eine Umschau im *Musée National de l'Artisanat* (an Wochenenden geschlossen) südlich der Südbastion, dem Flußlauf benachbart. Das *Maurische Café* in der Oudaia-Kasbah ist reiseführersternig. Mit Recht. Von seinen Pergolaterrassen schaut sichs angenehm hinaus auf die so sanfte Mündung des Bou Regreg, auf die wie aus weißen, hellblauen, sandgelben Mosaiksteinchen zusammengesetzte Stadt Salé jenseits des Flusses, die im späterem Licht Relief gewinnt und zugleich ins Unwirkliche entschwindet. Während wir den Minzentee in kleinen Schlucken schlürfen, sinkt die Sonne, hellen sich die Schatten. Von unten her kriecht Dunkel auf. Der Himmel droben ist noch von einem goldenen Duft erfüllt. Ein Ort, den Abend zu erleben.

Nur wenige Schritte sind es hinüber in die Altstadt mit
ihren engen Gassen, durch die man sich ziellos treiben läßt.
Zumindest durch die *Rue des Consuls,* so genannt, weil sich
hier einst die Sitze der europäischen Diplomaten befanden,
mit ihren Antiquitätenläden, Teppichgeschäften (vormittags
findet die Versteigerung von Teppichen statt, welche die
Frauen, die sie knüpften, zu den Händlern bringen). Da gibt
es Schneider, Schuster, in schönen grünen Patios wird Leder
zu Babuschen oder Jacken verarbeitet, es herrscht ein gemächliches Kommen und Gehen. Nach einigen hundert
Schritten zweigt rechts der lange, gerade *Souk* ab, führt
vorbei an der Großen Moschee der Medina und später an
der Moschee des Muley Sliman und endet bei der Markthalle.
Von ihr sind es nur wenige Schritte bis zum Bab el-Hadd,
dem Tor, durch das die Hauptachse der Stadt, die Avenue
Hassan II hindurchführt. Das ist einer der verkehrsreichsten
Punkte der Stadt. Außerhalb der alten Mauern liegt der
Busbahnhof, innerhalb die Hauptpost.

Mauern und Tore

Die mit Zinnen und Turmbastionen bewehrte Mauer aus der
Almohadenzeit umschließt noch immer jenen Teil der Stadt
Rabat, der allein zählt. In der Neustadt außerhalb mit ihren
weiten Avenuen, ihren Parks und Gärten, ihren stillen
Wohnvierteln, liegen die Versorgungsbetriebe, die Hospitä-
ler, die Großgaragen, die Sportstätten, Hochschulen, auch

einige Ministerien, aber innerhalb der Mauern liegen die meisten Ämter, Behörden, Hotels, diplomatischen Vertretungen, kurz: das Zentrum der Stadt.

Ein Spaziergang um die Mauer wäre ein guter Weg, das Sehenswerteste von Rabat kennenzulernen. Werner Bergengruens Gepflogenheit, eine eben erst betretene Stadt entlang ihres alten Mauergürtels zu umwandern, dieser Gang erweist sich im Falle Rabats, etwas abgekürzt allerdings, als eine Leitlinie zu fast all den Zeugnissen der Vergangenheit und jenen Bauten von heute, denen Rabat seinen Rang als eine der sehenswertesten Städte des Landes verdankt. Freilich darf man weder Staub noch Hitze, noch die Autoabgase scheuen, – und so sei der Vorschlag mit mehr Zögern als Zureden vorgebracht.

Man merkt es der Mauer an, daß sie Jahrhunderte gesehen hat, auch, daß sie manche Verjüngungsoperation nötig hatte, etliche nicht ohne Schaden überstand. Das alte *Bab el-Hadd,* das wir als Ausgangspunkt wählen, ist mit seiner gewölbten Durchfahrt zwischen zwei fünfeckig vorspringenden Türmen für den Verkehr von heute längst zu schmal geworden und wurde außer Dienst gestellt. Die Autos sausen jetzt durch eine in die Mauer gebrochene Bresche.

Wanderten wir 600 Meter den Mauern entlang nordwärts, könnten wir die Place Ach-Chouada erreichen, wo das *Bab el-Alou* die Mauer durchbricht. Von hier aus wäre es noch einmal so weit bis zur Oudaias-Kasbah, die wir schon kennen.

Wir wenden uns also in südlicher Richtung und spazieren, durch die Grünanlagen dem ärgsten Verkehrstrubel entzogen, an der Mauer entlang, sehen durch eine weitere, als Tor verkleidete Mauerlücke die Straße von Casablanca her in die Stadt schlüpfen, erleben das bunte, halb vorstädtische, halb moderne Gewimmel, passieren jene Stelle, wo die Bahnschienen unter der Mauer durch den nicht eben geschäftigen Hauptbahnhof von Rabat verlassen. Nur ein paar Gehminuten weiter, und wir stehen vor der schönsten der almohadischen Torburgen, dem *Bab er-Ruah,* dem »Tor der Winde«. Zwei schwere Bastionen flankieren den einstigen Durchgang. An Stadt- wie Feldseite sind die Zwickel zwischen

den verflochtenen Bögen, welche die leicht zugespitzten
Toröffnungen umziehen, und den Friesen aus mächtigem
und zugleich elegantem Kufi mit Arabeskranken und großen
Muscheln geziert. Diese Torfestung von einst hat leider ihre
festen Gewölbe und wohligen Kuppeln verloren. Mit Ober-
licht versehen, ist sie heute Schauplatz wechselnder Kunst-
ausstellungen. Von hier wird der Weg der Mauer entlang
einigermaßen erschwert; zwischen Straße und Mauer (hinter
ihr verbirgt sich hier der königliche Palast) schieben sich
Universitätsinstitute, Grünanlagen usw. und die Strecke zum
nächsten Stadttor, dem Bab Zaërs, von dem aus man mühelos
die Chella erreicht, wird sauer.

Ergiebiger ist eine Abkürzung. Beim Bab er-Ruah begeben wir uns intra muros. Auch hier begleiten uns – mit
Grünem garniert – Mauern des königlichen Viertels. Nach
200 Schritten rechts wieder ein Tor – wir haben die Vokabeln,
mit denen der Schmuck die Funktion ausdrückt, nun schon
gelernt – das in den Residenzbezirk führt. Auch ihn haben
wir schon besucht. Hundert Meter weiter zeigt sich die
Hauptmoschee der Stadt, deren Minarett den Point de Vue
für die nach Norden führende Avenue Mohammed V (mit
Bahnhof, Banken, Post und guten Hotels) bildet. Die nach
Süden führende Avenue Yaqub al-Mansur läuft der Mauer
des Palastviertels entlang wiederum zum Bab Zaërs. Von
hier könnte man noch 600 Meter entlang der Stadtmauer,
dann am Rande des Diplomatenviertels über der Flußniede-
rung weitergehen zu Königsgrab und Hassanturm.

Aber in der Nähe der Djema as-Sunna und der Großen
Moschee befindet sich auch das Musée archéologique, auf
dessen Besuch niemand verzichten sollte, der sich im islamischen Westen auch auf der Reise zu den Phönikern und
Römern befindet.

Das Archäologische Museum

Es ist ein kleines Museum, das sich nicht mit dem von Algier
oder gar dem Bardo von Tunis vergleichen kann, aber es
besitzt einige herausragende Stücke. Anfangs der achtziger
Jahre war es immer noch in Neuordnung. Gleich in der

Eingangshalle stehen zwei seiner Glanzstücke, zwei Bronze-
büsten. Die eine, die des Cato Uticensis: ein echter Römer
mit seinen abstehenden Ohren und der kühlen Miene eines
englischen Kolonialoffiziers. Die andere, die des Maureta-
nierkönigs Juba II., hellenistisch-idealisierend, mit augustei-
scher Lockenfrisur, nachdenklich gesenkt, breitflächig, mit
fleischiger Nase, breiten Lippen überm etwas schwachen
Kinn. Drüber hängt an der Wand das Porträt des regierenden
Königs – und plötzlich fällt einem die ›Familienähnlichkeit‹
auf. Ähnliche Züge bei Herrschern, die durch zwei Jahrtausende getrennt und durch keinerlei Blutsbande verbunden
sind. Zufall – oder ist's das Antlitz des Landes?

Im kleinen Lapidariumshof linker Hand einige Blöcke
mit Felsritzungen aus dem Tafilalet, in den Vitrinen des
Hauptsaales Fundstücke aus der Prähistorie. Ihr begegnet
man nur selten in den Museen, ihre Zeugnisse in situ sind
schwer erreichbar. Was wir hier sehen, führt tief in die
menschliche Vergangenheit zurück. Zwar fand sich bisher in
Marokko kein Zeugnis für die Anwesenheit des ostafrikanischen ›homo abilis‹, in dem die Wissenschaft heute den ältesten ›Adam‹ zu sehen meint, doch kamen bei Souk el-Arba
du Rharb (wo wir vor ein paar Tagen unseren Minzentee
tranken) ›Pebble tools‹ zutage: kantig zugehauene Kiesel.
Man datiert sie ins 60. Jahrtausend v. Chr. Von den Menschen,
die sich diese Werkzeuge schufen, blieb kein Knöchelchen.
Erst aus dem Acheuléen (40 000-15 000 v. Chr.) stammt neben
allerlei Werkzeug, das in Steinbrüchen um Rabat und Casablanca gefunden wurde, ein Kieferrest seines Herstellers: des
›Rabat-Menschen‹, des Atlanthropus, eines Ur-ur-Ahnen
auf dem Weg vom Neandertaler über den Cro-Magnon-
Menschen zum Homo sapiens. Den entscheidenden kulturellen Schritt auf diesem stets gefährdeten Wege taten die Schöp-
fer der Atérien-Kultur (benannt nach Bir el-Ateur nordöstlich von Constantine in Algerien). Was vom Schaffen des
›sapiens‹ zeugt, benennt die Wissenschaft mit dem Terminus
Ibéro-Marusien (Leitform: die Lorbeerblatt-Klingen). Kugelig geschliffene Steine und Feuersteinabschläge sprechen von
der Übergangszeit zum Neolithikum. Die Menschen der
Älteren und Mittleren Steinzeit lebten als Sammler und Jä-

ger, nährten sich von dem, was sich in den tropisch wildrei-
chen Wäldern fand. Sie lesen richtig: in Wäldern. In den
Jahrtausenden, als Eis die nördliche Hemisphäre überzog und
die Gletscher bis zum Mittelmeer vordrangen, war die Wüste
von heute so regenfeucht wie unser jetziges Mitteleuropa,
zugleich aber wärmer; sie bot einer subtropischen Tierwelt
und wilden Rinderherden Nahrung genug. Wann sich in
diesem Raum die ›neolithische Revolution‹ vollzog, der entscheidende Schritt zum Ackerbau, zur Seßhaftigkeit, zum
Hüttenbau, zur Keramikproduktion, zu Steinschliff und
Weberei? Aus der Zeit, da die Wüste wieder ihr altes Recht
beanspruchte, sich die Bauern und Hirten aus den dürrenden
Ebenen in die Gebirgsinseln zurückzogen, stammen die Felsgravuren aus dem Hohen Atlas (bei Oukaimeden) und aus
dem Tafilalet (im Osten des Anti-Atlas): Zeugnisse des Hir-
tenlebens im 2. Jahrtausend v. Chr.

Wie aber gelangte die Kunst der Metallgewinnung zu den
damaligen Bewohnern Marokkos? Aus den spärlichen und
widersprüchlichen Zeugnissen ergibt sich kein klares Porträt
dieser ›Libyer‹ (das heißt: Afrikaner). Erfahrene Hirten,
schlichte Bauern, betrieben sie wohl gelegentlichen Tauschhandel, kannten auch schon Schriftzeichen, gaben ihren Toten das zum Jenseitsleben Nötige ins Grab mit. Die ersten
Zeugnisse phönikischer Anwesenheit an ihren Küsten (Lixus,
Mogador) werden von Fachleuten erst ins 7. Jahrhundert
datiert. Eine Vitrine vereint in Beispielen Zeugnisse für den
Einfluß, den direkt oder eher über punische Vermittlung
andere Mittelmeervölker ausübten: die Ägypter und die Hel-
lenen. Nach der Zerstörung Karthagos nahm Rom Schritt
für Schritt den Numider- und Maurikönigen (den bisherigen
Helfershelfern) die Küstengebiete ab. Die Schauvitrinen auf
der Galerie präsentieren Zeugnisse des Alltagslebens in der
römischen Zeit: Möbelbeschläge und Küchengeräte, Lam-
pen, Schüsseln, Tontöpfe und Pferdegeschirre, Hämmer,
Äxte und Nägel der Bauleute, Angelhaken der Fischer, Na-
deln der Schneider, Griffel der Schreiber, Skalpelle und Pin-
zetten der Ärzte; Fibeln und Ketten, Gemmen und Kameen,
mit denen die Damen sich schmückten, Wasserhähne aus
Thermen und bronzene Militärdiplome, Fundstücke aus Ba-

nasa, aus Volubilis, aus Thamusida, aus Lixus, aus Sala. Aus Volubilis stammen die bemerkenswertesten Bronzewerke: ein etwas dumpffleischiger Ephebe, der nervös kläffende kleine Haushund, der erschreckend realistische alte Fischer: ein ganz unklassisches Meisterstück hellenistischen Genre-Geschmacks. Was wir hier sahen, wird uns beim Besuch von Volubilis, der bedeutendsten Römerstadt Marokkos, hilfreich in Erinnerung sein.

Salé

Die Schwestersiedlung drüben überm Fluß bietet das noch fast unentstellte Bild einer alten marokkanischen Stadt. Noch immer umziehen Friedhöfe – jene stillen und beruhigenden Zeichen der Vergänglichkeit – größere Strecken der Mauern als die Straßen für den unruhigen Alltagsverkehr. Aber es ist kein Dornröschen, das in Schlaf verfiel, nachdem die Korsarenrepublik ihre Unabhängigkeit verlor und Neu-Salé/Rabat sich immer lebendiger regend schließlich dem alten Salé den Rang ablief.

Wir wissen schon von dem Schaukelspiel zwischen den beiden Nachbarn an der Flußmündung. Mal war die eine, dann wieder die andere oben. Heute ist wieder einmal Rabat der Sieger. Daß sich zwischen den Einwohnern solcher Rivalen nicht gerade innige Liebe einstellt, ist verständlich. Die Legende nennt einen der heiligen Idris-Imame als Gründer von Salé, aber es ist nicht ganz sicher, ob dem Vater oder dem Sohn der Ruhm gebührt. Im 11. Jahrhundert war Salé Zentrum und Grenzfestung der Beni Ifren von der Zenata-gruppe gegen die als Häretiker geltenden Berghouta, die erst von den Almohaden um 1146/48 unterworfen wurden. Deren Ribat al-Fath blieb als Bauruine liegen, und unter den Beni Merin war wieder Salé obenauf: wichtigste Handels-stadt an der atlantischen Küste, dahin Genuesen, Pisaner und Venezianer, Katalanen, Flamen und selbst Engländer fuhren, um ihre Tuche und Wollwaren, Getreide und Felle abzuset-zen, um dafür Teppiche, Öl und Zucker, Wachs, Honig und Elfenbein einzuhandeln. Wie nach dem Ende der Meriniden Salé zur Korsarenrepublik wurde, davon hörten wir. Auch

davon, daß sich neue Vertriebene in den Resten des almohadischen Ribat ansiedelten. Muley Ismail, der den Korsaren
den Hahn zudrehte, stützte sich auf die Kasbah der Oudaias,
und in ihrem Schatten schaukelte sich Rabat erneut in die
Höhe. Im 19. Jahrhundert stand die Waage still. Seit 1912 hat
sie sich eindeutig zugunsten der alten Rivalin gesenkt. Salé
ist heute als ›Vorstadt‹ in Rabat eingemeindet. Aber es schaut
nicht so aus, als habe ihr das geschadet. Vermutlich leben die
Leute hier ihren Bedürfnissen und Wünschen viel entspre-
chender als drüben im vorwiegend europäisch-amerikani-
schen Rabat. Es sind die ärmeren Leute, aber sie leben hier
auch billiger. Also doch: eine »Vorstadt«? Uns unbelasteten
Fremden ist sie doch vor allem ein lebendiges Museum.

Wenig abseits des Verkehrskreisels, der die von Rabat über
die Brücke kommenden Automobile nach Meknes/Fes und
Tanger verteilt, steht das *Bab el-Mrisa* (1260), das Tor zum
kleinen Hafen. Es führte einst, als der Fluß noch anders lief
und der Flußhafen vor den Toren lag, zu den Docks und zum
Arsenal. Heute betreten wir durch den weitgeschwungenen
Bogen, unter dem einst die Schiffe hindurchfuhren, die *Alte
Mellah,* das einstige Judenviertel. Gesondert und für sich
lebten die Hebräer auch im moslemischen Nordafrika, doch
nicht in jener unwürdigen Ghetto-Enge wie im christlichen
Europa. Hier sind die Gassen fast straßenbreit, die Häuser
öffnen sich, tragen über Ladenfronten Balkone mit blauen
und grünen Türen. Aber hier wie in der Neuen Mellah sind
die Juden heute nur noch eine starke Minderheit.

Ein schönes Funduq-Tor aus merinidischer Zeit mit pa-
stellfarbigem Fayencemosaik, Marktgassen, in denen immer
noch die Gewerke beieinander sind, die Lederer, die Matten-
flechter, die Kürbenzäuner, die Tuchhändler, und die jüdischen Juweliere im Zentrum. Wenn man sich nicht in die
schwibbogenüberspannten Seitengassen und in die blind vor
verschlossenen Türen endenden Kapillaren begibt, kann man
sich kaum verlaufen. Gerade ziehen die Gassen, in denen
man den Handwerkern bei ihrem Tun zusehen kann. Ist es
nicht seltsam, daß ein Land, das so vieles fremdem Blick
verbirgt – sein Familienleben, seine Frauen, seine Gotteshäuser –, jeden zusehen läßt, wie die Waren entstehen, die

manchmal gleich aus der Werkstätte weg verkauft werden?

Wer sich nicht die Zeit zu einem stundenlangen Streifzug nehmen mag, wird durch die Rue de la Grande Mosquée nach wenigen hundert Metern die weiße Qiblamauer der Hauptmoschee erreichen. Ein kleiner Treppenplatz und linker Hand das schöne, ›klassische‹ Portal der *Medrese Abu el-Hassan*. Sie stellt die touristische Hauptsehenswürdigkeit von Salé dar und ist der erste derartige Bau, den wir auf unserer Reise kennenlernen. Während wir auf den Kustoden warten, erinnern wir uns, daß eine Medrese (oder wie es im Maghrib gebräuchlicher heißt: eine Medersa) ein höheres Lehrinstitut war, ein Internat, wo Absolventen der elementaren Koranschule, nachdem sie das heilige Buch auswendig gelernt hatten, in jahrelangem Studium die Auslegung des Textes erlernten, der ja nicht nur allgemein Religionsurkunde, sondern als solche auch ganz konkret Gesetzbuch ist. Da es nicht für alle Fälle Regeln enthält, gilt es, durch Analogieschluß ein möglichst engmaschiges Netz von Vorschriften zu gewinnen. Wer das Studium durchlaufen hatte, konnte Richter, Imam oder selbst wieder Lehrer werden. Noch immer werden solche Institute unterhalten, jedoch einige der künstlerisch bedeutendsten Denkmäler aus der Vergangenheit sind aufgelassen und dem Fremden zugänglich.

Die Medersa, die wir also besuchen werden, hat der »schwarze« Merinidensultan Abu el-Hassan gestiftet, der drüben in der Chella bestattet liegt. Sie gehört nicht zu den größten ihrer Art, wohl aber zu den glücklichsten Schöpfungen der ›maurischen‹ Kunst, da sich in ihr Ernst und Anmut in schönstem Gleichgewicht halten. Nachdem wir in Rabat drüben am Hassanturm und an den Toren der machtvollen Eleganz des 12. Jahrhunderts begegnet sind, wird die Medersa uns lehren, wie der weitere Weg der maghrebinischen Kunst zu kleinteiligem Reichtum, zu Zierlichkeit und jener zerbrechlichen Anmut führt, die wir aus den Höfen und Hallen der Alhambra kennen. Schon das Tor, einziger Akzent nach außen hin, ist beispielhaft. Dem Formenrepertoire sind wir bereits an den alten Toren von Rabat begegnet, aber dort war es bei allem Reichtum nüchterner und großformiger.

Den Innenhof beherrscht das Widerspiel von Stein- oder
Stuckfarbe und nachgedunkeltem Zedernholz, ferner die ge-
lassene Farbharmonie der Fayencefliesen, die Boden, Wandsockel und die Säulen bis zum Kapitell hinauf umkleiden.
Kühler Hauch geht von ihnen aus. Der dekorative Reichtum
(gleichwohl nur aus wenigen Motiven entwickelt) läßt sich
nicht beschreiben, man muß ihn sehen. Im Bet- und Lehrsaal
sammelt er sich um den Mihrab, um jene Nische also, die in
islamischen Beträumen die Richtung nach Mekka markiert,
dahin der Gläubige beim Gebet sich zu neigen hat.

Von der Dachterrasse aus geht der Blick über die Stadt,
die Friedhöfe, aufs Meer und näherhin auf die grünen Walmdächer der *Moschee,* die etwas von der unbetretbaren Anlage
verraten. Nach Verlassen der Medersa wenden wir uns nach
links, gehen zwischen ihr und der Moschee hindurch, vorbei
am schönen Portal der *Zawiya des Sidi Ahmed el-Tijani,* des
Heiligtums einer Brüderschaft. Einige Schritte weiter das
Marabut des Sidi Abdallah ben Hassoun, des Stadtheiligen von
Salé, des Schifferpatrons, der am Vorabend des Mouled-
Festes (jenes Festes, mit dem man im Maghrib den Geburts-
tag des Propheten feiert) mit einer Lichterprozession durch
die Medina geehrt wird und sechs Tage danach durch ein
Moussem, ein Wallfahrtsfest, das eine große Menge anzieht.
Dann rechts um den heiligen Bereich – und an der anderen
Seite der Moschee können wir durch die Rue Kechachin
wieder in die Souks und zum Parkplatz zurückkehren. Aber
wir nehmen uns noch die Zeit, zunächst in der bisherigen
Richtung durch den Friedhof weiterzugehen zum *Marabut
des Sidi Ben Achir* und zum Aussichtspunkt des Bordj-Nord-
Ouest, dem Nordwestfort, das einen herrlichen Blick bietet
über das weiß-erdbraun-hellblaue Mosaik aus Grabsteinen,
über die Mündung des Flusses, den tintenfarbigen Atlantik.
Drüben die Kasbah der Oudaias, die Silhouette von Rabat
mit seinen Minaretts.

Königsstadt Meknes

Viele Wege führen nach Fes

Die Altstadtviertel von Rabat und Salé vermitteln Bilder, die sich einprägen, und doch scheinen sie uns nur wie eine Vorbereitung auf das, was Fes bereithält.

In diese älteste Königsstadt führen viele Wege aus allen Richtungen der Windrose. Die Straße von Tetuan über Chechaouen und Ouezzane (P 28), die ›Route de l'Unité‹ aus dem Rif von Ketama über Taounate (S 302): beide werden wir bald kennenlernen, wie auch die Königsstraße, die von Osten über Taza Fes erreicht (P 1), und später dürfen wir auch die Südrouten erleben: diejenige, die am Fuß des Mittleren Atlas entlang nach Marrakesch (P 24) und die andere, die den Atlas überquerend ins Tafilalet führt (P 20/21), die Basis der alaouitischen Dynastie.

Auch wenn der moderne Straßenbau Meknes zu einem Kreuzungspunkt einer nord-südlichen Verbindung mit der alten Ost-West-Achse erhoben hat, auf den ein gutes Dutzend Nebenstraßen zulaufen, so treffen sich in Fes nicht weniger als sieben bedeutende Routen. Bereits darin dokumentiert sich der historische Rang dieser Stadt, die sich – wenn wir von der Hauptstadtregion mit der Wirtschaftsmetropole Casablanca absehen – nur mit der großen Rivalin Marrakesch im Süden vergleichen läßt, in der auch ein gutes halbes Dutzend wichtiger Straßen zusammenläuft.

Zwar kann man die bedeutendsten Städte Marokkos, die Königsstädte, auf einer einzigen Rundfahrt kennenlernen, nicht annähernd aber alle Landschaften des so vielgestaltigen Landes. Das mag entschuldigen, daß wir hier keinen geschlossenen Rundkurs vorschlagen, sondern verschiedene Touren skizzieren. Schon für die Fahrt von der Atlantikküste nach Fes bieten sich zwei Strecken an, die sich dann auch noch beliebig variieren lassen.

Die eine Möglichkeit: von Rabat aus nordwärts zurück bis Kenitra, um von dort aus der P 3 zu folgen, am nördlichen Rand des Mamora-Waldes über Sidi Yahia du Gharb (von wo ein Teersträßlein einen

Ausflug ins Waldgebiet möglich macht) und über die Ortschaft Sidi Kacem, eine französische Gründung von 1915, die früher Petit-Jean hieß und sich heute nach dem Ortsheiligen des alten Marktplatzes der Cherada-Berber nennt. Ein paar Römerreste, die man hier fand, hat der Oued inzwischen weggeschwemmt. Die Industrieanlagen mit ihren Abfackelungen und die grünen Agrumenhaine lassen ein wohlhabendes Städtchen vermuten, aber das Land hier in der breiten Sebou-Ebene ist in den Händen von Großgrundbesitzern, und die Bauern sind arm. Die Dörfer abseits der großen Straße wirken erschreckend elend, staubig, die armseligen Hütten nur von Dorfgestrüpp umgeben. Da und dort mit roten Ziegeln gedeckte Gehöfte, die verraten, daß das Gebiet einst von französischen Colons bewirtschaftet war. Von Sidi Kacem sind es dann keine fünfzig Kilometer mehr nach Meknes, aber man spart sich Umwege und gewinnt schöne Landschaftsbilder, wenn man sich weiter auf der P3 hält und erst hinter dem etwa 400 Meter hohen Zeggota-Paß rechts abbiegend Volubilis und Mulay Idris besucht, danach erst sich nach Meknes wendet.

Die andere Möglichkeit: Von Salé aus auf der P1 am Südrand des Mamora-Gebiets (ein kleiner Spaziergang kann dem Pflanzenfreund eine Vorstellung von der Flora vermitteln) über *Souk-et-Tnine,* wo, wie der Name sagt, am Dienstag ein Markt abgehalten wird. Zentrum der intensiv bewirtschafteten Ebene ist das 1924 gegründete *Tiflet,* das sich als Ausgangspunkt ins grüne südliche Hügelland anbietet, nach Maaziz und weiter bis in das Gebiet um den Djebel Mouchchene (1086 m) oder gar bis Oulmès, von wo das im ganzen Land beliebte Mineralwasser kommt oder nach Tarmilate (Oulmès-les-Thermes), einem kleinen Heilbad mit stark radioaktiver Quelle.

Aber weiter über *Khemisset,* ein Städtchen der Zemmour-Berber, die bis ins 18. Jahrhundert hinein den alaouitischen Herrschern Verlegenheiten bereiteten. Jetzt leben hier arme Bauern und Gewerbetreibende. Wie man in Marokko die Wässer der Berge zu speichern und zu nutzen versteht, das könnte uns einige Fahrminuten hinter Khemisset ein kurzer Abstecher zum 15 Kilometer langen el-Kansera-Stausee lehren. Die etwa 43 Meter hohe Sperrmauer staut gut 225 Millionen Kubikmeter Wasser, das Kraftwerk leistet mit seinen 12 Millionen Kilowattstunden im Jahr einen wichtigen Beitrag zur Energieversorgung des Landes, vor allem freilich der Hauptstadt.

Khemisset: der Name erinnert fatal an eine traditionelle und ganz legale Art, den Großgrundbesitzern Arbeitskräfte zu liefern: das Khemissat, das System der ›Fünftlerpacht‹, bei dem ein Grundherr einem mittellosen oder verschuldeten Arbeiter Land, Saatgut, Ackergerät und Zugvieh stellte, der dafür dann vier Fünftel aller Erträgnisse dem Herren abzuliefern hatte. Ihm und seiner Familie blieb gerade ein Fünftel als Lohn für alle Mühe eines Jahres. Ein System, das immer noch nicht der Vergangenheit angehört.

Ein weiter Blick in ein lehmgelbes Tal, fast baumlos. Nur drunten am Oued Beth begleitet Grün das Flußbett und klettert dann als Aufforstung die Hänge empor. Ein neu wirkender Marktort ohne Namensschild, ein weiter Rückblick auf im Frühjahr grünes, im Spätsommer wüstenhaftfahles Gehügel. Bauernland, olivengesprenkelt, mit lehmfarbenen Hütten, weißen Häuschen und ziegelgedeckten ehemaligen Colon-Höfen. Jetzt, im späten Licht eines Oktobertages, ein welliges Schachbrett aus fahlgelben, dunkelbraunen, ockergoldenen, grünlichen, rötlichen, schwärzlichen Flächen. Öl und Wein, Wein und Öl. Der Djebel Zerhoun (1118 m) schreibt seinen blauen Umriß in den Himmel – und dann in der Ferne das weiße *Meknes*. Wenn wir bei einer hellen Moschee links auf die Umgehungsstraße zur Neustadt abbiegen, bietet uns die alte Stadt eine besonders schöne Ansicht dar.

Meknes: Neustadt — Altstadt

Wir suchen unser Nachtquartier. Es muß ja nicht gerade das allerteuerste Hotel sein, von dessen Swimming-pool-Terrasse der Blick über die Senke des Oued Boufekrane hinübergeht zur im weichen Abendlicht hart sich abzeichnenden Silhouette der Altstadt.

Die säuberliche Scheidung von französischer Kolonial- und arabischer Altstadt entspricht dem Konzept des Generals Lyautey von einem französisch-arabischen Nebeneinander. Seine Vorstellungen von der Rolle dieser Neustädte hat in Marokko ihre Gestalt bestimmt: nicht als bourgeois-pariseri-

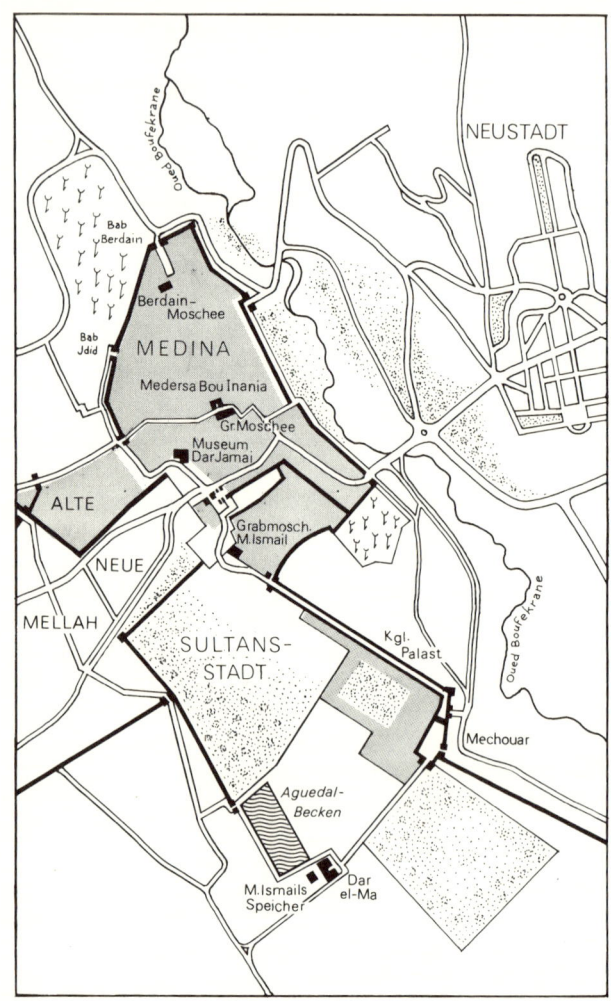

scher Importstil (wie er im seit 1830 französischen Algerien
die alten Kasbah einschnürte und noch das Zentrum des
letzten Städtchens nach Maßstäben der französischen Provinz
modelte), sondern sich distanzierend und sich zugleich dem
Stil des Landes anpassend, in seltsamer Übereinstimmung
mit dem Geist der Zeit. 1912 wurde Lyautey Generalresident, fünf Jahre vorher hatte Picasso seine kubistischen ›De-
moiselles d'Avignon‹ gemalt, hatte Adolf Loos in Wien jedes
Ornament als »Verbrechen« erklärt. Der General − selbst
einer von ihnen − hatte ein Herz für ›Außenseiter‹ und eine
Antenne für die Strömungen seiner Zeit.

Die Postämter, Konsularresidenzen, Hotels, die unter seiner Ägide entstanden, sind ›kubistisch‹: entsprechen ihrer
Zeit und dem Stil des Landes. Allerdings im Abstand von
mehr als einem halben Jahrhundert wirken sie wie nostalgi-
sche Stilmimikry inmitten der neueren Allerweltsbetonkä-
sten, die nun als Verwaltungsbauten und Wohnviertel heran-
wachsen, hellhörig und hektisch im Gegensatz zum dunkel-
gelassenen Wesen des Landes. Wie auch immer: der Landfahrer von heute wird sich in der Neustadt einquartieren, weil
er auf ihre Einrichtungen angewiesen ist, auf die Banken, die
Garagen, die Mechaniker, die Tankstellen. Was ihn jedoch
fesselt, das ist die alte Stadt drüben jenseits des Tales, ihr
Alltagstreiben in den schmalen Gassen und auf den weiten
Plätzen, ihre bunten Tore und ihre Mauern, die ihr viel zu
weit geworden sind.

Wenn ich bei geschlossenen Augen an Meknes denke, dann
sehe ich Mauern: kilometerlang, lehmgelb und schweigend,
ockerlohe Hitze ausstrahlend oder begleitet von einem dunklen Schattenband, geschmückt mit Toren, deren meiste verschlossen bleiben. Vierzig Kilometer Mauern hat Muley
Ismail, der zweite Sultan aus der noch heute herrschenden
Dynastie, hier aufziehen lassen. Er war es, der Meknes in
den Rang einer »Mahzen-«, einer Regierungs-, d. h. einer
Königsstadt erhob.

Ursprünglich, im 10. Jahrhundert, gab es an dieser Stelle
nur eine Reihe von Dorfschaften der Meknassa-Berber, die
zur Zenata-Gruppe zählten. Das Wasser und der fruchtbare
Boden hatten sie aus den kargen Bereichen des Ostens heran-

gelockt. »Meknassa-es-Zeitun«, Meknassa der Olivenbäume, nannten sie die Gegend. Erst unter den Almoraviden entstand an der Stelle der heutigen Medina ein kleines Städtchen, das unter Almohaden und Meriniden mit Moscheen und Medresen ausgestattet wurde. Die Merinidensultane residierten zwar im benachbarten Fes, doch ihre Vezire entwickelten seit dem 14. Jahrhundert eine besondere Vorliebe für Meknes. Mit dem Fall der Meriniden schienen die vergleichsweise heiteren Tage vorüber. Wie anderwärts ging es jetzt drunter und drüber, bis Muley Ismail hier seine Residenz aufschlug.

Sein Bild hängt neben dem des regierenden Königs über der Hotelrezeption, an der grünen Wand des Restaurants in der Neustadt wie in der einfachen Imbißstube beim Bab el-Mansour.

Der dunkle Sonnenkönig

Muley Ismail, Jahrgang 1646/47, der spätgeborene Sohn Muley Scherifs, war der langlebigste Sultan der alaouitischen Dynastie. Er herrschte von 1672 an 45 Jahre hindurch. Während gut der Hälfte dieser Zeit war er damit beschäftigt, das von seinem Bruder-Vorgänger notdürftig wieder geeinte Land zu befrieden, aufrüherische Stämme zu unterwerfen, den Angriffen eines Neffen zu begegnen, der, gestützt auf die unruhigen Sanhadja des Südens, den Thron zu erringen versuchte, war er bemüht, die zentrifugalen Kräfte (die Stammeschefs, die Schorfas und Bruderschaften) an sich zu binden. Uns interessieren nicht die kriegerischen Einzelheiten. Genug, daß endlich dem Land ein paar Jahre beschert waren, in denen ein Wanderer unbehelligt seines Weges ziehen konnte.

Der Sultan führte seine pausenlosen Kriege mit Hilfe eines stehenden Heeres, das er nach dem Vorbild der türkischen Janitscharentruppe organisierte, um mit seiner Hilfe auch die türkische Gefahr zu bannen. Gleich zu Beginn seiner Regierung erwarb er sechzehntausend Sklaven aus dem Sudan (Schwarzafrika), die zum Islam bekehrt, auf den Koran und auf die von dem Gelehrten al-Bokhari erstellte Sammlung von Aussprüchen und Taten des Propheten (Hadith) eingeschworen, in einem Handwerk (vornehmlich dem Baugewerbe) ausgebildet und dann als Krieger zu Fuß oder Pferd trainiert wurden. In einer einzigen Festnacht vermählte er sie mit ebensovielen schwarzen Weibern, deren Kinder wieder als Sklavensoldaten (Abids) und Soldatenfrauen in seinem Dienst standen: Anfang eines Menschen-Zucht-Unternehmens, das dem Sultan schließlich eine Truppe von 150000 Mann stellte, mit deren Hilfe er auch die christlichen Stützpunkte an der Küste aufheben konnte.

Außer diesen Abids gab es die nach herkömmlichem Muster bei jeweiliger Gelegenheit aus den dazu verpflichteten Stämmen rekrutierten Krieger. Die Stämme, die sich während der Agonie der letzten Saadier zersplittert oder verloren hatten, wurden durch neue Verbände ersetzt. Die Oudaias z. B. rückten in die Cherada-Kasbah von Fes und in die Kasbah von Rabat ein, andere Stämme wurden in der Tadla-Ebene angesiedelt. Das stehende Heer – Machtinstrument aller barock-absolutistischen Herrscher – war zugleich Quelle ständiger Geldverlegenheit, die eine unersättliche Baulust des Sultans nur noch verlegener machte. Mit primitiv-merkantilistischen Mitteln, die sich schließlich für Handel wie Piraterie ruinös auswirkten, war ihr nicht beizukommen. Die Abgaben, die der Koran als legal und vertretbar anerkennt, konnten niemals ausreichen. Es war das ständige politische wie religiös-moralische Problem für den Scherifen Ismail wie für alle seine Nachfolger, aus den Untertanen mehr herauszuholen, als dem rechtlich-religiösen Herkommen entsprach. Ismail erpreßte sie mit Gewalt, was neue Spannungen schuf. Das mit knapper Not vollendete politisch-militärische Befriedungs- und Einheitswerk brach beim Tod des Sultans zusammen: die aufgestauten Spannungen entluden sich in einer dreißigjährigen Anarchie.

Sein historisches Werk war so groß und widersprüchlich wie seine außergewöhnliche Persönlichkeit, die gleich maßlos war in ihrer Vitalität, ihrem Ehrgeiz, ihrer fühllosen Grausamkeit. Mit aus Abscheu, aus Be- und Verwunderung gemischtem Zagen berichten offizielle Historiographen, christliche Gefangene und Diplomaten über diesen Herrscher. Mit 25 Jahren folgte er seinem Halbbruder Raschid, dem eigentlichen Begründer der Alaouitenherrschaft, auf dem Thron. Dunkelhäutiger als jener (seine Mutter soll eine Negersklavin gewesen sein), kam er ihm an physischer Stärke und Gewandtheit gleich, übertraf ihn aber an Willenskraft, Weitblick und Organisationstalent. Doch der tollkühne Krieger, der mit einem Satz im Sattel saß, war zugleich ein exemplarisch Frommer, dessen Freude die Teilnahme an theologischen Diskussionen war, der sich mit einfachster Kost begnügte und inmitten des prachtvoll ausstaffierten Gefolges das schlichteste weiße Gewand trug. Wie ein Geizhals raffte er Reichtümer zusammen und zögerte nicht, Wohlhabende einfach verschwinden zu lassen, um sie dann zu beerben. Aber er häufte das Gold nicht auf, sondern vergeudete es in megalomanischen Bauten. Fünfzigtausend Bauleute, teils christliche Sklaven, teils zur Zwangsarbeit verurteilte Rebellen oder Verbrecher, hatten ihm zu fronen. Wehe dem, den er auf einem Inspektionsgang saumselig antraf! 36000 Menschen soll der fromme Sultan mit eigener Hand getötet haben, manchmal nur, um seine Kraft und Geschicklichkeit zu beweisen. Als er einmal in Begleitung des französischen Gesandten zu Pferd stieg, gefiel es ihm, den steigbügelhaltenden Sklaven mit einem Hieb zu köpfen. Der Gesandte bemerkte, daß derartiges in Frankreich nicht üblich sei. Ismail darauf: »Euer König herrscht über Menschen, ich hingegen über Tiere.« Vielleicht hat er mit diesem Wort unwissentlich verraten, warum sein Werk keinen Bestand hatte. Es war auf Menschenverachtung gebaut. Ein Mann, wie aus dem Buch der Rekorde: Dreißigtausend Sklaven betreuten seine zwölftausend Pferde … Ludwig XIV. war sein bewundertes Vorbild, aber nie wäre es ihm in den Sinn gekommen, wie der Roi-Soleil vor jeder Frau den Hut zu ziehen und noch in der letzten Magd das ganze Geschlecht zu ehren. Ismail verehrte die Frauen nicht, er konsumierte sie. Ständig hielt er in seinem Harem eine Kollektion von einem halben Tausend weiblicher Wesen. Die Kinder, die er mit ihnen zeugte, hat niemand gezählt.

Überall im Land trifft man noch heute auf Bauten seiner Gründung oder deren Reste, doch so richtig austoben konnte sich des Sultans Bauwut in Meknes. Hier hat sie ihre massivsten Zeugnisse hinterlassen. Aber sie verkünden noch lauter ein »sic transit gloria« als den Ruhm des barocken Sultans. Niemandem wird es einfallen, die Lehmmauern Ismails in ihrer ganzen Länge abzustiefeln. Bereits eine kurze Rundfahrt zeigt die ehrgeizigen Über-Dimensionen und den Unbestand allen Menschenwerks. Von dem Über-Versailles, das der Alaouite sich errichten ließ, blieben nur Trümmer – gewaltige allerdings.

Da ist das Wasserbecken des *Agdal.* Ein künstlicher See, auf dem sich die Damen des Harem vergnügen durften und der das Wasser für die Gärten speicherte. Gleich daneben der *Dar el-Ma,* Rest eines der riesigen Magazine für das Futter der Rösser (und wohl auch ihrer Betreuer). Meterdicke Mauern, nackte Tonnengewölbe wie in spätrömischen Thermen, Kuppeln, aus deren Scheitel das Licht einfällt wie im römischen Pantheon. Imperiale Architektur, über anderthalb Jahrtausende sich gleichend. Nur noch eine der mit Menschenkraft betriebenen Schöpfanlagen, die aus der Grundwasserzisterne das Naß heraufholte, wird gezeigt: eine Tretmühle hoffnungsloser Sklaverei. Und dann: die ›Ställe Muley Ismails‹ – in Wirklichkeit auch sie wohl Speicher, die aber mit ihren 23 Schiffen, durch 13 Meter hohe massige Ziegelpfeiler getrennt, eine surreal-barocke Perspektive auftun. Bühne für unseren aus langer Spitze seine Zigarette paffenden amtlichen Geleiter, ein in gewählte Tracht gekleidetes eitles Männlein mit hohem rotem Fez und fersenfreien Löchern in den braunen Socken. »Allte Pferrrdeställle«, erklärt er, während er sich in Fotopositur wirft. Es gibt im alten Palastareal tatsächlich auch noch Stallungen. Über den Gewölben ein abgezirkeltes Gärtchen, eine Aussichtsplattform mit Blick über Wasserbecken, auf die grünen Dächer des königlichen Palastes von heute, auf das weite Gelände der einstigen Residenz. Zwischen verfallenen Mauern ein Reitplatz, auf dem künftige Offiziere ihre Pferde schulen.

Auf krummen Wegen und schmalen Sträßlein müßte man, durch militärische Absperrungen und Kontrollen auf Nebenwege verwiesen, nach Süden holpern, nur um die ganze Ausdehnung der Sultansstadt von einst zu erfahren. Die zu Formlosem zerfallenen Bauten von dazumal, sie bewahren keine Spur mehr von dem, was hier einstmals Leben war. Aber machen wir es kurz. Vom Bordj oder Dar el-Ma, auf dem wir Umschau hielten, führt eine mauergesäumte Straße in nordöstliche Richtung. Hinter einem engen doppelbögigen Tor liegt schattenlos der Mechouar-Hof, von zinnengekrönten Mauern, in der westlichen Ecke auch von Arkaden umzogen. Vier Tore gewähren Zugang zu diesem unregelmäßig gestreckten Viereck. Das des *Dar el-Mahzen,* des Sitzes der Regierungsgewalt, ist in herkömmlicher Art schön geziert und überprächtig restauriert, aber immer bewacht und verschlossen. Die scherifische Majestät von heute bequemt sich nie zu öffentlichen Audienzen, denen dieser Hof einst diente.

Die Straße, albtraumhaft eingezwängt zwischen lange Mauern unter prasselnder Sonnenhitze, führt zum *Grabmal des Muley Ismail.* In der schlichten Touristenwerbung wird es als »die einzige zugängliche Moschee Marokkos« angepriesen und gilt somit als Touristen-Muß, vor dem sich die Rundfahrerbusse stauen und beschäftigungslose Jugendliche auf Einzelreisende lauern, die sich von ihnen die Stadt zeigen lassen möchten. Der dunkelhäutige Wasserverkäufer in seiner rotgoldenen Tracht, den ich seit fünfzehn Jahren kenne, hat sich schon einen Gehilfen zugelegt, der das Abkassieren übernimmt (ein Dirham pro Klick), wenn die Touristen aus den Bussen drängen. Auch an diesem Gutverdiener sind die Jahre nicht spurlos vorübergegangen.

Das Tor zum Grab des Sultans Ismail deutet almohadische Vorbilder ins Kleinteilig-Verschlungene um, raubt ihnen etwas von der strengen Würde, verleiht ihnen dafür eine kurzatmig-prächtige Bewegtheit. Für das an europäischen Bauten geschulte Auge befremdlich sind die vorgezogenen Säulen an den Seiten, die sich als Träger für das vorgezogene Dach aufspielen, obwohl es da gar nichts zu tragen gibt. Eine Folge von Höfen mit Fliesenböden und fliesenbelegten Sockeln, über denen die lehmrosigen Mauern aufgehen, dann muß der Besucher die Schuhe ablegen. Auf nackten Sohlen nur darf er den Patio vor dem Grabraum betreten, einen Moscheehof in Miniaturformat, der auf den ersten Blick zeigt, daß er entstand, als die große Zeit der westislamischen Kunst schon vorüber war. Herkömmliche Dekorelemente, kleinlich einem Horror vacui untertan, verwirrend und langweilig zugleich. Darüber kann auch die bunte Bemalung nicht hinwegtäuschen. Keine Offenbarung bringt auch der Blick, den man in den Grabraum werfen darf. Schranken umgeben den Kenotaph des marokkanischen Roi-Soleil. Auf zwei Pariser Pendulen weist der würdige Wächter hin. Sie hat Louis XIV gesandt, um seinen afrikanischen Möchtegern-Schwiegersohn zu beschwichtigen. Sultan Ismail war nämlich scharf darauf, eine Tochter Ludwigs (ein illegitimes Kind von der La Vallière, die spätere Princesse de Conti) seiner Harems-Sammlung einzuverleiben. Verhandlungen gingen zwischen Meknes und Versailles hin und her. Kaum beneidenswert der Gesandte, der den unberechenbaren Sultan vor die Wahl stellen mußte: Christ zu werden oder anstelle der Königstochter die beiden kostbaren Uhren anzunehmen.

Ein paar Schritte nur entfernt, unter grünem Ziegeldach das »Gefängnis der Christen« – zurechtgemachter Teil der Kerker für die als Fronarbeiter festgehaltenen christlichen Beute-Geiseln. Auf dem kleinen Platz spielt sich immer noch gelassen, weißflockig, kamelhaarfarbig und schafsgeduldig der Wollmarkt ab, durchsprenkelt von den scharlachroten, zyklamenblauen, orangegelben Tupfen der Berbertrachten. Die Place Lalla Aouda im Schatten der gleichnamigen Moschee ist zu einer sterilen Anlage aufgeschönt worden, mit Beeten, Bänken und Bäumchen. Es ist noch nicht so lange her, da war sie nur eine ungestalte Fläche, von Zinnenmauern umschlossen. Am Mouled-Fest, dem Feiertag der Geburt des Propheten (nur der Maghrib begeht ihn, die puritanischen Saudi-Wahhabiten sehen darin nur »heidnischen« Götzendienst) veranstaltet die Bruderschaft der Aissoua (davon gleich unten) ein Fest und eine Fantasia, der die schlichten Zuschauer frenetisch applaudieren. In die Stadt importiert, ist ein solches Reiterspiel enttäuschend. Wie lang währt es doch, bis sich nur die Teilnehmer des ersten Laufes in Position begeben haben. Ein kurzer wilder Galopp dann, aus antiquarischen Flinten eine müde Salve gen Himmel, die Rösser knapp vor der Ehrentribüne pariert. Das wiederholt sich zwei- und dreimal – und wer es nicht gesehen hat, hat nur wenig versäumt.

Dann wenige Schritte zum *Bab Mansour,* dem prächtigsten der Stadttore aus der Ismail-Zeit.

Tore der Stadt – Stadt der Tore

Im ockerfarbenen Reif der Mauern sitzen wie bunte Juwelen die prunkenden Tore, farbige Urenkel der almohadischen Tore von Rabat oder Marrakesch.

Das ist das *Bab Berdain,* mit grünen Fayencen belegt, eingespannt zwischen zwei als Vierecktürme vorspringende Bastionen. Sein majestätischer Bogen rahmt eine sehr marokkanische Vedute. Die flache, grüngedeckte gleichnamige Moschee mit ihrem hohen Vierkantminar am Ende eines langen Platzgevierts, das nur in den Mittagsstunden unbelebt in der Sonne döst.

Verbotstafeln und »Marabut-marabut«-Rufe verwehren uns den Zugang zu dem Friedhof, in dem unter einem weißen Kuppelbau neben anderen frommen Männern Sidi Aissa bestattet ist, der Gründer und Patron der Aissoua-Bruderschaft. Sie ist wegen ihrer fakirartigen Riten selbst bei den gar nicht so strikt »orthodoxen« Moslems des Maghrib in Verruf. Dennoch gilt ihr Gründer als der große Stadtheilige von Meknes.

Sidi Aissa soll ein Zeitgenosse Muley Ismails gewesen sein, der als Wanderprediger die reine Lehre des Propheten festigen und verbreiten wollte und zahlreiche Wunder gewirkt haben soll. Eine so große Zahl von Jüngern scharte sich um ihn, daß der die Spreu vom Weizen trennen mußte. Die Legende überliefert umständlich, wie er seine Anhänger eines Tages auf dem weiten Plan vor seinem Haus versammelte und erklärte: »Der Prophet verlangt von mir, meine treuesten Schüler zu opfern. Jene unter euch, die sich dafür halten, mögen mein Haus betreten, wo das Schwert sie erwartet.« Ein erster stellte sich.

Sidi Aissa geleitet ihn ins Haus. Dann ein schauriger Schrei und ein
Blutstrom ergießt sich über die Schwelle. Ein zweiter, ein dritter
Jünger betreten das Haus. Jedesmal wieder Todesschrei und Blut-
schwall. Vor dem gräßlichen Schauspiel weichen die Versammelten
zurück, verdrücken sich die Schwachherzigen. Als sich die Tür hinter
dem vierzigsten Opfer geschlossen hat, ist der Platz leer. Wenig
später erschien Sidi Aissa an der Spitze der vierzig ›Geschlachteten‹,
durchzog an ihrer Spitze die Straßen und verkündete den verblüfften
Leuten, Allah habe seinen Jüngern die Gnade verliehen, ihr Blut zu
vergießen, ohne daran zu sterben. Skeptiker freilich meinten respekt-
los, dieser Tag habe nur vierzig Schafen das Leben gekostet.

Die Friedhofsmauer endet beim *Bab el-Jdid,* dem ›neuen‹
Tor in die Medina, das man nur zu Fuß erreicht. Die Fahrstraße macht einen Umweg, berührt den Platz, auf dem am
Mittwochvormittag der wöchentliche Tiermarkt abgehalten
wird. »Kamelmarkt« wird er manchmal genannt, obwohl
Dromedare nur ausnahmsweise noch im Angebot sind. Bei
der Moschee Sidi Said (18. Jahrhundert) biegen wir scharf
links in die von Rabat heranführende Straße ein, die geradeaus zum *Bab Berrima* führt, einem der Tore zur Altstadt,
hinter dem die Souks, die zum Teil überdeckten Marktgassen, beginnen, wie überall im Lande Schauplatz farbfrohen
und gelassenen Alltagshandels und -wandels.

Aber noch bevor wir das *Bab Berrima* erreichen, geht es
rechts ab aufs *Bab el-Khemis* zu. Es gleicht geschwisterlich
dem Berdain-Tor, besaß viereckige Bastionen, die arg gelit-
ten haben. Aber die auf grün gestimmten Fayenceeinlagen
im Netzwerk der Stuckbänder, welche rechteckig das zuge-
spitzte Hufeisen der Toröffnung umziehen, schimmern wieder wie einst, als das Tor den Zugang zur ›Gartenstadt‹
bildete. In ihr hatte Muley Ismail seine höchsten Würdenträger angesiedelt. Als der glücklose Nachfolger von einer seiner erfolglosen Unternehmungen gegen die aufständischen
Berber zurückkehrte, empfing man ihn hier mit so ironisch
getönten Ovationen, daß er zur Strafe das ganze Viertel dem
Erdboden gleichmachen ließ.

Links gleich die alte Mellah, das alte Judenquartier, mit
engen, sich rechtwinklig kreuzenden Gassen. Auch die neue
Mellah, die wir halbrechts abzweigend durchfahren, ist mit

rechtwinkliger Schachbrettregelmäßigkeit angelegt. Aber das Leben in ihr hält sich nicht ans Schema. Der Ordnung von heute entspricht der schmale Jüngling, der sich uns anbiedern möchte, als wir auf der Suche nach einer befreundeten Adresse einen Augenblick anhalten. Der Doppelbogen des Bab el-Kari führt dann durch die ›Mauer der Reichen‹ ins M'hammed-Viertel, wo einst nur die Wohlhabenden im Schutz der Sultansresidenz ihre Häuser bauen durften.

Wir lassen unsere Rundfahrt beim Bab Mansour enden, dem schönsten Torbau von Meknes, der erst unter Muley Ismails Nachfolger 1732 vollendet wurde. Monumental konzipiert steht es als Endpunkt in der Entwicklungslinie der westislamischen Tore, und doch stutzt man. Gar zu bewußt werden die antiken Kapitelle (Spolien aus Volubilis) an den rahmend vorspringenden Pfeilern hergezeigt, zu mechanisch überzieht der Dekor die zu offenen Durchgangspavillons umgedeuteten Flankentürme. Zugegeben, daß manches auch auf unbekümmerte Restauratoren zurückgehen mag, dennoch wirkt dieses Prunktor im Grunde wie ein malerischreicher Bühnenprospekt, verstimmend durch seine absichtsvolle Schaugebärde. Ein christlicher Renegat hat den Bau entworfen. Zweifellos wollte er sich in die maghrebinische Tradition einfügen, doch den Klassizismus seines Heimatlandes konnte er wohl nicht vergessen.

Die Medina: Markt, Museum und Medrese

Am barocken Prunktor hupt der Verkehr von heute vorbei und überholt die ländlichen Maultierkarren, drängt die Fußgänger an den Straßenrand, die in die billigen Eßlokale hineinschnuppern oder zur *Place el-Hedim* streben, einem langgestreckten Rechteck, das sich als Parkplatz mißbrauchen lassen muß. Seine tiefergelegene Langseite begrenzt die *Markthalle*. Unter ihrem Dach stellt sich im warmen Dämmerlicht einer der verlockendsten, appetitlichsten Lebensmittelbazare zur Schau. Saftiges Grünzeug und hochrote Tomaten, dunkelfeiste Auberginen getürmt, abendrötliche Zwiebeln und rotbackige Äpfel, gelbe Birnen und leuchtende Orangen sind zu Pyramiden geschichtet, mit exakten

Preisangaben versehen. In breiten Schüsseln häufen sich Oliven aller Schattierungen – vom ruhigen Grün bis zum nächtlichen Braun, das so dichten Wohlgeschmack enthält. Samtdunkel gedörrte Zwetschgen, bleiche Birnenschnitze und bernsteinfarbige Marillen, daneben die Weinbeeren und die sanftbraunen Haufen aller Art von Nüssen. Wie eine Nikolausbescherung: »Apfel, Nuß und Mandelkern …«

An der nördlichen Schmalseite des Hedim-Platzes steht der Dar Jamai, ein Palast, den sich ein Vezir Muley Hassans I. im ausgehenden 19. Jahrhundert errichten ließ. Dieses Beispiel eines sehr vornehmen Wohnsitzes ist nach mancherlei seltsamen Schicksalen (nachdem die Jamai-Familie in Ungnade gefallen war, ging das Haus durch die Hände des Glaoui Pascha, diente nach 1912 vorübergehend als Militärhospital und dann Verwaltungszwecken) nun Heimstatt eines besonders sehenswerten Museums marokkanischer Kunst. Die Sammlungen, deren Grundstock 1917 gelegt wurde, umfassen Holzarbeiten (bemalte Möbel, gedrechselte Mushrabiye-Gitter), präsentieren einen Minber aus der Lalla Aouda-Moschee (18. Jahrhundert), Gewänder und Stickereien, polychrome und kobaltblaue Keramik aus Fes, großformatigen und schweren Schmuck der Berberfrauen aus dem Atlas und den zierlichen der Städterinnen, Waffen, Metallgefäße und Geräte, geometrische Berberteppiche in einem Rahmen, der selbst schon sehenswert ist mit dem reizenden Gartenhof, den kleinen Patios, den einstigen Wohn- und Wirtschaftsräumen und den prächtigen Empfangssalons im Oberstock. Zwar sahen wir in Tanger und Rabat schon vergleichbare Museen (und werden in Fes und Marrakesch auf andere treffen, gleichfalls in nach außen eher unscheinbaren, im Inneren weiträumigen Palästen des 18. oder 19. Jahrhunderts), aber dieses hier – umsichtig und sorgsam geleitet, hilfreich beschriftet – bleibt uns in allerbester Erinnerung. Hier dürfen wir die Dinge in Muße betrachten, ohne einen plappernden Führer, denn wir erhalten die nötigen Informationen durch ein kleines bebildertes Faltblatt.

Durch die Gasse, die gleich neben dem Museumseingang in die Medina hineinführt, erreichen wir nach kaum hundert Schritten die *Große Moschee.* Sie verrät sich nur durch ein helles Portal und das türkisgrün belegte Minar. Im Halbdunkel hätten wir beinahe das bronzebeschlagene Tor übersehen, durch das man einen Vorraum durchschreitend in den Hof der *Medersa Bou Inania* gelangt. Es ist nach der Medrese von Salé das zweite Beispiel einer so prächtigen Lehranstalt, gestiftet vom gleichen Sultan Abu l'Hassan, aber erst unter seinem Sohn Abou Inan vollendet und trägt daher dessen Namen. Wir müssen uns nicht erneut über Zweck und Bedeutung solcher Einrichtungen ins Bild setzen, dürfen eher unbefangen das Auge in dem Reichtum an dekorativen, doch nicht unverbindlich-schmückenden, sondern ganz vordergründig auch durch die Texte der Schriftfriese ›redenden‹ Dekor aus Fayencen, Stuck und Schnitzerei spazierengehen lassen. Diese drei: die bläulich-grünen Kachelmuster, die Arabesken und Stalaktiten aus milchweißem Stuck und die tiefbraun gedunkelten Balken und Bogenfelder aus Zedernholz treten zusammen zu einem Schmuck, der so wenig nur Augenkitzel ist wie Portalplastik oder Altarbilder christlicher Gotteshäuser. Im islamischen Bereich ist figürliche Darstellung nicht unbekannt, jedoch im religiösen Bereich hat sie nichts zu suchen. Hier tritt im Gewand kunstvoller Schrift das Wort an die Stelle des Bildes; um die koranische Botschaft zu verkünden und Gott zu loben, tritt das Ornament an die Stelle der Historie. Im geometrischen Gitterwerk wie im vegetabilen Geranke – nur scheinbar verwirrend-willkürlich und unüberschaubar – offenbart sich dem Betrachtenden ausschnitthaft eine von einem jenseitigen Intellekt zeugende Ordnung, die von dem Einen und Unerforschlichen kündet, dem der Mensch sich nur in frommer Hingabe nähern kann. Wie in Salé können wir auch hier die winzigen Wohnzellen für einst 84 Studenten besehen und von der Dachterrasse einen Blick auf die Dächer der Großen Moschee werfen, welche die für uns unbetretbaren Räume definieren und uns eine Vorstellung von der Anlage vermitteln.

Da sich ihm alle anderen historisch, künstlerisch oder religiös bedeutenden Bauten verschließen, kann der etwas eilige Reisende seine weitere Erkundung von Meknes auf einen Bummel durch die Gassen der Medina beschränken – wie immer eine Augenweide. Vor allem sind es natürlich die gedeckten Souks mit ihrem reichen Angebot sowohl an Alltagskram wie gutem marokkanischem Kunsthandwerk, die uns fesseln. Aber vergessen wir nicht, daß uns die reicheren Quellen des einheimischen Handwerks erst noch erwarten.

Von den Römern zum Islam

Mosaike von Volubilis

Etwa drei Kilometer abseits der direkten Verbindung von Meknes nach Fes liegt Sebaa Aioun, und südöstlich dieses unbedeutenden Fleckens am linken Ufer des Oued Jedida der *Souk Jemaa el-Gour* genannte Rest eines vorislamischen Grabmals – wohl aus der letzten Zeit der Römerherrschaft.

Eine Rundmauer aus Großquadern umfaßt eine Plattform von etwa vierzig Meter Durchmesser, auf der sich ein Kegelstumpf erhob, der in seinem Inneren die Grabkammer mit den Beigaben barg. Nordöstlich davon ein genau nach den Himmelsrichtungen ausgerichtetes Altarpodium, wohl Zeugnis dafür, daß das Bestattungsritual der Berber – wie das Ägyptens – mit dem Kult der Sonne verbunden war. Die Anlage ruft die numidischen Königsgräber auf algerischem Boden in Erinnerung, die allerdings – wie das Kbor er-Roumia genannte bei Tipasa – älter sind, besser erhalten und mit ihrer hellenistisch-ägyptisierenden Gliederung weniger archaisch wirken. Bestehen Verbindungen? Gibt es Glieder dazwischen? Dunkel liegt noch über der Vergangenheit des Berberlandes.

Auf den weiteren 60 Kilometern bis Fes gibt es wenig zu sehen; so ist der schnellen Straße ein Umweg vorzuziehen, der zwei bedeutende Stätten berührt: die Reste der Römerstadt Volubilis und den heiligen Pilgerort Moulay Idris. Sie liegen in Sichtweite voneinander, sind Marksteine auf dem kurzen Weg, der hier im fernen Westen von der Römerzeit in die des Islam führt, zeigen aber auch, wie tot hier die ›klassische‹ Antike ist, wie lebendig dagegen der Islam, der tiefer als alle anderen geschichtlichen Mächte den Maghrib geprägt hat.

Eine reizvolle Fahrt über die Ausläufer des Djebel Zerhoun, mit Ausblicken in grüne Täler, dann eine Ebene, die bereits auf das weite Flußbecken des Oued Sebou vorzudeuten scheint, und darin, auf triangelförmigem flachem Plateau

1 Olivenpresse
2 Orpheushaus
3 Gallienusthermen
4 Thermen des Forums
5 Bäckerei
6 Forum
7 Basilica
8 Capitolium
9 Desultor-Haus
10 Nordthermen
11 Caracallabogen
12 Haus mit dem Hund

13 Haus des Epheben
14 Haus mit den Säulen
15 Haus des Reiters
16 Haus mit den Arbeiten des Herakles
17 Haus mit Dionysos/Bacchus
   und den Jahreszeiten
18 Haus mit Nymphäum
19 Haus mit Nereiden
20 Gordianspalast
21 Haus der Venus
22 Tempel des Saturn (Tempel B)
23 Tanger-Tor

die Ruinen von *Volubilis*. Es sind die bedeutendsten römischen Reste im Lande – und eigentlich die einzigen, die betreut werden. Marokko fühlt sich seiner vorislamischen Vergangenheit nicht verpflichtet.

Im späten 19. Jahrhundert begann die Freilegung der bereits seit der ausgehenden Steinzeit besiedelten Stätte, die von Berbern bewohnt war, als sich auch hier der Einfluß Karthagos bemerkbar machte. Möglich, daß die Stadt einmal eine Nebenresidenz des Numiderkönigs Juba II. gewesen ist, jedenfalls wurde sie nach der Annexion Mauretaniens durch Rom zum Amtssitz des Präfekten der Mauretania Tingitanis, wurde in den Jahren der aufsteigenden Kaiserzeit immer reicher, vermutlich durch Ölhandel. Am Beginn des 3. Jahrhunderts, als sie etwa zwanzigtausend Einwohner gezählt haben mag, schmückte sie sich mit Forum, Bädern, luxuriösen Wohnungen, aber mußte sich bereits auch durch eine Mauer sichern. Am Ausgang dieses Jahrhunderts stand schon das Ende. Roms Macht zog sich von den exponierten Posten zurück, Volubilis mußte seine Stellung an Tingis abgeben und kam herunter – freilich nicht zur öden Stätte, wo nur noch Uhu und Schakal hausten. Es blieb ein lokales Zentrum, und als der flüchtige Idris I. eine Stätte suchte, wo er Fuß fassen konnte, da fand er sie hier. Hier verschworen sich ihm die Berber des äußersten Maghrib.

Was man heute sieht, das erzählt freilich nicht von den Berbern, sondern nur von Rom. Ein gemächliches Stündlein genügt für den Rundgang, den ein argusäugiger Führer überwacht.

*Vom Parkplatz vor der Südostpforte, dem offiziellen Einlaß mit den unvermeidlichen Souvenirhändlern, mit Postkartenstand, Erfrischungskiosk und Toilette leitet der vorgezeichnete Weg zunächst ins alte Südviertel. Der erste Halt gilt einer Olivenpresse (**1**). Dem Ölhandel verdankte die Stadt ihren wirtschaftlichen Aufschwung und ihre kurze Blüte im 3. Jahrhundert. Noch immer sind es die silbergrünen Ölbäume an den Hängen ringsum, die, sperrig und verquält, den Leuten hier den Lebensunterhalt sichern. Das Orpheushaus (**2**) bekam seinen Namen vom Mosaikbild des mythischen Sängers, das den Fußboden des Tablinums ziert. Ganz reizend ist die Tierwelt Afrikas wiedergegeben mit Elefant, Gazelle und Affen und auf einem anderen*

*Mosaik Meeresgetier. Was von dem Haus erhalten blieb, zeugt von
außerordentlichem Reichtum. Das war einst ein veritabler Palast mit
einer opulenten und wohlerhaltenen Badeanlage. Baden, das war auch
hier der Leute Lust, davon zeugen auch die Gallienusthermen (3) wie
die Thermen des Forums (4), beides stattliche und in der Abfolge der
Räume recht klar erhaltene Beispiele öffentlicher Badeanstalten. Ein
paar Schritte seitab führen zu den Resten einer Bäckerei (5) mit
Getreidemühlen, Trögen und Backofen.*

*Mittelpunkt der Stadt bildete das Forum (6), das beherrscht war
von der Pfeiler- und Bogenfront der dreischiffigen Basilica (7) (z. T.
wiedererrichtet) mit Apsiden an den beiden Enden. In dieser Gerichts-
halle tagte wohl auch der Stadtrat von Volubilis. Hinter der südlichen
Apsis, wie ein bloßer Annex des Pfeilerbaues wirkend, das, was sonst
in Provinzstädten das Forum beherrscht: das Capitolium (8), hier ein
etwas beengter Portikushof mit einem korinthischen Podiumstempel
(einige seiner Säulen sind wieder aufgerichtet), vor dessen Freitreppe
sich ein Altar für die kapitolinische Göttertrias erhob: für Jupiter,
Juno und Minerva.*

*Das am vollständigsten erhaltene (auch ergänzte) Bauwerk ist der
sogenannte Triumphbogen (11), der klärlich nichts mit einem Triumph
zu tun hat (ein solcher konnte nur in Rom selbst gefeiert werden),
sondern ein Ehrenmal war für Caracalla, den kaiserlichen Brudermör-
der und seine syrische Mutter Julia Domna. Auf dem Weg zu ihm
kommen wir vorbei am Desultor-Haus (9), genannt nach dem Mosaik
eines rückwärts auf dem Reittier sitzenden Zirkusakrobaten, und an
den öffentlichen Brunnen neben den Nordthermen (10). Südlich des
Caracallabogens die Grundmauern des Hauses mit dem Hund (12)
mit einem gut erhaltenen Impluvium, einem Wasserbecken. In einem
Zimmer links vom Atrium wurde 1916 der bronzene Hund gefunden,
der dem Haus den Namen gab und den wir wie die meisten der
Fundstücke aus Volubilis im Archäologischen Museum von Rabat
gesehen haben. Nördlich gegenüber das Haus des Epheben (13) mit
einigen reizvollen Bodenbildern: eine von Kentauren umgebene, auf
einem Seepferd reitende Nereide, ein Bacchus auf seinem Pantherwa-
gen, ein Fischer mit Seegetier und Wasservögeln. Vom Caracallabogen
führt in nordöstliche Richtung der Decumanus maximus, die Hauptachse der Stadt, flankiert von reichen Häusern mit reizvollen Bilderbö-
den. Gleich neben dem Ephebenhaus, von ihm nur getrennt durch die
unkenntlichen Reste eines Mausoleums aus vorrömischer Zeit, stand
das Haus mit den Säulen (14), benannt nach den gedrehten Schäften,
welche den Zugang zum Peristyl flankieren. Es folgt das Haus des*

*Reiters (15) mit einem Bacchus, den Amor zur schlafenden Ariadne
führt. Das Nebenhaus heißt nach den Arbeiten des Herakles (16),
welche auf zwölf Medaillons in einer harmlosen, ja unfreiwillig
komischen Art dargestellt sind. Cerberus folgt seinem Bezwinger wie
ein begossener Pudel. In der Mosaikkunst des römischen Nordafrika
sehr beliebt sind die Symbolgestalten der Vier Jahreszeiten. Sie treffen
wir in einem der nächsten Häuser an (17), wo wir auch Dionysos-
Bacchus wieder begegnen. Im letzten Raum des Nachbarhauses (18)
ein Nymphäum. Auf der anderen Straßenseite sehen wir im Haus
(19) etwas eckige Nereiden auf Meertieren des Poseidons mächtiges
Haupt umreiten. Nur wenige Schritte weiter stand links der Gordianspalast (20), einst Sitz des Provinzstatthalters, nach dem Kaiser nur
benannt, weil der Bau zu seiner Zeit restauriert wurde. Etwa auf
gleicher Höhe, aber in einer dem Decumanus parallellaufenden Straße,
das Haus der Venus (21) mit den schon geläufigen Motiven. (Jahreszeiten, Bacchus. Starkfarbig und robust Diana und Actaeon und andere
Mythendarstellungen.) Weder der weitere Weg bis zum Tanger-Tor
am Ende der Hauptstraße, noch der kleine Umweg zu den Resten des
Saturn-Tempels (22) lohnen die Mühe, die auch nur ein paar Schritte
unter der prasselnden Sonne bedeuten. Saturn, das ist niemand anderes
als der punische Baal Hammon. Immer wieder schlägt Punisches und
Numidisches durch die römische Tünche.*

Handwerklich sind alle diese Bilder solide gearbeitet, aber
wo sie den Anspruch, Kunst zu sein, erheben, verraten sie,
daß die Tingitanis eine Provinz am Ende der Welt war. Hier
standen auch für gutes Geld nur zweit- und drittrangige
Kräfte zur Verfügung.

Wie der Islam Fuß faßte

Während wir in den Ruinen umherwandern, geht unser
Blick doch immer wieder hinüber zu dem olivgrauen Bergzug, an dessen Hang sich ein rahmweißes Dreieck abzeichnet:
Moulay-Idris, die heilige Stadt des westlichen Maghrib. Ein
Blick überspringt die ins Dunkel zurückgesunkenen Läufte
zwischen den Tagen, da die Römer abzogen und jenen, als
der Islam hier Fuß faßte. Dunkle Zeiten, von denen keine
Kunde blieb. Eines nur ist sicher: die unterm grünen Banner
des Propheten erobernden arabischen Krieger trafen hier auf
einen zäheren Widerstand als in den tiefer von hellenistischer

Kultur, von römischer Urbanität, von christlicher Doktrin geprägten Gebieten. Palästina, Syrien, das Zweistromland, den Iran, Ägypten, später auch Spanien zu erobern, dazu bedurfte es nur einer oder zweier entscheidender Schlachten, dann war innerhalb weniger Jahre das Gebiet dem Islam unterworfen. Die Berber des Maghrib – nur oberflächlich und auch nur in den Städten christianisiert – setzten jedem Eroberer hartnäckigen Widerstand entgegen. Die sozialen, wirtschaftlichen und schließlich auch die religiösen Ausein-andersetzungen (Hirten gegen Bauern, ländliches Proletariat gegen Grundherren, Heiden gegen Christen, Christen unter-einander) haben hier dem Islam den Weg eher erschwert als erleichtert. Genug, die ersten Razzien der Araber, dann die Feldzüge des Sidi Oqba ben Nafi, der Kairouan gründete und bis an den Atlantik bei Essaouira vorstieß, dessen Grab in Sidi Oqba bei Biskra in Algerien verehrt wird, berührten den äußersten Maghrib nur am Rande. Auch alle die Wech-selfälle von der arabischen Eroberung Karthagos bis zum Sieg der Araber über den Berberaufstand unter der ›Kahina‹, der einheimischen Prophetin, sie gehören zur Geschichte weiter östlicherer Bereiche, die heute Algerien und Tunesien heißen. Erst mit Musa ibn-Nusair begann die Geschichte eines islamischen ›fernen Westens‹. So lange es gedauert hatte, bis Nordafrika dem Islam unterworfen war, so schnell wur-zelte er dann dort ein. Musa mußte zwar noch einige Strafex-peditionen gegen widerspenstige Stämme führen, aber sie brachten neben reicher Beute, die als Tribut an den Kalifen-hof nach Damaskus wanderte, neue Gefolgsleute. Die Söhne der besiegten Stammeshäupter wurden als Geiseln im Glau-ben des Propheten erzogen, und Musa war es, der ihre Ener-gie auf ein neues Ziel lenkte: auf die Eroberung Spaniens für den Islam. Das Christentum verschwand schnell und spurlos. Den schlichten Leuten waren die gehässigen Streitereien der Theologen über das Credo an eine zu definierende Trinität – oder was sonst? – ganz unverständlich. Der abstrakt-schlichte Monotheismus war viel einleuchtender. Seit dem almohadi-schen 11. Jahrhundert gab es keine Christen mehr im Lande.

Beharrungskraft dagegen besaßen die jüdischen Gemein-den. Wann ihre ersten Väter ins Land gekommen waren –

ob mit den Phönikern schon, ob nach der ersten Eroberung Jerusalems durch Nebukadnazar, ob erst nach der zweiten unter Titus, ob aus dem Arabien des Propheten Vertriebene – das wird sich wohl niemals erhellen lassen. Vielleicht suchten sie in mehreren Wellen immer wieder im fernen Westen Zuflucht. Sicher ist nur, daß sie schon lang eingesessen waren, als der Islam zur Herrschaft kam. Er legte den Nichtmoslems wohl eine besondere Steuer auf, aber der Existenz nichtmoslemischer Gemeinschaften stand nichts im Wege. Schon gar nicht, wenn sich deren weitreichende Verbindungen zum Vorteil des Landes und seiner neuen Herren auswirkten. Seit alters haben die Juden im Maghrib eine bedeutende Rolle gespielt.

Mit dem Sieg des Islam muß eine erste Welle der Arabisierung Hand in Hand gegangen sein. Das Arabische ersetzte nun das Latein als Amtssprache in den Städten, das ›Volk‹ freilich bediente sich nach wie vor seines berberischen Dialekts, beharrlich bis heute. Musa ibn-Nusair war es auch, der ein Verwaltungs- und Steuersystem nach byzantinischem Vorbild einrichtete, um die Kraft des Landes und seiner Bewohner für die Bedürfnisse des fernen Hofes von Damaskus auszubeuten.

Das Weltreich der Araber stand bald vor einem Dilemma. Nach Allahs und seines Propheten Gebot sollte das Gesetz des Koran über die Welt verbreitet werden. Von Bekehrung der Unterworfenen war die Rede nicht. Waren sie ›Schriftbesitzer‹, besaßen sie also ein Heiliges Buch wie Juden oder Christen, blieben sie unbehelligt, doch hatten sie dafür eine recht beträchtliche Kopfsteuer zu zahlen. Diese war vielen so lästig, daß sie die Konversion vorzogen.

Als der Siegeszug der Araber an seine Grenzen stieß, die Krieger keine Beute mehr machten, da war diese Kopfsteuer bald die einzige Quelle, aus der die Kalifen – die Stellvertreter des Propheten und seine Nachfolger als Leiter der moslemischen Gemeinde – ihre Krieger zufriedenstellen konnten. Wer, Christ oder Jude, gleich aus welchen Gründen, zur Religion der neuen Herren übertrat, verminderte deren Einnahmen. Was tun? Der Kalif verfügte die Weiterzahlung der Kopfsteuer durch die Neubekehrten. Die Antwort der um

die Vorteile ihrer Konversion Geprellten waren wiederholte
Aufstände unterm Banner der Kharidschiten, der ersten ›Häretiker‹ innerhalb des Islam, aufgetreten während der ersten
Krise des Kalifats, als Ali, der Schwiegersohn des Propheten,
mit dem mächtigen Statthalter von Syrien, dem Omayyaden
Moawiyya zum Kampf um die Macht antrat. Die Strengsten
der Moslems waren der Meinung, daß weder Verwandtschaft
noch Macht Anrecht auf die Würde eines Stellvertreters
des Propheten begründeten, sondern einzig die durch die
Stimme des Volkes bezeichnete geistliche Vollkommenheit.
Und als die siegreichen Omayyaden das Kalifat in eine Monarchie verwandelten, die sich kaum unterschied von Byzanz
oder dem sassanidischen Persien, da faßten die Gedanken
der Kharidschiten – vielleicht durch Perser vermittelt – in
Nordafrika Fuß. Als ein Statthalter, dessen Maßnahmen
selbst die schafsgeduldigen Fellachen des Niltals zur Meuterei
getrieben hatten, in den Maghrib versetzt den Berbern Abgaben in Höhe von einem Fünftel ihres Vermögens abzupressen
versuchte, stand (um 740) ganz Nordafrika in Flammen.
Während im Zentrum des arabischen Reiches die Dynastie
der Abbasiden die der Omayyaden ablöste und vernichtete,
entzog sich der ferne Westen der Zentralgewalt und zersplit-
terte in Teilherrschaften. In Spanien gewann der letzte
Omayyade die Macht, in Marokko ein Nachkomme Alis
und seines Sohnes Hassan, ein leiblicher Abkömmling also
des Propheten selbst, ein Scherif: Idris. Er und sein gleichna-
miger Sohn galten dem Volk als berechtigtere Glaubensver-
breiter, als die Gründer des ersten moslemischen Staates auf
marokkanischem Boden und folglich als seine Schutzheiligen.

Heilige Stadt des ersten Idris

So berichtet eine Chronik: »Idris ibn Abdallah kam im Jahre
170 [786 A.D.] mit seinem Gefolgsmann Raschid in den
Maghrib und ließ sich zuerst in der alten Stadt Oulili [Volubi-
lis] nieder, dann, im Jahre 172 übersiedelte er zu Ishak ibn
Mohammed Abd el-Hamid. Die Berberstämme erwählten
ihn zu ihrem Oberhaupt und leisteten ihm Gefolgschaft. Das
war der Grund, warum Harun ar-Raschid, nachdem er

davon erfahren hatte, einen seiner Vertrauten namens esch-
Schammach mit dem Auftrag entsandte, ihn zu vergiften.
Das tat dieser Mensch auch und entfloh danach in den Osten.
Nach dem Tod des Idris, der ins Jahr 175 fiel [A.D. 791], übte
sein Freigelassener Raschid die Befehlsgewalt aus; dann genas
Kenza, eine berberische Konkubine des toten Fürsten, eines
Knäbleins, das den Namen des Vaters erhielt.« Dieser zweite
Idris gilt als Gründer und Schutzherr von Fes, sein Grab ist
dort das Stadtheiligtum.

Das Mausoleum des ersten Idris bildet das Herz der nach
ihm benannten heiligsten Stadt Marokkos. So heilig, daß
noch vor einem Menschenalter ihre Gassen dem Fuß eines
Ungläubigen verboten waren. Noch heute darf er nicht
innerhalb der Stadt übernachten. Der heilige Bezirk mit
seinen Höfen, der Moschee, einer Medrese, dem Marabut
selbst ist jeder touristischen Neugier streng verwehrt. Doch
von der höchsten Terrasse der Stadt darf man hinabschauen
auf die flaschengrünen Walmdächer und die Dachpyramide
des Heiligen Grabes im Sattel zweier Hügelhöcker, besetzt
von rahmweißen und staubbraunen Hauskuben.

Diese Ausschau vom höheren der beiden Hörner ist von
hohem, ja von einzigartigem Reiz. Im Städtlein gibt es zwar
malerische Winkel (wie die kleine Moschee, aus deren Nachbarschaft sich das Heiligtum aus einem anderen Winkel einsehen läßt), aber nur biederen Alltag. Das als Absonderlich-
keit im Lande der Vierkantminars oft auf Postkarten abge-
bildete zylinderförmige Minarett mit türkisgrünen geometrischen Kufi-Inschriften auf weißem Grund trägt das Datum
1358/1939. Ein Werk unseres Jahrhunderts also, offensichtlich
von östlichen Vorbildern inspiriert. Man nimmt es im Vorbeigehen wahr.

Unten, vor dem äußeren Vorhof des heiligen Bezirks –
eine Schranke verwehrt den Zugang – Devotionalienläden
mit Bündeln flittergeputzter weißer, roter, grüner Kerzen,
mit kalligraphisch gestalteten Bild-Sprüchen, mit türki-
schem Honig, mit Eau parfumée (Ersatz für den verbotenen
Klosterlikör), mit bunten Bonbons und mancherlei Anden-
kenkitsch, wie ihn die Billigindustrie fernöstlicher Republi-
ken den Wallfahrtsorten aller Religionen zuschwemmt.

Da sich ihr Herz verschließt, können wir die kleine Stadt bald verlassen. Neben dem Parkplatz des Vehikels rupft ein Schaf an ein paar Halmen. Daneben, vom Boden kaum zu unterscheiden, eine Gruppe von Männern in weißlichbraunen Wollgewändern, wortlos und blicklos wie Erdgebilde. Ihr Auge kehrt in sich selbst zurück, ohne sich irgendwo zu brechen, es sei denn im Unendlichen. Sie sind nicht entrückt, nicht in Ekstase, sondern nur immun gegen alles, was uns weitertreibt: gegen alles Vorwärts, gegen die Zeit.

Wir werfen noch einen Blick zurück, lassen uns vom Bild berücken: wie sich die weißlich-bräunlichen Kuben blauschattig behaucht hinaufstaffeln entlang des bewegten Umrisses der Hügel, umgeben von Grün aller Schattierungen, dem silbrigen der Oliven, dem feisten der Opuntien, dem stählernen der Agaven, das bleibt im seelischen Haushalt für lange.

Moulay Idris, den größten Teil des Jahres hindurch scheinbar nichts weiter als eine reizende, bezaubernd gelegene Kleinstadt, findet einmal im Jahr zu sich selbst. Einmal im Jahr, da merkt auch der zufällig anwesende Fremde (der dann dort freilich recht fehl am Platze ist), was es mit dem Ort auf sich hat. Im Spätsommer, wenn die Ernte eingebracht ist, wird Moulay Idris zum Schauplatz eines tagelangen, des größten Wallfahrtsfestes (Moussem) im Lande. Da strömen dann Tausende zusammen, dann breitet sich eine riesige Zeltstadt von den Hügelhängen bis weit in die Ebene, tut sich eine bunte Marktstadt auf, dann schwängert der Rauch von brotzelndem Schaffleisch die Luft, treffen sich Freunde aus allen Richtungen, dann knallen am Nachmittag die Flinten der Fantasia-Reiter, produzieren sich Tänzer und Musikanten, locken Schaubuden mit lebensgroßen Abbildern ihrer Sensationen (wo bleibt da das angebliche Bilderverbot des Islam?), dann finden Zahnbrecher und Wahrsagerinnen ihre Kundschaft und Märchenerzähler ihr Publikum. Bis in die Nacht hinein währt das Treiben. Moulay Idris gilt als das »Mekka des kleinen Mannes« im Maghrib. Doch wie ganz anders geht es hier zu als bei der strengen, vom Koran gebotenen Haddsch! Schon daß das Fest sich nicht wie die

Pilgerfahrt zur Kaaba mit dem islamischen Mondkalender durch einen Sonnenlauf bewegt, sondern immer die gleiche Stelle im Sonnenjahr einnimmt, weist es als letztlich in der vorislamisch berberischen Vegetationsreligion verwurzelt aus. Wenn schon. Hier ist der berberische Maghrib im Zeichen des Islam unter sich, feiert seinen Heiligen und sich selbst. Wer nicht dazugehört, merkt es bald und verzieht sich.

Auf kurviger und holpriger Straße – eine Plage dem Fahrer, dem Beisitzer ein landschaftlicher Genuß – erreicht man die P 3 (Sidi Kacem-Fes). Nur noch fünfzig Kilometer bis Fes!

Wer nicht gerade am Dienstag durchkommt, merkt gar nicht, daß die als *et-Tleta* bezeichnete Stelle am dritten Tag der Woche, also am Dienstag (in der islamischen Welt ist der Sonntag noch der erste Tag der Woche, nicht als ›Wochenende‹ an ihren Schwanz verwiesen!) Schauplatz eines farbiggelassenen Markttreibens ist. Wir halten nur an, um die großen Wasserräder zu besehen, die das Wasser aus dem tieferliegenden Flußbett zu den Bewässerungskanälen heraufschaufeln. Wasserräder? Leider gibt es nur noch eines.

Der frommen Überlieferung gilt Idris II. als Gründer von
Fes, die aufgeklärte Forschung aber neigt dazu, schon Idris I.
als den Vater der ersten, am rechten Ufer des Oued Fes
gelegenen ›Madinat el-Fas‹ anzusehen, in der sich nach 818
die nach dem ›Vorstadtaufstand‹ aus Córdoba vertriebenen
Andalusier niederließen. So wäre also das Andalusierquartier
die Keimzelle der arabischen Stadt, Idris II. demnach nur
Gründer des al-Aliya-Viertels, in dessen Mitte er sein Grab
fand, neben dem sich bald die Moschee der Kairouaner (die
Qarawiyn-Moschee) erheben sollte, um die sich die nobel-
sten Marktgassen legten, die nämlich der Händler mit Sei-
denstoffen und Brokaten, mit köstlichen Spezereien und
teuren Duftstoffen: die Kaisariya und der Souk el-Attarine.

Idris II., den die Berber gestützt hatten, umgab sich, zur
Großjährigkeit gelangt, mit Arabern, und das führte zu ge-
fährlichen Spannungen. Ihretwegen vielleicht wählte er Fes
als Residenz. Als er AH 213 (828/829) starb (es heißt, er sei
wie sein Vater einem von Bagdad aus gelenkten Anschlag
zum Opfer gefallen), da erstreckte sich seine Autorität nur
über einen Teil Marokkos, nur eben über die Ebenen und
Hügel zwischen dem Rif und dem Mittleren Atlas, einen
Bereich ohne klar definierte Grenzen, der aber für damalige
Verhältnisse straff organisiert war und eine feste Hauptstadt
besaß. Über ein Gebilde, das in seinen kriegerischen Vorstö-
ßen seine künftigen Ausdehnungstendenzen verriet.

Idris II. war wohl ein Karl d. Gr. nur im kleinen, aber doch
der Charlemagne des Maghrib. Bei seinem Tode kam es –
fünfzehn Jahre bevor des großen Karls Enkel in Verdun
dessen Reich untereinander aufteilten – auch zu einer Teilung
des Idrisidenkönigtums unter die zehn Söhne Idris II. Der
älteste, Mohammed, erbte die Königswürde (er führte nicht
den Titel König, sondern Emir), die jüngeren Brüder sollten
in seinem Namen die verschiedenen Teile des Reiches regieren. Wie zu erwarten, ergaben sich sehr bald end- und frucht-
lose Auseinandersetzungen der »enterbten« Enkel, bis schließlich ein General der tunesischen Fatimiden Fes besetzte und
damit der Herrschaft der Idrisiden ein Ende machte. Nur im

Norden, in der Nähe von Tanger, hielt sich ein Zweig noch bis 974 an der Herrschaft.

Wie die Macht der Karolinger um diese Zeit versank und zugleich das Andenken an Karl beinahe kanonisches Ansehen erlangte, so überlebte das Andenken an die ersten beiden Idris den Fall ihres Hauses – waren sie beide doch (wie Karl ›Vater des Abendlandes‹) ›Väter Marokkos‹. Obwohl Idris II.in regem kulturellem Austausch mit dem islamischen Osten stand, befand er sich politisch in strikter Opposition zum Kalifat von Bagdad. So gewann die einstige Tingitana den Grundriß ihrer Zukunft. Eine Zukunft unter dem Zeichen des Islam – und eben dies verleiht den beiden Idris nicht nur in den Augen der marokkanischen Historiker den Rang von politischen Gründervätern, sondern auch in der Vorstellung des schlichten Volkes die Verehrungswürdigkeit von ›Heiligen‹, schreibt ihnen doch die Überlieferung die Bekehrung des Landes zum Glauben des Propheten zu. Das ist freilich eine legendär verklärte Sicht. Aber den Habitus des Islam im Nordwesten des afrikanischen Kontinents haben sie zweifellos bestimmt. Gegen die Kharidschiten und andere Randgruppen haben sie so gut wie keine Kriege geführt, war doch die gemeinsame Gegnerschaft gegen das Kalifat der Abbasiden stärker als alles, was die Nachkommen Alis von den cordobesischen Enkeln seiner Mörder trennte. Ein heterodox-schiitischer Zug kam mit den Idrisiden in den maghrebinischen Islam und hat sich dort bis heute erhalten. Sichtbarstes Zeugnis dafür ist die Verehrung von ›Marabuts‹, von Heiligen und ihren Grabstätten, wie sie überall im Lande zu finden sind.

Zur Heiligkeit bestimmt waren in erster Linie die leiblichen Nachkommen des Propheten. Ein solcher war Idris I., ein Scherif eben. Schorfas (so die pluralische Form des Wortes) waren auch alle seine Abkömmlinge, wie die der Fatimiden in Ost und West, die Saadier und die noch heute regierenden Alaouiten. Zahlenmäßig gar nicht zu erfassen sind diese leiblichen Nachkommen des Gottesboten. Selbst wenn einzelne von ihnen zu kümmerlicher Armut herabgesunken sind, so umgibt sie als Träger eines greifbaren Segens der Glaube des schlichten Volkes mit einer religiösen Aura.

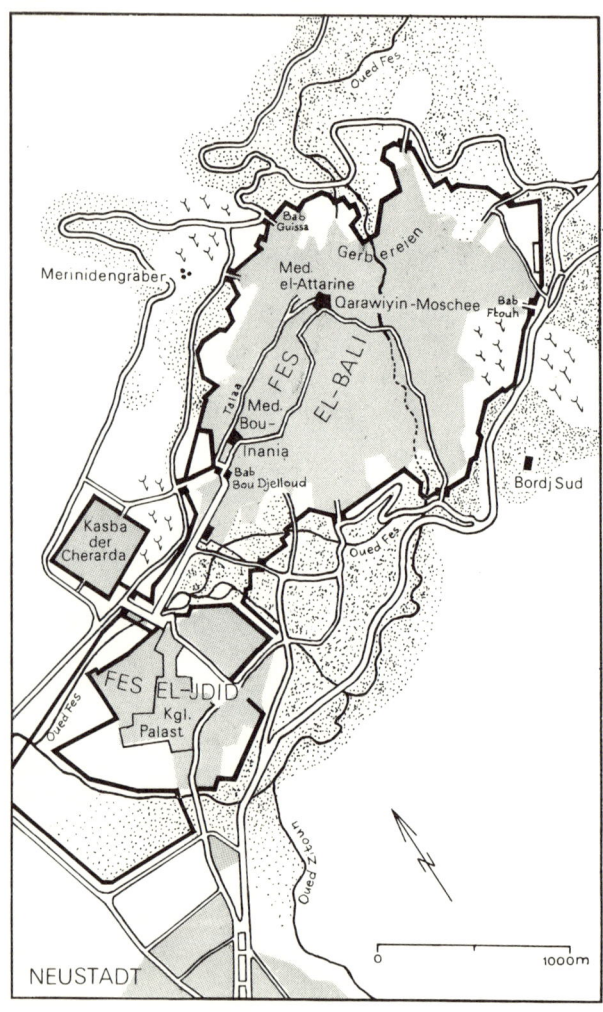

Oued Fes

Bab
Guissa

Merinidengräber

Gerbereien

Med.
el-Attarine

Qarawiyin-Moschee

Bab
Ftouh

FES

EL-BALI

Talaa

Med.
Bou-
Inania

Bab
Bou Djelloud

Bordj Sud

Kasba
der
Cherarda

Oued Fes

FES EL-JDID

Kgl.
Palast

Oued Fes

Oued Z'koun

NEUSTADT

0   1000m

Facetten von Fes

Organismus aus vielen Zellen

Beim Namen Fes kommt einem nicht zuerst die von den Franzosen angelegte Stadt des 20. Jahrhunderts in den Sinn mit ihren geraden, baumgesäumten Avenuen, mit Post, Bahnhof, Banken, Konsulaten und Cafés, mit Restaurants und den Hotels für die erlebnisfreudigen Fremden. Diese Neustadt ist kilometerfern von Neu-Fes (Fes el-Jdid), der A.D. 1276, also im 674. Jahr nach der Hedschra des Propheten, vom ersten Merinidensultan Abu Yussuf Yaqub gegründete Residenzstadt, und noch ferner dem Alt-Fes (Fes el-Bali) der Idrisiden. Fes mit allen seinen Neben- und Vorstädten von heute, das ist nicht eine einzige Stadt, das sind mehrere Städte nebeneinander, voneinander gesondert und doch ineinandergreifend wie die Teile eines Puzzles.

Aber Fes, das ist doch zuerst und zuletzt nur einer dieser Teile, Fes el-Bali, das Alte Fes, die Medina am Hang und im Tal des Flusses, der so heißt wie die Stadt, die aus doppelter Wurzel erwuchs: aus der Ansiedlung der Exulanten aus Kairouan auf dem linken und jener der vertriebenen Andalusier auf dem rechten Ufer. Noch immer ist diese Zweiteilung nicht ganz verwischt, noch lebt sie in der Zweipoligkeit von Qarawiyn-Moschee dort und Andalusiermoschee hier, obwohl schon der Almohade Yussuf ben Taschfin 1062 beide Städte durch einen einheitlichen Mauerkranz vereinigen ließ. Er vergrößerte die Kairouaner-, die Qarawiyn-Moschee, legte die Kasba Bou Djelloud an und sicherte – bewußt oder zufällig – dadurch dem Stadtteil auf dem linken Ufer das Übergewicht für die Zukunft.

Bis in die Gegenwart bestehen die atmosphärischen Unterschiede zwischen den beiden Keimzellen der Stadt. Und doch sind sie unscheidbar wie Lunge und Leber eines einzigen Organismus, der sich aus kleineren organischen Einheiten zusammenflicht, aus etwa achtzehn oder zwanzig Stadtteilen (Begriffe wie Viertel oder Quartiere sind bei solcher Anzahl

kaum zulässig), deren jeder seine eigene Moschee, seinen
öffentlichen Backofen, seine eigene Quelle mit leicht minera-
lischem Wasser besaß oder noch besitzt, auch ein Abwasser-
netz, das Kot und Abfall in den Oued Fes spült. Wenn dieser,
nachdem er noch die Brühe aus Färber- und Gerbereien
aufnehmen mußte, das Stadtgebiet verläßt, ist er zur Kloake
geworden.

Jeder dieser Bezirke (auch ein schiefes Wort, denn sie sind
heute ja nicht mehr gegeneinander abgegrenzt und eingezirkt
wie einst, da sie wirklich durch Mauern und nächtlicherweile
geschlossene Tore voneinander geschieden waren) besteht
wiederum aus einzelnen Zellen, die für sich leben: aus Unter-
bezirken oder Nachbarschaften und diese wiederum aus den
einzelnen Häusern, die sich nach außen verschließen, gegen
die Straße eine altersgegerbte Mauerfläche mit kleinen Git-
terfenstern zeigen, die sich nur mißtrauisch dem öffnen, der
an die Türe klopft. Sie verraten nichts von ihren Maßen,
nichts von ihrer Gestalt, nichts von ihrem Innenleben. Wie
eine kompakte Masse erscheinen sie, in welche die schmalen
Gassen auf- und absteigend, gewunden und um Ecken knik-
kend wie labyrinthische Schluchten eingeschnitten sind, altersgrau, dämmerig und manchmal von einer schier klösterlichen Stille. Unter einem schmalen Vordach verschlossene
Türen, himmelblau, schokoladebraun, resedagrün oder
strohgelb, mit dickköpfigen Ziernägeln beschlagen. Auch
wenn einer der Flügel sich einmal öffnet, verwehrt der abge-
knickte kachel- oder mosaikbelegte Korridor dem neugierigen Auge strikt jeden Einblick. Wem sich jedoch eine der
Türen einmal gastlich auftut, der steht überrascht, denn er
hätte hinter der Gassenenge keinen Arkaden- und Gartenhof
erwartet, mehrstöckig von Galerien umzogen. Hinter ihnen
an jeder der Seiten ein fensterloses langrechteckiges Gemach.
In einem Winkel die Küche, tunlichst weit entfernt vom
heimlichen Örtchen unter der Treppe zu den oberen Stock-
werken. Das Innere eines Hauses, der private Bereich der
Familie, das Reich der Frauen ist »haram«, heilig und unver-
letzlich. Wer es als Gast betreten darf, wird dem Hausherren
den Vortritt lassen, um den Frauen zu bedeuten, sich zurück-
zuziehen, und wird auf den Kissen oder Matten des Emp-

fangsraumes seinen Sitz so wählen oder angeboten bekommen, daß sein Blick nicht hinausgeht in den Hof, in dem die Frauen hin- und hergehen, für den Gast sorgen.

Der Empfangsraum erhält nur indirektes Licht durch die Türe, dämmert hoch hinauf unter die dunkle Decke und ist in unserem Sinne so gut wie unmöbliert. Es gibt ein paar Wandfächer vielleicht, sonst nur Matten, Teppiche, Sitzkissen. In reichen Häusern weisen dafür die Türen schöne Sternmuster auf, sind die Böden und Wandsockel mit Fliesen belegt, mit schöngeschnittenem Stuck geziert, sind die Zedernbalken der Decken geschnitzt und bemalt. Ein solches Haus, kaum anders angelegt als eine Karawanen- und Handelsherberge, als eine Koranschule, als der Palast eines Großen, ist ein Klein-Kosmos für sich. Der Hausvater, der mit den Müttern seiner Kinder, mit Dienstleuten, den Söhnen und ihren Familien hier lebt, ist zugleich der Imam dieser Urzelle jeder Gemeinschaft, ihr Vorsteher und Vorbeter. Aus solchen kleinen Einheiten setzen sich die übergeordneten Gemeinschaften zusammen, aus denen schließlich die Stadt besteht oder richtiger: bestand. Denn diesem idealen Bild entspricht die Wirklichkeit von heute nur noch ungenau.

Annäherungen

Die Medina von Fes — vielschichtig und vielgesichtig, sich voller Geheimnisse verschließend, mit quirlendem Leben da erfüllt und dort wieder geisterhaft still — erschließt sich nicht der schnöden Beeiltheit unserer Zeit, die den passiven Träger des Tourismus nur an Impressionen nippen läßt.

Doch auch in Wochen wird man nicht intim mit dieser Stadt. Man lernt wohl seine Wege kennen, aber nur wenig erfährt man von ihrem Wesen. Man kann sie nur immer wieder durchstreifen und umkreisen, um sich ihrem Geheimnis zu nähern. So ist es nicht sinnlos, zuerst mit einer ›Umkreisung‹ zu beginnen, der Rundfahrt auf der um die Altstadt führenden Höhenstraße, mit der Tour de Fès. Auf ihr erfährt man die Lage der alten Stadt, erlebt sie von wechselnden Standpunkten und wird sich klar über ihr Verhältnis zu den jüngeren Stadtteilen.

Wenigstens der Stadtblick von der Straße zwischen dem
Bordj Nord (der Nordfestung, die heute ein Waffenmuseum
beherbergt) und den Ruinen der sogenannten Merinidengräber (eher als Rest eines Palastes und einer Moschee zu deuten)
ist ein Muß für jeden Besucher von Fes. Lassen wir uns durch
die zudringlichen Händler nicht stören, wenn wir den Blick
auf die Stadt einsaugen. Er ist mit kaum einem anderen zu
vergleichen, höchstens noch mit dem auf Fes von Süden her,
von der Straße unterhalb des Bordj Sud.

Unterhalb des Mäuerchens am Straßenrand stahlgraue
Agaven, weiter drunten ein silbergrüner Gürtel aus Ölbäu-
men, der die terrakottafarbenen Mauern der mittelalterlichen
Stadt umzieht, die sich nicht auf Höhen aufbaut wie ihre
Zeitgenossinnen, sondern in einen Talkessel hinabsteigt. Hinterm lehmgelben Zingel quarzweiß die äußeren Zonen. Tiefer unten schließen sich onyxbraune Kristalle mit amethyste-
nen Schatten zusammen, die Häuser überragt von marmor-
hellen Prismen, den Minars der Moscheen. In der Mitte
dieser Fassung ein Smaragd, zu Pyramidenform geschliffen:
das Zeltdach über dem Grab des als heilig verehrten Stadtgründers. Unweit davon, mit kleinerer Dachpyramide und
abgewalmten Grabendächern vom gleichen satten Flaschen-
grün: die ehrwürdige Qarawiyn-Moschee mit ihrem archaischen Minar.

Hier wird augenfällig: im Innersten und Tiefsten ist Fes
eine Stadt des Glaubens (der im Islam immer mit dem Wissen
vereinbar war) und ein Wallfahrtsort. Aber diese Dimension
verbirgt sich dem Auge des Fremden so, wie sich ihm auch
der patrizische Reichtum der alten Familien entzieht.

Sich einer Reisegruppe anzuschließen, das ist in Marokko
nicht der schlechteste Weg, einen ersten Eindruck von Land
und Menschen zu gewinnen. Allerdings ist einem dann wenig mehr als ein Tag in Fes vergönnt. Ein befugter Führer
zeigt, was man gesehen haben muß, schützt vor den zudring-
lich-freundlichen Bakschisch-Schnorrern, aber man muß
sich immer in seine Nähe drängen, um zu verstehen, was er
sagt – und hat in der Gassenenge stets die Köpfe seiner
Reisegenossen vor Auge und Kameralinse. Eine Stadt auf
eigene Hand zu erobern, das ist allemal der beste Weg, um

mit ihr ins Gespräch zu kommen. In Fes ist er ungangbar.
Alle paar Schritte wird der schnell erkannte Fremde ange-
sprochen, versucht ein Bub, ein »Student«, sich ihm anzu-
drängen. Ein leises Stöhnen über diese freundlich-störenden
Kletten, die Klage aller Marokkoreisenden, wird sich als
roter Faden – oder sagen wir besser: als basso ostinato –
durch diese Zeilen ziehen. Selbst wer nach Tagen und Wochen glaubt, sich in der alten Stadt gut zurechtzufinden,
gerät – ein Moment der Unaufmerksamkeit, eine Gasse zu
früh abgebogen – in die Irrgärten, aus denen er nicht heraus-
kommt, ohne daß sich hübsche, aber lästige Kinder an ihn
krallen.

Wer nur wenige Stunden frei hat für Fes, der sollte sich
einen tieferen Griff in den Beutel nicht reuen lassen. In
der Dienststelle des Touristenamtes rechts vom Bab Bou
Djelloud kann man für Stunden, einen halben oder einen
ganzen Tag einen einheimischen Führer anmieten, geprüfte
und erprobte Leute zumeist, die sich in mehreren Sprachen
auszudrücken verstehen. Die meisten dieser Guides sind
wahre Sesam-öffne-dich-Schlüssel, kennen nicht nur alle
Denkmäler und alle malerischen Winkel, sie gehen mit be-
wundernswerter Geduld auf alle oft recht albernen Fragen
der Fremden ein, richten sich auch nach ihren Wünschen –
wenn diese wissen, was sie wollen. Aber auch sie führen den
Fremden unweigerlich in einen Laden eines »Freundes«.

Sie führen aber auch den, der es wünscht, zum Museum für marokkanische Kunst im *Dar Batha,* einem im letzten Viertel des vorigen Jahrhunderts von den Sultanen el-Hassan I. und Abd el-Aziz errichteten oder erweiterten Palais um einen langen andalusischen Gartenhof mit alten Zypressen, mit Blütenstauden und Brunnen. Hier muß unser Führer freilich passen, denn hier ist Führung durch das Museumspersonal obligatorisch. Man zeigt uns Erzeugnisse des städtischen Handwerks: Buchkunst (darunter eine Koranhandschrift aus dem 12. Jahrhundert), Keramik, Musikinstrumente, Geräte aus Eisen und Gelbguß, silberne Gefäße und goldenen Schmuck, den die jüdischen Juweliere in der Mellah herstellten, zeigt uns Möbel mit Intarsien und bemalte Truhen, reiche Stickereien und schwere Brokate, auch ländliche Volkskunst, hölzerne Bauerngerätschaften, geometrisch gemusterte Tonwaren und Teppiche. Wir sahen Vergleichbares schon in Tanger, Rabat, Meknes, und doch: man freut sich immer wieder an den Dingen, die erfahrene Hände geschaffen haben. Phantasievoll sind sie und verstandesklar, schlank rational und von wohligster Sinnlichkeit. Eisernes Gitterwerk, Schlösser und Schlüssel, geschnitzte Balken, gedrechselte Mushrabiyas, Fragmente von Stuckdekor und Fliesenmosaik repräsentieren die Handwerkskunst im Dienst der Architektur.

In Fes kann man diese Architektur und den sinnvollen Reichtum ihres Dekors in den Medresen der Merinidenzeit kennenlernen. Die des Abu Inan (die *Bou Inania,* aus der der prächtige Mimber des 14. Jahrhunderts im Museum stammt) und die der Duftstoffhändler *(el-Attarine)* nahe der Qarawiyn-Moschee stehen auf dem Programm jedes Stadtführers. Wenn er sich durch das lebhafte Interesse des Fremden geschmeichelt fühlt, dann bedarf es kaum mehr eines zusätzlichen Bakschisch, damit er den Gästen auch den Zutritt zu den anderen merinidischen Medresen eröffnet (falls die nicht eben wirklich ganz verschlossen sind, weil sie endlich restauriert werden). Nur durch die Breite einer Gasse sind, wie die Attarine-Medrese, auch die *Misbahiya-,* die *Seffarine-,* die

Cherratine-Medrese von der Qarawiyn-Moschee geschieden. Ähnlich sind jenseits des Oued Fes die *Medresen Sahridj* und *el-Oued* der Andalusiermoschee benachbart.

Fes und die Meriniden

Das Bou-Djelloud-Tor, malerisch-fragwürdige Kulisse von 1913 am Südwestende von Fes el-Bali, auf der einen Seite mit grünen, auf der anderen mit blauen Fayencen geziert, erscheint mir immer noch als bester Ausgangspunkt für lange Spaziergänge durch die Stadt, durch Fes el-Bali, die alte Medina, wie auch durch Fes el-Jdid, die Residenzstadt der Meriniden, zu der Sultan Abu Yussuf Yaqub 1276 den Grundstein legte.

Wir wissen's ja schon: die Stadt erwuchs aus doppelter Wurzel, ist eine Gründung der Idris-Imame aus dem beginnenden 9. Jahrhundert n. Chr., war später Zankapfel zwischen den spanischen Omayyaden und den Fatimiden von Ifriqiya-Tunesien. Nach der zenetischen Zwischenherrschaft hat sie im 11. Jahrhundert der Almoravide Yussuf ben Taschfin, der Gründer von Marrakesch, zu einem einzigen Stadtwesen vereinigt. Um die Mitte des 12. Jahrhunderts fiel sie nach langer Belagerung an die Almohaden. War sie auch unter ihnen nicht Hauptstadt, so erfreute sie sich doch einer Hochblüte. Um 1200 soll die Steuerbehörde in Fes 785 Moscheen und Bethäuser, 80 öffentliche Brunnen, 93 Bäder, 373 Getreidemühlen, 89236 Haushaltungen, 467 Funduqs, 9082 Verkaufsläden, 3064 Webereien, 47 Seifensieder, 86 Gerber- und 116 Färbereien gezählt haben, 12 Metallgießereien, 135 öffentliche Backöfen, 11 Glashütten und 188 keramische Werkstätten. Verständlich, daß die Städter, die unter dem Schutz der Pax almohadica reich geworden waren, von neuen Herren nichts wissen wollten. Kaum war der Emir der Meriniden, der die Stadt besetzt hatte, wieder ins Feld gerückt, als sich die Einwohner erhoben. Neun Monate lang mußten die künftigen Herren noch einmal die Stadt belagern, bis sie hier wirklich die Herren waren. Keine versprechenden Anfänge.

Und doch ist noch heute im allgemeinen Bewußtsein, und

mit Recht, Fes aufs engste verbunden mit der Erinnerung an die Meriniden. Unter ihnen wurde es erneut Haupt- und Residenzstadt, ihnen verdankt es die ganz neue Trabantenstadt Fes el-Jdid, und ihnen dankt das alte idrisidische Fes einige seiner schönsten Bauten und endlich seinen geistigen Rang.

Über die Herkunft der berberischen Beni Merin liegt Märchendunkel, das sich erst im 13. Jahrhundert lichtet. In jener fernen Zeit lebten sie als Kamelzüchternomaden im Osten des Mittleren Atlas zwischen Figuig und dem Moulouyalauf, zogen sommers mit ihren Herden auf der Suche nach Weidegrün in die Gegend von Oujda und Taza. Die Notwendigkeit, ihrem Vieh Futter zu finden, führte sie um 1215 (A.H. 611) zu ersten Eroberungen im Gebiet der Seßhaften, im östlichen Rif zunächst, dann in den Ebenen von Taza und Fez, wobei diese Städte ihnen vorübergehend tributpflichtig wurden. Zwar trieb der Almohade es-Said (1242-1248) sie in den Süden zurück, allein sie hatten geschmeckt, wie viel angenehmer man im Fruchtland lebte als in wüstenhafter Dürre. Der energische Emir Abu Yahja Abu Bekr (1244-1258) führte sie zum Angriff. Das Land von Meknes fiel ihrem Stamm anheim, erstmals auch die Stadt Fes. Bloße Tributhoheit genügte ihnen nicht mehr, vielmehr richteten sie, gestützt auf turkmenische und christliche Söldner (Überläufern aus den Heeren der Almohaden), eine direkte Besitz-Herrschaft auf. Um die Mitte des 13. Jahrhunderts A.D. hielten sie bereits Taza, Fes, Meknes, Salé und die Küstenebene des Oum er-Rbia im Westen in der Hand, bald auch das Tadlagebiet, den Umschlagplatz Sidschilmassa und die Flußoasen des Dra-Tales.

Noch vollzogen sich ihre Eroberungen unterm Banner des hafsidischen Oberherren von Tunis, doch das endliche Ziel lag vor Augen: ein selbständiges Sultanat. Der Emir Abu Yahia Abu Bekr starb im Juli des Jahres 1258 in Fes »gerade als er große Pläne ins Werk setzen wollte, um sich zur höchsten Macht zu erheben« (Ibn Khaldun). Der Nachfolger Abu Yussuf Yaqub (1258-1286) zeigte, wie es gemeint war. Zur Anarchie, in der während der ersten Hälfte des 13. Jahrhunderts Macht und Ansehen der Almohaden versank, hatten die Beni Merin ihr gerüttelt Maß beigetragen. Trotzdem war ihr Weg zur Herrschaft alles andere als glatt und eben. Innerhalb der Zenataberber gab es blutige Auseinandersetzungen um Weidegründe und Wasserstellen, in den eingewurzelten Haß zwischen Meriniden und Abd al-Wadiden griffen gefährliche Rivalitäten innerhalb der führenden Sippe selbst.

Abu Yussuf Yaqub war sicherlich ein außerordentlich fähiger Anführer. Er durfte sich bereits als der mächtigste Mann des Maghrib fühlen und trug dieser Rolle auch wiederholt in allerdings nur mäßig erfolgreichen Feldzügen auf spanischem Boden Rechnung, demonstrierte seinen Anspruch durch die Gründung einer neuen Hauptstadt: von Fes el-Jdid, Neu-Fes.

Die Herrschaft über den Maghrib al-Aqsa war so lange nicht gesichert, als der Süden und Marrakesch noch den letzten Almohaden gehörten. Im September 1269 war der Meride auch hier Herr, doch Schwachstellen hatte seine Herrschaft an allen Enden. Die Hafsiden von Tunis, unter deren Banner die Meriniden sich Marokko unterworfen hatten, wollten auf die Oberhoheit nicht verzichten, und selbst als Herr des ganzen westlichen Maghrib durfte Abu Yussuf Yaqub es auf keine Auseinandersetzung mit ihnen ankommen lassen. Er anerkannte den Hafsiden Abu Zakarya als seinen Oberherrn. Doch nach dessen Tod änderte sich das Bild gar bald.

Das Neue Fes

Die Astrologen hatten die günstige Sternstunde berechnet. Am Morgen des 21. März 1276 nach christlicher Zeitrechnung (das ist am 21. Tag des Monats Hawwal 674 nach der Hedschra des Propheten) legte der Emir Umfang und Mauerverlauf seiner Neustadt fest, markierte den Ort der Tore und der Großen Moschee, der Betstätte einer neuen Residenz-, Palast- und Verwaltungsstadt, umgeben von festungsartigen Kasernen. Eben durch ihre Funktion als Regierungs- und Militärstadt unterschied sich die merinidische Gründung von der alten Stadt des Handels, Handwerks und

Gewerbes. Heute sind die Regierungsbehörden nach Rabat abgezogen, die städtischen Ämter in die neugegründete Kolonialstadt verlegt, aber keiner der in Alt-Fes ansässigen handwerklichen Betriebe, keines der alten Handelshäuser hat seinen Sitz in Fes el-Jdid aufgeschlagen. In den Vierteln um das Palastquartier wohnen kleine Leute, meist Zuzügler vom Lande, und was in Läden und auf Märkten feilsteht, das ist bestimmt, die Bedürfnisse eines schäbigen Alltags zu stillen.

Vom Platz vor dem Bou-Djelloud-Tor führt schnurgerade nach Westsüdwesten die »Ancienne Avenue des Français«, vorbei am Muley-Idris-Gymnasium und am Bab Chems, entlang der Mauer der Bou-Djelloud-Gärten, eines mit prächtigen Bäumen bestandenen, halb italienischen, halb maurischen Parks, und mündet am Südende des alten Mechouar, des ehemaligen, von lehmbraunen Zinnenmauern und Türmen beschatteten Hofs für die öffentlichen Audienzen des Sultans. Jenseits seines nördlichen Tores, an dem heute die Autos vorbeisausen, die abweisenden Mauern der Cherarda-Kasbah: ein betürmtes Viereck von etwa vierhundert Metern Seitenlänge: ein Kasernengelände, das sich unbefugtem Einblick versagt.

Von dem belebten Markt beim südlichen Zugang des Mechouar führt, rechts-links-rechts, eine Gasse zur Großen

Moschee der Merinidenstadt und an ihrer Nordseite entlang weiter zur Moschee Muley Abdallah, die einem ganzen Viertel den Namen gab.

Die Grande Rue von Fes el-Jdid verläuft genau nach Süden, vorbei an der Moschee al-Hamra von 1457 (der »roten«, wegen des einst ziegelfarbenen Minaretts), vorbei an Teestuben und kleinen Läden zum bunten Markt innerhalb des Bab Smarine. Von dort durch die Mellah, das Judenquartier, in dem einst die syrischen Bogenschützen des Sultans kaserniert waren, oder auch am Rand dieses Viertels entlang (Juden sind hier heute eher die Ausnahme), erreicht man die Place des Alaouites, die Esplanade vor dem Eingang zum Palastviertel. Dessen gewaltige Messingtore, historischen Stilvorbildern nachempfunden, glänzen wie Gold, wenn sie wieder einmal frisch gereinigt sind. Der Palast – der König verbringt hier alljährlich einige Wochen – ist mit seinen Höfen, Gärten, Wohn-, Amts- und Repräsentationstrakten ein Stadtviertel für sich und kein Objekt touristischer Neugier. Das ist Fes el-Jdid überhaupt nicht. Wohl bietet es wunderschöne Winkel, pittoreskes Alltagstreiben, verschont den Fremden mit zudringlichen Schleppern, aber der Besucher durchwandert oder durchfährt es meist ohne rechte Aufmerksamkeit. Zu nahe liegt das ungleich fesselndere alte Fes.

Königsdramen

Nachdem der große Abu Yussuf Yaqub nach 28 Regierungsjahren 1286 die Augen geschlossen hatte, brachen zurückgestaute alte Familien- und Sippenfehden auf und stürzten Dynastie und Land in eine tiefe Krise. Als der neue Sultan Abu Yaqub Yussuf (1286-1307) (es ist oft wirklich nicht leicht, die ähnlich klingenden fremden Namen auseinanderzuhalten) endlich fest im Sattel saß, erließ er eine Art von Erbfolgeordnung: der Sultan sollte in Zukunft ohne Rücksicht auf Alter und mütterliche Herkunft den ihm am fähigsten und würdigsten erscheinenden Prinzen zum Nachfolger bestimmen. Es gelang dem neuen Herren wohl, den Abd al-Wadiden, die in Tlemcen im heutigen Algerien herrschten, weite Landstriche abzunehmen, doch ihre feste Stadt konnte er trotz achtjähriger Belagerung nicht erobern. Als Zeichen seines erhofften Sieges ließ er el-Mansoura erbauen, die Sieges-Stadt, die mit Mauern, Moschee, Bädern und Läden Tlemcen ersetzen sollte. Im dortigen noch nach frischem Kalk und Gips riechenden Palast wurde der Sultan A.H. 706 ermordet. Sein Nachfolger, der Enkel Abu Thabit (1307/1308) brach die Belagerung ab.

Obwohl die Größten der neuen Dynastie, jene Männer, die sie an die Macht geführt hatten, schon im Grabe lagen, und die Sultane im 14. Jahrhundert zumeist nur kurze Zeit regierten (nach Abu Thabat lösten bis zum Jahrhundertende dreizehn Herrscher einander ab und einer von ihnen herrschte sogar zwei Dezennien), bedeutet die erste Hälfte dieses Säkulums den Höhepunkt des Merinidenreiches – und bringt auch seine Wende. Damals erreichte es seine größte Ausdehnung. Ein Sultan wie Abu el-Hassan (1331-1351), der sechste aus der merinidischen Herrscherreihe, ein Enkel Abu Yussuf Yaqubs, also ein Mann der dritten Generation, die nach Ibn Khaldun »noch weiß, wieviel es gekostet hat, die Herrschaft zu erringen«, gewann 1337 Tlemcen, 1347 sogar Tunis und Kairouan. Dieser ›Schwarze Sultan‹ durfte sich als Herr Nordafrikas betrachten. Doch Sebta (Ceuta) entglitt seiner Hand und fiel später in die der Christen. Zum Ausgleich bemächtigten sich die Truppen der Meriniden 1329 des Hafens von Algeciras und nahmen 1333 Gibraltar. Doch die Schlacht am Rio Salado (1340) entschied darüber, daß Spanien den Meriniden verloren blieb. Der Sultan nahm das nicht als ein historisches Mißgeschick, sondern sah dahinter seine eigene metaphysische Schuld, erforschte sein Gewissen, tat Buße und gute Werke, stiftete Medresen und Moscheen. Dem Rückblickenden erscheint er als eine der bemerkenswertesten Gestalten in der Reihe der Merinidensultane, aber das Volk verhielt sich diesem ›Beherrscher der Gläubigen‹ – er hatte tatsächlich den Kalifentitel angenommen – gegenüber reserviert, die islamische Gemeinde entzog ihm ihre Beistimmung, stellte sich auf die Seite des rebellischen Sohnes Abu Inan (1351-1358). Dieser ließ, als Abu el-Hassan 1351 im Hohen Atlas gestorben war, den Toten mit allen Ehren in seinem Mausoleum in der Chella von Rabat beisetzen und

vollendete des Vaters Medresenstiftungen, ließ auch selbst
neue errichten. Er gewann vorübergehend Tlemcen und
Tunis zurück, nur um sie endgültig zu verlieren. Die Kräfte
der Zersetzung und des äußeren Drucks waren stärker als
alles gute Wollen. Der Maghrib versank in eine lebensgefähr-
liche Krise.

Mit Abu Inans gewaltsamem Tod – er wurde von seinem
Vezir erdrosselt – wird der Verfall offenbar. Die Vezire wurden die eigentlichen Herren und Königsmacher und endeten
meist nach kurzer Frist so gewaltsam wie ihre Kreaturen.
Ein blutrotes Spiel um Macht nahm seinen Lauf. Von außen
griffen die Portugiesen ein (1399 Überfall auf Tetuan, 1415
Einnahme von Ceuta) und alte Rivalitäten zwischen Berbern
und Arabern entluden sich.

Der Kindsultan Abd al-Haqq (1420-1465), der letzte der
Dynastie, ließ seinen machtgierigen Vezir aus der mit den
Merin verwandten, meist mit ihr rivalisierenden Sippe der
Beni Wattas (Ouattas) ermorden. Zwölf Jahre später ward
ein Bruder des Getöteten, Mohammed esch-Scheikh (1471-
1504) zum Gründer einer neuen, ruhmlos-kurzlebigen Dynastie, die nur in einigen Teilen des Landes Anerkennung
fand. So war sie unfähig, sich der Feinde, vor allem der
Portugiesen, zu erwehren.

Medersa des Abu Inan

Am Ende des kleinen Platzes hinter Bab Bou Djelloud, wo
wir die letzte Wanderung begannen, spalten sich die Wege.
Wir stellen es unserem in eine makellos weiße Djellaba gekleideten Führer anheim, ob er uns links durch eine kurze
Passage hinüber lenkt in den warenstrotzenden und men-
schenwimmelnden, durch ein Lattengitter überdeckten
Markt der Rue du Grand Talaa, den Nußbraunes und Ruß-
schwarzes, Giftgrünes und Strohblondes und Zinnoberrotes
schattig gedämpft erfüllt, ein stetes und gemessenes Gedräng
orientalischer Gestalten mit gelassenen Schwarzaugen in ausdrucksvoll dunklen Gesichtern, oder ob er uns rechts herum
um ein Straßenknie leiten wird, in dem ein uralter Brustbeer-
baum steht, in die aus Kalkweiß und Altersgrau sich aufbau-

ende Rue du Petit Talaa, von der aus denn vor einem großen
weißen Kubus links ein Gäßlein abbiegt, entlang der West-
seite der *Medrese Bou Inania,* die ihr Portal auf die Grand
Talaa öffnet. Aus der gegenüberstehenden Wand springen
13 Konsolen aus Zedernholz vor, die Reste von bronzenen
Schalen tragen: das blieb vom ›Haus der Uhren‹ und seinem
Glockenspiel aus dem 14. Jahrhundert, das seinerzeit als Zau-
berwerk galt. Nun ist es längst verstummt. Aus der gleichen
Zeit, dem mittleren 14. Jahrhundert, stammt auch die
Medrese.

Wir haben in Salé und Meknes schon Medresen der merinidischen Zeit betreten und besehen dürfen, wissen daher
bereits etwas von Funktion und Plangestalt solcher Einrichtungen. Daß sie einander geschwisterlich ähneln, jede zugleich aber ihren eigenen Charakter hat, haben wir erfahren.
Diese hier, die umfangreichste von Fes, ist eine Stiftung des
Sultans Abu el-Hassan, wurde aber erst unter seinem Sohn
Abu Inan (1348–1358) vollendet und trägt daher dessen Namen. Einige Züge erinnern an die östlichen Vorbilder des
Medresen-Typus, so vor allem die beiden Lehrsäle beiderseits
des fast quadratischen Innenhofes mit seinem Ablutionsbek-
ken und der Betsaal von zweimal fünf Jochen quer zur

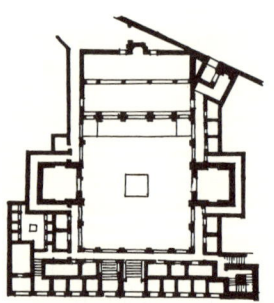

Medrese Bou-Inania,
Grundriß

Qiblah. Der Stuck an seiner Mihrabwand mit den zapfenför-
migen Gebilden weist auf viel ältere Formen, auf solche
aus dem omayyadischen Córdoba und dem almoravidischen
Marrakesch zurück. Das kanalartige Bachstück, das sich vor

dem Betsaal träge-grün hinzieht, ruft uns das vielfältig ver-
zweigte unterirdische System des Oued Fes und die verborgenen Quellen, aus denen die Stadt sich tränkt, in Erinnerung. Die winzigen Wohnzellen der Studenten – heute leer
und unbenutzt – sprechen vom schier klösterlichen Leben
jener, welche hier nach Kenntnissen und Weisheit strebten
und jede Entbehrung willig ertrugen. Hat der Prophet nicht
gesagt: »Suchet das Wissen, und wenn es selbst in China
wäre«? Die Einnahmen der Läden an der Straßenfront trugen
einst zum Unterhalt der Studenten bei.

Anders als ihre berberischen Vorgängerdynastien entbehrte die Herrschaft der berberischen Beni Merin jeglicher
ethischen oder religiösen Legitimation. Sie waren nicht als
religiöse Reformer gekommen, sondern hatten einzig nach
der Macht gestrebt. Nun suchten sie, ihrer Herrschaft eine
religiöse Weihe zu verschaffen und taten das durch Stiftung
von Moscheen und Koranschulen.

Unter den Almohaden hatte ein und derselbe Stil in Spanien wie in Marokko geherrscht. Noch im 14. Jahrhundert
baute man in Fes die Häuser in der Art Andalusiens. Aber
wie die Meriniden Spanien nicht halten konnten, so distan-
zierte sich die von ihnen geförderte Kunst vom andalusischen
Vorbild, und obwohl sie sich zum Teil andalusischer Handwerker bedienten und ihre Medresen gewissermaßen das
geistliche Gegenstück zur Kunst der Alhambra darstellen,
versagten sie sich dem letzten Raffinement nasridischer Spät-
blüte und suchten ihre eigenen Bahnen.

In der Verteilung ihrer Bauten spiegelt sich die Politik der
Sultane. Neben der Gründung von Fes el-Jdid hat Abu Yussuf Yaqub in Fes el-Bali die erste Medrese erbaut, ihr folgten
hier weitere. Tlemcen wurde nach der Eroberung reich do-
tiert, Marrakesch sowenig vergessen wie Salé. Die Chella
von Rabat wurde Grablege. Die Kunst der Meriniden ist
also eine rein städtische. Nirgendwo haben sich ländliche
Bauten gefunden. Manche Dörfer und Weiler gar mögen
damals verschwunden sein, eine Entwicklung, in der sich
etwas von dem Wandel spiegelt, der sich seit dem Eindringen
der arabischen Beduinen (der Beni Hillal, der Maqil) vollzogen hat: eine Nomadisierung des Landes, gegen welches sich

die wenigen Städte nun durch feste Mauern abschlossen. In ihrem Schutz bildeten sie jeweils eine Welt für sich. Ein Musterbeispiel für eine solche vom Fundament her islamische, nach dem Vorbild des maurischen Spanien organisierte Stadt ist Fes. Es hat über allen Wandel hinweg Züge einer arabisch-mittelalterlichen Stadt bewahrt. Erst in unseren Tagen beginnt dieser Organismus zu verfallen und sich aufzulösen.

Das Koranseminar, in dem wir immer noch stehen, ist dem Verfall entzogen, wird sorgfältig instandgehalten, ist aber keineswegs nur Museum. Immer noch, und vor allem zur Zeit des Sonnenuntergangs, dient der Betsaal dem Gebet, das Brunnenbecken den rituellen Waschungen.

Der Katechismus des Islam nennt »Fünf Pfeiler des Glaubens«, an erster Stelle das Bekenntnis »Es gibt keinen Gott außer Gott und Mohammed ist sein Verkünder«. An dritter Stelle nennt er die Almosensteuer vom Zuwachs des Vermögens, die den Notleidenden, den Reisenden, den Glaubenskämpfern und wohltätigen Einrichtungen zugutekommen soll, viertens das strenge Fasten während der Tage des Ramadan-Monats, in denen der Gläubige vom ersten Morgenlicht bis zum Sonnenuntergang sich von Speise, Trank und selbst Rauchgenuß zu enthalten hat (nur Kranke, Greise und Reisende sind davon befreit), und endlich die Pilgerfahrt nach Mekka, die die erwachsenen, geistig und körperlich gesunden Moslems, die physisch wie materiell dazu imstande sind, nach Regelung ihrer irdischen Verbindlichkeiten einmal im Leben anzutreten haben.

Diese Pfeiler tragen Lebens- und Jahresrhythmus der Moslems. Der zweite Pfeiler, die Pflicht zum Gebet, skandiert seinen Tagesablauf. Fünfmal täglich zur bestimmten Zeit hat er es körperlich rein und anständig bekleidet in der Richtung nach Mekka zu verrichten. Der Islam ist nicht nur eine Religion fraglosen Glaubens, er ist auch eine der genau zu befolgenden Riten und Regeln. Geregelt schon sind die Waschungen, die den für die Gültigkeit des Gebetes notwendigen Zustand der Reinheit herbeiführen sollen. Nachdem er den Vorsatz gefaßt und formuliert hat, sich fürs Gebet zu reinigen und nach dem »Bismillah ...« (Im Namen

Gottes …), mit dem der Moslem jede Handlung einleitet, wäscht er sich die Hände, spült dreimal seinen Mund mit von der Rechten geschöpftem Wasser, spült je dreimal seine Nase und sein Gesicht, wäscht sodann die Unterarme bis zum Ellenbogen, führt die nassen Hände von der Stirn zum Genick übers Haupthaar, reinigt mit den Zeigefingern seine Ohrmuscheln. Dann wird Zehe um Zehe erst der rechte, dann der linke Fuß gewaschen. Austritt von Flüssigkeit oder Luft aus dem Körper während der Gebetsübungen verunreinigt und zwingt zur Wiederholung der Prozedur. Daß auch der Ablauf des Gebets strengen Regeln unterliegt, versteht sich. Aber wir wollen sie nicht verfolgen. Beter sind keine Schauobjekte.

Ein Sprung ins Mittelalter?

Am frühen Vormittag schon ist Fes lebendig und verlockt tausendschattig-leise dazu, in seinen Grund hinabzutauchen. Beide Talaa-Straßen führen abwärts ins Herz des alten Fes, in das besonders labyrinthische Labyrinth um das Grab des heiligen Idris, um die Qarawiyn-Moschee und um die Kaisariyeh, den Markt der kostbaren Gold- und Seidenstoffe, der wohlriechenden Öle und Spezereien. Die Händler hier sind Herren oder Statthalter von Herren. Unbewegten Gesichts hocken sie bloßfüßig in ihren verschatteten Ladenzellen. Man sieht es ihnen nicht an, aber mancher der aufgeplusterten Touristen könnte froh sein, wenn er über ein Vermögen verfügte wie manche dieser scheinbar so schlichten Leute.

Maultiere tragen breitausladende Lasten durch die schmalen Gassen; um unbeschadet vorbeizukommen, muß sich der Fußgänger in eine Mauernische schmiegen. Da stehen die blinden Bettler, lungern die schwarzlockigen Tagediebe, aufdringlich eben nur, weil sie keine Arbeit finden, da schauen die in rauhe Wolle gehüllten Bäuerlein scheu um sich, die draußen vor den Toren für die Erzeugnisse der von ihnen bestellten Erde ein paar Dirhams erlöst haben und nun etwas von den Gütern der Stadt einhandeln wollen: eine Bahn bunten Stoffes für die Frau, ein zweifelhaftes Medikament für den kranken Vater oder das kranke Kind. Brotrundbraune Gesichter, hagerschmale, bartlose und weißbärtige, solche mit purpurbraun aufgeworfenen Mündern, aus denen das Weiß tigerhafter Gebisse leuchtet, schmal-helle Berberlippen und eingefallene zahnlose Kiefer. Schmalrückige Nasen, scharfgeschwungen wie eine Toledaner Klinge, und breite Nüstern, jungblühende Gesichter und solche, an denen die Zeit ihr Werk getan hat. Von vielerlei Art auch die Gestalten: schlank in reinlichen Gewändern wandelnd oder stämmig gebückt unter der Last der Lebensjahre. Frauen zwischendrin wie blaßfarbige Blüten, scheu und verhüllt. Nur ihre Augen dürfen und können sich sehen lassen: mandelförmig und dunkellockend im Kranz der durch kosmetische Künste geschwärzten Lider. Die Augen auch der Männer – von sanftem Braun bis nächtlichem Schwarz, das aus dem Milchweiß oder Gallegelben des Apfels so von wilder Gier nach Lust spricht und von geduldiger Ergebung. Ergebung, Unterwerfung unter einen höheren Willen, das ist Islam.

Die erste Begegnung mit dem alten Fes verwirrt und bestürzt. Hat uns ein Wunschhütlein nicht nur an einen anderen Ort, sondern zugleich in eine andere Zeit versetzt? Aus dem Mitteleuropa von heute in den Maghrib des Mittelalters? Alle Schemata versagen. Wir sind weiter im Westen als in Paris oder London und zugleich in der ›orientalischsten‹ aller Städte, sind aus unserem Jahrhundert in eine tiefe Märchenferne gefallen, wo in einer vielfältigen Einheit das Jetzt ins Einst übergeht. Mögen sich Sachen und Zeiten hart im Raume stoßen: in Fes schlagen sie sich nicht, die Konflikte zittern nur spürbar hinter der farbigen Erscheinung. Gebrochen in allen Tonarten und Schattierungen treffen die Farben aneinander, aber sie verkehren wohlerzogen miteinander, sie brüllen sich nicht an. Nur da und dort ein rufender Tupfer Zinnober, ein Karmesin, ein tieferes Gelb. Sonst: altersschwarzes Rahmweiß, ergrauter Ocker, wollige Naturfarben, vor braunem Schatten das Taubenblau eines Frauengewandes oder ein anderes, das an verwelkte Rosenfarbe erinnert. Lederwarm, babuschengelb, einmal, herausgerissen aus der Halbhelligkeit, das Rebgrün eines Blattes. Farblos-weiß der Himmel. Wenn sich einmal eine Wolke vor die Sonne

schiebt, dann ist es, als enthülle die Stadt erst ihr blaß-
brünettes Antlitz. Dann zerhackt nicht mehr wechselndes
Weiß und Schattenschwarz die Gassen, dann erblühen im
diffusen Licht die kaum erfaßbaren Zwischentöne zu ge-
dämpfter Intensität, zu jener geheimnisvollen Harmonie, in
der selbst die banale Chemiefarbe eines Wegwurfs einen wie
vorbestimmten Platz einnimmt. Fes unterm grauen Himmel
oder zur Stunde, da der Abend sinkt, ist ein einziger Zauber.
Doch wenn wirklich einmal Regen fällt, dann ist es ein Pfuhl.
Dann schwellen die Abfälle, machen die Gassen glitschig, es
riecht nach Kanälen, Kehricht und Kot. Dann ist Fes ganz
eine mittelalterliche Stadt, appetitlich war das Mittelalter
nirgendwo, genausowenig wie die Gegenwart harmonisch
ist.

Aus der Spannung zwischen dissonant sterbendem Mittelalter und den Disharmonien der Neuzeit entstehen jene sozialen Probleme und Widersprüche, welche die vielgesichtige
Stadt zu zerreißen drohen, die aber gerne hinter stumme
Mauern gebannt bleiben. Sowenig wie auf die Frauen des
Hauses soll der Fremde einen neugierigen Blick auf die gehei-
men Spannungen und Nöte der Stadt richten. Nur bei tage-
langem Streifen durch die Gassen wird er einen Zipfel von
all dem zu fassen bekommen.

In den Souks

Unser weißgewandeter Geleiter führt uns vorbei an der
Zawiya des Imams Idris II. und entlang der Qarawiyn-Moschee. Durchs Haupttor haben wir in ihren Hof geschaut. In
ihn, auf die Kuppeln und grünen Dächer blickt man auch
von der Plattform der *Medersa el-Attarine,* des Koranseminars
der Händler mit Duftölen und Gewürzen. Dieses zwischen
1323 und 1325, also in der Regierungszeit des Sultans Abu
Said (1310-1331) gebaute Institut gilt als *das* Meisterwerk der
Merinidenkunst. Wieder das Zusammenspiel von Fliesenbe-
lag, Fayencemosaik, Marmorsäulen und Gittern und Stalaktiten aus Stuck mit den altersschwachen Zedernbalken, mit
Hell und Dunkel, Licht und Schatten, das uns nun schon
bekannt ist. Nicht vertraut, denn ›vertraut‹ wird uns das nie,

sondern bleibt ein fremder Reiz. Hier ist der Reichtum ins Überreiche gesteigert, sind die von almohadischen Werken wie dem Hassan-Turm von Rabat schon bekannten Gitternetze zu spätzeitlich-kleinatmigem Reichtum aufgefächert.

Die Medrese ist ein Bereiche der Stille, nicht nur heute, da sie bloße ›Sehenswürdigkeit‹ ist; sie ist es von ihrer Bestimmung her, konzentriert aufs geistige Tun, abgeschirmt durch ihr bronzebeschlagenes Tor vom Getriebe des Alltags, dem Hin und Her in den schmalen Gassen mit ihrem gedämpften Tageslicht. Durchlichtete Schatten mildern alle Farbkontraste zu Zwischentönen, verwischen ein schmutziges Weiß in hellen Ocker, über bräunliches Silber und silbriges Gold legt sich Schwärze, dämpft freches Krapprot ins Bräunliche, läßt dafür aus Strohfahlem ein Goldlicht aufleuchten oder einen Tupfer tiefen Blaus. Doch die Farben allein sind ja nichts ohne die Bewegung, die von der ersten Frühe bis zum sinkenden Abend nie aussetzt, sich nur verdünnt, wenn am frühen Nachmittag die Menschen eine Ruhestunde im Schatten suchen.

Winzige Läden, aus denen die Waren vor die Füße und Augen des Passanten quellen, gerade noch dem Gewürzkrämer oder dem Seidenhändler und seinem Kunden Platz bietend, dem geschickten Goldarbeiter, dem Ziseleur, dem Bortensticker, dem Gürtler. Die Souks sind die ›City‹. Hier wird gewerkt und gehandelt, aber hier wird nicht gewohnt. Da und dort noch die alten Tore, welche einst nach dem Abendgebet geschlossen und bewacht wurden, so daß es schwer war, bei Dunkelheit von einem Teil der Stadt in einen anderen zu gelangen. Geschlossen werden sie heutzutage nicht mehr, aber bewacht sind die Gassen der Souks noch immer. Ein paar Ecken, wir steigen ein paar Stufen hinunter, und wir sind im Halbdunkel der Schreinerwerkstätten. Da riecht es wunderbar nach dem Zedernholz, aus dem Truhen und Bettgestellte entstehen. Durch die helle Toröffnung gegenüber blitzen im Sonnenlicht Messingkannen vor bunten Teppichen: ein orientalisches Stilleben, und dabei doch nur der Stand eines der vielen Souvenirhändler. Auf dem kleinen Platz ein berühmtes Kleinod: der mit bunten Fayencen mosaizierte Nedscharin-Brunnen: ein Trog, ein bunter Hufei-

senbogen, ein grünziegeliges Vordach. Kein totes Museumsstück, sondern immer noch im Gebrauch als die öffentliche
Zapfstelle der Nachbarschaft, von Kindern belebt. Früh
schon müssen die Mädchen sich ans Wasserschleppen gewöhnen.

Daneben das hohe Rundbogentor zum Funduq el-Nedscharin, einer der alten städtischen Karawansereien und Handelsherbergen. Ein Hof mehrstöckig von Balkongängen umzogen, dahinter sich im Erdgeschoß die Ställe für Tragtiere
und Warenlager, in den oberen Geschossen Warenlager und
die Unterkünfte befanden. Leider findet man das Tor jetzt
meist verschlossen, doch unser kundiger Fassi entschädigt
uns, führt uns in andere vergleichbare, wenn auch nicht so
alte und distinguierte einstige Funduqs. Er kennt auch den
Eigentümer einer Werkstatt, wo Frauengürtel mit Goldfäden
umsponnen werden, wird uns auch am späteren Nachmittag
die droben in der Neustadt liegende Brokatweberei zeigen:
eine der letzten eines Gewerbes, für das Fes einst berühmt
war.

Und dann gibt's natürlich die Messingschmiede, die auf
uns warten mit blanken Platten, feinziseliert, mit Lüstern
und Leuchtern, Aschenbechern und Becherlein, Gäbelchen
und Figürchen; da ist das alte Haus, in dem – bloß mal
ansehen bitte! – dickflorige Berberteppiche feil sind, aufgerollt und dargeboten von nacktsohligen Burschen. Es bleibt
der Besuch beim Parfümeur nicht aus, dem soignierten
Händler mit duftenden Würzen und pflanzlichen Farbstoffen, die Visite im Laden mit Lederwaren, mit Taschen und
Täschchen, Koffern und Köfferchen, Sitzkissen, Beuteln,
Gürteln. Aber Vorsicht: die Erzeugnisse behalten zäh den
Uringeruch der Gerbereien, aus denen das Material hervorging.

Das Viertel der »tanneurs«, der Gerber, zählt zu den Sehenswürdigkeiten, und jeder berufene oder unberufene Führer erbietet sich, den Fremden dorthin zu führen.

Scheint uns ganz Alt-Fes ein in die Gegenwart hineinreichendes Stück Mittelalter, so sind es die Handwerkergassen besonders, und eben vor allem das Quartier der Gerber im Chaouara-Viertel, dort wo der Oued Fes die Stadt verläßt. Auch in unseren Städten des Mittelalters lagen die Gerbereien am Rande der Stadt, am Austritt des Stadtbaches, etwas abseits, des Geruches wegen, obwohl das Mittelalter nicht zimperlich war und – mit Verlaub – kräftig gestunken hat. Schon aus einiger Entfernung kündigt sich der Nase diese »Hölle ohne Feuer« an. Wer sich nicht gleich abschrecken läßt, dem drückt der aufmerksame Guide ein Zweiglein stark duftender Gewürze in die Hand. Daran soll er riechen, damit ihn kein Brechreiz überwältigt. Drinnen: ein tiefer weiter, von schmutzigen Hausmauern mit schwarzen Fensterhöhlen umstandener Hof. Auf seinem Grunde Dutzende ziegelgemauerter und mit Kacheln ausgekleideter, meist runder Bekken, zu Sechser- und Achterwaben zusammengeschlossen, mit farbiger Brühe gefüllt, kalkweiß da, dort schmutzigbraun, blutrot oder tintenblau. Zwischen fast mannshohen Kesseln enge Gossen, damit dreckiger Schlamm absickert. Auf den terrassenartigen Podien ringsum liegt gelbes Leder zum Trocknen, stapeln sich farbige Bündel, stinkende Felle, schlammige Vliese, blutige Häute. Die Sonne prasselt in diese Arena hinein, aus der süßlicher Aasgeruch aufsteigt, gemischt mit dem Ruch von Urin und sich zersetzendem Schlamm. Drunten, in den Becken und Gossen, werken Menschen mit nackten Armen und nackten Füßen, die von den Laugen angefressen und von den Farben gebeizt sind, mit verformten Nägeln. Vom Ekeldunst imprägnierte Sklaven. Die meisten verbringen nicht ihr ganzes Leben in den glitschigen Gruben. Die Gerbereien arbeiten vielfach auf genossenschaftlicher Basis, ein Lederverarbeiter mit seinen Gehilfen und Teilhabern mietet für einige Tage eine Reihe der Becken, um einen bestimmten Posten Häute zu bearbeiten und gleich auch so

zu färben, wie er sie braucht. Doch die, die tagaus, tagein da
drunten schuften, sind wie Parias. Der unreine Geruch läßt
sich nicht mehr wegwaschen.

Ohne Ziel und Geleit

An dem offenliegenden Stück des Oued unten im Talgrund
zwischen Färbern und Gerbern führt keine Uferpromenade
entlang. Nur von den Brücken aus, welche den unreinlichen
Kanal überspannen, schaut man auf die düsteren Wände, die
sich diesem Albtraum von Klein-Venedig zukehren. Bis hier
in die Gegend des Färbersouk führt eine von Taxis und
Bussen befahrene neue Stichstraße, und der Wendeplatz der
Fahrzeuge ist ein recht brauchbarer Ausgangspunkt für ziel-
lose Wanderungen durch die engen Gassen der reinen Wohnviertel mit den hohen grauen Häusern, wo die rotbraunen
oder graublauen Türen mit ihren Ziernägeln, jede mit einem
kleinen schrägen Vordach versehen, abweisend verschlossen
bleiben, wo kaum Fenster die Wandflächen unterbrechen,
die Geschosse, den Himmel zu einem schmalen hellen Band
verengend, sich von Stockwerk zu Stockwerk weiter vor-
schieben, von schrägen Balken gestützt. Dann wieder über
kahle Mauern ein paar grünende Zweige: Gärten, die verschlossen bleiben, geheimnisvoll und unzugänglich wie die
Häuser. Geheimnisvoll auch diese Gassen selbst mit einem
lautlosen Dämmer. Morgens zwar wandeln die Hausväter
mit Einkaufstaschen bewaffnet zum nächsten kleinen Milch-
oder Brotladen (andere als ein paar Lebensmittelgeschäfte
sind in diesen Gassen nicht zu finden), dann aber senkt sich
seltsame Ruhe über manche der Quartiere. Nur selten
schwebt wie eine sanfte Blüte eine der züchtig verhüllten
Frauen vorüber.

Wer einige Erfahrung mit orientalischen Städten hat, der
weiß, daß man aus dem Irrgarten der einander so ähnlichen
Gassen am leichtesten findet, wenn man einem der in beiden
Richtungen begangenen Wege folgt. Die anderen führen in
sich verzweigende Sackgäßchen und enden vor verschlossenen Türen. Gewöhnlich stehen da wohl schon Kinder, die
darauf aufmerksam machen, daß es hier nicht weitergeht.

Aber manche Gassen des alten Fes sind so still und distiguiert, daß dort nicht einmal Kinder spielen.

In anderen freilich wimmelt es von kleinem Volk, fußballernden Knirpsen, schrill kreischenden Mädchen, die sich bettelnd dem Fremden anhängen. Auf den durchlaufenden Gassenmäandern, die keiner Ratio zu folgen scheinen, drängt sich ein ziellos emsiges Kommen und Gehen. Sieht man von Fes oder auch den anderen Städten des Maghrib nur die Marktgassen, dann fragt man sich, wohin all die Fülle findet, ob die Kaufleute wirklich vom Verkauf leben können. Wer stundenlang durch die stillen oder drangvoll belebten Wohngassen gestreift ist, dem geben am Abend seine Füße die Antwort. In einer weiten und breiten Stadt ohne Supermärkte und Warenhäuser stellt der Markt kein Überangebot bereit, sondern bietet nur alles das, was der Bewohner der Stadt wie der Mann vom Lande benötigen. So viele Menschen, die verbrauchen schon einiges, selbst wenn der Familienetat bitter begrenzt ist. Die Frauen können nicht auf Vorrat einkaufen, sondern müssen von Tag zu Tag mit dem wirtschaften, was der Familienherr oder die Kinder eben am Abend so heimbringen. Das gilt natürlich nicht für die auf die entfesselte Kauflust der Fremden spekulierenden Läden. Da besteht allerdings ein Überangebot von billigen und billigsten Maschinenerzeugnissen, die durch ein paar fixe Handgriffe vor den Augen des ahnungslosen Fremden in ›Handarbeit‹ verwandelt werden. Und der beschaut es dann nicht genau. Gegen die maschinelle Konkurrenz sind die auf herkömmliche Qualität haltenden Meister machtlos. So sterben die alten Gewerbe ab. Während junge Männer mit wirren Vorstellungen, mit aus Kino und Fernsehen stammenden Ideen vom Leben in Amerika oder Europa in den sonst leeren Köpfen lungern, müssen Kinder ihren Bewegungsdrang zügeln, kleine Bübchen den Schneidern und Stickern geduldig die Fäden halten, Mädchen mit flinken Fingern in dumpfen Gelassen Knoten um Knoten schlingen, bis endlich ein Teppich entstanden ist. Die Stadt mit ihrer eigenen Logik oder Unlogik macht auch etwas sichtbar von den Problemen des ganzen Landes in den achtziger Jahren des 20. Jahrhunderts.

Von der Brücke bei den Gerbern führt eine fast gerade
Gasse (freilich mit einigen Knicks, denn ›gerade‹ ist in Fes
ein sehr relativer Begriff) aufwärts durchs andalusische Viertel zur Andalusiermoschee. Ein verstohlener Blick durch
eines der offenen Tore, durch mattenbelegte Hallen in den
rechteckigen Hofraum. Auf Umwegen erreichen wir das
Quartier der Töpfer. Hier kann der Mensch aus der Maschi-
nenwelt die geschmeidige Geschicklichkeit bewundern, mit
der schlanke Finger auf der von nackten Füßen getriebenen
Scheibe den Ton zu anmutigen Gebilden hochziehen und
ihm durch unmerklichen Druck Gestalt verleihen. Das
schaut so leicht aus und bedarf doch so langer Übung.

Wer mit der Liebe zu den handwölbigen Formen, den
kühltiefen Farben und der gemalten Musik der Ornamente
geschlagen ist, scheidet nicht ohne einige wohlverpackte
Teller oder Krüge. Auf dem Bord daheim wird sich doch
noch ein Plätzchen finden für eine solche Erinnerung an Fes!

Staubig und nicht überaus reizvoll ist die lange Gasse zum
Bab Ftouh, einem der schönen merinidischen Tore in der
Mauer um das alte Fes, an dem der Verkehr entlangknattert.

Ein Kreis von Neugierigen, zuinnerst sitzend, hockend,
dann kniend, stehend die äußeren: ein Theater aus Menschen,
die gebannt einem Erzähler lauschen. Seine Gesten sind so
beredt, daß sie auch den der Sprache kaum Kundigen in
ihren Bann schlagen. Erzählt er nun das Märchen von den
zwei Dieben, das vom Sultan und dem Garkoch, oder das
vom Zauberlehrling? Vielleicht die Geschichte vom Fes der
Meriniden, ein Märchen, das einst Wirklichkeit war?

»Es war, meine Zuhörer, im Augenblick, in dem es war.
Allah, er sei gelobt!, war überall, auf Erden wie an jedem
anderen Ort, und es war hier in Fes, daß die Geschichte sich
zutrug. ...«

Stadt des Islam

In den Randbezirken, auf den schäbigen Märkten vor den
Toren der alten Stadt, vergißt sich leicht, daß Fes eine heilige
Stadt ist, ein Wallfahrtsort und immer noch ein geistiges
Zentrum des Islam, eine Stadt der Schüler und Studenten,
die nach jahrelangen Qualen des sinn- und verständnislosen

Lernens von Koransuren auf Läuterungsstufen asketischer
Jahre zum Kommentarverständnis und endlich an die
Schwelle einer das Höchste wie das Tiefste umfassenden
Erkenntnis vordringen dürfen, die aus dem einzigen Satz
erwuchs, der täglich fünfmal vielstimmig über die Dächer
schallt und in die Schächte der Höfe hinabsinkt: »Gott ist der
Größte. Ich bezeuge, daß es keine Gottheit gibt außer Gott
– Mohammed ist sein Prophet.« Was aus dieser Kurzformel
des Glaubens an den ganz und gar Einzigen, den durch
kein Attribut, kein positives, kein negatives, umschreibbaren
Einen hervorging, das war schließlich im Wort nicht mehr
faßbar: Die den Wenigen nur erreichbare Lehre vom Zusam-
menfall in der einen glänzenden Spitze oder im tiefsten
Grunde. Fes, die Stadt der Mystik.

   In ihrem tiefsten Grunde liegt ihr hehrstes Heiligtum: die
Zawiya des Muley Idris II., wo man, allerdings erst seit dem
15. Jahrhundert, des heiligen Stadtgründers Grab verehrt.
Die Gassen rings um die Stätte sind von Querbalken über-
spannt, damit kein Reiter, kein unreines Vieh eindringe und
auch der Fußgänger sich neigen müsse. Dieser Bezirk war
»horm«, war Asyl für Verfolgte, was auch immer sie verbro-
chen haben mochten. Heute sind die Gassen auch dem Ungläubigen offen – aber bitte nur vollständig bekleidet und
ohne zudringliche Blitzerei! Eine enge Gasse führt außen am
Grabbau vorbei. Ein hübsches Brünnlein an der einen Seite,
an der anderen ein Gitter um den gierigen Mund eines
Opferstocks, den die Frommen mit ihren Gaben füttern,
bevor sie die Mauer küssen, hinter der sich das von kostbaren
Tüchern bedeckte Grab verbirgt. Entlang dieser Wand sitzen
die blinden Bettler, die ausgemergelten, stumpf verzweifel-
ten Frauen, die auf ein Wunder warten. Frauen belagern den
Haupteingang, und nur durch diesen ›Vorhof der Frauen‹
stiehlt sich im Vorbeigehen ein neugieriger Blick in den
Patio des Heiligtums. Ein flüchtiger nur, um keine frommen
Gefühle zu verletzen.

   Auch nur im Vorbeigehen, aber nicht so verstohlen, schaut
man in den Hof der *Qarawiyn-Moschee,* ein quergelegtes, mit
quadratischen Fliesen gepflastertes Rechteck mit einem alten
Reinigungsbrunnen in der vertieften Mitte, mit reichem

Rahmenstuck um das Tor des Betsaals, in dessen auf den Mihrab zulaufendes Hauptschiff hineinzusehen eine zierliche Zedernholzschranke verwehrt. Seitlich reine Hufeisenbögen, dahinter Hallendämmer. An den Schmalseiten des Hofes Pavillons, Zutaten des 16. Jahrhunderts, die an ähnliche Gebilde im Löwenhof der Alhambra erinnern, somit die enge Verbindung der westislamischen mit der »maurischen« Baukunst bezeugen und zugleich auch augenfällig machen, wie nahe einander verwandt Moschee- und Palasthof, Bet- und Wohnhaus sind, wie die Bautypen und Bauaufgaben in einer geschlossenen Welt noch nicht pluralistisch auseinanderfallen und die Funktionen sich doch in ihrer symbolischen Sprache unverwechselbarer voneinander abheben als bei unseren einförmigen Betonschachteln, die alles sein können.

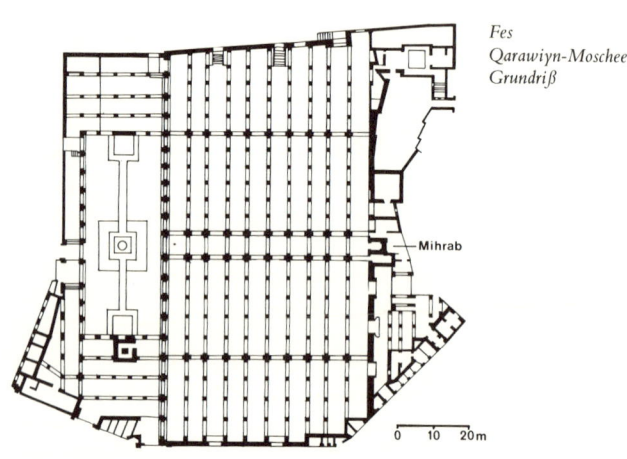

Fes
Qarawiyn-Moschee
Grundriß

Die Qarawiyn-Moschee spricht. Selbst dem, der ihre Schwelle nicht überschreiten darf, tut sie sich kund als die Versammelnde, als der Bezirk, in dem sich die Gemeinde zum Gebet zusammenfindet. Aber sie tut sich nicht hervor, ragt nicht als Kathedrale, prunkt nicht als Hohe Schule. Sie schirmt sich eher ab vor profaner Neugier. Nur ein paar nobel-große verschlossene Tore weisen auf das, was sich hinter den Mauern verbirgt: Nichts geringeres als das geistliche Zentrum des maghrebinischen Islam.

Die Qarawiyn ist nicht nur die größte und ehrwürdigste Moschee der Stadt, sondern zugleich auch die älteste Universität des islamischen Westens. In dem von Flüchtlingen aus dem tunesischen Kairouan bewohnten Stadtteil gründete die fromme Dame Fatma, Tochter eines Mohammed el-Feheri, im Jahre 862 ein Bethaus. Eine Frau also. Kein Zweifel, daß in den ersten Jahrhunderten des Islam die rechtliche Stellung der Frau festere Füße hatte als verlogene Pfaffen es heute wissen wollen. Die Botschaft des Propheten bedeutete einen großen Schritt – nicht zu ihrer Emanzipation, nein, aber zu ihrer rechtlichen Sicherheit. Man erinnere sich an die Rolle der Chadidscha in der Biographie Mohammeds, an die seiner letzten Gattin Aischa oder seiner Tochter Fatima in der frühen Geschichte der islamischen Gemeinschaft. Rechtlich gedrückt haben – ganz gegen den Geist der ursprünglichen Botschaft – die Frau erst die späteren, die selbstbefugten Ausleger. Siebzig Jahre nach der Gründung hat ein Statthalter der Fatimiden (der von Fatima, der Prophetentochter abstammenden Herren von Ifriqiya/Tunesien) die Stiftung zu einer ›Großen Moschee‹ erweitern lassen. Der cordobesische Omayyade Abd er-Rahman III., der den Fatimiden Fes abgewann, ließ das allen Wechselfällen zum Trotz noch heute bestehende Minar errichten. Unter dem Almoraviden Ali ben Yussuf gewann 1135 die Moschee ihre noch heute gültige Ausdehnung und Gestalt. Fünfzehn Säulenreihen mit 270 Stützen teilweise antiker Herkunft schaffen 16 Schiffe zu 21 Jochen, die etwa zwanzigtausend Beter fassen können. Hier bildete eine Elite von Koranjuristen und mystischen Theologen ein paar hundert Studenten zu ihren Nachfolgern, zu Richtern, Notaren, Korangelehrten heran, damit sie ihr Wissen an weitere Generationen weiterreichen. Über Jahrhunderte hat dieses Institut das religiöse Klima und die geistige Haltung des Landes bestimmt. Die Moschee war nicht nur die Betstätte der Patrizier von Fes, sondern auch der verborgene Punkt, der oftmals das Geschick des Landes nachhaltiger bestimmte als ministerielle Erlasse, wirtschaftliche Notwendigkeiten oder Weltpolitik. Hier schlug das geheime Herz

des Landes. Immer blieb die Regierung an die Beistimmung
der islamischen Gemeinde gebunden, repräsentiert durch die
Ulema, die ›Gelehrten‹, die theologisch-juristischen Gutach-
ter. Dieses unregelmäßige Siebeneck mit achtzehn Toren,
etwa einen und einen halben Hektar Grundfläche umfassend,
mit fünf selbst in durstigster Zeit nicht versiegenden Quellen
ist – oder war – umgeben von einem Kranz wohldotierter
Koranseminare, elfhundert Jahre lang ein Sammelpunkt der
Prediger und Notare, der Richter und Astronomen, der
Philologen. Älter als die Hohen Schulen Europas, älter auch
als die Zeituna-Schule von Tunis und al-Azhar in Kairo, war
ihr Prestige auch in jenen Zeiten unbestritten, da Marrakesch
Sultansstadt war. Sie zog nicht nur Söhne aus allen Schichten
Marokkos und des ganzen Maghrib an, sondern auch Kurden
und Perser und selbst Abendländer. Gerbert von Aurillac, als
Sylvester II. Papst der ersten Jahrtausendwende, für die man
das Weltende erwartete (möge die Erde auch die zweite
Jahrtausendwende überstehen!), soll hier studiert haben. Zu
ihren berühmten Schülern zählen Ibn Khalun, Ibn Battuta,
Leo der Afrikaner.

Historiker und Geographen

Abu Abdallah Mohammed ibn Battuta (1304-1369) kam in Tanger zur Welt. Mit 21 Jahren brach er nach Osten auf, um
seine theologische Bildung zu erweitern und die Wallfahrt-
pflicht zu erfüllen, doch unversehens trat er in die Fußstapfen
der alten arabischen Geographen. Sein Weg führt durch
Nordafrika ins Niltal, von dort nach Palästina-Syrien. In
Damaskus schloß er sich einer Pilgerkarawane nach Mekka
an. Damit wäre der Sinn der Reise erreicht gewesen, hätte
ihn nicht unterwegs das Interesse an fremdem Land und
Leuten, fremden Sitten und Gebräuchen, an Handel, Politik
und Merkwürdigkeiten aller Art gepackt. Von Mekka aus
führte ihn eine erste Fahrt nach Mesopotamien. Reisen im
arabisch-islamischen Bereich waren für einen Moslem keine
Besonderheit, und ein der Theologie Beflissener konnte
überall auf Unterkunft und Almosen zählen. So folgte eine
weitere Reise an der ostafrikanischen Küste entlang bis So-

malia und Sansibar. Über den Persischen Golf nach Mekka
zurückgekehrt, schloß er sich einer Karawane ins seldschuki-
sche Kleinasien an, das Ibn Battuta nach allen Richtungen
durchzog. Er besuchte mit einer tatarischen Gesandtschaft
die Kaiserstadt am Goldenen Horn, zog von der Wolga über
Mittelasien und Afghanistan ins Sultanat von Delhi, wo er
acht Jahre, inzwischen auch des Türkischen und Persischen
mächtig, als Richter amtierte, bis ihn ein Zerwürfnis mit
dem Landesherrn weitertrieb. Von Kalkutta aus besuchte
er die Malediven, Ceylon, Bengalen, wagte sich über die
Grenzen der islamischen Welt hinaus ins damals noch hindui-
stische Indonesien und das von den Mongolen beherrschte
China. Mit einem arabischen Schiff kehrte er über Indien
zurück, besuchte noch einmal Mekka, erreichte Fes 1349,
nur um von dort aus quer durch die Sahara Timbuktu und
die neuerstehenden islamischen Negerreiche zu besuchen.
Dann ließ er sich endgültig in Fes nieder, um dem Willen des
Sultans entsprechend seine Erfahrungen einem königlichen
Schreiber zu diktieren. Zweimal während seiner Reisen waren ihm all seine Notizen abhanden gekommen, so daß er
für weite Partien nur auf sein Gedächtnis angewiesen war.
Ein Umstand, der manche Ungenauigkeiten verursacht hat,
wie auch die Tatsache, daß der Sekretär in den Text ältere
Reiseberichte hineinverarbeitet hat. So findet sich im Werk
Ibn Battutas neben erwiesenermaßen zutreffenden auch un-
zuverlässige Partien, neben eigener Beobachtung Berichte
aus zweiter Hand. Doch nicht wegen solcher Einzelheiten,
sondern als Ganzes stießen die Reiseberichte auf Mißtrauen,
nicht anders als die seines älteren Zeitgenossen Marco Polo,
die ja auch für Aufschneidereien gehalten wurden.

Zweifel an Ibn Battutas Berichten äußerte schon der eine
Generation jüngere *Ibn Khaldun* (1332-1406). Er stammte aus
Tunis, hat aber im merinidischen Fes und seinem Umkreis
entscheidende Jahre verlebt. Nachdem die Pest ihn zur Voll-
waise gemacht hat, zog der Jüngling an die Hohe Schule von
Fes, erhielt, noch nicht zwanzigjährig, eine wichtige Stelle
am Hof des Sultans, ging auf Reisen, gehörte seit 1353 dem
literarischen Zirkel an, der sich um den Herrscher sammelte.
In eine wirre Intrige verwickelt, verschwand der Gelehrte

im Kerker, der sich ihm erst nach zwei Jahren, nach dem Tod des Sultans Abu Inan (1358) öffnete. Sofort stürzte er sich wieder ins politische Spiel, wurde Sekretär im Kanzleramt, Hofpoet, Richter, Diplomat, wurde vertrieben und erneut ins höchste Staatsamt berufen. Des Wellenspiels endlich müde, suchte er den Sinn all dessen zu durchschauen. In Theologie, Philosophie. Mathematik war er Autorität, als Politiker bedeutend, bleibenden Ruhm aber gewann er als Historiker, und das nicht so sehr wegen seiner vielbändigen Universalgeschichte, die in erster Linie doch eine Geschichte der berberischen Maghrib ist, sondern wegen der umfangreichen Einleitung zu diesem Werk, der »Muqaddima«, die ihrerseits wieder mit einem gehaltvollen Vorwort versehen ist. Diese Einführung in das Handwerk des Geschichtsschreibers legt dar, was alles dieser zu beachten hat: den Einfluß der Umwelt auf die menschliche Natur, diese Natur selbst, die Lebensformen von Stadt und Land, die Formen des Staates als einer Zwangsinstitution zur Bändigung des Menschentieres, Regierungsformen, Wirtschaft und Gewerbe, Wissenschaft, Künste, Literatur. Er verlangte vom Historiker Quellenkritik und psychologische Einsicht, aber auch Kenntnis der Spielregeln der Politik, Einsicht in das menschliche Verhalten, Wissen um Unterschiedlichkeit und Veränderlichkeit der Sitten, der Moral-, Glaubens- und Rechtsvorstellungen. Man hat ihn den Vater der Soziologie genannt. Sein eigenes Geschichtswerk konnte zwar nicht all diesen Forderungen genügen, und doch gelang es ihm, zur Erkenntnis eines hinter all den bedingten, vergänglichen und unwiederholbaren Erscheinungen stehenden Gesetzes vorzudringen, zu einem Sinn hinter dem scheinbar Sinnlosen. Ein Geschichtsdenker von überzeitlichem Rang.

Bezeichnend für die geistige Situation des merinidischen Maghrib ist übrigens die Wirkungsgeschichte der Schriften Ibn Battutas und Ibn Khalduns. Während die Bücher der aristotelischen Ärzte und Philosophen des 12. Jahrhunderts, obwohl sie den Widerspruch konservativer Ungeister hervorriefen, weite Verbreitung gefunden, durch jüdische Übersetzer vermittelt in einem nach ihren Gedanken dürstenden Europa eine neue Blüte des Denkens vermittelt ha-

ben, verschwanden die nicht genehmen Schriften der beiden
weitesten Geister des maghrebinischen 14. Jahrhunderts in
lichtlosen Bibliotheken, aus denen sie erst die Gelehrsamkeit
des 19. Jahrhunderts hervorgezogen hat.

Auch Hassan ibn Mohammed al-Wassan stammte nicht
aus Fes, sondern aus einer adligen Familie Granadas. Nach
Granadas Fall zog er nach Fes, erwarb an der Qarawiyn
gediegene Bildung, begab sich auf Reisen und lernte ganz
Nordafrika kennen. Er zog wie Ibn Battuta bis nach Timbuktu, der damals sagenhaft reichen Handelsstadt, erfüllte
in Mekka seine Pilgerpflicht, durchwanderte Syrien und
Palästina kurz bevor diese Länder wie auch Ägypten in
die Hände der Osmanen fielen. Als er 1517 zu Schiff von
Alexandria in den Maghrib heimkehren wollte, ergriffen
ihn bei Djerba christliche Seeräuber, die den wundersam
erfahrenen Mann dem auf alle Absonderlichkeiten erpichten
Medici-Papst Leo X. zum Geschenk machten. Der Sklave
lernte italienisch und lateinisch und willigte endlich ein, das
Christentum anzunehmen.

Papst Leo selbst, einst Giovanni getauft, war sein Täufer
und Pate und gab ihm seine Namen. Als *Johannes Leo* lebte
der Afrikaner von einem päpstlichen Gehalt als Professor
der Philosophie und orientalischer Sprachen in Rom und
Bologna, wo er 1526 gestorben sein soll. Die erste lateinische
Übersetzung seiner ursprünglich arabisch abgefaßten und in
seinem Todesjahr abgeschlossenen ›Descriptio Africae‹ erschien 1556 in Antwerpen. Und seltsam oder nicht: ganze
Passagen daraus könnten noch heute als Führer durch das
alte Fes dienen.

Die Universität der Qarawiyn heute

Es ist unmöglich, alle Wechselfälle im Lebenslauf der Hohen
Schule von Fes in Kürze darzustellen. Die Namen der berühmten Inhaber der zeitweilig bis 146 Lehrstühle müßten
bloße Wortschälle bleiben. Unter einander ablösenden Dynastien waren die Schicksale spannend genug und doch kon-
stant, sie fanden ihren Niederschlag in der im 9. Jahrhundert
schon gegründeten Bibliothek mit einem Schatz von etwa

zehntausend Handschriften. (Ihren vierbändigen Katalog hat
der Konservator Mohammed el-Abd el-Fassi 1922–1975 her-
ausgegeben.)

Noch bis in unsere Jahre war der Betsaal der Moschee
gleichzeitig Hörsaal, wo die Dozenten, an eine der Säulen
gelehnt, einen Kreis von Hörern um sich sammelten. Unge-
achtet aller Reformen des Studienganges im 19. Jahrhundert
war das ein Lehrbetrieb wie im Mittelalter, obwohl Gedanken des 20. Jahrhunderts Eingang fanden und die Universität
eine nicht unbedeutende Rolle im Unabhängigkeitskampf
Marokkos gespielt hat. Im Jahr 1963 wurde die Institution
dem Erziehungsministerium unterstellt und ihre Struktur
völlig verändert. Der Lehrbetrieb wurde modernisiert teils
in die leerstehenden, einst französischen Kasernen am Rand
der Neustadt verlegt, zugleich aber dezentralisiert. Die theologische Fakultät verblieb in Fes, die für arabische Sprache
kam nach Marrakesch, die für islamische Philosophie nach
Tetuan. Das Doktorat kann der Student nur in Rabat erwerben, auch die Studentin – denn inzwischen sind Frauen zum
Studium zugelassen.

So unvermeidlich sie war und so segensreich sich diese
Umstrukturierung erwiesen hat, so hat sie doch Traditionen
und Zusammenhänge zerrissen, wie das Miteinander von
Universität und dem Volk von Fes. Vor 1963 konnte ein
Händler oder Handwerker seinen Laden für ein paar Stunden
schließen oder einem Gehilfen anvertrauen, um im Hörsaal
der Moschee dem Vortrag eines Gelehrten zu lauschen. Die
Qarawiyn war nicht nur eine elitäre Hochschule, sie war
zugleich eine echte Volkshochschule.

Wandlungen und Probleme

Daß die ehrwürdige Universität ihren Lehrbetrieb aus der
Medina hinausverlegt hat, das ist nur eines der Symptome
des Wandels, der Leben und Bestand von Alt-Fes bedroht.
Was heute zur Lebensgefahr für die Stadt geworden ist, setzte
schon mit der Errichtung des französischen Protektorates
ein. Seit 1912 war Fes nicht mehr Hauptstadt des Landes.
Viele der alten Handelshäuser, deren Chefs überall die cle-

veren Hände im Spiel hatten — wo immer die Macht zu
Hause war, aber auch im Ausland, in England, Frankreich,
in Übersee —, verlegten ihren Sitz nach Rabat oder ins schnell
wachsende Casablanca, während infolge der »colonisation«
etwa ab 1929 immer mehr Menschen vom Land in die
Stadt drängten. Eine Entwicklung, die sich durch die nach
wiedergewonnener Unabhängigkeit einsetzende »Marokkanisierung« eher noch verstärkte. Andererseits verlegten viele
Unternehmer ihre Betriebe in die sich entleerenden und
leerstehenden, viel bequemeren und verkehrsgünstigeren
Häuser der Kolonialstadt.

In Alt-Fes entleerten sich dafür die patrizischen Paläste.
Wenn sie nicht einem konservativen Greis oder einem, der
anderswo reich geworden war, zum Alterssitz dienten, wenn
nicht ein wohlhabender und traditionsbewußter Fassi das
Familienhaus unter Opfern instand hielt, ein anderer es zum
Grand Magazin des Souvenirhandels umfunktionierte oder
als Touristenrestaurant einträglich machte, dann zogen (für
nicht billige Miete) die Leute vom Lande ein, die massenhaft
in die Stadt strömten. Einander ganz fremde Kleinfamilien
besetzten je eines der schmalen und langen hohen Gemächer,
unterteilen den Raum durch Vorhänge und Verschläge, hinter die sich die Eltern zurückziehen, wenn sie »ins Paradies
eingehen« wollen, um den Kindern ein Geschwisterchen zu
basteln. Der Hof des Hauses ist dann immer noch der gemeinsame Raum der Kinder und Frauen, die auch gemeinsam die Küche benützen (jede auf eigenem Feuerchen ko-
chend) und trotz aller versteckten oder offenen Spannungen,
wie sie auch in einer Großfamilie auftreten, gemeinsam auf
dem flachen Dache die Abendkühle genießen. Auf dem Dach
eines Hauses aus Ziegeln, Lehm, Holz, Stuck und Fayence,
oft kaum weniger reich geziert als die merinidischen Medresen und so zerbrechlich wie sie. Solche fragilen Baugebilde
bedürfen ständiger Wartung. Wenn jeder kleine Schaden
sogleich behoben wird, dann kann ein solcher Palazzo Jahrhunderte überdauern. Wo er zum Ameisenhaufen vieler armer Mieter geworden ist, die sich für ihn nicht verantwortlich fühlen, dann verfällt er schnell.

Trinkwasserzufuhr und Abwasserkanäle funktionieren

schon längst nicht mehr so, wie im almohadischen und noch
im merinidischen Mittelalter, da die Stadt – Córdoba war
verloren, Granada ein bedrohter Außenposten, Bagdad und
Damaskus von den Mongolen heimgesucht – neben Kairo
die reichste, die angesehenste Metropole der Islamwelt war.
Heute braucht man nur einmal in eine Baugrube in den
engen Gassen hineinzuschauen, wo an Wasserleitungsrohren,
Elektrokabeln oder Kanalröhren herumgearbeitet wird, um
zu erkennen, wie brüchig, wie von Grund auf erneuerungs-
bedürftig die Infrastruktur des alten Fes ist.

Aber auch die Struktur ist aufs schwerste gefährdet. Zwi-
schen 1963 und 1978, in nur fünfzehn Jahren, hat sich die
Bevölkerung von Fes auf 445 000 Einwohner fast verdoppelt,
dürfte sich zur Stunde schon mehr als verdoppelt haben.
Man befürchtet, daß die Stadt mit der Schwelle zum nächsten
Jahrtausend auch die Einwohnermillion überschreiten wird.

Was dann? Schon heute wachsen die vielen Kinder, die
hier gezeugt werden, ohne die Hoffnung auf, einmal Arbeit
und Brot zu finden. Die Konkurrenz der Maschinen und
der Billigländer hat das alte Handwerk in eine schleichende
Dauerkrise gestürzt. Wo es Arbeit nicht mehr gibt oder sie
nicht mehr lohnt, da müssen die Jungen lungern.

Die Medina von Fes ist nicht mehr Mitte der Stadt, sondern nur noch Termitenstock an ihrem Rande. An ihrem
östlichen Ende, wo der zum Stinkbach degradierte Fluß die
Stadt verläßt, hat sich eine schäbig-enge, billige Betonstadt
angesetzt, wimmelnd und staubig. Groß-Fes jedoch wächst
vor allem nach Südwesten, setzt am Rand der französischen
Neustadt immer neuen Siedlungsschorf an. So ist die Altstadt
Fes el-Bali schon an den Rand geraten. Wohl noch Sehenswürdigkeit, in die jeder Schlepper die Fremden führt, aber
nicht mehr von einer nach Herkunft, Vermögen und Rang
geordneten Gesellschaft bewohnt. Die patrizische Stadt hat
ihren Charakter verloren. Die alten Bräuche und Feste, die
einstmals Geburt, Beschneidung, Hochzeit begleiteten, sind
zu nostalgischer Schaustellung entartet, wie bei uns Schuh-
plattler und Watschentanz. Im Kabarettzelt von Agadir wird
in der Saison allabendlich eine »Hochzeit von Fes« gemimt.

Der Norden des Landes

Von Tanger nach Tetuan

Die knapp 60 Kilometer südostwärts von Tanger nach Tetuan bereiten auf das inländische Nordmarokko vor: sanfte
Hügel, manche fast nackt, andere mit niedrigem Buschwerk
gesprenkelt, dann begrünte Hänge. Bäuerinnen in farbenfro-
hen Trachten, mit breitrandigen Hüten mit bunten Wollschnüren sind zu Fuß oder mit Muli unterwegs zum Sonntagsmarkt in der Stadt, warten geduldig vor den Bushalte-
stellen.

Eingeschnittene Bachläufe, an denen der Oleander blüht,
ab und zu ein paar blechgedeckte Giebelhäuschen, manche
abgewalmt. Schwarzbraune Erde, Disteln, niedrige Palmbü-
schel. Mählich heben sich die Hügel zu Bergen, deren Hänge
mit schnellwüchsigen Kiefern aufgeforstet wurden. Im Un-
terholz Mastix, Zistrosen, Erika. Eine erste Paßhöhe, sanfte
Kurven abwärts, Aussicht auf scharfgezackte Bergrücken,
auch macchiabestandene Hügel. Links ein Schild, das zu
einem Stausee hinweist, dann rechts der blaue Spiegel eines
solchen Wasserspeichers. Seit der Unabhängigkeit des Landes
sind viele solcher künstlicher Seen entstanden, um die Niederschläge der regnerischen Monate für die dürre Zeit zu
sammeln.

Tetuan, andalusische Stadt in Afrika

Tetuan (Tetouan) ist in vielem ein Abriß und Inbegriff des
marokkanischen Nordens – zugleich aber eine andalusische
Stadt. Nicht eine des Andalusien von heute allerdings, sondern eine wie aus jener Zeit, da die Christen das moslemische
Spanien noch nicht unterworfen hatten.

Als Granada sich den katholischen Königen ergab, ward
den Moslems und Juden Duldung zugesichert. Doch was
galt vor dem Christengott ein den ›Heiden‹ geleisteter Eid?
Kardinal Cisneros lag der fanatischen Königin in den Ohren,

bald fanden sich die Gläubigen vor die Wahl zwischen Taufe
und Vertreibung gestellt. Gut beraten jene Seelenstarken,
die irdisches Gut fahren ließen. Immerhin durften sie ihre
bewegliche Habe mitnehmen ins Exil im Land jenseits der
Meerenge. Die Enkel derer, die den Mantel nach dem Wind
hängten, hatten des keinen Gewinn. Die heilige Inquisition
bespitzelte sie mißtrauisch, schleifte sie unter Philipp II. auf
die Scheiterhaufen und ließ schließlich alle Nachkommen
von Mauren und Juden ohne Hab und Gut aus dem Lande
jagen. Die Engherzigkeit seiner christlichen Könige hat Spanien seiner geschicktesten Handwerker, seiner erfahrensten
Gärtner, seiner fleißigsten Bauern beraubt. Ihre Not kam
Afrika zugute. Ein neuer Schub von Exulanten kam übers
Meer: nicht nach Tetuan allein freilich, sondern nach Tanger
und Salé, nach Chechaouen, nach Algier, Oran, Tunis, und
weiter nach Istanbul und Izmir und Amsterdam. Die Geschichte dieses Exodus – so leidvoll wie nur eine der Völker-
bewegungen unseres Jahrhunderts – läßt sich hier nicht chro-
nologisch darstellen, doch immer wieder werden wir auf
unseren Fahrten an diese Vertriebenen erinnert. Ein Basso
ostinato bei jeder Reise in Nordafrika. Die Zuwanderer
kamen mit leeren Händen, aber nicht mit leeren Köpfen. Was
sie an landwirtschaftlichen Fähigkeiten, an handwerklichen
Erfahrungen, an Energie, Fleiß und Geschick mitbrachten,
davon hat der gesamte Maghrib profitiert.

Tetuan ist exemplarisch ein Ort der Erinnerung an dieses
Flüchtlingsgeschick. Seinen Namen leitet man von einem
berberischen Wort ab, das auf die Quellen hinweist, denen
der Ort sein Wasser und seinen grünen Rahmen verdankt.

*Mehr als ein Jahrtausend der Stille und der Vergessenheit trennen
das moslemische Tetuan von seiner vorhistorischen Vorgängerin, der
aufs 3. oder 2. Jahrhundert v. Chr. zurückgehenden punisch-mauretani-
schen Siedlung Tamouda, einer der ältesten Städte der Berber, regelmä-
ßig-rechtwinklig angelegt, aus solidem Material gebaut, unbefestigt,
was auf friedliche Verhältnisse hindeutet. Im Jahre 40 haben die Römer
sie während des Adämonaufstandes zerstört, haben dann über einem
Winkel ein kleines Castrum angelegt, das unter Kaiser Honorius (395-
423) geräumt wurde. Was Ausgrabungen hier fanden (Alltagsgerät
zumeist), wanderte ins Museum von Tetuan und seine Magazine.*

Die Stätte selbst (etwa 6 km westl. der heutigen Stadt, etwas abseits
der Straßenkreuzung nach Chechaouen am rechten Ufer des Rio
Martil) ist kein Besichtigungsziel, sondern nur ein Faktum, an das
sich erinnert, wer seine Gedanken in die vorhistorische Zeit Marokkos
schickt.

An der heutigen Stelle ließ erst der merinidische Sultan
Abu Thabit 1307 eine feste Stadt anlegen, Basis für seine
Kriegszüge gegen Sebta/Ceuta, wo ein aus Spanien gekom-
mener Rivale ein Gegensultanat ausgerufen hatte.

Die Festung, nicht am Meer, aber in Küstennähe gelegen,
entwickelte sich, ähnlich wie Salé-Rabat, zum Nest von
Piraten, die der spanischen Seefahrt so lästig wurden, daß
König Heinrich III. von Kastilien durch eine Überraschungs-
aktion den Ort aufheben ließ. Die Stadt wurde dem Erdboden gleichgemacht. Wer von den Bewohnern nicht dem
Schwert verfiel, ward in die Sklaverei verkauft. Einem Jahrhundert des Lebens folgte ein Jahrhundert des Todes. Erst
nach dem Fall Granadas (1492) entstand wieder eine Siedlung, sie umgürtete sich mit Mauern, blieb nicht unange-
fochten, wuchs jedoch durch steten Zuzug bis in die Mitte
des 17. Jahrhunderts, ward immer wohlhabender und mußte
sich immer wieder spanischer Aktionen erwehren. Unter
Muley Ismail, der sich mehr vom Handel versprach als vom
Seeraub, konnte einzig noch Salé mit Tetuan und seinem an
der Mündung des Oued Martil gelegenen Hafen konkurrieren. Frankreich unterhielt hier seit 1712 ein Konsulat. Damals
entstand der Mauerzingel, der noch immer die Altstadt
umzieht.

Im 19. Jahrhundert kamen die Spanier wieder: eine 1859
entsandte Truppe schlug in der Schlacht von Castillejos die
Krieger des Sultans. Bis zum Eingang einer überhoch ange-
setzten Kriegsentschädigung sollte Tetuan als Pfand in der
Hand des spanischen Königs bleiben. Die englischen Han-
delsrivalen setzten den Sultan in die Lage, Tetuan wieder
auszulösen, aber die Anleihe, die England gewährt hatte,
bildete den Ausgangspunkt jenes Weges, der Marokko
schließlich zum Protektorat der Europäer machen sollte. Von
1913 bis 1956 gehörte Tetuan wie seine Nachbarstädte zur
spanischen Zone.

Da, wo sich das Tal des Oued Martil verengt, baut sich die Neustadt um einen Hangsporn zu dem Plateau in die Höhe, das die weiße Medina trägt. Diese allein zieht uns an, nicht der unter den Spaniern entstandene Stadtteil, in dem wir uns zwar durch manches Detail (nicht allein spanische Straßen- und Ladenschilder) an Spanien erinnert fühlen, der uns aber eigentlich doch nur eines bietet: den Autobusbahnhof als Anlauf- und Abfahrtstelle. Die Hauptachse dieser Neustadt, Boulevard Mohammed V genannt, mündet im Osten auf die Plaza de España (heute heißt sie natürlich nach dem regierenden König Hassan II.), wo sich Alt- und Neustadt verzahnen. In der Mitte einer kleinen Grünanlage ein Brunnenkiosk in nachgemachtem Alhambrastil. An der Ostseite des Platzes steht hinter palmengeschmücktem Vorgarten das spanische Generalkonsulat, daneben der ›Kalifenpalast‹, nicht Residenz eines »Beherrschers der Gläubigen« als Stellvertreter (Kalif) des Propheten Allahs, sondern bloß des Stellvertreters des marokkanischen Sultans bei der spanischen Protektoratsmacht. Der Palast, im 17. Jahrhundert unter Muley Ismail errichtet, wurde 1948 grundlegend erneuert, wobei sorglich der spanisch-maurische Charakter betont wurde. Jenseits einer Gasse, an der Nordseite des Platzes, eine Moschee, in der der Stellvertreter dem Freitagsgottesdienst beizuwohnen pflegte. Rechts vom Konsularpalast führt das Bab er-Ruah, das Tor der Winde, in die Medina und noch etwas weiter rechts öffnet sich die Hauptstraße der Mellah, des Judenviertels, das erst 1807 angelegt wurde, aber sich kaum von den alten Judenquartieren anderer marokkanischer Städte unterscheidet. Überall weisen sie eine rational-überschaubare Anlage auf, im Gegensatz zu den eng-labyrinthischen Gassen der ›arabischen‹ Wohnbezirke. Eine breite Hauptarterie zumeist, rechtwinklig geschnitten von schmäleren, oft überwölbten Gäßchen, in denen sich lebhaftes Handelstreiben abspielt. An den bunten Balkonen und erkerartigen Fenstern im Oberstock, die sich zur Gasse hin öffnen und nicht hochmütigblaß und elitär verschließen, erkennt man in jeder der Königsstädte das jüdische Quartier. Heute wohnen hier freilich auch Araber und Berber, denn die Juden Marokkos haben den Neujahrsgruß »Nächstes Jahr in Jerusalem« nicht als bloße Formel aufgefaßt. Doch immer noch scheint die Mellah ein intaktes Handwerksviertel aus ferner Vergangenheit, was freilich freundlicher Augentrug ist. Hier haben sich die alten Strukturen und die alten Gilden nicht anders aufgelöst als in Rabat oder Fes. Und doch: vieles ist noch heute bewahrt, obwohl gerade heute problematisch. Genug, wer durch Marokko fährt, tut's nicht soziologischer oder ökonomischer Probleme wegen, sondern um seine Sinne wandern zu lassen, alle Sinne. Die tastenden Hände, die glatte Körner durch die Finger rieseln lassen; die Ohren, an die rauh-kehlige Laute dringen oder das Gewisper eines Halbwüchsigen, der sich an des Fremden Fersen heftet, um ihn in ein Geschäft zu lotsen oder ihm ein Bakschisch zu entlocken; die Nase, welche die farbenreichen Aromata einschnuppert; die schmeckenden Lippen, auf die sich der Staub der Märkte absetzt und die von der ungewohnten Schärfe fremder Würzen brennen. Vor allem die untersättlich neue Bilder trinkenden Augen.

Lassen wir uns hineinziehen ins Getriebe der Medina, geben wir alle Versuche auf, im Labyrinth der Gassen die Orientierung zu bewahren! Die Farb-, Licht- und Schattenspiele im engen Gewinkel wären allein schon eine Freude, aber hier sind sie bloßer Hintergrund für das bunte Treiben, für den Fleiß der kleinen Werkstätten von Gewerben, die bei uns daheim längst ausgestorben sind, für den bedächtigen und zähen Handel in den kleinen Läden und auf den Märkten, die so viele uns seltsam-fremde Dinge anbieten. Wir fühlen uns wie Sindbad in den Gassen von Basra, aber haben einen Märchenwunsch, der sich nicht erfüllt: eine Tarnkappe, um den wachen Augen der Jugendlichen zu entgehen, die sich uns als Führer aufdrängen, um ein paar Dirhams zu kassieren. Da hilft keine höfliche Bitte, man möchte doch lieber allein gelassen werden, höchstens leider eine barsche Ablehnung.

Es gibt herrlich viel zu sehen: Gesichter, Gestalten, Gewänder. Schauplätze des Sinnenhaften: der Brotmarkt oder der Markt für gefärbte Stoffe, der für gelbe Pantoffeln oder der von einem Vierkantminar überragte, auf dem alte eiserne

Bettgestelle feilstehen und Sprungfedermatratzen, abgefahrene Autoreifen und Schmiedeeisernes. Eine Gasse, darin es heimelig nach Tischlerholz und -leim riecht, und dann der Markt, auf dem aus Körben und Säcken staubgraues, pfefferbraunes, zimtbraunes, grünfahles, rostrotes und porphyrdunkles Gepulver duftet, aus blonden und nachtschwarzen Körnern ein fremdes und doch seit Kinderweihnachtstagen traumvertrautes Aroma strömt. Ein würdiges Notabelnpalais öffnet sein Tor dem Fremden zur Tee-Erfrischung, um seine Kauflust anzuregen. An der Schwelle flötet ein Schlangenbeschwörer, drinnen das verwirrende Angebot von all dem, was Lederer und Kürschner, Taschner und Färber, Weber und Töpfer, Pantoffelmacher, Schneider, Gürtler, Kupferschmiede und Messinggießer, Silberarbeiter und Edelsteinschleifer, Ziseleure und geduldige Teppichknüpferinnen schufen. Dann ein gassenschmaler Platz, an dem sich ebenso verwirrend vielfältige Läden reihen, sich Koffer und Taschen, Schuhe und Sandalen, Baumwolltücher und Wollstoffe drängen, Wachs, Würzen und was nicht noch alles.

Als wir nach dem Volkskunstmuseum fragen, führt ein mit beneidenswerten Zähnen lächelnder Bursche uns zum großen Souvenirladen des »Artisanat«, wo, es ist keine Schatzhöhle aus Tausendundeiner Nacht, die Erzeugnisse des staatlich überwachten und qualitätsgarantierten Kunsthandwerks zu sehen sind. Immerhin: auch hier lassen sich Maßstäbe gewinnen.

Baedeker-Sehenswürdigkeiten zu suchen, darauf verzichtet man klüglich. Die Moscheen, Marabuts, Zawiyas, die noch tätigen Koranschulen, kurzum alle architektonischen Zeugnisse der islamischen Jahrhunderte sind dem Nicht-Moslem unzugänglich, auch wenn nicht ausdrücklich das Schild »Accès interdit aux non-Musulmans« ihm den Zutritt verbietet. Was man von ihnen sieht, ist ein nobel-schlichtes Tor, ein Minar, selten ein flüchtiger Blick in den Vorraum. Kein Besichtigungsprogramm also, kein »Muß«. Manche Landfahrer von heute werden das vielleicht begrüßen, aber zum Schluß feststellen, daß Landschaft und Folklore (nicht als Darbietung, sondern als die sichtbare Seite des täglichen Mühens und Schaffens verstanden) doch der Ergänzung be-

dürften durch die über den Alltag erhobenen bleibenden
Manifestationen der Kunst.

*Wir wollen Tetuan nicht verlassen, ohne wenigstens das Archäolo-
gische Museum besucht zu haben. Es liegt fast im genauen Mittelpunkt
der Stadt und hat seinen Schwerpunkt in den Funden aus Lixus
(Liks): da gibt es zierliche Parfümfläschchen und geschnäbelte Väs-
lein, bronzenes Gerät und ansehnliche Fragmente von Mosaikböden
aus römischer Zeit. Von höherem Interesse ist das, was im ›mauretanischen‹ Tamouda ans Licht kam: rote, graue, schwarze Keramikscherben, Öllämpchen aus Ton, die in den Motiven und Gestalten seltsame
Verwandtschaft zu iberischen Artefakten zeigen, wie man sie in den
Museen von Córdoba oder Madrid sehen kann. Das ist alles noch
dunkles Land. Wer wissenschaftlichen Zugang zur Prähistorie Marokkos gewinnen möchte, dem bietet die viel zu selten genutzte Mu-
seumsbibliothek (mit über 60 000 meist spanischen Veröffentlichungen)
beste Möglichkeit. Aber aus den Kontroversen der Fachleute entsteht
doch kein Bild der Vorzeit, das man getrost nach Hause tragen könnte.*

Küste des Mittelmeers

Tetuan, einst Seestadt abseits der See – auch das antike Athen
lag nicht am Meeresufer – ist heute Verkehrs- und Marktzentrum in Küstennähe. Aber nur ein sehr kurzes Stück der
Küste ist ›erschlossen‹. Kaum fünfzehn Fahrminuten über
eine flache Hügelschwelle führen nach *Martil,* dem Hafen
an der Mündung des gleichnamigen Flüßchens, einem Ort
der Fischer und Camper mit feinsandigem Strand, mit einer
stillgelegten spanisch-barocken Kirche.

Die Straße nach Ceuta zweigt schon vorher ab, und von
der Stelle an, wo sie das Meer erreicht, reihen sich die Clubs,
die Feriendörfer, die Zeltplätze und Mehrsternehotels – unterbrochen von Ödflächen – fast bis zur Grenzstation.

Auch südlich des Oued Martil führt eine Straße an der
Küste entlang, eine noch wenig belebte Strecke über Cap
Mazari nach *Et-Tleta* (Dienstagsmarkt) an der Mündung des
Oued Lazou; sie wurde neuerdings sogar noch ein Stück
weiter ausgebaut. Aber dann läuft eben keine Corniche
weiter am Mittelmeer entlang nach Osten zu. Wer Marokkos
mediterrane Küste von der Landseite her erkunden will, muß

sich auf Abstecher von der Rif-Route (P 39) beschränken:
nach El Jebha und zur Pointe des Pêcheurs (60 km), nach
Torres de Alcalà an der Mündung des Oued Bou Frah,
der das spanische Inselchen Peñon de Velez de la Gomera
vorgelagert ist (35 km). Das sind alles keine Urlaubsorte, da
jeder touristischen Einrichtung entbehrend, aber liegen an
einer Küste mit herrlich einsamen Felsbuchten, noch heute
für Segler oder Motorschipper leichter erreichbar als dem
Autotouristen. Dem Seemann bietet die Mittelmeerküste
wie einst schon den Phönikern in bequemen Abständen An-
kerplätze, wie sie die Punier sich wünschten: geschützte
Buchten, Halbinseln und küstennahe Inselchen und Bäche
mit trinkbarem Wasser. Der Landfahrer aber begegnet dem
Meer erst wieder in El-Hoceima, dann in Nador und endlich
noch einmal in Saidia, dem marokkanisch-algerischen
Grenzort.

Marokko wendet dem Mittelmeer den Rücken. Der Atem
mediterraner Kultur konnte nur auf dem Umweg über die
atlantische Küste eindringen. Der des Islam blies durch die
Steppen und Wüsten.

Chechaouen, Stadt der Frommen und Vertriebenen

Der Name der Stadt, mit europäischen Lettern als *Chechaouen, Chefchauen, Chaouen* oder gar *Xauen* geschrieben,
wird ausgesprochen etwa wie das deutsche Wort »schauen«,
aber mit scharf zischendem Anlaut. Er legt es nahe, berberischen Ursprung der Siedlung zu vermuten, doch als ihr
Gründer gilt erst Ali ben Raschid, ein angeblicher Nachkomme des Propheten und lokales Sektenhaupt, der 1471
hier eine Basis für seine Feldzüge gegen die in Ceuta und
Ksar es-Seghir sitzenden Portugiesen anlegte. Sie stand seit
1561 unter der Hoheit der Saadiersultane. Besiedelt haben
sie Glaubensflüchtlinge aus Andalusien, deren Nachkommen, so erzählt man, als Zeugen ihres Anspruchs noch heute
die Schlüssel ihrer Granadiner Häuser bewahren, obwohl die
meist gar nicht mehr bestehen. Andalusische Gründungen
sollen die Kasbah und die Große Moschee sein. Das

17. Jahrhundert sah die Ankunft neuer Exulanten aus Murcia und Katalonien, nach 1709 kamen solche aus Malaga, Almeria und Sevilla. Damals gewann die Kasbah unter Muley Ismail ihre Gestalt.

Der militärische Stützpunkt wurde – geschart ums Grab des als Heiliger verehrten Stifters – auch eine Festung des Glaubens, eine heilige Stadt mit fast zwei Dutzend Moscheen, einem Dutzend Zawiyas der verschiedensten Bruderschaften und mit zahlreichen anderen als geheiligt geltenden Stätten. Kein Ungläubiger durfte die Stadt betreten, kein Christ vor allem. Lange Zeit gab es nicht einmal ein Judenquartier, wie es doch selbstverständlich zu allen Städten des

Maghrib gehört. Als der französische Missionar Père Charles de Foucauld 1883 hier Nachtquartier suchte, mußte er sich als Jude einschmuggeln. Die Nachkommen der Flüchtlinge vor spanisch-christlicher Intoleranz blieben den Christen und den Spaniern feind, leisteten ihnen hartnäckigen Widerstand. Erst acht Jahre nachdem der Vertrag von 1912 ihnen auch Chechaouen zugesprochen hatte, konnten die Spanier die Stadt besetzen, und dann verloren sie sie wieder an Abd el-Krim, dessen Krieger sich wie vor dem Betreten einer Moschee entschuhten, bevor sie in die Stadt einzogen. Die

Spanier haben dann als Sieger die wirtschaftliche Blüte, die
sich seit dem 17. Jahrhundert entfaltet hatte, erbarmungslos
abgewürgt. Erst seit der Heimkehr ins Scherifische Königreich (1956) nimmt Chechaouen wieder einen bescheidenen
Aufschwung. Es hat sich sogar dem Tourismus erschlossen –
aber zögernd. Bezeichnend, daß das große, modern-luxu-
riöse Hotel Asma außerhalb und hoch über der alten Stadt
errichtet wurde. Aber auch am talab gelegenen Stadtrand
findet der Fremde ein freundlich-erfreuliches Hotel an der
Place el-Mahzen mit bewachtem Parkplatz.

Wir wählen es als Ausgangspunkt eines Spazierganges
durch die so außerordentlich reizvolle Medina mit ihren
kleinen Plätzen, an deren Rändern und in deren Winkeln
Verkaufsstände nisten, die Erzeugnisse des Kunsthandwerks
feilhalten, freilich nicht nur des hier beheimateten. In den
engen Gassen drängt sich Handwerk und Handel dieses Herz-
ortes eines ländlichen Umlandes. Ein Labyrinth am Hang,
in dem sich auf etwa gleicher Höhe verlaufende Gassen durch
steile Treppenwege miteinander verbinden, aber das ohne
Regelmäßigkeit und Schematismus, sondern jedesmal und
immer wieder neue Ansichten und Bilder zeigend. Man ist
stets wieder bezaubert und verirrt sich immer von neuem.
Weiß sind die Hausfronten, werden mehrmals im Jahr geweißelt wie die Häuser von Mykonos, aber sie sind von einem
sanften Blauhauch da, von einem kräftigeren Waschblau dort
überhaucht, von senf-, orange-, ockerfarbenen Flächen oder
Bändern unterbrochen. Bunte Brunnen, würdige Tore und
Türen unterm terrakottroten Vordach, brotbraune Ziegeldächer und himmelblaue oder schwarze Fenstergitter. Die sind
es vor allem, die der cremeweiß-hellbläulichen Kubenkas-
kade am dunkelgrünbuschigen Berghang den andalusischen
Charakter verleihen. Spanisch ist immer noch die Sprache,
in der die Chechaouis sich zuerst an den Fremden wenden.

In den sanft-lauernden Zauber der Gäßchen und Treppen-
steige tönt laut die Landschaft hinein: die beiden ›Hörner‹,
von denen die Stadt den Namen herleitet. Steil, kahl, kalkweiß und -rosa, mit spärlich-dunklem Grün getupft, waren
sie mir immer irgendwie traumbekannt erschienen. Adrian,
der Griechenlandfreund, findet auf Anhieb das rechte Wort.

»Die schauen ja aus«, meint er, »wie die Phaidriaden.« Der
Vergleich leuchtet ein. Und wie am Straßenknick unter den
delphischen Felsen die kastalische Quelle springt, fällt hier
das Wasser des Ras el-Ma in ein natürliches Becken, an dem
zwar keine Musen flöten und tanzen, dafür fleißige Frauen
Wäsche waschen. Ein paar Schritte darüber ein freundliches
Eßlokal und weiter hangauf dann ein reizvoller Blick auf
den reizvollen Ort.

Das heilige Chechaouen liegt abseits über dem Tal, dem
Blick des nur eiligen Durchfahrers entzogen.

Eine Straße mit weiten Aussichten führt kurvig hinauf in
die Neustadt mit der spanisch-runden Plaza (jetzt Mohammed V genannt), den unvermeidlichen und schon anachroni-
stischen Betonklötzen dieser Zeit. Eine schnelle Einfahrt,
die kein ›Bild‹ schenkt. Wer Chechaouen als Vision erleben
möchte, muß zwanzig Kilometer Umweg in Kauf nehmen,
sollte erst von der zweiten Kreuzung links ab auf straffen
Kurven durch den lichten Korkeichenhain, durch Ginsterge-
büsch hinauffahren und dann überrascht an jener Biegung
halten, von der sich die weiße Stadt am grünen Hang unter
lachsrosa Felsen als plastisch-malerisches Baugebilde hinaufstaffelt. Die angehängte Neu-Stadt stört nicht. Aber die
präpotente Hotelburg, die ist wirklich ein Verbrechen, das
nicht mehr gut zu machen ist.

Dieses Bild von Chechaouen können wir auch als Rückblick genießen, bevor wir durch die Korkeichenhaine – nur alle sieben oder acht Jahre schreien die frischgeschälten Stämme im blutigen Rot – zu Tal fahren zum großen Kreuzweg. Dort weist ein Schild nach rechts, nach Ouezzane und weiter nach Rabat und Fes. Eine Route, die zwar diesmal nicht die unsere ist, die aber (wenigstens in ihrer ersten Etappe) zu den reizvollsten des Landes gehört und hier vorgestellt sei.

Ein grünes Tal zwischen bewaldeten, von Buschwerk gesprenkelten Hängen, an denen die Straße sich dem Oberlauf des Oued Loukkos folgend hinaufhebt. Eine Landschaft wie von Claude Lorrain: heroisch-lieblich und fast ohne menschliche Staffage. Wo die Straße den Oued überquert, am einstigen Grenzübergang aus dem spanischen ins französische Protektoratsgebiet, hat sich ein kleiner Wochenmarkt der Talbewohner etabliert. Und dann Wälder, darin noch Köhler hausen, eine Schlucht, darin das Wasser tobt und rauscht. Die Bergkulissen verschieben sich gegeneinander, das schwarze Erdreich weicht grauem, dann ockergelbem Boden. Die Formen der Landschaft werden milder, Felder finden Platz, Tabak und Mais und erste Ölbaumkulturen, und dann, weiß und ockerziegelig am Hang eines braunbestandenen Höhenrückens liegt *Ouezzane*. Die durch ihre hübsche Lage ausgezeichnete Stadt ist nicht alt. Sie verdankt Entstehung und Bedeutung erst dem idrisidischen Scherifen Abdallah ben Brahim (einem Nachkommen Mohammeds also), der 1727 hier eine Zawiya gründete, die als Mutterhaus der Taibiya-Bruderschaft überregionale Bedeutung gewann. Zweigniederlassungen des Ordens entstanden in allen Städten Marokkos bis weit in den Süden und auch in anderen Teilen Nordafrikas. Die Lage an der Grenze zwischen dem Bled el-Mahzen (dem Gebiet, das dem Sultan gehorchte) und dem von ihm so gut wie unabhängigen Bled es-Siba gestattete den Scheiks der Bruderschaften und den Nachkommen des Propheten ein politisches Schaukelspiel: einmal Helfer des Sultans, dann wieder als seine Gegner. Damit verstanden sie es, ihren Einfluß zu steigern.

Als sich im späten 19. Jahrhundert die kapitalistische Begier der europäischen Mächte auf Marokko richtete, unterstützte das damalige Ordenshaupt, bestochen von allem, was aus Europa kam, die französischen Interessen. Der Groll des machtlosen Sultans im fernen Fes war ihm egal. Es lockten handfeste Annehmlichkeiten. Zu diesen zählte nicht zuletzt die Versorgung mit bestem Champagnerwein, der sich freilich – so wußten es die demütigen Anhänger – im Munde der Prophetennachkommen wunderbarlich in Milch verwandelte.

Noch heute genießt die Zawiya hohes Ansehen. Der Nichtmoslem darf ihr auf einem kurzen Rundgang wenigstens von außen nahen. Von der südwestlichen Langseite der dreieckig-abschüssigen Place de l'Indépendance wandert er über die Stufen rechts vom Grand Hotel durch die Rue Abdallah ben Lamlich, durch die farbfrohen Textiliensouks am Rand des Zawiya-Bereichs, sieht dann auf dem Rückweg zum Marktplatz auch noch das achteckige, mit grünen Fayencen geschmückte Minar der ›Grünen‹ Moschee.

Über einen grünen Minzentee hinweg schauen wir aufs grüne Gebreite der Tabak-, Oliven- und Obstkulturen und die grünen Bergkulissen des Rif. Wir denken vielleicht auch daran, daß sich nur ein paar Kilometer nordwestlich der Stadt ein anderes angesehenes Heiligtum findet: das des Rabbi Amran ben Divan, der aus Palästina kam, um im Maghrib Almosen für die Juden im Gelobten Land zu erbetteln. Als hier sein einziger Sohn erkrankte, flehte er Gott an, statt des jungen Lebens seines hinzunehmen. Das Gebet fand Erhörung, der Knabe genas, der Vater starb. Das Mal, das die Juden über dem Grab des Rabbi errichten wollten, fiel sofort in sich zusammen: der Tote wollte unbekannt bleiben. Aber gerade durch diese Demut hatte er sich als ein Gottgefälliger kundgetan und seine Stätte war eingeweiht, ein Marabut auch für die Berber. Juden wie Moslems pilgern seitdem hierher: die Lahmen, die Nervenleidenden, die mit Unfruchtbarkeit geschlagenen Frauen. Und einmal im Jahr feiern die Juden Marokkos hier durch mehrere Tage und Nächte hindurch ein Fest, zu dem Ausgewanderte aus Frankreich, aus Spanien, selbst aus den USA, aus Kanada anreisen, um am Grab des Heiligen gemeinsam zu beten, zu singen, zu schmausen, zu tanzen und fröhlich zu sein im Herrn. Nur die Brüder, die nach Israel auswanderten, bekommen kein Einreisevisum. Händler beider Konfessionen haben ihre Waren ausgelegt, es ist ein Fest, das sich von einem ›Moussem‹ der Moslems eigentlich bloß dadurch unterscheidet, daß es ›Hallula‹ heißt.

In der zwei Religionen heiligen Stadt scheiden sich zwei Routen. Die eine, über Souk al-Arbe du Rharb (das wir bereits berührt haben und weiter über Kenitra nach Rabat), eine von Schafweiden, Stechginster, Buschwerk gesäumte Strecke, führt über eine sachte Paßhöhe (307 m) in sanftwellige Landschaft mit Saatfeldern, flockigen Herden, Opuntienhecken und Wäldchen mit Kiefern und Eukalyptus. Eine einzige Sehenswürdigkeit liegt an dieser Straße, die Mauertrümmer der im frühen 9. Jahrhundert unter Idris II. gegründeten Stadt Basra, namensgleich mit der irakischen am Schatt el-Arab, von der aus der Tausend und eine Nacht-Seefahrer Sindbad immer wieder zu seinen Odysseen aufbrach. Auch diese war im 10. Jahrhundert wohlhabend, im elften noch prächtig, verfiel aber im 16. Jahrhundert. Die spärlichen Reste in den Feldern, archäologisch noch unberührt, verlocken nicht zu genauer Beschau.

Die andere – sie teilt sich bald hinter Ouezzane noch einmal in zwei Äste, die in Fes wieder zusammentreffen – führt zunächst durch weite Olivenhaine und nach einer Hügelschwelle in die fruchtbare, leicht gewellte Meseta-Ebene, durch die der Oued Sebou und sein wichtigster Zufluß, der aus dem Rif gespeiste Oued Ouerrha mäandern. Ertragreiches Land, einst weitgehend in den Händen französischer Kolonisten, seit der ›Marokkanisierung‹ Großgrundbesitz des Staates oder einiger weniger mit dem Herrscherhaus versippter Familien. Weite Felder, von deren Reichtum die lehmüberzogenen Strohschober reden, die weiten wohlumzäunten Agrumenplantagen in Flußnähe, wie andererseits die Dörfer aus ärmlichen Lehmhütten von den elenden Verhältnissen derer, die dieses fruchtbare Land bestellen.

Durchs Rif ohne Kif

Aber nicht Fes ist diesmal unser Ziel. Wir sind unterwegs von Chechaouen zum fernsten Nordosten Marokkos. Bald nach der großen Kreuzung im Tal hebt sich die dem Wegweiser nach el-Hoceima folgende Straße (P 39) sacht hinauf zum

Paß von Bab Taza (so heißt das Dorf, das sich links den Hang
hinaufstaffelt) und führt dann wenig unterhalb des Rif-Kam-
mes, der Scheide zwischen Mittelmeer und Atlantik, entlang.
Zwar ist auch heute der Himmel leicht verhangen, doch sind
wir für den freien Ausblick dankbar. Unsere heutige Etappe
gilt nicht zu unrecht als eine der lohnendsten im Lande.

Wie war es, als wir sie zum ersten Male befuhren? Da
hatte ein Abendgewitter den Zeltplatz über Chechaouen
in einen glitschig-pappigen Lehmsumpf verwandelt. Am
Morgen waren die Korkeichenbestände, die Kiefernwälder,
die Geröllhalden nebeldurchwabert, feuchter Dunst ver-
wehrte jeden Blick in die Weite, ließ die Bäume wie vielar-
mige Riesen ausgreifen, von überallher rieselte es: Wasserfälle und Wasserfäden, violett blühende Erika von Wasserper-
len überzogen, eine rechte Waschküche. Wenn sich das
Nebelgrau etwas lichtete, bot sich nur eine Ahnung von
Taltiefen, die sich verbargen, und von Zedern, umrißhaft
wie auf einer japanischen Tuschzeichnung.

Traurig, aber kein Grund zur Klage. Im Rif bewegt man
sich auf weit über tausend Höhenmetern – und meernahes
Gebirg sammelt und hält eben die Wolken. Der »Djebel«,
das grünsanfte Bergland, das sich nördlich von Chechaouen
der Meerenge zustreckt, ist offen für die Feuchtigkeit beider
Meere, und das Rifgebirge im engeren Sinne, das sich etwa
von Chechaouen parallel zur Küste in westöstlicher Richtung hinzieht (es erreicht im Djebel Tidiqin – nur 35 Kilometer Luftlinie von der Mittelmeerküste entfernt – beinahe
zweieinhalbtausend Höhenmeter), bildet einen Wall, der die
Wolken des westlichen Mittelmeeres zum Abregnen bringt,
und sammelt zugleich an seinen westlichen Höhen die atlantischen Regenbringer. Es erweist sich somit als eine Klimascheide zwischen dem mediterran bestimmten Küstenstreifen im Norden und der von afrikanischer Trockenheit geprägten südlichen Abdachung. Allerdings nehmen die
Niederschläge, im Westen ergiebig, nach Osten zu rapide
ab, und endlich gewinnt die Landschaft, dem maritimen
Einfluß entzogen, dürren Steppencharakter.

Was wir damals kaum ahnen konnten, das können wir
heute erleben: den weiten Blick zurück ins von dunkelbe-

tupften Kalkbergen umgebene Tal, die weithin sich ziehenden Aufforstungen. Sie werden uns immer wieder daran
erinnern, welche gewaltigen Anstrengungen die Regierung
unternimmt, um der drohenden Verkarstung (Folge des
Raubbaus am Holz und der Überweidung durch Schafe
und die genäschigen Ziegen) entgegenzuwirken. Inzwischen
besitzt Marokko mehr Wälder als Spanien oder das ganze
übrige Nordafrika zusammen. Sie gehören fast ausschließlich
dem Staat, werden durchs Ministerium für Forst- und Was-
serwirtschaft verwaltet, dessen grüne Schilder überall auf für
die Zukunft bestimmte Leistungen hindeuten.

An macchiadunklen Hängen sind Siedlungen verstreut,
deren mit hellem Blech gedeckte Häuser silbrig aufschimmern, wenn ein Sonnenstrahl sie trifft. Steile Abbrüche,
bizarre Felsen, Trümmer von Bergstürzen, ein Dorf mit
einer kleinen bunten Moschee, Korkeichen, Farne, wieder
Blechdachdörfer, Eichen mit weitausgreifenden knorrigen
Ästen – und immer wieder Ausblicke in Tal- und Berg-
weiten.

Im Dorf beim Bab Berrad (1240 m) ist Montagsmarkt.
Die Bauern der ganzen Gegend sind zusammengeströmt,
man kommt mit dem Auto kaum durch. Wir klemmen
uns hinter einen Lastwagen, der wie ein Pflug die Menge
auseinanderschiebt. Was in Erinnerung blieb: wie die Hänge
überm Dorf schwarz waren von Eseln, lauter kleinen schwarzen Eseln mit sandfarbenen Satteltaschen, die stoisch gelassen
die Langohren spielen ließen und mit den schwarzen
Schwänzen wedelten. Ein lebendiger Parkplatz ohne gebläh-
tes Blech.

Gern hätten wir angehalten, um den Markt zu besehen,
aber aussteigen, das unterläßt man doch besser, selbst an den
einsamsten Punkten. Entlang der Rif-Straße hocken alle paar
hundert Meter, vorzugsweise in Kurven, bei Aussichtspunk-
ten oder unter schattigen Bäumen, Halbwüchsige und junge
Männer, die jedes Auto zum Anhalten zwingen wollen, sich
ihm waghalsig entgegenwerfen, winken, schrill pfeifen und
»kif-kif!« schreien – »Haschisch!«. Am besten hupen und
durchfahren, die Burschen springen schon zurück. Nur eines
nicht: anhalten. Die Kletten sind so zäh, daß man sie nicht

los wird, werden auch aggressiv. Es soll schon vorgekommen sein, daß sie dem, der sich weigerte, ihnen ›Stoff‹ abzukaufen, ein Quantum heimlich in die Tasche oder ins Auto praktizierten und dann die Polizei verständigten, um sich mit ihr in die Fangprämie zu teilen. Selbst Polizisten wird nachgesagt, sie hätten bei Kontrollen den Touristen Kifkif in die Taschen geschmuggelt, um danach ihren Bonus kassieren zu können. Eine unerquickliche Tatsache, die man zur Kenntnis nehmen muß: daß die Polizei in Marokko im Fall des Falles nie dem Fremden recht gibt, sondern immer mit den Einheimischen zusammenspielt.

Die Straße folgt etwa dem Gebirgskamm, wechselt mehrfach von seiner südlichen Seite auf die nördliche und wieder zurück. Kiefern, Eichen, ein schon 1600 Meter hoher Paß, und dann beginnen die Zedernwälder.

Die Atlaszeder (cedrus atlantica) unterscheidet sich von der aus der Bibel bekannten Zeder des Libanon. Diese ziert zwar das Wappen der heimgesuchten Republik, aber lebt nur noch in winzigen Reservaten. Minder hoch besungen, besetzt die atlantische Art noch immer weite Areale im Rif und im Mittleren Atlas (136 ha insgesamt). Sie wächst langsam, kann dafür auch ein Alter von mehreren Jahrhunderten erreichen und eine Höhe bis vierzig Meter wie die Gouraud-Zeder bei Azrou am Schnittpunkt der Straßen 21 und 24, die zum Nationaldenkmal erklärt wurde. Seltsame Wandlungen machen die Bäume im Lauf ihres langen Lebens durch. In der Jugend blaunadeligen Tannenbäumchen ähnlich, nehmen sie später Fichtengestalt und -farbe an und erinnern in gesetztem Alter an Lärchen. Erst als Senioren finden sie zu der hochstämmig-breitwipfligen Zederngestalt.

La Route de l'Unité

Unsere Straße, die einzige West-Ost-Verbindung durch das Gebirg, wurde erst ausgebaut, nachdem 1956 Spanien seinem Protektorat den Anschluß ans unabhängige Königreich Marokko freigegeben hatte.

Beim Parador Tidiqin, mit Piscine, Tennisplatz, Minigolf, Schilift und tout comfort (das Örtchen Ketama soll einmal

zur Keimzelle eines Erholungs- und Wintersportortes heran-
gedeihen) zweigt nach Süden eine Straße ab, die den Namen
›Straße der Einheit‹ trägt. Ausbau und Benennung sind Ma-
nifest des wieder ›freien‹ Königreiches. Die Straße sollte
nicht nur die einst spanischen und französischen Gebiete
verbinden, sondern auch eine noch ältere Zweiteilung überwinden: die zwischen den Bereichen, welche die Autorität
des in Fes residierenden Sultans anerkannten, und den seit
Jahrhunderten seiner Macht praktisch entzogenen Bergen
und Küsten.

Das Rif ist nicht nur geographisch eine Klimascheide, es
war auch historisch stets ein ›Hindernis‹, blockierte nordsüd-
liche Verbindungen ebenso wie westöstliche. Selbst die Römer verzichten darauf, ihre Mauretania Tingitana mit der
östlichen Caesariensis durch eine Überlandstraße zu verbinden, sondern scheinen den Seeweg vorgezogen zu haben.
Nicht Geländeschwierigkeiten bewogen sie dazu, denn deren
wären ihre Ingenieure Herr geworden, sondern die fluktuie-
rend-unfaßbare, stets aggressive Bevölkerung. Immer hat
sich das rauhe Bergland als Widerstands- und Rückzugs-
gebiet erwiesen. Während sich der Djebel schon im
9. Jahrhundert dem Islam und der Arabisierung öffnete, ließen sich die Leute des Rif nicht so schnell gewinnen; sie
haben ihre berberische Tarifi-Dialekte bewahrt und ließen
sich kaum beherrschen. Das Rif bot auch der spanischen
Protektoratsmacht Schach.

Die neuausgebaute Straße hat zwar das Rif enger an Fes
und Rabat-Casablanca herangeholt, es aber keineswegs erschlossen. Sie wird sich dem programmatischen Namen zum
Trotz kaum so bald zu einer der ›großen‹ Routen entwickeln.
Sie stellt nur die praktisch kürzeste Verbindung von El-
Hoceima nach Fes dar und von dort weiter in die Hauptstadtregion. Eine nicht ausgelastete Strecke, reich jedoch an land-
schaftlichem Reiz und voller gegensätzlicher Bilder.

Zedernwälder am Fuß des Djebel Tidiqin (2448 m), der Dienstags-
markt in Tleta-Ketama, ein Tunnel, dann lange Kehren mit Blicken
tief talab und auf weite Bergpanoramen. Eine schöngeformte Mittelge-
birgslandschaft, bekrönt von fast alpinen Kalkgipfeln. Einsamkeit,
dareingestreut ein paar weiße Häuschen mit Backofen und Ölmühle,

Büsche hochstämmiger Zistrosen, weiße Blüten wie müde Bräute in den steinigen Hängen. Als wir anhalten, um ins grüne Tal hinauszuschauen, schleicht auch schon ein Hirtenjunge heran, zieht aus der Kapuze seiner gestreiften rauhen Djellaba einen Beutel mit einer graugrünlichen Plastilinkugel: schon wieder Haschisch – Kif des Rif!

Die einzige bedeutendere Siedlung an dieser Route ist Taounate (Taunat), doch sie hält uns so wenig wie die kleinen Dorfschaften, die gar nicht ärmlich aussehen. Allein die Landschaft verleitet immer wieder zu kurzen Unterbrechungen. Fast vermittelt sie das Traumgefühl des Längstbekannten. Aber woher? Im südlichen Mittelitalien? Die Schneegipfel in der Ferne, die könnten die Abruzzen im Frühling vorstellen ...

Es hügelt sich abwärts in die Gebreiten der oberen Sebou-Zuflüsse. Grüne Felder zwar, aber nur dürftige Laubhütten und Strohdächer – Armut im reichen Land – und blumentrunkene Felder auf breiten Bodenwellen, im Frühling zitronengelb, lavendelblau, veilchenfarben und ringelblumenorange. Der Sebou kommt in Sicht; der Hausberg von Fes, der Djebel Zalagh (902 m), zeigt sich wie eine Pyramide. Von der Stadt aus sieht er eher aus wie ein langer Rücken. Nahe der Brücke am Rand von Fes wie eine Märchenvilla die Tagungsstätte der Arabischen Gipfelkonferenz von Fes.

Erinnerungen das alles, die uns nicht von unserem diesmaligen Ostkurs abbringen sollen.

Bald hinter der Wegegabelung von Ketama werden die Zedern spärlicher, Kiefern treten an ihre Stelle, dann sind die rötlichen Berge nur noch von spärlichem Grün getupft. Kaum Bäume mehr, höchstens noch schwärzliche Mandelstämmchen. Rotgelber Boden mit räudig-weißen Flecken, kleinen Strohschobern. Die kurvenreiche Strecke mit weiten Blicken in vom Verkehr noch nicht erschlossene Täler und Berge macht sehr anschaulich, wie der östliche Teil der Rif-Kordillere der weniger begünstigte, der trockene und daher ärmere ist. Da Armut nicht zur Milde stimmt, gelten die Berber dieser Region als besonders hart und unbeugsam.

Das weiße Dorf *Targuist* in einer weiten Talmulde steht auf der Uferterrasse eines der kurzlebigen kleinen Flüsse, die dem Meere zustreben, es aber nur selten erreichen. Diese Gegend war letzter Schlupfwinkel Abd el-Krims. Hier ergab sich der Emir 1925 den Franzosen.

Er war kein Wallenstein, aber auch sein Charakterbild schwankt, von der Parteien Haß und Gunst verzerrt, in der Geschichte. Den einen gilt er als Verkörperung berberischen Freiheitswillens, als erster Vorkämpfer eines freien Marokko. Andere schildern ihn als sturen Rebellen, als bloßen Abenteurer oder gar nur als schillernde Seifenblase.

Das Leben des *Mohammed ibn Abd el-Krim el-Kettabi* war nicht frei von mancher Ungereimtheit. Der Vater war ein Korangelehrter aus dem besonders kriegerisch geltenden Stamm der Ouriaghel. Er haßte die Spanier als Feinde seines Glaubens und muß gleichzeitig von der europäischen Zivilisation fasziniert gewesen sein. Jedenfalls sandte er seinen 1881 geborenen Sohn Mohammed, einen im koranischen Recht geschulten jungen Mann, nach der Hafenstadt Melilla, damit er dort eine Anstellung bei der spanischen Justizbehörde finde. Vielleicht wäre aus ihm nur ein kleiner und feiler Diener der Protektoratsmacht geworden, von den Herren benützt und verachtet, sie dafür bei jeder Gelegenheit betrügend, aber auf ihr Prestige gestützt kleine Vorteile einheimsend. Es kam anders. In spanischen Diensten befehligte er 1914 ein Aufgebot seines kampffrohen Stammes. Was nun der Anlaß war: vielleicht ein bloßes Mißverständnis? – Ein spanischer General jedenfalls ohrfeigt nach kurzem Wortwechsel den jungen Mann, beleidigt ihn damit tödlich. Die Franzosen bezichtigen ihn außerdem der Zusammenarbeit mit den Deutschen, ein Kriegsgericht erkennt auf Festungshaft. Sein Fluchtversuch mißlingt. Mit gebrochenem Schenkel bleibt er liegen, wird in einem spanischen Lazarett gesundgepflegt und dann (wieso?) entlassen. Gerüchte tragen ihm zu, sein inzwischen verstorbener Vater sei Opfer spanischen Giftes geworden und habe ihm die Pflicht zum Kampf gegen Spanien hinterlassen. Die Pflicht zum Kampf für die Freiheit.

»Rache und Freiheit«, diese Schlagworte verstanden nicht nur die todverachtenden Ouriaghel, sondern alle Rif-Stämme, die, seit Frankreich und Spanien ihre ethnisch-historische Einheit zwei verschiedenen fremden Verwaltun-

gen unterstellen wollten, nicht aufgehört hatten, den Ungläubigen Widerstand zu leisten. Die Franzosen hatten nicht
vermocht, in den Bereich nördlich von Taza vorzudringen,
den Spaniern hatte sich Chechaouen verschlossen. Nun fanden die Berber des Rif ihren Bannerträger. Als die Spanier
Wind davon bekamen, daß sich ein Aufstand vorbereitete,
war es schon zu spät. Das spanische Korps, das in die Berge
aufgebrochen war, fand Ende Mai 1921 ein böses Ende. Was
einen blutigen Graben aufriß: daß der spanische General die
weiße Fahne zu Verhandlungen gehißt hatte, dann aber die
Parlamentäre der Aufständischen füsilieren ließ. Nur mit
Mühe konnte Abd el-Krim eine Handvoll Spanier vor der
entfesselten Wut seiner Männer retten. Der spanische
Befehlshaber und seine Offiziere wählten den Freitod. Den
Ouriaghel befreundete Stämme schlossen sich nun der Sache
an, andere wurden dazu überredet, auch genötigt. Eine
zweite spanische Expedition unter General Navarro endete
bei Annoual in einer nicht minder blutigen Niederlage. Die
Beute an Kriegsgerät war reich, und für die Überlebenden
erpreßte der Rebellenführer eine unerhörte Lösesumme.
Siege, Waffen und Geld machten aus dem Freischärler den
Emir des Rif, aus dem Emir das Haupt einer ›Republik‹
berberischer Stämme. Die frommen Professoren von Fes
erstellten ihm einen Stammbaum, der seine Abkunft vom
Gottesboten Mohammed bezeugen und ihm die Aura eines
Scherifen verleihen sollte. Die arabischen Nationalisten in
den unter europäischer Fuchtel stehenden Moslemstaaten
wandten sich an ihn, selbst voller Scheinheiligkeit die Mos-
kauer Sowjets. Das alles muß Abd el-Krim jegliches Augen-
maß genommen haben. Der regierende Sultan Muley Yussuf
(1912-1927), der Großvater des regierenden Königs, schien
ihm ein zu williges Werkzeug der Franzosen, so erklärte
er ihn für abgesetzt. Freiheitsgemurmel im ganzen Land,
Wechsel von vielen Worten und halben Gelöbnissen, aber
keine Taten. Das Jahr 1923 brachte neue Kämpfe, aber weniger Beute für die ›Volksarmee‹, die der Emir organisierte.
Organisation aber und Disziplin, das waren Begriffe, die den
Rifberbern fremd waren und ihnen den Vorkämpfer der
Freiheit entfremdeten. Kein Zweifel, daß an den wachsenden

Aufgaben auch ihr Träger gewachsen war, daß Abd el-Krim
an Format gewonnen hatte, aber das ganze war trotz der
modernen Beutewaffen doch wohl ein Anachronismus, am
Leben erhalten nur durch die Unentschlossenheit der gegeneinander intrigierenden Generäle und Regierungsbeamten in
Paris und Madrid. Als die Kolonialherren sich nach mancherlei Wenn und Aber zu einer entschlossenen Aktion zusam-
menfanden, war es mit dem Berber-Emirat innerhalb von
Stunden vorbei. Die Ouriaghel wurden geschlagen, die Bundesgenossen fielen – gut berberisch – sofort ab zu ihrer
eigenen ›Freiheit‹. Der Emir der Rif-Republik ergab sich am
27. Mai 1926 den Franzosen. Seine einzige Bedingung: nicht
an Spanien ausgeliefert zu werden. Seine Exilinsel: Réunion.
Nach dem Zweiten Weltkrieg, 1947, wurde dem alten gebrochenen Mann die Niederlassung in Frankreich gewährt.
Doch als sein Schiff den Suezkanal passierte, überredeten ihn
Abgesandte der neuen maghrebinischen Unabhängigkeits-
bewegung (darunter Habib Bourguiba) zur Flucht. Nur zu
bald jedoch merkten sie, daß mit dem einstigen Heros des
Rif kein Staat mehr zu machen war. Wie eine faule Kartoffel
ließen sie ihn fallen. Als gerupfter Adler lebte er – fern seinen
wilden grünen Bergen – noch sechzehn Jahre lang von einer
schäbigen Staatspension in einem Vorort von Kairo. Dort
starb er am 6. Februar 1963, letzter Exponent eines stets
aufsässigen Berbertums, ein Antikolonialist, ein Freiheits-
kämpfer, ein Don Quijote, der dem heutigen Marokko beinahe eine Verlegenheit bedeutet – selbst wenn es einen Staudamm nach ihm benannt hat.

Zwischen El-Hoceima und Nador

Zum Verzweifeln kahl sind die scharlachroten Hänge, eiter-
fahl zerrissen. Dann und wann an einem Hangknick niedrige
Kuben aus Lehm oder neuerdings aus Beton. Selten nur
laublos-schwarze Stämmchen, die nicht verraten, ob und
was sie im nächsten Jahr tragen werden. Etwa fünfzehn
Kilometer vor El-Hoceima wechselt die Straße über den
Höhenkamm. Ein Blick nach Norden tut sich auf: schatten-
faltige rosa Bergzüge, Aufforstungen, Opuntien und Euka-

lyptus auf blutfarbenem Boden, der ins Fahle erodiert. Dann
endlich eine waschblaue Bucht, darin ein Inselfort mit hohem
Turm: Peñon de Alhucemas.

Das andalusisch-weiße moderne *El-Hoceima* steht hoch
über einer von zwei Felsenkaps umschlossenen sichelförmi-
gen Sandbucht, die zur Gänze einem Fünfsternehotel gehört,
das auch »oben« seine Filialen unterhält. Etwas abseits und
hinter einer Felsnase ein kleiner Hafen, nicht sehr lebendig.
Die Stadt wirkt lebhaft und gar nicht wie am Ende der
Welt. Trotzdem fragen wir uns am Abend, ob wir hier
Ferienwochen verbringen möchten. Zu fern ist man doch all
den Städten und Landschaften, die Marokko so unvergeßlich
machen.

Ein schon herbstkühles Morgenbad an der kiesigen menschenleeren ›Plage Espamadero‹, noch einmal ein Blick auf
die blaue Bucht, auf die milchweiße spanische Festungsinsel,
am Wegweiser zum Camp des allgegenwärtigen Club Méditerranée vorüber fahren wir durch die Schwemmlandebene,
überqueren den Oued Ghis (Rhis). Man ist dabei, diesen
bisher öden Küstenstrich zum Fruchtland umzuschaffen; Kanäle sind schon gegraben, Bewässerungsrinnen aus Beton
im Bau. Dort, wo der Oued Nachor (Nekor) sein Bergtal
verlassen will, zwingt ihn ein neuer Staudamm (benannt
nach dem Helden des Rif), seine Wasser zu sammeln, damit
sie einmal die dürstende Erde tränken, auf daß diese dem
Menschen Nahrung bringe.

Zwischen kahlen, rötlichvioletten Bergen schnürt die
Straße am Fluß entlang aufwärts. Der schmale Talboden ist
ein Fleckerlteppich aus allerlei Grün: safthellen, oliwigen,
dunklen Feldchen und Gärten. Eine Brücke bildet den Übergang in die Provinz Nador. Unser Weg zieht durch ganz
junge Eukalyptuswälder den Bergen zu. An einer Kehre der
Blick auf eine Kasbah auf einem Bergsporn. Als sie wieder
sichtbar wird, liegt sie schon tief unten. Schluchten von
Wildbächen, enge Kurven hinauf in eine Mondlandschaft.
»Toboggan« nennt die Karte diese an eine Bobbahn erin-
nernde Strecke. Ein Blick zurück noch zum Meer, das in
fernster Ferne mit dem Blau des Himmels zusammenfließt,
dann erreichen wir eine unwirtliche Paßhöhe (schon fast

1400 Höhenmeter). Wolken verhüllen noch die flachen Gip-
felkuppen. Durch ausgedehnte Aufforstungsgebiete zieht das
graue Band der Straße hinab in die Olivenhaine der kleinen
Ebenen, die sich zwischen den bizarren Zacken der knochen-
kahlen Rifausläufer breiten. Das Städtchen *Midar* mit seinen
senfgelben Häusern ist wie ausgestorben.

Am Ait el-Kebir, dem großen islamischen Festtag am
Ende des Pilgermonats, der die Gläubigen aus aller Welt im
Geist mit den Mekkapilgern zur großen Gemeinschaft eint,
die zur gleichen Stunde des Gottesfreundes Abraham
Widderopfer nachvollzieht, das Gott anstelle des Sohnes
Isaak annahm, an diesem Tag ist es Sitte, sich zu Gebet und
ritueller Predigtlesung nicht in der Moschee zu versammeln,
sondern auf einem schlichten, von Dornen und Unkraut
gereinigten Feld außerhalb der Siedlung, das nur durch Mäuerchen begrenzt und durch eine Mihrabnische nach Mekka
orientiert ist: ursprünglichste Form einer Moschee. Dem
Gottesdienst folgt dann das Festmahl. Ein Fest einst auch für
die Allerärmsten, denn ihnen steht ein Anteil am Opferfleisch
zu. Seit zwei Jahren jedoch gehen sie leer aus. Die anhaltende
Dürre hat den Bestand an Kleinvieh so reduziert, daß der
König den Opferritus suspendieren mußte. Die Armen sind
die Leidtragenden.

Von blauen Bergzacken gesäumte Ebenen, kahl, mit dürftigen Dornsträuchern und grauen Büscheln, schütteren Öl-
baumgärten und zaghaften Aufforstungen, dann ein brand-
neues gelbes Dorf aus halb nur mit Ziegeln gefüllten Beton-
skeletten, mehrstöckig an der überbreiten Hauptstraße. Und

noch eine so geisterhafte Stadt: *Mont-Arroui*. Alle Läden sind
verschlossen, harte Schatten teilen die Fahrbahn-Perspektive:
eine der nicht geheuren Straßen der pittura metafisica. Und
wie auf einem der beunruhigenden Bilder de Chiricos taucht

nach einigen Kilometern aus dem Flachen ein monströser
Kubus herauf; lindgrün, scharfschattend, schwarzdurchlö-
chert vor dem Magritte-Blau eines unschuldigen Himmels.

*Eine ferne Sphinx für den, der vorher schon in die kahle, kaum
ein paar Dornbüsche nährende Guareb-Ebene abzweigt. Auch sie soll,
wie Projekt-Tafel und erste Bodenbewegungen es bezeugen, in ein
ertragreiches Ackerland verwandelt werden, bewässert von dem hinter
der ›Barrage Mohammed V‹ gestauten Moulouya-Wasser. Die schnurgerade Straße dahin läuft durch schattenlos-steinige Wüste, gibt dann
überraschend den Blick frei auf den künstlichen See. Wenn Damm und
E-Werk passiert sind, führt ein sehr schmales Asphaltband hügelauf-
hügelab ostwärts, begleitet von zwerghaften Thujen und graugrünem
Halfagras. Gebündelt wird dieses zu Zellulose-Rohstoff verarbeitet,
geschickte Hände verstehen aus ihm reizende Sets und niedliche Körb-
chen zu flechten. Aber das Menschenleere hat keine Hände ... Nach
Meilen erst eine kleine grüne Oase wie aus dem naiven Bilderbuch:
mit einer Palme, mit Schilfrohr und Maisfeld, ein paar Lehmhütten,
schwarzen Nomadenzelten, zwei kalkweißen Marabuts. Bald ist
dann – rechts abbiegen! – die große Straße Oujda–Fes–Rabat erreicht.*

Wenn wir weiter nach Osten halten, entpuppt sich das
sonderbare Gebäu als ein aufwendiges, mit mäßiger Effizienz
arbeitendes Siderurgie-Werk. Durch *Selouane* (mit einem
staubigen Grünstreifen entlang der Durchfahrtsstraße) nähern wir uns der Sebkha Bou Areq, der Lagune von *Nador*:
Bleigrau, unbewegt und geruchsintensiv. Auf Stützen ge-

führte Bewässerungsrinnen, Kasernen zur einen, das Flugfeld zur anderen Hand, links wieder, dann hinter rötlichen Mauern versteckt, Truppenunterkünfte. Am Fuß fahler Hänge graue und topfengelbe Häuser. Auf ein eher saftiges Gelb gestimmt ist die auf rechteckigem Raster erstellte Neustadt. Auch hier heute feiertägliche Leere. Bis sich die Türen des Uferhotels auftun. Aber nicht, um uns freundlich aufzunehmen, sondern um die Honoratioren der Stadt und der Umgebung zu entlassen, die sich hier zu einer Festtagsparty versammelt hatten, einer Loyalitätskundgebung, der sich keiner der Geladenen entzog.

Unter den Palmen der Hauptallee herrscht feiertägliches Treiben, gibt es Honigkuchen und Zuckerwatte für die Kinder. Nador verfügt über einen neuen Hafen, der dem Export aus dem Hinterland dient, ja dieses erst konkurrenzfähig macht, vermindert er doch die Transportkosten um ein Drittel. Es geht zwar langsam, aber es geht doch aufwärts in dieser nordöstlichsten Region Marokkos, es geschieht etwas, um dieses Gebiet mit der hoffnungslosesten Arbeitslosenzahl aus seinem Abseits herauszuführen.

Schade wäre es doch, wollte die Regionalverwaltung zu ehrgeizig auch auf die unsichere Karte Tourismus setzen. Der hat wohl auf dem allen Zentren Marokkos so fernen Vorgebirge kaum Chancen. Wer zum Cap des Trois Fourches hinausfährt, verspricht sich Ausblicke aufs morgenblaue oder nachmittäglich silberglänzende Meer und Stunden der Ruhe. Es wäre schade, wenn ein letztes Stück urtümlicher Mittelmeerküste »erschlossen« würde, durch Hotelbauten entstellt, die neun Monate hindurch leerstehen.

Grenzübergänge

Wer sich die Scherereien am Grenzposten ersparen will, verzichtet auf einen Besuch der Stadt *Melilla* mit der obligaten runden baumbestandenen Plaza de España, auf welche die Hauptallee der Neustadt mündet, und mit der von alten Mauern umgürteten Altstadt auf einer felsigen Beinahe-Insel, die den Phönikern einen Ankerplatz so recht nach ihrem Herzen bot. Als mit der Einnahme Granadas die Reconquista iberischen Bodens abgeschlossen war, gingen die katholischen Könige zur Conquista über, zur Eroberung der Länder jenseits der Meere. Im selben Jahr noch, an dessen Beginn er das Kreuzbanner Kastiliens über den Zinnen der Alhambra aufsteigen sah, ließ Kolumbus auf der ersten Insel der Neuen Welt, die sein Fuß betrat, die Standarten Isabellas und Ferdinands aufrichten. Nur fünf Jahre später, 1497, betraten die Spanier in Melilla auch afrikanischen Boden, und sie sind von hier nicht mehr gewichen.

Die Stadt mit ihren Kirchen und Kapellen ist ganz und gar spanisch geprägt. Man erinnert sich nur unscharf der Basisrolle, die Melilla bei der Planung des Franco-Putsches gespielt hat. Die Verwaltungsbeamten, die politischen Funktionäre, die großen Kaufleute, die Offiziere bilden eine steuerbegünstigte Oberschicht. Niemand hat die Marokkaner gezählt, die auf der Suche nach Arbeit und Verdienst über die Grenze geschlichen sind und in einer Kanisterstadt am Stadtrand hausen, ohne Wasserversorgung, ohne Kanalisation. Sie zählen nicht, aber ohne sie könnte die Stadt heute nicht leben. Sie halten, verachtet und entrechtet, das Röhrenwerk in Gang. Schon jetzt stellen die Moslems in der Stadt der weiland reyes católicos die Mehrheit dar, sind ihre Trachten im Straßenbild nicht zu übersehen. Verbirgt sich hinter dem torerohaft zur Schau getragenen Hochmut der spanischen Herren nicht heimliche Angst, eines Tages hinausgeworfen zu werden? Die Tage, in denen während des »Grünen Marsches« das Scherifische Königreich die Grenzen, auch die nach Melilla, verriegelte, haben gezeigt, in welchem Maße dieses Klein-Gibraltar Spaniens vom Hinterland abhängt.

Vor der küstennahen Piste weiter nach Osten sei gewarnt. Rätlich, bis Selouana zurückzufahren und dann auf der P 27 ostwärts durch Trocken-Kahles, das sich erst kurz vor der Mündung des Oued Moulouya wieder mit Grün ziert. Kanäle und Aquädukte mußten geschaffen werden, um hier lachende Erträge zu erzielen. Vor *Berkane* verlocken die Wegweiser zu einem kurvenreichen Umweg durch die allerletzten Ausläufer des Rif.

Noch einmal eine Begegnung mit dem Meer in dem eher gleichgültigen, grenznah-letzten Seebad an Marokkos

Mittelmeerküste, in *Saidia*. Nach dem Deauville-Schema angelegt, mit einem kilometerlangen Strand, dessen feinen Sand der Wind zum lästigen Staubgebläse aufrühren kann. Mit Blick aufs Meer zwischen den spanischen Chafarinas-Inseln links und der algerischen Küste rechts, mit einer Küstenstraße zwischen Dünen und Wald, mit Hotels und Restaurants, umgrünten Ferienhäusern reicher Marokkaner. Nicht sehr lebendig selbst in der Hochsaison, im späteren Jahr so tot, daß der Fremde am mitgebrachten alten Brotranft knabbern muß.

Wem nicht bei der Einreise das mühsam erworbene algerische Visum ungültig gestrichen und totgestempelt wurde, der kann mit Glück den Hundert-Kilometer-Abstecher hinüber nach Tlemcen unternehmen.

Ostmarokko

Jenseits der Grenze

Tlemcen liegt auf algerischem Boden, ist aber – in Algerien
ein entlegener Außenposten, den keine der eingefahrenen
Touristenrouten berührt – geschichtlich tausendfädig mit
Marokko verbunden. Idris I., der in seiner heiligen Stadt
begraben ist, hat an der Stelle eines römischen Militärlagers,
in dessen Schutz sich die Zivilsiedlung Pomaria (was soviel
bedeutet wie Obstgärten und auf die Fruchtbarkeit der Gegend hinweist) entwickelt hatte, eine kleine Stadt mit Namen
Agadir anlegen lassen, was nichts anderes meint als einen
befestigten Gemeinschaftsspeicher. Nach dem Ende der Idri-
sidenherrschaft übten hier berberische Emire als Vasallen der
spanischen Omayyaden die Macht aus. Das heutige Tlemcen
allerdings hat erst der Almohade Yussuf ben Taschfin am
Ende des 11. Jahrhunderts gegründet. Auf alomohadische
Zeit geht noch die Große Moschee zurück. Damals wurde
auch die Stadt mit ihren Mauern umzogen. Ihre vollste Blüte
erreichte sie allerdings erst unter den Ziyaniden (auch Abd
al-Wadiden genannt), die ein Berberhäuptling um 1236 zur
Herrschaft gebracht hatte. Damals war Tlemcen ein bedeutender Umschlagplatz für Waren aus Schwarzafrika und aus
Europa, den die Hafsiden von Tunis genauso gern in ihre
Hand bekommen hätten wie die Meriniden von Fes. Der
Merinide Abu Yaqub wollte die Stadt mit Gewalt nehmen,
schlug vor ihren Mauern sein Lager auf, das er gleichfalls mit
einem Mauerzingel umzog und al-Mansurah, die Siegesstadt,
nannte. Von ihr blieben nicht nur eindrucksvolle Reste der
Festungsmauern, von ihr redet vor allem das seit 1878 wiederholt in seinem Bestand gesicherte vierzig Meter hohe
Minarett, ein attrappenhafter Rest freilich nur. Es ist ein
kleineres und jüngeres Geschwister der almohadischen Mina-
res, des Hassanturms von Rabat, der Giralda von Sevilla, des
unvergleichlichen Minars der Kutubiya von Marrakesch.
Die Moschee, deren Hof man einst durch den Bogen im Fuß

des Turmes betrat, ein Rechteck von 100 × 60 Meter mit
einem Gebetssaal von 9 × 13 Jochen, ist allerdings nur eine
spärliche Ruine.

Intakt aber noch, wenn auch durch mehrfache Restaurierungen nicht mehr im ganz originalen Zustand, sind die
Moscheen der Stadt: die 1082 von Yussuf ben Taschfin gegründete Große Moschee mit ihren rein gezogenen Hufei-
sen- und Vielpaß-Bögen und einem Mihrab, der auf einer
neuen Stufe an den der Großen Moschee-Kathedrale von
Córdoba denken läßt, ebenso wie die Gestaltung der Kuppel
über dem Joch vor der Gebetsnische. (Aus der gleichen Zeit
stammt auch die Hauptmoschee im von Tlemcen nur fünfzig
Kilometer entfernten Nedroma). Tlemcen besitzt außerdem
eine Reihe bedeutender Moscheen aus der Blütezeit der
›maurischen‹ Kunst, aus dem merinidischen 13.Jahrhundert:
die außerhalb der Nordmauer errichtete Moschee Sidi Ha-
loui (eine Gründung des Meriniden Abu Inan Fares von
1353), die Moschee Sidi Bou Medine im Vorort El Eubbad
(Ende 13. bis Anfang 14.Jahrhundert), die Betsäle des alten
Stadtviertels. Sie stehen, anders als die Marokkos, die sich
jedem, der sich nicht als Moslem ausweisen kann, rigoros
verschließen, dem Fremden offen. Und das ist es, was uns
bewogen hat, allen Hindernissen und Widerwärtigkeiten
zum Trotz den Ausflug über die Grenze zu planen. Hier in
Tlemcen finden wir Beispiele der maghrebinischen Architektur des Mittelalters, die wir nicht nur von außen umschlei-
chen, sondern die wir in ihrer Raumwirkung erleben können, deren reichen Dekor wir bewundern dürfen, stellvertre-
tend für die Kostbarkeiten, die uns in Fes, in Marrakesch, in
Salé unsichtbar bleiben. Freilich müssen wir unsere Zeit zu
Rate halten, denn Besuch ist nur am Vormittag möglich.
Am Nachmittag ist einzig die Moschee des Sidi Bel Kassem
(aus dem endenden 13.Jahrhundert) zugänglich. Sie ist zum
archäologisch-ethnographischen Museum profaniert und
täglich, außer montags, geöffnet.

Mag manchem die Stadt mit ihrem regelmäßigen Schachbrettplan (nur das alte Andalusierviertel macht eine Ausnahme) weniger malerisch erscheinen als Chechaouen, weniger farbig als Fes: wir finden, daß sich der Abstecher über

die Grenze gelohnt hat als eine notwendige Ergänzung zur
Umschau in Marokko. Aber nur als ein Abstecher ins befein-
dete Nachbarland, von dem in einem Marokko-Buch nur
gerade hinweisartig die Rede sein kann.

Zwischen feindlichen Nachbarn, Oujda

»Auf, ihr Gläubigen, das Gebet ist besser als der Schlaf!«
Der vor dem ersten Morgendämmer von den Minaretts
ertönende Tonband-Ruf der Muezzins reißt uns vom Lager.
Zwar ist die vorgesehene Fahrtstrecke nicht allzu lang, bietet
drüben in Marokko wenig, das uns länger aufhalten könnte.
Aber da ist auch noch die Grenze – und wie lange die
Prozedur dort dauert, das läßt sich nicht kalkulieren. Erst die
Fahrt von Tlemcen diesem peniblen Übergang entgegen läßt
uns den Reiz der so anmutigen Landschaft des südlichen
Oranais, durch welche die Straße ihre engen Kurven zieht,
so aus vollem Herzen und im Licht eines sich erhellenden
Morgens genießen. An der Grenze muß man sich in Geduld
fassen. Die Kontrolle der Papiere, des Passes, der in winzigen
Blockbuchstaben auszufüllenden Aus- und Einreisekärtchen,
des Fahrzeugs und des Gepäcks geht peinlich-pedantisch und
mit orientalischer Gelassenheit vonstatten, streng korrekt auf
der einen, von einem amtlichen Schwatz unterbrochen, der
auf einen Wartenden keine Rücksicht nimmt, auf der anderen. Wo viel Raum ist, da ist offenbar auch viel Zeit. Nur
noch drei Autos warten auf die Abfertigung, und schon nach
bloß drei Stunden haben wir die imaginäre Linie zwischen
zwei in kaum verdecktem Kriegszustand miteinander be-
findlichen Nachbarn hinter uns.

*»Doch plötzlich lichten sich die Olivenbäume. In gedämpftem
Weiß erhebt sich vor uns eine hohe Festung, unzugänglich und abweisend, mit einem mächtigen gewölbten Tor. Wir sind in Oujda.«* Als
Isabelle Eberhardt, die deutsch-jüdische Russin, vor 80 Jahren diese
Zeilen niederschrieb (wir werden ihre Notizen noch mehrfach zitie-
ren), da war Oujda wieder einmal in Abwehrbereitschaft. Abwehrbe-
reit gegen die Gelüste der Franzosen, von Algerien aus Marokko zu
vereinnahmen. Wetter wie Stimmung der Autorin waren trübe. *»Der
Eingang zur Stadt ziert sich mit Schlamm und Fäulnis, mit grünlich*

ausschlagenden stehenden Gewässern voller Kot, toter Tiere, schmutziger, modernder Abfälle und Lumpen ... Wenn die Sonne untergegangen ist und die Muezzin ihren schleppenden Ruf ertönen lassen, werden die Tore von Oudjda sich mit dem quietschenden Geräusch ihrer alten Eisenangeln schließen. Die Schlüssel werden dem Amel [Stadthauptmann] in der Casbah übergeben und bleiben bis zum Morgengrauen dort. Vom Untergang der Sonne bis zu ihrem Aufgang ist Oudjda isoliert vom Rest der Welt.«

Zu besehen gibt es hier wenig. Zu oft war diese Stadt umkämpft, als daß sie historische Substanz hätte bewahren können. Die vom Meriniden Abu Yaqub im späten 13. Jahrhundert gegründete Moschee darf man ja nur von außen sehen, wie auch die anderen Bethäuser. Die Souks erscheinen nicht farbenfreudiger als die anderer Städte Marokkos, das Stück der alten Stadtmauer zwischen dem Fes-Tor und dem Bab Sidi Abd el-Wahab (Ouahab) fesselt uns nicht. Uns ist zunächst einmal nach einem Pfefferminztee zumute und wir nehmen ihn auf dem Platz vor diesem Tor.

»Welch ein Durcheinander von Rassen, Typen und Trachten! Die Bürger von Fez oder Oudjda in Djellabas aus feinem Tuch, mit weißem, undurchdringlichem Gesicht und einem Blick, der List und Stolz ausstrahlt. Nomaden in erdigen Lumpengewändern, mit Turbanen und Kapuzen, den Rosenkranz um den Hals, mit regelmäßigen und harten Zügen ... Abgerissene und heruntergekommene Frauen, eingerollt in alte, sandfarbene Woll-Haiks ... Zwischen den Fußgängern rennen bettelnde Kinderscharen herum, verstohlen wie die Mäuse zwischen den Hufen der Pferde; sie sind frech und zugleich höflich, mit hübschen, sanften Gesichtern und schmeichelnden großen Augen ...«

Ins Menschengewimmel und ins Blickfeld schieben sich heute die Busse, die Lastwägen, die Taxis, aber im Grunde hat ein beinahe Jahrhundert wenig im Bild geändert. Nur daß eben seit 1912 die Neustadt mit ihren geraden französischen Avenuen entstanden ist, sich seither die Einwohnerzahl viervielfacht hat. Oujda ist trotz der Grenznähe keine Stadt im Abseits, sondern ein regionaler Knotenpunkt, ist durch die Luft und durch die Schiene (mögen auch Flugplatz wie Bahnhof meist etwas still und tot wirken) und durch die P 1 mit Fes, Rabat, Casablanca verbunden. Es ist kein Zufall, daß Marokko der Straße, die diesen Grenzort mit Taza, Fes, Meknes und der Hauptstadt aneinanderfädelt, den Rang der Nummer Eins verliehen hat.

Von Oujda nach Süden – in Parenthese

Von dieser Hauptstraße zweigt am Ortsende links, nach Süden also, die beinahe vierhundert Kilometer lange Route nach Figuig ab, dem besonders penibel bewachten, weil von Algerien beanspruchten Grenzübergang. Eine Strecke, die nur während der ersten Fahrtstunde so etwas wie Interesse an der Landschaft zu wecken vermag, bis Berguent, das vor einigen Jahren in Ain Benimathar umbenannt wurde, auch ein Grenzort, in dem sich die Beamten langweilen.

Die laut Karte 185 Kilometer bis *Bouarfa* sind – auf gerader, schmaler Straße fast ohne Gegenverkehr – bald zurückgelegt. Die folgt – zeitweise fast in Sichtweite – der stillgewordenen Bahnstrecke, welche die Manganminen von Bouarfa mit dem Norden verbindet. Vorgeschmack saharischer Einsamkeit und Öde, aber ohne die Farben der Wüste. Erst auf dem letzten Streckenabschnitt ab Tendrara (beinahe schon 1500 Meter hoch gelegen) gewinnt die Landschaft wieder Kontur und Farbe. Eine Strecke, die kaum ein Tourist einschlägt, zumal sie wegen ihrer Nähe zur umstrittenen Grenze zeitweilig gesperrt sein kann. Jedenfalls muß man sich mit wiederholten Kontrollen durchs Militär abfinden.

In Bouarfa mit seinen belanglosen Behausungen vor der steilen Kulisse seines 1872 m erreichenden Hausberges hat sich ein fröhlicher Querschnitt aller Rassen und Typen um unser tankendes Automobil gesammelt: helle berberische Breitgesichter, schmalnasige Semiten und dunkelhäutige Abkömmlinge einstiger Sklaven. Der Ort aber verlockt kaum zu genauer Umschau.

Die Straßen, die von hier ausgehen, sind einsam. Die nach Osten verläuft in einer urzeitlichen Flußebene zwischen dunklen, rosahellen, schwarzschattigen kahlen Bergen. Den steinigen Boden sprenkelt Wüstengrün: dürre Büschel, dornige Gewächse, die sich wie Igel stachelig gegen den Angriff hungriger Kamele wehren, und steinharte Knollen, grünlich-blumenkohlartig, verholzt und feindselig verschlossen. Wie

*tief sie ihre Wurzeln in den trockenen Boden schicken müssen! In
ihrem Umkreis dulden sie keinen Konkurrenten. Wer im Wohlstand
lebt, darf freundlich sein. Wer es schwer hat, von dem soll man
nicht verlangen, daß er sich harmlos der Welt öffne. Sie wird ihn
verschlingen wollen.*

*Damit es nicht vom mächtigen Nachbarn verschlungen werde, hat
sich Marokko in der Grenzstation Figuig so eingeigelt, daß es kaum
möglich ist, zu bemerken, wie schön diese umstrittene Oase ist. Wir
müssen auf einen Besuch der neolithischen Felszeichnungen in der
Nähe des Zenga-Passes verzichten. Militärisches hat Vorrang. Wer
hier die Grenze passieren möchte, muß sich mit besonderer Geduld
wappnen. Die Polizeistation, rosafarbig und erst 1982 fertiggestellt,
verkündet deutlich ihren Rang inmitten des eintönigen Kasernengelän-
des und an der Straße, die hier nur in eine Richtung führt, überwölbt
von den königstreuen Lichterbäumchen und Glühbirnenbögen mit der
Königskrone. Hier werden die Papiere ein erstes Mal kontrolliert.*

*Ein schöner Blick auf den Palmenhain der Oase, begrenzt von
gefalteten und gezackten Bergzügen, rechts ein weißes Marabut,
zwischen schäbigen verdursteten Palmen dann die eigentliche Grenz-
passage. Ein Grenzgebiet ohne festgelegte Grenzlinie, in dem es seit
der letzten Jahrhundertwende mehrfach zu blutigen Zusammenstößen
zwischen den Beni-Guil und den Doui-Menia auf der einen und
französischen Kolonialtruppen und berittenen Soldaten der marokkanischen Regierung auf der anderen Seite kam. 1901/1902 zwangen die
Franzosen den Sultan Abd el-Aziz, ihnen im Grenzgebiet Polizei-
und Zollhoheit zuzugestehen. Die Folge: immer öfter wurden die
Franzosen in Kämpfe verwickelt. Der Militärkommandant des südlichen Oranais war damals General Lyautey. Er benützte diese Vorfälle,
um den Grenzverlauf zu »klären«, setzte die »Entente mit den Stämmen« gegenüber der von Paris betriebenen »Entente mit dem Sultan«
durch. 1903 stieß er über die Oase Zousfana, die damals die Grenze
bildete, vor und besetzte einen breiten Gebietsstreifen. Damit begann
eigentlich die französische Okkupation Marokkos.*

In westliche Richtung geht diesmal von Bouarfa aus unser
Weg. Durch die sich weitende Tamelelt-Ebene ziehen sich
die hundert Straßenkilometer, doch nirgends verliert sich
der Blick ins Uferlose. Bergketten grenzen ferneblau den
Blick. Sanft wellt sich die Wüstensteppe zwischen den saphi-
renen Höhenzügen im Süden und den sandroten im Norden,
den Ausläufern des Hohen Atlas.

So notiert das Tagebuch einer Fahrt: »Gegen acht an in Bouanane: Palmen, Weizen, rosa und gelbe Betonbauten, alte Lehmhütten, dann steppenhafte Ebene. Wind weht flachen Staub heran, bringt einen Sandsturm, in dessen Verwehungen wir beinahe steckenbleiben. An Sahli vorbei nach Boudenib. Linker Hand tauchen prächtige Tafelberge auf, die Palmoase von Ksar el-Kebir.« Es bringt die Erinnerung herauf an den von einem freundlichen schokoladefarbenen Mustafa geleiteten Gang – Mund und Nase verhüllt gegen das Staubgebläse – durch dieses Ksar, das erste befestigte Dorf der Seßhaften, das wir auf dieser Route beschauen können, ein Dorf, in dem einst eine Sippe mit ihren Vettern und Enkeln, ihren Hintersassen und Sklaven vor kriegerischen Nomaden oder feindseligen Nachbarn Schutz suchte. Eine Mauer um ein Rechteck, das man durch ein Tor in der Schmalseite betritt. Wie bei einem römischen Castrum. Aber nein: die Mauer besteht aus Stampflehm, das Tor ist so wenig römisch wie das Netz der Straßen. Es vereinfacht vielmehr den traditionellen Typus maghrebinischer Tore – und die Gassen bilden ein Labyrinth von engen, mit bedrohlich durchhängenden Palmbalken überdeckten Tunnels, in die da und dort ein Schacht den Schimmer des Tageslichts einfallen läßt. Menschenleere. Die paar verhüllten Frauen verkriechen sich in die lichtlosen Wohnungen, schicken die ungewaschenen Kleinkinder zum Betteln vor. Da und dort ein würdiggeschrumpfter Greis. Zwischen den ganz Jungen und den Uralten: nichts. Was arbeiten kann und Arbeit sucht, ist weggezogen, irgendwohin in eine der Städte, wo man mehr verdienen kann, aber elender lebt als daheim im Sippendorf – aber doch freier, ohne den ständigen Zwang, den das enge Beieinander dem einzelnen auferlegt. Aus diesem Grund auch sind viele Familien in eines der eher schäbigen Häuschen des neuen Dorfes umgezogen: Freiheit von der zu engen Gebundenheit durch die Großfamilie mit all den Reibereien, die das Zusammenleben in ihrem Rahmen mit sich bringt.

Staubfahl steht uns die Fahrtstunde bis zur Blauen Quelle von Meski in Erinnerung und köstlich die Labung des Bades nach wüstenhaften Tagen.

Ein paar Kilometer nachdem wir Oujda in westlicher Richtung verlassen haben, überquert eine Brücke den unauffälligen Oued Isly. An ihm, links abseits der heutigen Straße, schlugen am 13. August 1844 die Franzosen unter Marschall Bugeaud (der bekam dafür vom Bürgerkönig den Titel eines Herzogs von Isly) die Truppen des Sultans Muley Abderrahman. Der Sieg der Franzosen offenbarte die militärische Schwäche Marokkos und zwang den Sultan, die Sache des Emirs Abd el-Kader, des algerischen Freiheitshelden, im Stich zu lassen. Im 13. Jahrhundert hatten auf dem gleichen Schlachtfeld zweimal die Meriniden Siege über die ziyanidischen Herren von Tlemcen davongetragen. Selten ging es hier zwischen Nachbarn friedlich zu.

Sanftgewellte Ebene, im Süden begrenzt von den Ausläufern des Mittleren Atlas, Ketten von einfach-entschiedenen Formen, gelbrot mit violetten Schatten. Im Norden die stumpf grünbehauchten Höhen des Rif. Wüstenhaft kahl ist selbst im frühen Jahr das flache Land, durch welches das graue Band der Straße zieht. Die sandfahle Ödnis unterbrechen lichte Eukalyptushaine, das warme Grün junger Kiefern oder das hier gar nicht silbrige, eher stumpfe neugepflanzter Ölbäume. In Rabat ist man bemüht, das östliche Marokko aufzuwerten und damit sein Besitzrecht zu demonstrieren.

Al-Aioun, wo am Dienstag die Berber vom Stamm der Ouled Sidi Scheikh Markt halten, hinterläßt keinen Eindruck. Die Kasbah aus der Zeit Muley Ismails ist kein Schaustück. Sie wurde 1876 zur Kaserne der Garden verstärkt, die den alten Königsweg bewachen und die ihn entlangziehenden Karawanen vor Raubüberfällen schützen sollten. Die nach etwa 20 weiteren Kilometern nach rechts abzweigende Straße nach Mechra-Homadi und weiter nach Nador und Melilla braucht uns nicht zu beirren, weckt nur die Erinnerung an den Besuch beim Staudamm, der den Namen Mohammeds V. trägt. *Taourirt* zeigt dem von Osten Kommenden zwischen Palmwipfeln seine kubische Silhouette, verhüllt sich dem neugierigen Durchfahrer wie eine sittsame Frau und wendet ihm den Rücken zu. Ein Ort, der seine leidigen Erfahrungen hat. Hier kreuzten sich Wege zwischen Ost und West, Süd und Nord. Bis hierher weideten die Beni Merin ihre Herden, bevor sie die Herrschaft über das ganze Land errangen, immer wieder haben die Emire von Tlemcen den Meriniden von Fes das Gebiet streitig gemacht. Abu Yaqub Yussuf vermochte die Stellung endlich zu sichern und ließ sie mit einer Mauer befestigen.

Bunte Bilder vom Alltag – aber wer kann sie alle einheimsen in diesem facettenreichen Lande? Der Tee vor dem kleinen Kaffeehaus an der Neustadt-Kreuzung tut gut. Zwei Kilometer weiter weist rechts ein Schild zur »Vieille Casba«, die wahrscheinlich aufs späte 17. Jahrhundert, die Zeit Muley Ismails zurückgeht und der Sicherheit der Straße von Meknes und Fes nach Osten dienen sollte, in der später die ansässigen Kerarma-Berber einen Gemeinschaftsspeicher einrichteten, dessen Reste heute zwei PTT-Sendemasten überragen.

Wir finden uns bald wieder auf der P 1. Die schmale Teerstraße von Taourirt südwärts nach Debdou, einem berberischen Großdorf, führt in eine Sackgasse, aber die Teerstraße, die fünf Kilometer vor Guercif links ab nach Midelt führt, stellt eine Versuchung dar: allerdings nur für jemand, der auf einem geländegängigen Vehikel reitet.

Bei Guercif überqueren wir den Oued Moulouya, der gerade den Oued Melloulou brüderlich empfangen hat. Mag er uns im Augenblick eher dürftig erscheinen: sein breites und tiefes Bett redet von seiner Unbändigkeit zu Regen- und Schmelzwasserzeiten. Der »windungsreiche« ist der einzige bedeutende, stets wasserführende Fluß Marokkos, der, dem Herzen des Mittleren Atlas entsprungen, sich dem Mittelmeer zuwendet. Zügel hat man ihm angelegt, zapft ihn immer wieder an, damit er Baum- und Getreidekulturen tränke. Im Sommer führt er bloße zweieinhalb Kubikmeter in der Sekunde. Doch kann er alle Bande abwerfen, zur Breite von hundertfünfzig Metern anschwellen und zweihundert cbm/sec. führen. Sein Tal bildete einen Weg, auf dem die Nomaden des Sahararandes immer wieder in die Gebiete der Seßhaften einfielen, um dann durch den Korridor von Taza Fes und die fruchtbare Sebou-Ebene zu erreichen.

Den Flußläufen zu folgen, das wäre ein probates Mittel, sich der Geographie eines Landes zu versichern. Nur leider: keine asphaltierte Straße führt bequem am unverbauten Ufer entlang. Man braucht Zeit und ein robustes Fahrzeug, wenn man vor Guercif den Weg in die Berge des Mittleren Atlas einschlagen will, der erst nach gut einer Fahrstunde das Moulouya-Ufer wiedersieht und nun flußaufwärts in südwestlicher Richtung nach Missour gelangt. Von hier erreicht man auf einer neuangelegten Route Midelt oder – sich wappnend gegen eine See von Plagen – durch das urtümliche Bergland über Talsinnt und Beni-Tajjite die von Bouarfa über Boudenib nach Meski–Errachidia führende Straße P 32.

Der Moulouya, einst die Westgrenze des Numiderreiches, trennte seit der Zeit des Claudius die Mauretania Tingitana im Westen von der Mauretania Caesariensis (dem westlichen Algerien) mit der Hauptstadt Caesarea, dem alten punischen Iol, heute Cherchell. Aber es ist zweifelhaft, ob zwischen den beiden Provinzen eine Straßenverbindung bestand. Das Flußtal stand Einfällen der Nomaden offen, ließ sich schwer sichern. Der Verkehr zwischen den Provinzhauptstädten Tanger und Cherchell war zu Schiff sicherer und bequemer.

Auch in islamischer Zeit bildete die Moulouya-Ebene eine Art Niemandsland, einen Gürtel zumindest, der den äußeren Westen vom übrigen Maghrib trennte, und den nur die machtvollsten Kriegerkönige überschritten. Die Beni Merin wählten dieses breite Tal als Weg zur Herrschaft, hier erfochten sie ihre Siege über die letzten Almohaden, hier auch mußten sie sich gegen die keck ausgreifenden Emire von Tlemcen wehren. Durch dieses Tal zogen später auch die ersten Alaouiten – und dann weiter durch den Korridor von Taza nach Fes auf der Straße der Könige. Dem Moulouya-Lauf folgten nicht nur kriegerische Nomaden, ihm folgten auch die Karawanen, folgte die alte Straße zwischen der verweht-vergangenen Stadt Sidjilmassa im Tafilalet und der Mittelmeerküste.

Die Siedlung *Guercif* hält weislichen Abstand vom Gewässer. An ihrer Stelle soll sich im Altertum eine blühende Stadt erhoben haben, aber im 13. Jahrhundert spielte sie eine leidvolle Rolle im kampfreichen Aufstieg der Meriniden. Darin und in den späteren Kämpfen um den Tlemcen-Taza-

Weg kam sie immer mehr herab. Heute jedenfalls erinnert
nichts mehr an die »Herrliche«, als welche der Geograph el-
Bekri sie einst pries. Rosagetünchte Mauern, Tamarisken,
Pfefferbäume und Eukalyptus – sonst schreibt sich nichts in
die Erinnerung ein. Dann Wüstensteppe, von bleibleichen
Beifußgewächsen gesprenkelt. Ebene beiderseits, von fernen
Höhenzügen abgefangen, von Rif und Mittelatlas, die sich
mählich nähern. In Wüstenhaftes mischt sich sehr zaghaft
stumpfes Graugrün, die lapislazuliblauen Ketten im Süden
hüllen ihre markanten, aber uns namenlosen Gipfel ins Weiß
des Winterschnees. Durch Steppenebene und Hügelland
läuft das Asphaltband unterm Autoreifen. Kein Niederschlag
kann dem Land hier ein Lächeln abgewinnen. Die Wässer
verdunsten in flachen Lachen.

Der Col de Zehahza ist mit seinen bloßen 560 Metern zwar
kein Paß im alpinen Sinne, aber markiert die Wasserscheide
zwischen Moulouya und Sebou, zwischen Mittelmeer und
Atlantik. Eine Schwelle zwischen Bergzügen, die nun zum
Korridor zusammenrücken. Tief schneiden Bachbetten ins
begrünte Lehmgehügel. Und dann links voraus: Taza.

Taza, die Festung

Die Situation über dem einzigen Ost-West-Übergang zwischen Bergen im Süden und Bergen im Norden hat seit
dem Paläolithikum (um es genau zu sagen: dem älteren
Moustérien) Menschen angelockt, ihnen jedoch auch ein
ziemlich unruhiges Los beschert.

Die alte Stadt liegt auf einer Bergstufe, die Neustadt mit dem verschlafenen Bahnhof, mit Post, Schulen, Hotels und Flugfeld breitet sich im Ebenen. Dazwischen am Schotterhang ein ausgedehntes militärisches Gelände. Es würde uns locken, gleich zu einer ersten Fühlungnahme hinaufzufahren in die Medina, zu einem ersten Gang durch die Marktgassen, zum Tor der Großen Moschee und um die alten Mauern. Aber bei sinkender Sonne machen wir drunten in einem guten Hotel Quartier, sind die einzigen Gäste, genießen Shampoo, gepflegtes Diner, ein Fläschchen Rosé und gehen mit dem Gefühl ins Bett, den Tag nicht vertan zu haben.

Morgens spazieren wir dann an den merinidischen Wällen entlang in die hochgelegene Medina, zum Bab er-Rih, einem luftigen Aussichtspunkt, ein paar Schritte nur entfernt von der Großen Moschee. Der Almohade Abd el-Moumen soll sie gegründet haben, noch vor der Moschee von Tinmal, die wir – Ruine leider – noch zu sehen hoffen (siehe S. 382). Die durchbrochene Stuckrippenkuppel über dem Joch vor dem Mihrab (1291/1292) gehört, nach Abbildungen zu schließen, zu den Spitzenwerken merinidischer Kunst und ist ein Markstein auf dem Weg, der von den Kuppeln der Mezquita von Córdoba über die Qubba bei der Yussuf-Moschee von Marrakesch und dem, was wir in der Moschee von Tlemcen sahen, zu den Gebilden, die in der Kutubiya von Marrakesch und der Qarawiyn von Fes unseren Augen entzogen bleiben. So sehr man es bedauert, man muß es hinnehmen und im Grunde billigen, daß Staatsgesetz wie malekitische Doktrin den bloß Neugierigen vom Ort der Sammlung und des Gebets aussperren.

Eine lange gerade Gasse führt durch die Souks, vorbei an der Moschee des Sidi Azouz, in deren mit farbigen Fliesen ausgelegten Vorraum unser verstohlener Blick hineinfällt. Um die »Marktmoschee« mit ihrem hellen Minar, dessen Obergeschoß etwas vorkragt, verzweigt sich das Netz der belebten Marktgassen, vom Massentourismus noch unberührt, denn Taza gehört nicht zum Besucher-Muß. Mit Muße beschnuppern wir in der gedeckten Kaisariya die Vielfalt des alltagsbunten Angebots, streichen durch enge Gassen und über kleine Handwerksmärkte, nehmen da und dort ein

kubisches Minar wahr. Wer Freude hat an den Formen und
Farben des maghrebinischen Lebens, der kommt hier auf
seine Kosten.

Weiter geradeaus der Mechouar-Platz. Das Portal der Medrese ist zwar erneuert, aber verschlossen. Hier soll – so weiß
es einer der Herumstehenden – demnächst einmal ein lokales
Museum eingerichtet werden. Und dann die Arkaden um
die Andalusiermoschee. Unter Schwibbögen finden wir wieder aus der ummauerten Oberstadt hinaus, wenden uns einmal und dann noch einmal nach rechts, spazieren an den
lehmfarbenen Mauern entlang, die, seit der Almohadenzeit
immer wieder erneuert, heute fast etwas zu glatt und kulis-
senhaft wirken. Dann ziehen sie sich doppelt, aber lückenhaft
und unbetreut ins nicht mehr Bewohnte fort, hügelab zum
almohadischer Zeit entstammenden halbrunden ›Sarazenen-
turm‹, einer Warte mit weitem Blick ins Getal und Gebirge.
Bleibt uns nur noch die ›Bestioun‹ zu besuchen, die von
weitem schon einen Akzent in der Höhe setzt: ein massiger
Ziegelturm mit gut drei oder mehr Meter dicken Mauern,
mit Kasematten und Magazinen, mit Zisternen versehen und
einst mit Kanonen bestückt, die das Tal und das Gelände
der jetzigen Neustadt bestreichen konnten. Der »goldene«
Saadiersultan Ahmed al-Mansur hat ihn errichten lassen,
unweit einer Höhle, darin Zeugnisse für die Anwesenheit
schon des Steinzeitmenschen zutage kamen.

Beinahe hätten wir uns auf der Suche nach dem Zugang
zu der mächtigen ziegelbraunen Bastion in militärischen Bereich verirrt. Nur das Vorzeigen der Pässe und unbeholfenes
Fragen nach dem rechten Weg kaufen uns frei – und da
läuft auch schon, den Schlüssel in der einen, ein winziges
Brüderchen an der anderen Hand, ein Knirps heran, anmutig
und reizend, und führt uns durch Staub und Stroh auf engen
Gängen zwischen mächtigen Mauern zum Ausblick in eine
geschichtsschwere Landschaft.

Als die Araber die Botschaft des Propheten nach Westen
trugen, beherrschten die Meknassa-Berber den ›Korridor
von Taza‹. Wann sie sich zum Islam bekehrten, ist nicht
überliefert. Genug, sie ließen den Araber Idris I. passieren,
schlossen sich ihm und seinem Sohn als Gefolgsleute an. Ihr

Glaube war wohl recht naiv und theologisch unbefrachtet, entsprach aber ganz ihrer Erbfeindschaft gegen jedes ›Establishment‹. Sie verbündeten sich im 9. Jahrhundert mit den verfolgten schiitischen Fatimiden, verwehrten dann aber (1074) dem Almoraviden Yussuf ben Taschfin nicht, Stadtmauer und Moschee anzulegen, und das, noch bevor er Marrakesch gewann. Im frühen 13. Jahrhundert war Taza dann letzter Halt der letzten Almohaden gegen die heranrückenden Beni Merin, befand sich seit 1248 in deren Hand, war im späten 13. Jahrhundert unter Abu Yaqub für kurze Zeit sogar Haupt- und Königsstadt, mit Moscheen, Schulen, Bädern bestiftet, mit Palästen geschmückt und mit wehrhaften Mauern umzingelt. Im frühen 16. Jahrhundert nennt es Leo Africanus den »am besten befestigten Platz Ostmarokkos«. Ruhe fand der stets umstrittene Ort am alten natürlichen Zugang zum atlantischen Westen nicht. Er diente auch dem ersten Alaouiten Muley Raschid als Basis für seinen Griff nach der Macht. Der baubesessene Muley Ismail sandte seine Werkleute hierher, um die Grenzfestung gegen die von Osten drohenden Türken auszubauen. Immerhin war Marokko das einzige Land des islamischen Westens, das niemals den Türken, nie dem in Istanbul herrschenden Sultan untertan war. Festung am natürlichen Weg nach Fes, der damaligen Hauptstadt, war Taza auch, als sich Frankreich Algeriens bemächtigt hatte. Am 10. Mai 1914 endlich wurde es durch französische Truppen besetzt. Fortan bildete Taza den Stützpunkt, von dem aus die Fremden ihre »Befriedungsaktionen« im benachbarten Bergland unternahmen, auch während des Rifkrieges. Als Marokko wieder unabhängig wurde, behielt Taza seine Garnisonsfunktion bei, wurde dazu auch noch Verwaltungsmittelpunkt einer eigenen Provinz, die teilweise recht bergig und daher schwer zugänglich ist.

Fahrt durchs Bergland

Schwer zugänglich ist der Mittlere Atlas. In seine Täler, Zedernwälder, zu den Dreitausendern (der Djebel Bou Naceur siebzig Luftlinienkilometer südlich von Taza erreicht 3340 Meter) führen keine Fahrstraßen, nur Maultierpfade.

Doch eine großenteils geteerte und bei trockenem Wetter auch in den unbefestigten 25 Kilometern problemlose Straße gestattet eine Begegnung mit dem pittoresken Hinterland von Taza.

Auf also zu einem Ausflug durch die nordöstliche Region des Mittleren Atlas und zum Djebel Tazzeka, dem 1980 Meter hohen Aussichtsgipfel! Ein vielgesichtiges Gebiet, erdgeschichtlich gespannt zwischen primären Schichten, die im Tertiär ans Licht gehoben wurden, und quartären Kalken mit Schluchten, Schlünden, Grotten und unterirdischen Wasserläufen. Während wir in weiten Schlingen steil aufwärts fahren, freuen wir uns an den schönen Blicken zurück auf die alte schicksalserfahrene Stadt, saft- und silbergrün umgeben vor dem Hintergrund kalkheller kahler Züge, in die sich pflaumenblaue Schatten einzeichnen. Die durchs Grüne herabtanzenden Wasserfälle von Ras el-Ma sind Nordafrikanern ein wundervolles Schauspiel. Uns Kinder eines wasserreichen Landes fesselt vielmehr die alte Ölmühle und -presse, die unter schönen Olivenbäumen in einer Hangbiegung steht; beinahe museal arrangiert, aber mit allen Spuren noch heutigen Gebrauchs.

Der schwarzlockige Khalid, der sich uns als Führer angedient hat, damit wir ihn nach Fes mitnehmen, ist ein wenig verdutzt, daß uns die Mühle mehr interessiert als das Wassergerinnsel. Eine Ölmühle, die hat sein Vater doch auch, und eine viel modernere dazu. Zu ihr brächten die Bauern der Umgebung ihre Ernten, und das Öl, das holten sich selbst feine Herren aus Fes, so gut sei es. Wir bräuchten nur ein paar Kilometer zurückzufahren, dann könnten wir sie ansehen und das Haus seines Vaters dazu. Einverstanden. Da ihm selber daran liegt, nicht zu spät nach Fes zu kommen, versteht er unsere Bitte, keine lange Teezeremonie zu veranstalten.

Ein recht stattliches neues Haus in einem blühenden Garten, den eine dichte Hecke aus Opuntien und Zypressen umzieht. Die Ölpresse befindet sich in einer Halle nicht aus Lehm und Holz, sondern aus Stein, Beton und Eisen und übersetzt die herkömmliche Form ins Moderne. Eine Mühle, in deren Trog eine Walze das Erntegut zerquetscht, das dann in mühlsteinförmigen Taschen aus Halfagras unter die Presse

gelegt wird. Die Gefäße zum Auffangen des Öles und zur
Abfüllung bestehen aus Plastik statt aus Ton. Aber sonst ist
alles beim alten geblieben.

Unser Khalid hat uns bedeutet, mit dem Eintritt zu warten, bis er den Vater verständigt und das Weibervolk sich
zurückgezogen hat. Der Vater war dreimal verheiratet. Kha-
lids Mutter, vor einigen Jahren verstorben, war eine Arabe-
rin. Jetzt hat der Vater die dritte Frau, eine Berberin aus der
Gegend. »Die sind billig«, meint er beiläufig.

Der Papa, zahnlos lächelnd, führt uns voll Stolz in seinem
Anwesen umher. Bei uns wären die halbblinden Spiegel, die
wackelige Bettstatt, der schiefe Pseudo-Mahagoni-Schrank
keine Vorzeigeobjekte, hier im Bergland über Taza sind sie
Statuszeichen. Gehätschelt und bewundert: das braunge-
fleckte Kälbchen im Stall. Wer ein Tier zu solcher Rundlich-
keit heranfüttern kann, der weiß, daß er kein armer Mann ist.

Ein freundliches Abschiedwinken, dann geht es wieder
bergauf. Wir schauen zurück nach Osten, in ein von krüppe-
ligen Steineichen gesäumtes Hochtal, in dem sich flachge-
deckte Berberhütten aus Lehm in den Berghang hinein-
schmiegen, wollige Herden vielschrittig trippeln. Eine Paßhöhe mit unendlichem Fernblick auf die weißbemützten
Ketten des Mittleren Atlas. Hinter dem Col de Sidi Méjbeur
(Meubbeur) die flach gesenkte Daia-Chiker-Hochebene,
welche Bergzüge von etwa 1700 Meter umstellen. Je nach
Jahreszeit ist der Talgrund grün, grau oder ein flacher See.

Die gerühmten *Grottes de Chiker,* Tropfsteinhöhlen, die
Zeugnisse für früheste menschliche Anwesenheit hergaben,
sind nur mit besonderer Genehmigung und nach allerlei
Vorbereitung zu besehen. Anders der *Gouffre de Friouato,*
wohin bald eine Stichstraße leitet. Der Wärter wartet schon,
um den Eintrittsgroschen zu kassieren. 512 ungleiche Stufen
führen hinunter in einen dämmerigen Hades, einen Trichter-
Abgrund, an dessen schuttübersätem Tiefstpunkt man uns
den Weiterweg zu noch kaum erforschten Tropfsteinhöhlen
verwehrt. Durch den offenen Scheitel der Doline fällt fahles
Licht. Wir kommen uns vor wie Höllenfahrer, besonders
dann, wenn ein Juhuh schaurig gedämpften Hall aus den
Wänden löst.

Kurvenreich geht es hinaus-hinab-hinüber-hinauf zum
Djebel Tazzeka, dem mit 1980 Meter höchsten Gipfel der
Region, der leider nicht alle Tage Rundblicksweite gewährt.
Wir muten dann unserem Vehikel einige rauhe Kilometer
zu, bis es wieder eine Teerstraße unter die Räder bekommt.
Schmal und kurvig ist sie zwar, aber beschert dafür vielfältige
Landschaftsbilder. Durch eine Schlucht, in deren grauen und
rostroten Felswänden Höhlen ihre schwarzen Mäuler aufrei-
ßen, durchs dunkle Grün von Mastix, Steineichen und Johannisbrotbäumen erreicht sie gut dreißig Kilometer westlich
von Taza wieder die P 1, die Route nach Fes. Wir haben auf
dem Weg durch die Berge freilich den ›Korridor von Taza‹
umgangen, durch den immer wieder sich die Eroberer den
Weg ins Seboubecken und in die Königsstadt Fes er-
kämpften.

Von Taza nach Fes

Obwohl schwer von Erinnerungen, schenkt dieser Korridor
kein dramatisches Landschaftsbild. Aber er weist sich an-
schaulich-glaubwürdig als die natürliche Pforte nach Inner-
marokko aus. Taza auf seiner Höhe beherrscht militärisch
den Zugang zum »Flaschenhals«, zu der Hügelenge, durch
die heute Straße und Bahnlinie hart nebeneinander und sich
überschneidend hindurchgeführt sind. Sie queren dann auf
soliden Brücken die tiefeingefressenen Betten ungezügelter
Oueds, zweimal und später noch ein drittes Mal das des
Oued Inaouene. Hier goldgelbe, dort staubgraue Höhenzüge, dunkelgetupft. Braunrote Erde als Folie für fahles Grün
der Oliven. Eine Höhenschwelle (Col de Touahar) eröffnet
weite Blicke auf die bläulichen und rosigen Berge in Norden
und Süden, auf den Weg, den wir zurückgelegt haben und
voraus auf ein sachtes Gehügel, das sich weitet. Manche der
Wellen sind mit Olivenbäumchen bestanden, andere liegen
unter einer schütteren Krume so fahl wie die Balze bei Vol-
terra. Dann weite Felder, einheitlich bestellt. Bei Matmata
(60 Kilometer vor Fes, auf keiner Karte verzeichnet) glanz-
grüne Orangen- und Limonenkulturen, Granatäpfel und Zy-
pressenzäune. Normierte Landarbeitersiedlungen (hier ist
also der Staat Grundbesitzer) und ein Bahnhof, wo scharlach-

rote Tomaten, schwärzliche Auberginen, wohlgeratene Kartoffeln verladen werden sollen. Hügelland unter hohem
Himmel, umschlossen von ganz fernen saphirblauen Bergzügen – und dann der überraschte Blick hinunter ins Sebou-
Tal. Der helle, unklar umrissene Fleck dort vorn, fern, das
muß Fes sein, unser Ziel.

In weiten Kehren kurven wir in die Talebene hinab, über
den Fluß. Ein Schild weist links ab nach *Sidi Haracem,* von
wo das Mineralwasser kommt, das im ganzen Land getrunken wird. Die Quelle speist heute auch ein kreisrundes Bade-
becken, von dem die hohen Eintrittspreise das ›einfache Volk‹
fernhalten. Die ›kleinen‹ Männer sammeln sich droben am
Hang und genießen die ›Schau‹, wenn sich drunten reiche
Fassis oder Fremde mit ihren bikini-nackten Frauen im Bekken tummeln. Das Hotel mit seinen um intime Wohnhöf-
chen geordneten Zimmern nimmt uns freundlich auf. Der
Architekt Zevaco hat ein humanes Ensemble geschaffen.

Kurze Route nach Marrakesch

Umwege im Mittleren Atlas

So kurz ist der Weg doch auch wieder nicht: etwa fünfhundert Kilometer, das sind mit öffentlichen Verkehrsmitteln ungute zehn Fahrstunden, trennen die alt-ehrwürdigsten der Königsstädte voneinander. Fünfhundert Kilometer, die etwas wie das Rückgrat Marokkos bedeuten. Der längere Weg, der über den Hohen Atlas, an der Straße der Kasbahs entlang und wieder über die Atlaskette, bietet freilich noch charakteristisch Sehenswerteres und soll darum in späteren Kapiteln ausführlicher vorgestellt werden.

Doch auch an der direkten Strecke gibt es Sehenswertes, und wer sich etwas Zeit nehmen kann, hat die Qual der Wahl zwischen verschiedenen, meist gut ausgebauten Routen und die Möglichkeit zu lohnenden Umwegen und Abstechern.

Die Straße, die Fes am Flughafen vorbeiführend verläßt, läuft zunächst glatt durch die Sebou-Ebene, steigt dann langsam, aber stetig bergan. Nach vierzig Kilometern ist *Imouzzer du Kandar* erreicht, eine bereits 1345 Meter hoch gelegene Sommerfrische mit guten Hotels unweit eines alten Berberdorfes mit Montagsmarkt.

Acht Kilometer weiter zweigt links eine Schotterstraße zum Dayet Aoua ab und verlockt den von keinen Terminen gehetzten Touristen zu einer Rundfahrt auf der ›Piste des Lacs‹, einem etwa sechzig Kilometer langen, teilweise recht rauhen Weg, der zu Abzweigungen zu etlichen, auch künstlichen Seen des Berglandes führt und schließlich *Ifrane* erreicht, das auf der geraden Asphaltstraße nur 25 Kilometer von Imouzzer entfernt liegt, 1650 m hoch, eine waldumkränzte Sommerfrische und vor allem ein Wintersportzentrum, fast ausschließlich aus Ferienhäusern, Villen, Hotels und Restaurants, Boutiquen, Diskotheken, Sportanlagen und Schilifts bestehend. Man reibt sich die Augen: ist das auch Marokko – oder sind wir in die Schweiz geraten oder nach Tirol? Freilich haben die Höhen ringsum nichts Alpines, weder in

Gestalt noch Bewuchs, aber die Bilder solcher Sommererholungs- und Wintersportzentren gleichen sich ja auf der Welt so wie ihr Publikum, das sich in der Saison hier im ›Relais des Schieurs‹ oder ›Aux amis des ski‹ trifft. Ifrane, wasserreich, waldumschlungen, mit spitzgiebeligen roten Ziegeldächern, der grüngedeckten königlichen Villa (scharfe Polizeikontrollen belehren uns, daß die scherifische Majestät gerade hier im Kühlen weilt), von Casablanca oder Rabat bequem in einem Tag (noch schneller durch die Luft) zu erreichen, gilt als Treff für die happy few Marokkos. Uns dient es als Ausgangspunkt für Erkundungsfahrten im Mittleren Atlas und es könnte sich in der heißen Sommerzeit Frühaufstehern mit eigenem Wagen auch als Standquartier für kurze Umschau in Meknes und Fes anbieten. Wenn drunten die Hitze trommelt, kann man sich schon wieder im erträglichen Höhenklima ausruhen.

Eine kleine Rundfahrt wenigstens in die Zedernwälder, in Steineichenbestand, in den sich Zedern einschieben, die Nachbarn überragend. Da und dort ein schwarzes Nomadenzelt aus Ziegenhaar.

Über den Tizi n'Tretten, den 1934 m hohen ›Ziegenpaß‹, geht es dem Mischliffen entgegen (2036 m), vorbei an der in einer waldumgebenen Mulde liegenden Schihütte des Schiclub Ifrane, hinauf zum »Teleski« und der PTT-Funkleitstation. Merkwürdige Bergwelt: eigentlich wie eine Ebene, aus der sich zedernbeschopfte Hügel empormulden. Der Djebel Hebri trägt wie auch andere Berge hier einen Schilift. Es bedarf an diesem farbfrischen Frühherbsttag einiger Phantasie, sich das alles als Winterlandschaft vorzustellen. Nur ein Landeskind oder ein unverbesserlicher Snob wird ausgerechnet den Mittleren Atlas zum Schiurlaub wählen. Rasante Abfahrten bietet er nicht.

Wir schlagen die Straße nach Azrou ein, folgen ihren Kurven abwärts durch Eichen- und Zedernbestand und dann rechts der beschilderten, einst oberflächlich asphaltierten, inzwischen arg löcherigen Piste zur *Zeder von Gouraud,* einem Baumriesen, der zum Nationaldenkmal erklärt wurde. Die Straße, auf die wir zurückkehren, führt durch waldige Einsamkeit nach *Azrou* mit seinem zwiebelrosigen, paprikaro ten, gurkengrünen, auberginenbraunen, dattelblonden und gewürzduftenden Markt, mit seinem grünen Zentrum (unter grünen Hängen grüne Bäume, grüne Dächer, ein grüngla-siertes Minarett). Man erreicht es auch auf der ebenen Neben-straße, die etwa zwanzig Kilometer hinter Fes durch die Sais-Ebene nach el-Hajeb abzweigt. Neben der Straße von diesem nicht weiter sehenswerten Ort nach Azrou immer wieder Aussichtsplattformen in die *Ito-Landschaft,* ein weites Talge-breite mit zahllosen spitzen Hügelchen, Resten einstiger Vul-kankrater und Lavaströme, rötlich schimmernd, verblauend in unendliche Einsamkeit. Eines der seltsam-größten Land-schaftsbilder Marokkos.

Von Azrou aus schlagen wir die Straße P 24 nach Khenifra-Marrakesch ein, die uns nach kaum zwanzig Kilometern vor die Entscheidung stellt, entweder auf der braven Asphalt-bahn über Mrirt in anderthalb Fahrstunden Khenifra zu errei-chen oder einen für Fahrer und Fahrzeug strapaziösen Um-weg zu wählen. Aber schon die ersten hundert Meter überhe-ben einen der Wahl: wir halten uns an die Straße.

In der Nähe von Mrirt, dem weitgezogenen Berberdorf mit Freitags-markt und niedrigen lehmroten und ziegelbraunen Häuschen, wird Blei abgebaut. Etwa zehn Prozent der marokkanischen Ausbeute kommen von hier. Das Minengelände liegt etwas abseits der kürzesten Verbindung von Meknes her, die keinerlei Landschaftsreize bietet, sondern nur durch eine karge, spärlich besiedelte Gegend führt, wo auf dunklem Tuff einige wenige Wasserstellen die dunklen Zelte der Halbnomaden um sich sammeln.

Dann wieder strohgoldene Talböden, voraus ferneblaue Bergkulissen. Die Straße senkt sich durch Steineichenwälder und Kiefernaufforstungen abwärts ins Tal der jungen Oum er-Rbia. Wo die Straße den Fluß überquert, steht die Ruine eines Forts. Bald dann ein Blick hinunter ins baumbestandene Flußbett, wo buntgewandete Frauen eifrig ihre Wäsche wa-schen. Das rosarote *Khenifra* zeigt uns erstmals den warmen Ziegelton als Grundfarbe einer ganzen Siedlung. Das mil-chige Kalkweiß des Nordens ist dem Farbklang des Südens gewichen, nicht nur bei den aus dem hiesigen Material er-richteten Heimstätten der Stadt, sondern auch bei den Beton-bauten an ihrem Rande. Sie tarnen ihre Dürftigkeit damit.

Wem es – in einem strapazierfähigen Vehikel – auf ein paar Stunden nicht ankommt, kann sich von der Straße nach Marrakesch etwa 17 km hinter Azrou links abzweigend den Umweg über Ain Leuh und den Besuch bei den Quellen der Oum er-Rbia, Sources de l'Oum er-Rbia, gönnen (oder zumuten), auf einer staub- und kurvenreichen Alternative, die um etliches länger ist als die bequeme direttissima nach Khenifra. Ain Leuh ist ein ausgedehntes Berberdorf, ist Marktort und Verwaltungszentrum und mit seinen flachgedeckten Häusern Kontrastbild sowohl zu den roten Giebeln von Ifrane wie zu den grünen Dächern von Azrou oder den niedriggewundenen teerdunklen Nomadenzelten. Die Strecke bis zu den Quellkaskaden des Oum er-Rbia, des längsten Flusses Marokkos, der bei Azemmour in den Atlantischen Ozean mündet, ist mühselig, auch die weitere Route bis Khenifra ist nicht bequem, doch wer Freude an Erdgestalt und Pflanzenwelt hat, wird das Unternehmen wohl kaum bereuen.

Khenifra war vor vierhundert Jahren nur ein Winterlager der Ait Affi aus der Zaiam-Gruppe der Berber, gewann Bedeutung erst, als Muley Ismail hier eine Kasbah und eine Brücke errichten ließ. Erst vor hundert Jahren wurde daraus eine Stadt: ein Caïd unterwarf den Ort der Zentralregierung. Mit Mittwochs- und Sonntagsmarkt, mit Bädern, Herbergen und einer Moschee ausgestattet, mit Kaufleuten aus den großen Städten besiedelt, wurde sie gleichwohl für einige Jahrzehnte ein etwas unheimliches lokales Zentrum. Der Herr über die Stadt sagte sich, auf Söldner gestützt, vom Sultan M. Abd el-Aziz (1894-1908) los und unternahm Räubereien im großen Stil bis vor die Tore von Meknes. Noch vor sechzig Jahren mußten die Franzosen, die in der Nähe eine blutige Niederlage erlitten – ein Denkmal erinnert an die Gefallenen – den Nachschub für ihre Legionäre schwer bewaffnet eskortieren lassen.

Durch rötliche Hügel geht es aufwärts, ein Blick noch zurück auf die Stadt, dann vorbei am Denkmalsobelisken, vorbei am Erzberg Ben Guegour. Mit Recht versieht die gute alte Michelin-Karte – ein Rarissimum heutzutage! – gut 70 der Neunzig-Kilometer-Strecke bis Kasba-Tadla mit dem grünen Nebenstrich für »malerische Landschaft«. Das graue Band der Straße zieht durch ein Land, das alle Töne vom Orange bis zum staubigen Erdrot durchspielt, sich mit

←

2

1 Makellos steht das schönste mittelalterliche Minar des islamischen Westens über der roten Stadt. (Marrakesch, Minar der Großen [Kutubiya-] Moschee, 3. Viertel 12. Jh.)

2 Fes, Qarawiyn-Moschee, Blick zum Mihrab (zw. 1135 und 1143)

3 Gedämpftes Licht erfüllt die stillen Beträume. Nicht Bilder sind ihr Schmuck, sondern geometrisches Flechtwerk und die so phantastischen wie präzisen Kulissen der Zackenbögen. (Marrakesch, Blick durchs Qiblaschiff der Kutubiya-Moschee, Mitte 12. Jahrhundert)

3

4 Marrakesch, Kutubiya-Moschee. Archaisch-großes Muqarnas-
werk füllt das Gewölbe der Westkuppel des Qibla-Schiffs (zwischen 1146 und 1162).

5 Marrakesch, Kutubiya-Moschee, Detail vom Minber (1125/30).
An den Seitenwangen der Freitagskanzel sind zwischen geome-
trische Bänder mit Elfenbein- und Ebenholzintarsien vegetabile
Arabesken eingelassen.

6, 7 Das Grabmal des Muley Ismail in Meknes und die Medersa Ben
Yussuf in Marrakesch variieren im Fliesenmosaik der Sockel-

zone, im Stuckwerk und im geschnitzten Zedernholz den geometrischen und vegetabilen Formenschatz islamischer Tradition.

8 Fes. Die Brunnenpavillons im Hof der Qarawiyn-Moschee sind
Nachfahren der Pavillons im Löwenhof der Alhambra von
Granada.

10

←

9 Fes, Kapitell im Hof der Attarine-Medrese (1322-25). Aus jedem
Detail spricht die Handwerkskunst und Phantasiefülle der be-
strickendsten Phase der ›maurischen‹ Kunst.

10 Rissige Lehmmauern und archaische Ornamentik einer Kasbah
bei Skoura.

11 In manchen Ksour des Draa-Tales diente das aus Stampflehm
errichtete Minar zugleich als Auslug gegen die feindlichen Nomaden. (Kasbah bei Zagora)
→

12 Ait ben Haddou ist immer noch eine der eindrucksvollsten Berbersiedlungen südlich des Hohen Atlas.

13 Die Tore der ummauerten Ksour des Südens nehmen sich die Tore und Türme der Städte zum Vorbild. (Ksar Abbar)   →

14 So reiche Lehmziegelornamentik wie an der Kasbah Ait Bouge-mèze im Hohen Atlas wird bald der Vergangenheit angehören.
   →

dunklem Grün sprenkelt, nachtschwarzen Ziegen und staubgrauen Eseln zur Weide dient und als Bildfolie den vielbei-
nig-trippelnden Schafherden. Grüne Hügelkämme, fahle
Talebenen, bewegte Horizonte rechts und gezackte Ausläufer
des Mittleren Atlas links – und dann die Tadla-Ebene.

Wo Heilige herrschten

Überm Sehen des Gegenwärtigen vergißt man, daß das ein
Gebiet ist, das einstmals für die Geschicke des Landes eine
kaum geringere Rolle gespielt hat als die königlichen Resi-
denzstädte.

*Etwa zwanzig Kilometer hinter Khenifra zweigt eine Straße in
Richtung Midelt ab, und von ihr nach zwölf Kilometern wieder eine
nach El-Kbab mit Moschee, Marabut, Töpfern, Gerbern, Wollspin-
nerei. Von dort wäre es ein Spaziergang zum Dorf Maamar. Die
dortige Moscheeruine mit dem Marabut des Sidi Bou Bekr ist der
letzte Rest der Zawiya der Ait Idela, des Dila-Klosters also, das für
kurze Zeit eine glücklich-verhängnisvolle Rolle in den Geschicken
des Landes gespielt hat, bis Muley Raschid 1668 dieses geistliche
Zentrum zerstören ließ.*

*Der Terminus Zawiya (Zaouiya, Zaouia oder wie immer wir das
Wort transskribieren wollen) ist uns schon mehrfach begegnet. Im
islamischen Westen bezeichnet er im allgemeinen eine Gruppe von
Bauten religiöser Zweckbestimmung, die Betraum mit Mihrab, Kup-
pelmausoleum eines Marabut oder Scherifen, einen Raum für Koran-
rezitation, eine Koranschule (Maktab), Unterkünfte für Gäste und
Pilger, Reisende und Studenten umfassen. Dazu gehört meist ein
Friedhof für die Mitglieder der Bruderschaft, die in der Nähe ihres
Heiligen bestattet sein wollten. Freilich hat der Begriff im Maghrib
mancherlei Wandlungen durchgemacht. Im 13. Jahrhundert war er
Synonym für die Einsiedelei eines Frommen, der hier von Schülern
umgeben lebte und lehrte, also eher identisch mit dem, was der Osten
eine Khanaqah nennt. Diese Zawiya-Einsiedeleien entwickelten sich
schnell aus Stätten der Weltflucht zu Zentren, in denen die mystischen
Lehren der Sufi den Massen nahegebracht wurden, zu Schulen und
Herbergen für diejenigen, die geistliche Vollendung suchten. Ein Autor
dieser Zeit konnte schlankweg erklären: »Bei uns im Maghrib dienen
die Zaouias dazu, Wanderern Obdach und Reisenden Nahrung zu
gewähren.«*

Die Zawiyas des Maghrib haben schnell auch politischen Einfluß
auf die den städtischen Zentralen ferne Bevölkerung gewonnen, wie
eben gerade die Zawiya el-Dila, deren Scheiks nach dem Fall der
Saadier ihre weltliche Macht über die Tadla-Region und einen großen
Teil Zentralmarokkos ausdehnten und der aufsteigenden Alaouitendy-
nastie feindselig gegenüberstanden, aber ihr unterlagen.

Sitz und Zentrum eines solchen ›Ordens‹ war auch die Zawiya
der Ait Ishaq (beim Kilometerstein 195 rechts ab, 3 km von der
Hauptstraße), von sudanesischen Sklavensoldaten gegründet, als de-
ren Nachkommen die Ait Ishaq galten. Hier, in einem schon seit dem
12. Jahrhundert bestehenden ›Kloster‹, soll Muley Raschid (1666-
1672), der ältere Halbbruder und Vorgänger Muley Ismails, seine
geistliche Erziehung empfangen haben. Das sind alles verwehte Erin-
nerungen. Nichts ist geblieben, was die touristische Neugier reizen
könnte – nur eben der Schatten eines vergangenen Schattens.

Etwa 25 Kilometer weiter auf der Hauptstrecke (P 24)
findet sich *Zawiya ech-Scheikh,* auch ein ›Klosterdorf‹ eben,
mit Zawiya, Moschee, Marabut des Gründers Sidi el-Madani, mit Tighremt und einer von Ölpflanzungen und Gärten umgebenen Kasbah. Wer hier am Samstag oder Mittwoch vorbeikommt, wird es sich nicht nehmen lassen, ein
halbes Stündchen das gemächlich-bunte Markttreiben zu beschauen.

Wir haben es längst schon gemerkt: Marokko ist trotz
seiner würdigen alten Städte und trotz aller »nouvelles villes«
kein Land der Städter, sondern eines der Bauern und der
Nomaden, der einsamen Hirten. Wo sie sich regelmäßig
trafen, entstanden ›Märkte‹ als permanente Siedlungen. Und
da der Markt (an einem bestimmten Wochentag abgehalten)
erst die Siedlung hervorgerufen hat und sie ohne ihn gar
nichts und gar nicht wäre, trägt sie oft einfach den Namen
»Markt am ... tag«.

Der Fremde, der dem Menschen des Landes begegnen und
etwas von seinem Alltag erfahren möchte, er kann das in
einem Land, in dem es noch weniger als anderswo tunlich
ist, einfach in ein Haus einzufallen oder neugierig-indiskrete
Fragen nach Einkommen, Familienstand und anderem mehr
zu stellen, am besten, indem er sich die Menschen und ihr
Tun anschaut. In den Gassen der Dörfer ist er selber eher

Gegenstand der Neugier. Doch am Markttag haben die Leute anderes im Sinn als den Fremden zu bestaunen. Nicht, daß er sich im Gewühl des Marktes verlöre – da wühlt es nicht –, doch das Handeln und Verhandeln, sachlich-zäh und ruhig, die Ausschau nach einem Käufer, der gemessene Austausch von Neuigkeiten, der lang entbehrte Schwatz mit einem entfernt wohnenden Befreundeten, das nimmt die Leute so in Anspruch, daß sie den Fremden übersehen. Und er hat dann Gelegenheit, unter gesenkten Wimpern in der Landschaft der fremd-dunklen Gesichter spazierenzugehen, die so gleichmütig an sich halten, so undurchdringlich-distanziert, und die doch nicht nur von den verschiedenen Blutströmen reden, die sich hier begegneten, sondern auch von dem harten Dasein unterm heißen Himmel, auf der roten Erde zwischen Stein und Steppe.

Wir haben auf unseren Fahrten jedesmal angehalten, wenn wir an einem Werktag durch einen Marktort kamen, und haben es nie bereut. Freilich geschah das selten des Einkaufs wegen, denn wir motorisierten Landfahrer sind keine echten Nomaden mehr und haben was wir brauchen im Kofferraum. Wohin denn mit einem armen, in der Hitze dick aufgelaufenen Huhn, das mit zusammengebundenen Füßen im niedrigen Käfig oder kopfab hängend das Schlachtmesser erwartet? Was täten wir wohl mit einem der traulich-wollig-weißen Lämmlein, einem Eselfohlen (was für ein reizendes Tierkind!) oder einem der müd gewordenen Dromedare, die verächtlich blicken wie die Butler eines Lords oder Seine Lordschaft selbst. Mit Recht, denn der Mensch kennt doch nur neunundneunzig der Namen Allahs, das Dromedar allein den hundertsten.

Wenn ein Verkäufer einlädt, dann nur zum Schwatz. Er hat den Fremden erkannt und sein Erbieten nicht ganz so ernst gemeint. Ein Achselzucken, begleitet von bedauernder Grimasse – man versteht sich ohne Worte.

Hier zieht sich die Frau nicht hinters Schleiertuch zurück – Berberinnen haben nie den Schleier akzeptiert –, sondern sie weiß, daß die Ellenbogen dazu da sind, einen Weg zu bahnen. Immer wieder bestürzt, wieviel älter die Menschen aussehen, als sie eigentlich sind! Die als ›Teenager‹ schon in

die Ehe verkaufte Frau ist nach ein paar Jahren unter der
Fuchtel der Schwiegermutter und nach mehreren Mutter-
schaften kein ›Twen‹ mehr, sondern eine Matrone, in deren
Antlitz das Leben unbarmherzige Kerben geschnitten hat.
Doch die dunklen Augen sind immer noch lebendig. Nur bei
den Älteren sind sie wie erloschen, als wären sie blindgeweint
oder gebrochen vom gelassenen Schauen ins weite Land und
in die Weite, die im Inneren liegt: stumpf und hellsichtig,
durch alles hindurch- oder wissend daran vorbeisehend, was
sich heute so wichtig nimmt. Solche Märkte sind keine
Folkloreschau, sondern eben der wöchentliche Treff- und
Tauschpunkt. Takt- und rücksichtslos filmende Touristen
sind schrecklich fehl am Ort.

*22 km vor Kasba-Tadla zeigt ein Arm nach links, nach el-Ksiba.
Die von dort mehrere Paßhöhen überwindende Asphaltstraße verwandelt sich bald nach Tizi n'Isly in ein Schotterband und endlich in eine
steinige und rissige Piste, die man nur einem hochbeinigen Gelände-
gänger unter die Reifen legen sollte. Bachbetten, die auch er nur mit
Mühe überwindet, grünes an den den Nordwestwinden zugekehrten
Hängen, mühselige Meilen – (wird's der Motor schaffen?) zu einer
2400-m-Paßhöhe und dann das Hochtal der Asif Melloul. Wir lassen
die Abzweigungen zu den Bergseen Tislit und Iseli links liegen, um
über einige Furten die Ortschaften Imilchil zu erreichen, eine Siedlung
der Ait Haddidou und eigentlich nicht weiter sehenswert, die durch
den jährlich im September stattfindenden Heiratsmarkt der Berber zu
einem weitbeschrienen Geheimtip für alle jene geworden ist, die sich
unbedingt abseits der Touristenrouten bewegen müssen, sich femini-
stisch für den einst wirklich archaischen Heiratsmarkt interessieren und
ihn ausbeuten möchten. So ist er inzwischen zu einer ›Veranstaltung‹
entartet. Die Bräuche bleiben dem Gaffer verborgen wie ihre Hinter-
gründe, und der Markt bietet schon allzuviel billigen Souvenirkram
an. Einzig zur Festzeit im September (den genauen Termin verrät
jedes Informationsbüro) ist Imilchil besuchenswert, aber wer dann
nicht dorthin eilt, hat nicht viel versäumt.*

*Die sich bald hinter Imilchil scheidenden, landschaftlich schönen,
jedoch für Fahrer und Fahrzeug harten Pisten nach Midelt, durchs
Todra-Tal nach Tineghir oder durchs Dades-Tal nach Boumalne können wir unberücksichtigt lassen. Wer sie überstanden hat, wird freilich
andere mit seinen Schilderungen begierig machen wollen, und ver-
schweigt dabei den Preis, den diese Pisten ihm abverlangten.*

Tadla nennen die Berber ein Ährenbüschel, eine Garbe. Tadla nannten sie auch die fruchtbare Ebene, die sich zum Lauf des Oum er-Rbia sanft abdacht und die im Lauf der Zeiten immer wieder als Kriegstheater verheert wurde. Hier trugen die Hirten der Berge und die Bauern des Flachlandes ihre Fehden aus. Seit die arabischen Beni Hillal, angestachelt vom rachsüchtigen Fatimidenkalifen von Kairo, nach der Mitte des 11. Jahrhunderts den Maghrib heimsuchten, um sich dort festzusetzen, haben die wechselnden Dynastien immer wieder Araber hier angesiedelt. Doch die Berber reizte der Reichtum der Region zum stets erneuten Versuch, sie mit bewaffneter Hand zurückzugewinnen.

Muley Ismail, der die strategische Bedeutung des Gebietes hellsichtig erkannte, ließ am rechten Ufer des Oum er-Rbia-Flusses eine starke Festung errichten: *Kasba-Tadla*. Das Provinznest von heute mit immerhin fast sechzehntausend Einwohnern ist eben der namengebenden Kasbah wegen einen Umweg und kurzen Halt wert. Seit 1913 war es Ausgangspunkt französischer »Befriedungsaktionen«, die zwar keinen wahren Frieden stifteten, doch ihre Opfer forderten. Das Gedenken an die gefallenen Franzosen soll das vielzackige Denkmal beim Dreiweg der Straßen ehren, einem zugleich aussichtsreichen Hügel. Die staubblauen Ketten des Mittleren Atlas im Rücken, schauen wir hinüber über den aufgestauten Fluß auf Brücke, Stadt und Kasbahburg. Der große Ismail hatte am Ende der 80er Jahre des 17. Jahrhunderts hier die Festung errichtet und mit tausend Abids seiner schwarzen Garde belegt. Im Jahre 1700 ernannte er seinen Sohn Ahmed zum Gouverneur des Tadlabezirks und stellte dreitausend Gardisten unter sein Kommando. Statt die alte Burg bloß zu erweitern, wie der väterliche Auftrag lautete, schuf der Prinz eine neue Festung mit doppeltem Mauerkranz, die in fast unheimlicher Weise Wehrhaftigkeit mit Schönheit verbindet. Die Bastionen der kamelbraunen äußeren Zinnenmauer traten bis an den Fluß vor. Ein zweiter innerer Mauerzingel umschließt eine Moschee mit netzwerkverziertem Vierkantminar, das die gesamte Anlage überragt, und den Gouverneurspalast (Dar el-Mahzen) mit einem von Amtsräumen, Wohngemächern und Galerien umzogenen Innenhof. Westlich davon noch eine Moschee, und dann über unterirdischen Magazinen eine Terrasse, die schönen Ausblick gewährt.

Die hier und die später noch von der P24 nach rechts, nach Norden also abzweigenden Straßen, die sich in Oued-Zem zusammenfinden und wieder teilen nach Rabat und nach Casablanca, sind keine Straßen, an denen ›Sehenswürdigkeiten‹ locken, sind nicht organische Nachfahren und Fortsetzungen alter Handelswege, sie spiegeln nur den Sog der politischen wie der wirtschaftlichen Hauptstadt des 20. Jahrhunderts, in dem sich – bedrohlich gesteigert – nur die seit dem 17. Jahrhundert zu beobachtende Wanderung aus den Bergen in die Ebenen und in die Küstennähe fortsetzt. Sie sind nur schnelle Verbindungen, neben denen sich im Frühling ein kurzlebiger Blumenflor in saftgrünen Wiesen entfaltet: dottergelbe Ochsenblumen, unschuldig blickende Margeriten, pflaumenblauer Storchschnabel, das goldene Getupf der Hahnenfüße, da und dort das satte Rot verspäteter Anemonen oder verfrühten Mohnes. Zwanzig Kilometer weiter flußabwärts, bei Staudamm und Kraftwerk, liegt Kasba Zidania, eine gleichfalls unter Muley Ismail errichtete Festung. Wir verbieten uns den Abstecher dorthin, ebenso wie den auf einer ländlichen Nebenstraße, die Taghzirt berührt, das eine alte Kasbah besitzt, das Dorf Fichtala, Mutterort einer religiösen Bruderschaft, das behauptet, vorzeiten der Hauptort des Tadlagebirges gewesen zu sein, und das Dorf Ait Said am Ausgang einer sagenumwaberten Bachschlucht.

Beni Mellal, die helle Stadt am Fuß der Bergausläufer, ist ein recht lebhafter Ort, scheint ziemlich wohlhabend und bietet uns bescheidene Unterkunft.

Der Morgen ist frisch und klar. Nach dem dürftigen Frühstück folgen wir der empfohlenen ›Piste touristique‹ um Stadt, um Orangen- und Olivenhaine, wandern von plappernden Kindern begleitet zum Ksar Ain Asserdoun und zur ebenso benannten Quelle, genießen das Bild der Landschaft. Am Dienstag wird im Ort Markt gehalten. Beim ersten Frühlicht sind die Bauern und vor allem die Frauen, unverschleierte Berberinnen, aufgebrochen und breiten nun aus, was ihre vom Wasser gesegnete Geschicklichkeit der guten Erde abgewonnen hat: dunkle Trauben und gelbsaftige Birnen, feistglänzende Auberginen, rotpralle Tomaten, Minze

und Majoran, dunkle und helle Körner, dazu die grünen, die
schwarzen und die nach besonderem Rezept eingemachten
hellvioletten Oliven mit ihrem aparten Aroma.

Ein Ausflug zum Bin el-Ouidane-Stausee (10 km hinter Beni Mel-
lal links ab nach Ouaouizarht, von dort aus westlich halten) ist auch
mit einem gewöhnlichen Personenwagen zu schaffen. Der 300 m lange
und 130 m hohe Damm, in den Jahren zwischen 1948 und 1955 erbaut,
staut 1,3 Milliarden Kubikmeter Wasser. Nachdem die Turbinen eines
ersten Kraftwerks ihm seine jugendlichste Energie abgemolken haben,
wird das Wasser weiter flußab in einem zweiten Becken gestaut, durch
Röhren in ein zweites E-Werk gelenkt (beide zusammen erzeugen
mehr als 500 Millionen kWh), und dann darf es hunderttausend
Hektar in der Ebene von Beni Moussa befeuchten und befruchten.
Den Ausflug zur Talsperre und zum himmelblauen Kunstsee (es sind
doch mehr als achtzig kurvige Kilometer) versagen sich die meisten
Touristen, obwohl er einiges von der Landschaft des Mittleren Atlas
erleben läßt. (Die Strecken, die von dort aus weiterführen, sind nur
mit Geländewagen befahrbar.) Großbauten der modernen Technik
sieht man ja auch daheim, und man wäre vielleicht froh, sie nicht so
oft sehen zu müssen. Freilich, Elektrizität und Wasser sind lebens-
wichtig für ein Land, das nicht auf Öl sitzt.

Bei der Weiterfahrt nach Marrakesch am Rande der Ebene
von Beni Moussa und durch sie hindurch können wir sehen,
welchen Segen das Wasser bedeutet. Seit 1956 wurde zum
Teil mit ausländischen Krediten für Bewässerungsanlagen
modernster Art gesorgt. Das Wasser kommt aus den Stauseen
des Mittleren Atlas, wird in breiten Kanälen der Ebene zuge-
führt, durch ein Schleusensystem aus den breiten in schmale,
in schmälere und schließlich kapillare Rinnen gelenkt, dorthin, wo es gerade gebraucht wird. Ein grüner Garten, in
dem Gemüse aller Art gezogen wird, wo hinter Sanddorn-
hecken die Orangenbäume ihren betörenden Duft verströ-
men, hinter Eukalyptus und Zypressen Ölbäume, Feigen und
Birnen gedeihen, sich Baumwoll- mit Zuckerrübenfeldern
abwechseln. Knapp hinter Beni Mellal zwei Zuckerfabriken,
die mithelfen sollen, das Land von der Zuckereinfuhr unabhängig zu machen. Es ist das erklärte Ziel der Regierung,
die Bevölkerung aus eigenen Mitteln zu ernähren, unabhängig zu werden von teuren Lebensmittelimporten. Der Zuk-
kerproduktion kommt dabei eine besondere Bedeutung zu,

denn die Marokkaner lieben das Süße, pro Kopf der Bevölkerung werden jährlich gut über dreißig Kilo verbraucht. Auch die durch lebenspendendes Wasser gesegnete Fruchtbarkeit des Bodens verlangt des Menschen Mühe, und die Genossenschaftsbauern haben jahraus jahrein ihre Plage.

Vorzeichen des Südens

Die Straße überquert die letzten hügeligen Ausläufer der Atlasberge. Baum- und strauchlos. Braunrot ducken sich die verstreuten Lehmhütten ins Rotbraune. Wo aber ein Flußtal eine Oase bildet, da wird es gleich wieder grün.

Der Süden sendet seine ersten Boten: die ersten Kasbah-Lehmbauten zeigen sich. Schemenhaft links voraus die Kette des Hohen Atlas. Neben der Straße die ersten Dromedare, sichtlich von einem trinkgeldschlauen Knaben gerade in Straßennähe postiert, und bald auch ein an mitteleuropäischen Straßen unbekanntes Verkehrsschild: im roten Warndreieck auf weißem Grund ein blaues Auto, das durch eine Rille fährt und nach beiden Seiten Wasser verspritzt: das Zeichen für ›Furt‹. Jenseits des Atlas wird es uns immer wieder begegnen und den Fahrer anweisen, Gas wegzunehmen, ob es sich nun bei der Furt bloß um eine kleine Senke, eine Querrille handelt, über die nur nach Regen Wasser läuft, oder um das breite trockene Bett eines Oued, das ein Wolkenbruch in einen tosenden Strom verwandeln kann. Aber hier ist die Landschaft noch zahmer. Immer wieder kahl-hügelige Streckenabschnitte, die kleine bewässerte Ebenen trennen. Rote Lehmhütten, weiße Marabuts, nacktstämmige Eukalyptus am Straßenrand, voraus die schöngeschwungene Silhouette des Djebilet und die bewässerte Ebene von *Tamelelt*. Noch 55 km nach Marrakesch. Schon ein Dutzend Kilometer vor der Stadt stehen seitab die ersten Palmbäume und die ersten lehmigen Wohnhäuser der Oase. Lehmfarbene Vorstädte dann – und das Tor, das uns einläßt in die Hauptstadt des Südens. Das Minar der Kutubiya grüßt den Fremden. In seinem Schatten findet der Wiederkehrende erholsame Rast.

Von Fes zum Wüstenrand

Der längere Weg

Stärker als auf der ›kurzen‹ Straßenverbindung zwischen Fes und Marrakesch erlebt man die landschaftliche Vielfalt Marokkos auf dem Weg über die Barrieren des Mittleren und des Hohen Atlas ins Tafilalet, die Oase zwischen zwei Flüssen: dem Oued Ziz und Oued Rheris. Diese Strecke, dann die ›Straße der Kasbahs‹ und endlich die über den Tizi n'Tichka nach Marrakesch, das ist die ›große Route‹. Auf ihr wollen wir uns der Hauptstadt des Südens nähern und uns dabei auch Zeit gönnen: zum Schauen, zu Abstechern. In drei Tagen kann man als eiliger Reisender diesen Weg »machen«. Aber dabei bleibt so vieles abseits liegen, daß man es hinterher bereut, nicht wenigstens fünf Tage vorgesehen zu haben. Das nur als Notiz für die gar zu Pressierten.

Wir wählen die Ausfahrt nach Sefrou (P 20), die zunächst durch gesichtslose und nicht endenwollende Vorstädte führt, die einem erschreckend bewußt machen, wie arg Fes aus seinem Gleichgewicht gekippt ist, wie schnell es von der alten Medina wegwächst.

Endlich erreicht die Straße den Rand der Siedlung, eilt durch eine wohlbestellte Ebene ersten Hügeln entgegen, Vorboten des Mittleren Atlas, an denen sie allmählich hinansteigt. Überall Oliven, Agaven, Weizen und wollige Herden. Hell von stumpfem Grün umgeben liegt *Sefrou* am Bergfuß, ein von den gleichnamigen Berbern gegründetes Städtchen mit mauerumschlossener Medina. Die Sefrou waren bevor der Islam ins Land kam zum Judentum übergetreten. Erst der heilige erste Idris hat sie zur Botschaft des Propheten bekehrt, doch eine große Judengemeinde erhielt sich hier bis in unser Jahrhundert, und es bleibt kennzeichnend, daß die Mellah, das Judenviertel, im Zentrum der Stadt liegt, rings umschlossen von den islamischen Quartieren.

Wegzeiger weisen zu den »Cascades« beim gleichnamigen Hotel, einem auch nach langer Trockenheit noch funktionierenden Wasserfall am Ende einer grünen Schlucht mit etlichen natürlichen Höhlen. Eine von ihnen ist Moslems wie Juden heilig, denn in ihr sieht die örtliche Legende die Höhle der Siebenschläfer. Es gibt zahlreiche ›Siebenschläfergrotten‹ im ganzen Orient, die bekannteste (und authentischste) ist die bei Ephesos, der Stadt, in der die Legende der sieben unter Kaiser Decius eingemauerten Brüder lokalisiert ist. Man erfährt, daß die Quelle beim Marabut des Sidi Bou Ali alljährlich Schauplatz eines eher heidnischen Opfers sein soll: das Blut eines siebenfarbigen und eines schwarzen Huhnes, eines weißen Hahns und eines schwarzen Ziegenböckleins wird vergossen, um die Geister gnädig zu stimmen und dem Wasser seine Heilkraft zu erhalten. Gebräuche, die sich mit einem reinen Islam kaum vereinbaren lassen, sich jedoch zäh über die Zeiten erhalten haben. Die Berber blieben, unter welchem religiösen Etikett auch immer, stets sie selbst. Wie schnell ist alles Christentum von einst von ihnen abgeblättert, welch seltsame Zuwüchse hat die Lehre Mohammeds sich hier gefallen lassen müssen. Manchmal scheint es dem Außenstehenden, als sei auch sie nur Tünche überm beharrlichen berberischen Animismus.

Es ist das Berberland, in das wir aufgebrochen sind. Berbern sind wir schon am Beginn unserer Fahrt begegnet, auf dem Markt in Tanger, im Rif. Aber da war die vorherrschende Sprache das Arabische, nur daneben auch das Tarifi. Jetzt fahren wir quer durch das Gebiet, in dem das Tamazirgt der halbnomadischen Berber (Nachkommen der Sanhadja von einst) die Umgangssprache bildet. Später werden wir (im westlichen Hochatlas, im Sous und im Anti-Atlas) die Gebiete der seßhaften Schlöh (Chleuh) durchfahren, der Masmuda von einst, die Dialekte der Tachilhait-Gruppe sprechen. Berberischen Sitten, berberischen Trachten, berberischen Lebensformen und Ornamenten werden wir in den nächsten Tagen wieder und wieder begegnen und werden selbst bei flüchtiger Berührung etwas von den Verschiedenheiten der Großgruppen in Lebensweise, Tracht, Behausung wahrnehmen, werden auch spüren, wie die Unterschiede sich langsam einebnen, die Streifenden seßhaft werden und die Seßhaften aus ihren angestammten Gebieten abwandern, um in den Städten Unterhalt zu finden. Wir werden selbst

als flüchtige Besucher sehen, wie die traditionelle Berberwelt
zerfällt, wie die Kasbahs, im modernen Einheitsstaat bedeu-
tungslos geworden, zerbröckeln, durch Stein und Beton ersetzt werden, wie die alten Trachten und die selbstgewebten
Stoffe verschwinden und den billigen grellbunten Kunst-
stoffähnchen Platz zu machen, wie selbst der Festtags-
schmuck der Frauen verarmt, weil die jüdischen Silberschmiede rar geworden sind, wie die haltbare und praktische
Plastiksandale die herkömmliche Fußbekleidung ersetzt.
Und doch: die Arbeitsvorgänge und die Arbeitsgeräte sind
immer noch die von einst. Nur eben: Sichel und Stichel
werden zugunsten von Lenkrad und Maschine aufgegeben.
Was noch bleibt, das ist die alte spontane Gastfreundschaft
und Kontaktfreude. Aber auch sie ist in Gefahr, in trinkgeld-
lüsterne Zudringlichkeit zu entarten.

Berber des Atlas

Schon Jahrhunderte vor jeder schriftlichen Überlieferung
bildeten die Berber das ethnische Grundelement Nordwest-
afrikas. So lange schon, daß wir auch heute nicht viel mehr
wissen als Ibn Khaldun, der lakonisch feststellte: sie bewoh-
nen schon seit ältester Zeit den Maghrib. Man unterschied
schon damals die Masmuda, die Sanhadja und die Zenata.
Im Bereich der zentralen Sahara sind der bekannteste Verband die Tuareg, dunkelhäutiger als die Nordberber, in denen man die Abkömmlinge einer mediterranen Rasse erblik-
ken möchte.

Selbst woher der Berbername kommt, ist ungewiß. Ibn
Khaldun leitet ihn von einer arabischen Wortwurzel ab, die
»unverständliches Geschrei« bezeichnet. Andere meinen, er
stamme übers lateinische ›berberus‹ vom griechischen ›barba-
ros‹ her, was auch wieder einen »unverständliches Bla-bla
Redenden« bedeutet. Beide Deutungen decken sich also,
beide beziehen sich aufs Sprachliche.

Aber dabei gibt es eine einheitliche Berbersprache sowenig
wie eine berberische Rasse. Es gibt nur drei Dialektgruppen,
welche die Sprachwissenschaft alle der hamito-semitischen
Familie zuordnet. Sie versucht, das Entstehen der Berberspra-

chen durch die Vorstellung zu erklären, daß in einer sehr
frühen Zeit eine ›Mittelmeersprache‹ (das Vorberberische)
von einer Nebenform des Ursemitischen überlagert worden
sei. Die ältesten Pyramidentexte Ägyptens sollen sprachlich
dem frühen Berberischen nahestehen. Daran ist manches
glaubhaft, datieren doch die meisten der saharischen Felsritzungen und Felsmalereien aus Jahrtausenden vor den frühdy-
nastischen Zeugnissen einer Niltalkultur. Wie auch immer –
dem, der das Land schaufreudig bereist, ist mit allen Theorien
wenig geholfen. Nur eines dürfen wir festhalten: die »Mauretanier«, die »Numider« und wie sonst die Völker Nordafrikas
im Altertum hießen: sie gehören alle zur großen Familie der
Berber.

Mit der islamischen Eroberung setzte die Arabisierung ein.
Ein Jahrtausend Herrschaft hat Nordafrika nicht nur gänzlich
dem Islam gewonnen, sondern auch sprachlich weitgehend
das Arabische durchgesetzt, jedoch die Berberdialekte nicht
völlig verdrängt. In den amtlichen Angaben über die »Berberophonen« spiegelt sich ein deutliches West-Ost-Gefälle.
Tunesien hat mit nur ein bis zwei Prozent den geringsten
Anteil (die größte Sprachinsel liegt auf der Insel Djerba), in
Algerien wird er bereits mit einem Viertel angegeben, in
Marokko gar mit vierzig Prozent. Aber solche Angaben
besagen wenig. In allen Maghribländern ist das Arabische
Staatssprache, dort wird in keiner Schule eine Berbersprache
gelehrt und es verstehen die meisten Berber die Kulturspra-
che, das Arabisch des Koran und der Gebetstexte.

Da sich auch im Aussehen in einer mit so viel Blutbeimi-
schungen versetzten Bevölkerung kaum mehr eine bestimmte Volkszugehörigkeit erkennen läßt, hat sich ein anderes Kriterium eingebürgert, nämlich das der Lebensweise.
Zwar gilt das Gesetz des Islam in den Städten wie auf dem
Land, aber in Lebensart und Brauch scheidet der Städter sich
vom Bauern und gar vom Viehzüchter-Nomaden. Und so
ist der Unterschied zwischen Berbern und Arabern heute
weniger ein sprachlicher als ein sozialer. Als ›Araber‹ fühlen
sich die Bewohner der zuerst und am vollständigsten arabisierten Städte, während ›Berber‹ fast ein Synonym geworden
ist für den Mann vom Land, den Dörfler oder Wüstenbe-

wohner. Das ist ein ganz ungenaues Raster. Viele Städter von heute sind ihrer Herkunft nach Berber (und Berber waren ja auch die Vorfahren vieler, die sich als Araber fühlen), schauen aber, weil sie nur noch die stadtarabische Umgangssprache beherrschen, auf die außerhalb der Städte lebenden ›Berber‹ mit einem ganz unberechtigten Hochmut herab. ›Berber‹ nennen sich die Landleute selbst, obwohl die Gleichung Städter = Araber, Landmann = Berber zu einfach ist, um wahr zu sein. Es gibt rein arabische Dörfer und Nomadenstämme.

Und Lebens- und Wirtschaftsformen der Berber sind in den verschiedenen Gebieten recht unterschiedlich. Sie reichen vom wohlhabenden Bauern über den dürftigen Ackerbau mit »Transhumanz« bis zum vollnomadischen Leben im beweglichen Zelt – in dem dann arabisch gesprochen wird.

Wiewohl ein berberischer Partikularismus existiert als Forderung, es möge im Leben des Landes, in den Schulen und Medien der berberischen Komponente Rechnung getragen werden und das moderne Königreich mit seinen bürokratischen Zentralisierungstendenzen solle auf die »Berberophonen«, ihre alten Rechtsnormen und sozialen Organisationen Rücksicht nehmen, muß jeder Versuch, Araber und Berber ethnisch oder rechtlich auseinander zu dividieren, in einer Sackgasse enden. Der berüchtigte Berbererlaß von 1930 der Protektoratsregierung hatte das beabsichtigt. Seither gilt der Versuch, Berber von Arabern zu scheiden, als kolonialistisches Attentat. Araber und Berber zusammen bilden das Volk Marokkos, geeint im arabischen Islam, dem hier im Land des Sonnenuntergangs das Berberische seinen dunklen Stempel aufgeprägt hat.

Die Berber haben auch die Geschichte Zentral- und Südmarokkos bestimmt, oder sagen wir besser die Vergangenheit, denn ›Geschichte‹ als zielstrebiges und deutbares Geschehen läßt sich das zähe und ständige Gerangel um Weidegründe kaum nennen, das sich allmählich von Südosten in nordwestliche Richtung verschob, aber sonst kein Ziel noch Ergebnis fand.

Die Welt der Berber erscheint uns trotz aller Bewegtheit von ahistorischer Konstanz und doch zugleich stetem Wandel unterworfen. Jede ihrer Gruppierungen besteht aus mehreren Stämmen, die den größeren Rahmen bilden für alle, die sich gemeinsamer Herkunft rühmen oder, wenn auch verschiedener Abstammung, sich auf einen gemeinsamen Eponymos berufen. Jede Stammeseinheit setzt sich aus Fraktionen zusammen, die sich durch Siedlungs- und Weidegebiete, durch Gewand- und Haartracht der Frauen voneinander unterscheiden. Und jede von ihnen ist wiederum aufgefächert in Sippen, in Dorf- und Lagergemeinschaften, die ihrerseits aus patriarchalisch regierten Familien bestehen. Diese Familien bilden die kleinsten, elementarsten und bestimmendsten Elemente der berberischen Gesellschaft. Auf sie bezog sich das Gewohnheitsrecht, soweit es vom koranischen abwich (heute gilt offiziell ausnahmslos das am »klassisch-islamischen« Recht ausgerichtete Eherecht des Scherifischen Königreichs), sie binden heute noch das Individuum, engen seinen Lebenskreis ein, bieten ihm dafür aber zugleich Halt und Rückhalt.

Da sich die in der Regel monogame Familie im Lauf der Jahre durch Tod und Geburt, Geburt und Tod verändert, verwandeln sich auch die aus diesen Elementen geschichteten ›höheren‹ Verbände. Wie in der Familie und dem Clan gab es auch in ihnen Parteiungen, vor allem auf Stammesebene, die sich oft blutig bekriegten, gab es Institutionen der Gesetzgebung, der Rechtsprechung und ein Exekutivorgan.

Wir werden auf unseren Wegen Berberleben von heute beobachten. Vor allem die tägliche Mühsal der Frauen: Mahlen und Backen, Feldarbeit, Brennstoffsuche, Küche, Vorratshaltung, Kinderaufzucht, Hausindustrie. Sie bewegen sich meist ohne Schleier, und anderswo gebietet es ihnen die Sitte, sich völlig zu verhüllen. Ihre Toilettengeheimnisse lassen sich nicht ergründen. Mit Glück (oder im Museum) kann man ihre Trachten noch sehen, ihren schweren Schmuck bewundern. Die patriarchalischen Familienwohnburgen, die in Gemeinschaftsenge gepreßten Kasar-Dorfschaften werden wir südlich des Hohen Atlas eindrucksvoll erleben. Die Musik, die Spiele, Lieder und Tänze hört und sieht man nur ausnahmsweise außerhalb von Folkloreveranstaltungen. In die Sprache der Berber dringt man nicht ein.

Die Neustadt von Sefrou hat wenig zu bieten, allein das Schild mit den Angaben über die Befahrbarkeit der Atlasstraßen wird jeder, der mit dem Auto sehr früh oder sehr spät im Jahr unterwegs ist, zu beachten haben.

Noch ein Rückblick auf den hellen Ort im Ring grüner Bäume, dann geht es aufwärts ins Steinig-Kahle. Im Bachgrund einzig ein paar Olivenbäume. Die Büsche, welche die Hänge sprenkeln, rücken allmählich zusammen zu einem lockeren Steineichenwald, den dann eine kahle Hochfläche ablöst. Steinige Viehweide. In einer von dunklen Höhen gerahmten Talmulde überrascht die grüne Obstplantage einer staatlichen Versuchsanstalt. Gelbe und rotbackige Äpfel leuchten aus dem Laub. Bald nachdem zum zweiten Mal ein Wegschild nach rechts, auf die fragwürdige Piste nach Imouzzer gedeutet hat, liegt links die Marktstätte von *Annoceur,* auf die allerdings kein Zeichen aufmerksam macht.

Ein Schnörkel am Rande: beim nur vier Kilometer entfernten Dorf Ait Khalifa fand man 1920 fünf Steine mit lateinischen Inschriften, aus denen die Gelehrten schlossen, es habe an dieser Stelle einst ein Römerlager bestanden. Aber Nachgrabungen ergaben keinen Beweis. Heute nimmt man an, es habe sich um Steine gehandelt, die als Baumaterial von Volubilis ins Tafilalet geschafft werden sollten, wo Sidi Mohammed ben Abdallah 1787 sein Ksar Dar el-Beida zum Teil aus römischem Material errichten ließ, und die aus irgendeinem Grunde hier liegenblieben. Durch die Talmulde dieses Dorfes führte übrigens einst die Karawanenroute von Sidjilmassa nach Fes, und es war Brauch, bei der Hauptquelle Ain Sname, der Quelle der Idole, Halt zu machen. Darin lag noch ein Rest von Erinnerung an Vorislamisches, soll doch einst an jener Stelle eine Stadt und ein Tempel der Afrikaner gestanden haben, in dem jährlich ein Opferfest gefeiert wurde, das mit heiligem Beischlaf endete. Wenn die Feuer erloschen, nahm jeder Mann die Frau, die gerade neben ihm stand. Sie durfte sich dann, so heißt es weiter, ein Jahr lang ihrem Ehemann nicht nähern, und die Kinder, die aus einer solchen Tempelverbindung entstanden, mußten der Priesterschaft zur Erziehung übergeben werden. Die Moslems haben von Stadt und Tempel keinen Stein auf dem anderen gelassen – und doch blieb die Stätte unvergessen.

Buntgewandete Frauen der Ait Youssi sind mit baumeln-
den Beinen auf Eseln unterwegs. An den wenigen Quellen
herrscht Waschbetrieb, aber Siedlungen bekommt man
kaum zu Gesicht. Sie verstecken sich hinter Steineichendun-
kel auf langhinziehenden Höhen. In langen Kehren rollen
wir durch bergiges Hochland mit Ausblicken auf die Ketten
des Mittleren Atlas. Ganz unvermerkt haben wir Höhe gewonnen, die Tafel am *Tizi Abekhanes* nennt schon 1769
Meter. *Boulemane,* Verwaltungszentrum der Ait Youssi- und
Ait Seghrouchen-Stämme, liegt schon wieder etwas niedriger. Bald danach durchfährt man die Recifa-Schlucht, die
sich ein Nebenfluß des Oued Atchana gesägt hat. Durch sie
folgt man ein Stück dem alten ›Königsweg‹ von Sidjilmassa
hinauf zum Col de Souiguer, der mit seinen 1952 Metern die
Wasserscheide zwischen Sebou und Moulouya bildet.

Der weitere Verlauf der P 20 bis zur Einmündung in die
von Meknes über Azrou kommende Straße steht uns als
so wenig abwechslungsreich in Erinnerung, daß wir uns
entschließen, doch schon vor Boulemane die rechts abzweigende schmale, meist im Tal verlaufende Route 3391 nach
Timhadide/Timahdite zu wählen. Hätten wir nicht die Zedernwälder um Azrou und Ifrane schon besucht (von ihnen
war im vorigen Kapitel die Rede), dann hätten wir diesen
lohnenden Umweg in unser Tagesprogramm einbauen können, indem wir noch etwas früher rechts in die 5309 nach
Ifrane-Mischliffen abgebogen wären.

Hinter *Timhadide,* das flach am Bachlauf zu Füßen eines
Felsabsturzes liegt, führt uns die Straße P 21 einem eingetief-
ten Bachbett folgend, das auch im Oktober noch Wasser
führt, durch steinige Einsamkeit dem Col du Zad entgegen.

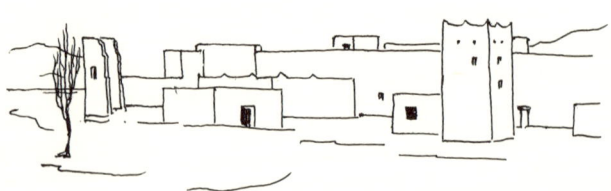

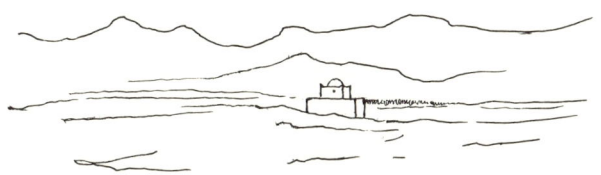

Eine buckelige Landschaft mit bis zu 150 Meter hohen erloschenen Vulkanen, in deren flachen Kratern sich winters das Wasser sammelt, die aber im Sommer austrocknen. 68,5 km vor Midelt zweigt links ein Sträßlein ab zum *Aguelman Sidi Ali,* dem größten der Bergmaare. Dieser See mit etwa drei Kilometer Durchmesser unterscheidet sich von den anderen durch seine beträchtliche Tiefe und dadurch, daß ihn ständig unterirdische Quellen speisen. Bleigrau und kalt liegt er zwischen rötlichen Steineichenhängen und fahlgrauen Lavabrocken. Auch die Luft hier oben ist frisch und herb. Auf den Bergweiden rupfen die Herden der Beni Mguild das spärliche Gras.

Der Zad-Paß (2178 m) ist die Wasserscheide zwischen Mittelmeer und Atlantik. Wir würden es nicht merken, stünde da nicht das Schild, das die Paßhöhe angibt. Von den Gipfeln steigen Eichen und Zedern die Hänge herab, auch stachelige Pflanzenkissen. Und dann zeigt sich beim mählichen Herabrollen in die Talbreite der oberen Moulouya-Zuflüsse das erste Blau des fernen Hohen Atlas. Die Landschaft mutet steppenhaft an nach diesem ersten Schritt in den Süden. Die Barriere des Mittleren Atlas bleibt uns als violettes Gehügel im Rücken, während wir – der noch unansehnliche Oued Moulouya ist unvermerkt überquert – der ferneblauen Bergwand des Hohen Atlas entgegenrollen.

Noch vor Midelt zweigt rechts eine steinige und löcherige Piste ab, auf der ein Allradfahrzeug in Kurven und Steigungen nach Imilchil gelangen kann, ein etwa 2500 Meter hoch gelegenes Dorf der Ait Haddidou. Es ist bekannt wegen seiner reichen Folklore (die Kelims aus dieser Gegend sind geschätzt), besonders durch das im September jeden Jahres stattfindende Moussem zu Ehren des lokalen Heiligen. Bei dieser Gelegenheit, zu der sich die Leute von weitem versammeln, findet der Heiratsmarkt statt, ein mit der üblichen Stellung der Frau in islamischen Ländern schwer zu vereinbarender Brauch. Aber die Frauen der Berber sind eben selbständiger als ihre arabischen Schwestern. Auch hier, wie überall im Land, vermitteln die Eltern die Ehe. Doch viele der jungen Frauen scheiden sich bald von ihrem Angetrauten und sind dann frei, einen Mann nach ihrem Gefallen zu wählen. Geschmückt und geschminkt sitzen sie beim Fest beisammen, werfen den Männern feurige Blicke zu, und wenn sie sich mit einem Bewerber einig geworden sind, wird am letzten Tag des Moussem vor dem Notar der Ehekontrakt unterzeichnet und der Segen des Heiligen erbeten.

Obwohl Imilchil schwer erreichbar und der Markt keine touristische Veranstaltung ist, sondern ein lokales Fest, das die Leute sich selbst und dem Heiligen bereiten, lockt sein Ruf doch immer mehr Ethnologen und Soziologen an, Journalisten und bloß Neugierige. Da besteht immer die Gefahr, daß aus einer Wallfahrt bloße Schau wird. Immerhin: zum Tummelfeld des Massentourismus wird Imilchil so schnell nicht werden: das verhindert allein schon die rauhen einsamen Anfahrtswege.

Durch Schluchten des Hochatlas

Wir haben es nicht bereut, gleich bei der Einfahrt in *Midelt* das kleine, freundlich geführte Hotel Mimlal als Nachtquartier gewählt zu haben. Unterm brennenden Morgenhimmel steht schwarz vor unserem Fenster die alte Kasbah. Der Ort besitzt mehrere Hotels, ein gutes Restaurant, Tankstellen und Autowerkstätten, aber keine besonderen Reize.

Durch Öde und Einsamkeit schlängelt sich die Straße dem Gebirge entgegen und aufwärts über den Tizi n'Talrhemt (1907 Meter). Ein verlassenes Haus, ein trockenes Bachbett, Blicke auf blauende Bergketten. *Bordj Nala* mit betürmter Kasbah, mit Hütten und Marktplatz, war einst nur ein französischer Stützpunkt. Die Schlucht des Oued Nala wird an beiden Ausgängen von betürmten Siedlungen bewacht. Dunkle bizarre Felsabbrüche, dürre Büsche an den Hängen verstreut – dann tut sich im Gebirgswall eine Scharte auf, zwei Bergwässer vereinigen sich: und hinein geht es in die erste jener Schluchten, die sich der Oued Ziz vor Jahrtausenden gesägt hat. Jener Fluß, dessen Lauf wir folgen wollen, dessen Geschick es schließlich ist, vom gierigen Sand der Wüste gefressen zu werden.

Ein breites Tal, darin Lehmdörfer und betürmte Burgen gereiht sind, dann wieder eine Bergbarriere. Und wieder zieht sich am lebenspendenden Wasser entlang Oasengrün und an seinem Rande Weiler an Weiler. Das *Ksar Rich,* Verwaltungszentrum des oberen Ziz-Gebietes, das etwa zwanzig Ksour, befestigte Dörfer, der Ait Izdeg umfaßt, lassen wir abseits liegen und passieren heute problemlos eine befestigte Furt des Ziz.

Vor etlichen Jahren standen wir einmal recht ratlos an dieser Stelle. Es war im Frühjahr, im Gebirge hatte es die ganze Nacht geregnet, der sonst so müde Bach war zum wütenden Geschäume geschwollen, schlammig-braun und unzähmbar. Da blieb nichts als Geduld und die Hoffnung, daß sich die Wasser einmal verlaufen würden. Allmählich schien das Gebrodel wirklich zahmer zu werden, Sandbänke tauchten schon auf. Der Fahrer eines Jeeps mit britischer Nummer wollte nicht länger warten. Wir haben dann mit einiger Anteilnahme vom sicheren Ufer aus zugesehen, wie die Mannschaft versuchte, den naß gewordenen Motor wieder flott zu bekommen. Bald darauf der Bus einer Reisegesellschaft, der sich auf einer Kiesbank bis zu den Achsen einwühlte. Die Damen und Herren mußten – bis zum Bauch im Wasser – ihre Habseligkeiten ans andere Ufer balancieren, frierend auf ein Ersatz-Vehikel warten. Statt das Glück auf die Probe zu stellen, zogen wir es vor, nach Midelt zurückzufahren.

Der weitere Weg durch die malerisch-enge Ziz-Schlucht ist ein besonderes Landschaftserlebnis, eine Strecke so voller kontrastreicher Bilder, daß man am liebsten alle paar Meter anhielte, um zu schauen, den Anblick auf Papier oder Film festzuhalten. Die Pforte bildet der »Tunnel du Légionnaire«, den französische Fremdenlegionäre an der engsten Stelle für das Band der Straße in den Berg gesprengt haben. Rotschrundige Wände eines Cañons, bizarr und zerrissen. Den glitzernden Oued begleitet ein schmales grünes Band aus Granat- und Oliven-, Mandel- und Aprikosenbäumen, Erlen und Pappeln, darunter Hirse und Buchweizen, Mais und Rohr, und dann heben die ersten Palmen ihre Wedelhäupter, rücken zusammen zu geschlossenen Hainen am Fuß sandroter Wände, durchsetzt von viertürmigen Kasbahs, durchzo-

gen von lehmgelben Mauern, dahinter sich ein ärmlich-
gelassenes Alltagsleben mit Frauenmühe, Kindergeschrei und
Plackerei ums tägliche Brot abspielt.

Einst lief die Straße durch eine weitere Schlucht, jetzt zieht
sie in halber Hanghöhe dahin, umgeht die zweite Enge, an
deren südlichem Ausgang ein Staudamm entstand, der dazu
bestimmt ist, den Oasenbauern weiter im Süden Schutz vor
Überschwemmungen und in Dürrezeiten das notwendige
Wasser zu sichern. Der Stausee und an seinem Ufer die ›Cité
des Cadres‹ kommen in Sicht, ein Sträßlein führt etwa zehn
Kilometer vor Er-Rachidia links ab zur ›Barrage Hassan
Addakhil‹.

Wohl ist hier ein Landschaftsbild beschädigt, doch in einem Land mit so vielen eindrucksvollen Schluchten und so
harten Lebensbedingungen ist es nicht nur erlaubt, da ist es
geboten, mehr dem Menschen zu dienen als der Landschafts-
ästhetik. Davon kann hier keiner leben.

Was einst *Ksar es-Souk* hieß, heißt nun offiziell *Er-Rachidia*.
Sehenswerter ist der Ort durch den Namenswechsel kaum
geworden, obwohl sich dieser einstige Stützpunkt der französischen Légion darum bemüht, die Tristesse der Garnison
hinter rosabraunen, weiß und gelblich abgesetzten Mauern
verschwinden zu lassen. Was sie verbergen sollen, das sind
nur wieder Kasernen für einsatzbereite Militäreinheiten, für
Gendarmerie, für die Provinzverwaltung des unteren Ziz-
Tales und des Tafilalet. Ein Schild weist zum »alten Souk«,
der uns eher steril erscheint. Am rechteckig-lieblosen Raster
der beinahe schon wieder alten Neustadt: Banken, Post,
Restaurants, Bars, ein paar staubige Läden, in denen man
sich schnell mit Proviant versorgt. Eigentlich ist Er-Rachidia
trotz Flugfeld und teurer Hotels, die sich schon Kilometer
vor dem Ort anpreisen, nicht mehr als ein Versorgungsposten
und ein Dreiweg der Straßen aus dem Norden, dem Hohen
Atlas, der aus dem Süden, der sich bei Meski die von Osten,
von Figuig und Bouarfa herkommende vereinigt, und ihrer
Fortsetzung nach Westen (der P 32, der ›Kasbahstraße‹).

Die grüne Flußoase liegt rechts ab in einer Senke. An ihrem Rand kaum unterbrochen die Kette der Siedlungen: alte Ksour und neue dünnwandige Betonhäuser. Und linker Hand kahl-stachelige Steppe.

Nach etwa elf Kilometern deutet ein Schild nach rechts, zur *Source bleue de Meski*. Ein Fahrweg und eine Treppe führen hinunter ins Flußtal, zu Zelt- und Parkplatz und zu einer kleinen Grotte, in der die Blaue Quelle entspringt. Gegen ein bescheidenes Eintrittsgeld dürfen wir zusammen mit den feisten Fischen in einem Becken schwimmen, das einst die Legionäre aushoben, das inzwischen vergrößert und ausbetoniert wurde und in der Reisezeit Landfahrer aus vielen Nationen anzieht, die hier Erfahrungen und Tips austauschen, einen Saft im sanft wiegenden Schatten der Palmwipfel schlürfen und finden, daß das Leben schon verdammt schön sein kann. Wer länger verweilt, der ist bei den Andenkenhändlern, die hier ihre Stände (mit phantastisch überhöhten Ausgangspreisen – da muß man hart handeln) eingerichtet haben, bekannt genug, um als Opfer auszuscheiden. Eher widerwillig reißen wir uns los – es wartet unser ja noch viel Schönes – auch manche heiße Stunde, in der wir uns an die Quelle zurückwünschen.

Das Ziz-Tal ist eine einzige Kette von Oasen mit grünen Wipfeln drunten im Tal, zwischen die lehmige Dörfer gestreut sind. An einer Straßenbiegung ein Aussichtspunkt, der die südmarokkanische Bilderbuchherrlichkeit auf einen

Blick darbietet. Aus strohgelbem Ocker, leuchtendem
Braun, brandigem Rot scheinen die Schichtstufen zu bestehen, bläuliche und blutigviolette Schatten zeichnen sich in
sie ein, drunten das dunkle grüne Band, durch das sich silbern
das des Flusses zieht, fern irgendwo auf dem Plateau eine
lehmfarbene Siedlung, drunten im Tal noch eine und bald
wieder eine – und weit voraus erkennt man *Aoufous* mit
Ksar, Moschee, Zawiya, Postamt und Donnerstagsmarkt.
Am Rand des grünen Streifens am Fuß rostroter Felsen
entlang: Palmen und Feigen, Tamarisken, Mais, Buchweizen, Rüben und Weizen, Gerste und Klee. Dann weitet sich
nach einigen winzigen Dorfschaften, deren Namen man,
kaum gelesen, schon wieder vergessen hat, das Tal zu Wü-
stenbreite, ganz fern von veilchenblauen Bergzacken begrenzt. Wo kam das Grüne hin? Sanddünen, orangerötlich,
befestigt durch dürrgraue Palmzäune, Steine mit schwarzem
Wüstenlack überzogen sind wie Vorboten und Vorschmack
der Wüste, aber haben irgendwie nur Kulissencharakter. In
den flachen Dünen vor dem Oasengrün von Erfoud begegnen wir der ersten Kamelherde. Nun sind wir wirklich im
Süden, sind im Tafilalet, der Oase zwischen zwei Flüssen,
zwischen Oued Ziz und Oued Rheris.

Wasser fürs Tafilalet

Erfoud, auf das wir durch einen etwas schütteren Palmenwald
zufahren, vorbei an ummauerten Dörfern, ist eine neue,
gesichtslose Station für die schnellen und komfortgewohnten
Touristen. Die Hotels pflanzen ihre Reklameschilder an die
Straße, die dunklen Buben sind noch lästiger als anderswo,
der tägliche Markt im arkadenumzogenen Geviert ist nur
mit Maßen lebendig. Wir haben inzwischen so viele Märkte
gesehen – aber der hier ist ganz anders als einer im Rif oder
im Mittleren Atlas, er ist schon von der Wüste geprägt,
die Farben sind reiner, die Aromata dichter, die Formen
elementarer. Einen flaschengrünen Leuchter werden wir
doch noch im Koffer verstauen können? Eine asphaltierte
Straße führt hinauf auf den Hausberg (935 Meter), der das
Bordj Est trägt, der einen Blick über die Tafilalet-Oase auftut.

Ihr Zentrum, das wirkliche, ist Rissani. Auf dem Weg dorthin zunächst eine leere Fläche. Die Karte zeichnet hier linker Hand das Flugfeld ein, aber kein Mast und keine Baracke ist zu sehen. Dann schneidet die Straße eine Kette niedriger Trichterhügel. Sie markieren einen unterirdischen Wasserlauf, künstlich hergestellt, wie er sich im Iran Khanat nennt und hier im Westen Ghettara (Rhettara). Aus dem iranischen Osten soll, wie die Überlieferung erzählt, über die algerische Sahara die Idee und die Praxis gekommen sein, durch einen Tunnel tief unter der Erde das Grundwasser von Höhen zu Oasenbecken zu leiten. Der unterirdische Verlauf verhütete vorzeitige Verdunstung, forderte aber einen enormen Arbeitsaufwand. Alle paar zwanzig Meter mußten tiefe Schächte gebohrt werden, um von ihrem Grunde aus den Wasserstollen über viele Kilometer zu führen. Ist das hier nur ein museales Relikt einer einst sehr verbreiteten Methode, den Palmenhainen und Gemüsebeeten das nötige Wasser zuzuführen?

Wenige Kilometer weiter Zeugnisse für eine andere Methode, Wasser aus der Tiefe zu heben: Brunnenschächte, aus denen über ein Rollenwerk einst Rinder oder schwitzende Menschen große Ledersäcke mit Grundwasser herauffördern. Aber sie sind tot. Die Rampen für das stupide Hin und Her der Zugtiere sind schon zerbröckelt. Heute verwendet man Motorpumpen.

Totes Venedig der Wüste

Links ab zeigt der Wegweiser nach Rissani. Ein Minarett – ach nein, es ist nur der maskierte Wasserturm – hebt sich hoch über ein sandgraues Gefild, aus dessen trostloser Kahlheit da und dort verwehte Mauerreste wie abgekaute Zahnstummel herausstehen. Das nur blieb von *Sidjilmassa,* der ersten Großstadt des Maghrib. Ihre Anfänge verlieren sich im Dunkel früher Jahrhunderte. Sagenhafte Überlieferungen schreiben ihre Gründung den Römern zu, Leo Africanus nennt als Gründer von »Sigillum Massae« einen römischen Feldherrn Massa. Andere Autoren vertreten die Ansicht, sie stamme erst aus der Frühzeit des Islam. Der Geograph el-Bekri nennt

als ihr Entstehungsdatum das Jahr 757 und als ihren Gründer
einen Berber, den kharedschitischen Schmied Midrar, den
Ahnherren der ersten Dynastie, welche die Stadt beherrschte,
längst bevor von Fes oder Marrakesch die Rede sein konnte.
Und die Stadt beherrschte die Karawanenstraßen in alle
Richtungen der Windrose: nach Timbuktu und in den Sudan
(d. h. Schwarzafrika), nach Libyen und Ägypten, an den
Atlantik und ans Mittelmeer. Ein Jahrhundert lang war sie
Hochburg der Kharedschiten, Hauptstadt eines selbständigen
Königreiches. Der schiitische Mahdi Obeid Allah war ein
Jahr lang Gefangener des Herrschers von Sidjilmassa, bevor
seine getreuen Kotama-Berber ihn 909 befreiten und auf den
Thron von Ifriqiya führten. Bald schon (922) mußte die
Stadt die Hoheit der tunesischen Fatimidensultane anerkennen, doch behielt sie ihre angestammten Herren. Die Midra-
riden wurden erst 976/977 gestürzt. Die Usurpatoren aber
wollten ihre junge Macht mit so rigorosen Mitteln sichern,
daß die Bevölkerung die Almoraviden um Hilfe anrief. Diese
ließen sich nicht lange bitten, besetzten die Stadt, massakrier-
ten den ungeliebten Machthaber mitsamt seiner Sippe und
Anhängerschaft. Auch im Reich der Almohaden war Sidjilmassa ein wichtiger Umschlagplatz, eine Stadt der Blüten
und der honigsüßen Datteln, in der die Händler Goldstaub,
Elfenbein und Ebenholz gegen die Erzeugnisse des Mittelmeeres tauschten. Die Beni Merin besetzten sie 1255, bald
aber stand sie unter der Kontrolle der Abd-al-Wadiden von
Tlemcen, bis Abu Yussuf sie zurückgewann. Doch auch
in diesen Läuften war Sidjilmassa bedeutender Handelsort
zwischen Mittelmeer und Sudan, Umschlagplatz für Negersklaven und Straußenfedern, Salz, Webwaren, Metallarbei-
ten. Von dieser fabelhaften Wüstenrose blieben kaum mehr
Spuren, die bezeugen, es sei das alles nicht nur ein Märchen,
eine historische Fata Morgana.

Sidjilmassas Ende ist so dunkel wie seine Anfänge. Unmerklich scheint Rissani, das einst ja nur eine Vorstadt gewesen sein kann, die Rolle des Hauptortes im Tafilalet übernommen zu haben.

Im frühen 17. Jahrhundert, als die Saadierdynastie in Anarchie unterging, nahmen aufständische, von Abu Mahalli geführte Marabuts die Tafilalet-Provinz und sogar Marrakesch jenseits der Berge ein. Eine Episode, die 1613 schon vorüber war. Dauernden Erfolg hatte eine andere Revolte, die vom Tafilalet ausging: die der Aliden = Alaouiten.

Im 13. Jahrhundert waren aus Arabien (genauer: aus dem yemenitischen Küstenstädtchen Yanbo) Nachkommen Alis, des vierten »rechtgeleiteten« Kalifen und seiner Gattin Fatima, der einzigen Tochter des Propheten, ins Tafilalet eingewandert, gewannen dort als Schorfas Ansehen. Doch erst als die Oasenbewohner sich gegen die Ansprüche der übermächtigen Dilaiten-Marabuts zur Wehr setzten, schlug ihre Stunde.

Ein Jahr mußte Muley Ali Scherif als Gefangener der Dilaiten verbringen, bis er sich 1637/1638 freikaufen und nach Rissani zurückkehren konnte. Seit ältester Sohn Mohammed gewann bald die Oasen westlich von Sidjilmassa, faßte im Draa-Gebiet Fuß, mußte sich aber doch zu einem Ausgleich mit den Dilaiten bequemen. Er wandte sich den östlichen Regionen zu, Oujda, Tlemcen und dem Hügelland von Oran. Mit dem Pascha von Algier schloß er einen Nichtangriffspakt als Rückendeckung und konnte nun auf dem ›Königsweg‹ durch die Pforte von Taza Fes in seine Gewalt bringen. Während die letzten Saadier in Marrakesch sich gegenseitig umbrachten, starb M. Ali Scherif. Die Erbkämpfe unter seinen drei überaus kraft- und temperamentvollen Söhnen, ein wildes Auf und Ab, ist eine Mär aus dem Wilden Westen des Orients. Des herkulischen Muley Mohammed Erfolge blieben Episode. Sein Bruder Raschid verfügte dagegen über eine sichere Basis bei den Berbern des Südens. Die rivalisierenden Brüder standen sich endlich an der Spitze ihrer Krieger gegenüber. Der ältere fand in dem Treffen den Tod, seine Krieger gingen zum Sieger über, der den Gefallenen in einer pompösen Trauerfeier ehrte, sich in Sidjilmassa, dann in Oujda huldigen ließ, in Taza und schließlich im von innerer Anarchie zerrissenen Fes einzog.

Schon 1668 ließ er die Dila-Zawiya dem Erdboden gleichmachen, im folgenden Jahr nahm er Marrakesch und auch die
Zawiya von Iligh. Er verstand es, die innerhalb weniger
Jahre gewonnene Stellung durch eine »Eroberung der Seelen«
zu konsolidieren. Was er seinem Nachfolger hinterließ, hatte
das Chaos schon überwunden. Dieser Nachfolger war sein
Halbbruder Ismail, der langlebigste und energischste Sultan
aus dem Hause Ali. Wir sind seinem gewaltigen Schatten
schon in seiner Königsstadt Meknes begegnet.

In und um Rissani

Marokko ließ sich zwar von einer Wüstenoase aus erobern,
aber nicht von ihr aus regieren. Und doch blieb das Tafilalet
die Basis der scherifischen Dynastie. Rissani wurde der Ort,
dahin am Hofe mißliebige Prinzen und ausgediente Harems-
frauen relegiert und sichergestellt wurden, wo der Staats-
schatz unter der Obhut schwarzer Abids vor der Besitzgier
der Christen sicher war.

Ein bunter Bogen über der Straße markiert die Einfahrt
nach *Rissani* – und ehe wir es uns versehen, sind wir auch
schon im Zentrum, auf dem großen Platz. Läuselästige Buben wollen sich der Fremden sofort bemächtigen. Ein Mo-
ped-Jüngling schiebt sie barsch beiseite, dingt sich als Führer
an. Sein Argument überzeugt. »Selbst wenn Sie, meine
Herren, die rechten Wege finden sollten: die Kinder werden
Sie stets belästigen.« Er verbürgt sich dafür, daß wir in seiner
Begleitung alles mit Muße zu sehen bekommen werden, was
der Fremde sehen kann und darf. Der Frage, was er dafür
verlange, weicht er mit einem »Comme vous voulez« aus.
Doch auf derartiges darf man sich nicht einlassen. Wenn
das Salär nicht vorher ausgehandelt und durch Handschlag
bekräftigt ist, dann sind hinterher die Forderungen ganz
schlicht unverschämt.

Unser brauner Bursche, er nennt sich Ismail (vous savez,
comme le grand sultan), kennt seinen Preis, aber ist auch
ein Treffer. Auf staubigen Fahrspuren – links-rechts-links-
rechts-links – lotst er uns zum Grabmal des Muley Ali Scherif, des Gründers der Dynastie. Ein Hochwasser hat vor

einigen Jahren die durch die Zeit geheiligten alten Bauten
weggespült oder schwerstens beschädigt. König Hassan II.
ließ sofort die Grabstätte seines Ahnen zusammen mit der
Moschee und der angeschlossenen Zawiya erneuern. Ähnlich
dem Grabmal Mohammeds V. in Rabat, nur nicht ganz so
aufwendig. Dem Fremden ist freilich Einblick einzig in den
Hof gewährt, auf die Außenseite der Grabkuppel, über das
weite Gelände, das – heute Spielplatz einer Schule – einst
zum *Ksar Akbar* gehörte. Wir müssen einige Umwege in
Kauf nehmen, um das hohe Tor dieser Lehmburg aus dem
frühen 19. Jahrhundert, Bauherr: Muley Abderrahman
(1822-1859), zu erreichen. Hier residierten die Statthalter des
Tafilalet. Das Hochwasser hat ganze Mauerzüge weggerissen,
die Fundamente der noch stehenden bedrohlich unterspült,
doch wird der Plan noch erkennbar: ineinandergestellte
Rechteckfestungen, deren innerste den Familienhort der
Alaouiten barg. In sie vorzudringen, hält Ismail für untunlich. Es soll sich da allerhand zweifelhaftes Volk eingenistet
haben. Dafür zeigt er uns, nur wenige hundert Meter weiter,
das *Ksar Ouled Abd el-Halim,* einst die luxuriöse Residenz
des Sultansbruders Hassan, mit berberisch-arabischen Toren
in den Lehmmauern, mit noch immer schönen Holzdecken,
darauf die geometrischen Muster mit Henna, Indigo, Safran
gemalt sind, mit feingeschnittenem Stuck. Den einstigen
Harem mit Loggia und grünem Gartenhof hat eine mütter-
und töchterreiche Familie beschlagnahmt. Mit ein paar Dirhams erkaufen wir die Erlaubnis, auch die schöngefügten
Türflügel, die ornamentierten Decken, abbröckelnde Wand-
ornamente zu besehen. Wie der hoffnungslose Verfall eines
einst prächtigen Menschen stimmt der Besuch im verfallenden Menschenwerk traurig. Bauten aus Lehm und fragilem
Dekor bedürfen ständiger Pflege. Aber wem liegt daran, sie
zu erhalten? Der Mensch vergeht – warum nicht auch sein
Werk?

Das staubig-wasserlose Zimmer im einzigen »Hotel« hei-
tert nicht auf. Der Chef des Hauses, ein recht gebrechlicher
Hadj mit dem gelben Turban des Pilgers, der gerade »merci«
sagen und verstehen kann, verlangt 35 Dirhams (was etwa
7 Mark entspricht) gleich bar auf den Tisch. Und die Melde-

zettel mit ihren bürokratisch-albernen Fragen müssen auch
sofort ausgefüllt werden.

In der ausgedehnten Tafilalet-Oase gibt es ungezählte
Ksour, befestigte Dörfer mit Lehmmauern, in deren Rechteck sich die mehrstöckigen Lehmbauten drängen, die Gassen
unter Tunnels durchmäandern, sich die Wohnungen streng
vor dem fremden Blick verschließen, aus denen die jüngeren
Söhne wegziehen, um sich aus den Familienbanden zu lösen.
Vor zehn Jahren, da drückten sich die Büblein mit der Kin-
derlocke auf den sonst kahlen Köpfchen etwas scheu in den
Winkel und das Volk der Frauen blieb unsichtbar. Damals
wurden wir von den Alten ins ›Versammlungshaus‹ geleitet,
durch dessen vergitterte Atriumsöffnung von oben her die
Frauen neugierig herablugten. Heute eher mißtrauische
Blicke, feindselig wie von geprügelten Hunden, die knur-
rend den Schwanz einziehen. Die Dürre hat die Armen noch
ärmer gemacht. Bei rapide steigenden Preisen müssen sich
immer mehr Menschen in immer dürftigere Erträgnisse teilen. Viele Väter sind fortgezogen, nehmen in der Ferne
Mühen und Demütigungen auf sich, damit die Ihren zur
Not leben können.

Weiß der neugierige Fremde eigentlich noch, was Armut
wirklich ist? Wer sich die Reise in den wüstennahen Süden
Marokkos gönnen kann, der muß nicht um Wasser und Brot
für den nächsten Tag bangen.

Es ist beinahe Touristenpflicht, dem Sonnenuntergang über der Tafilalet-Oase von *Tineghas* (Tinerhas) aus beizuwohnen. Der Weg dahin ist allerdings eine üble Piste über sandige Hügel und quer durch handbreite Wasserkanäle. Knöcheltiefer Staub, von den Hufen der knochendürren schwarzen Rinder, den trippelnden Schafherden aufgewirbelt, reizt die Augen, juckt in der Nase, dringt durch feine Ritzen auch ins geschlossene Fahrzeug.

Von einem wie aus Platten geschichteten Berg blicken wir in die Weite der Wüste, von der Anhöhe über der bescheidenen Dorfschaft auf den riesigen Palmenhain (angeblich 700 000 Bäume) des Tafilalet, aus dem in der Ferne der Wasserturm von Sidjilmassa-Rissani herausragt, in dem sich die Ksour eher verbergen. Unser Ismail behauptet, es seien ihrer mehr als dreihundert mit manchmal mehr als tausend Einwohnern, aber da hat er wohl doch etwas übertrieben.

Staubig und sterbensmüde schauen die Palmen aus. Da, wo einstmals in ihrem Schatten Getreide und Gemüse angebaut wurde, vom Oued Rheris bewässert, da wächst jetzt kein Halm. Seit zwei Jahren ist nicht ein Tropfen Regen gefallen, und auch aus dem Gebirge kam nicht genug Wasser. Gerade daß die Palmen am Leben erhalten werden konnten. Aber wenn sich der Himmel nicht bald erbarmt, dann sind auch sie in Gefahr. Und wenn sie stürben, dann stürbe die ganze Oase. Jahre würde es dauern, bis unter günstigen Bedingungen herangewachsene neue Bäume Frucht trügen. Ein paar der wenigen noch nicht aus dem Lehmdorf drunten weggezogenen Männer sind neugierig zu uns auf die Anhöhe gestiegen. Mit ergeben-müder Geste weist einer abwärts, dorthin, wo man noch die Grenzen der einstigen Felder erkennt. »Dort haben wir Bohnen angebaut, Tomaten und Pfeffer. Aber nun? Kein Tropfen Wasser vom Himmel. Seit Jahren! Aber was können wir denn tun, wenn Gott es so bestimmt?«

Die Dürre hat den armen Mann noch ärmer, den besitzenden noch wohlhabender gemacht. Wer auf seinem Grund

und Boden eine Quelle, einen Brunnen, das Nutzrecht eines
Kanals besaß, der konnte für das lebensnotwendige Wasser
Wucherpreise verlangen, sich Arbeitskraft und Boden der
Armen überschreiben lassen, bis der alles fahren ließ …

Während wir dem traurigen Zeigefinger des Mannes folgen, haben sich die Farben der Bergschichten trauerviolett
gefärbt. Am Westhimmel entzündet sich ein Feuermeer.
Während der Himmel wie im Weltbrand flammt, versinkt
die Welt drunten ins Dunkel.

Morgen in der Wüste

Der Hadj hat uns einen Napf mit Waschwasser vor die
Zimmertür gestellt und bittet, sparsam damit umzugehen.
Aber wir fallen ungewaschen auf die durchgelegenen Matratzen. In unseren Schlaf dringen von fern Trommeln und
Gesänge eines Hochzeitszuges, der die Braut und ihre Mitgift
zum Haus des künftigen Gatten geleitet, wo sie unter rhyth-
mischem Händeklatschen ins Brautgemach geführt wird.

Stockdunkel ist es noch, als der erste Ruf des Muezzins
uns aufschreckt. Wir schlüpfen in Hose, Sandalen und Pulli,
nehmen den abgewetzten Burnus vom Nagel, tasten uns
treppab. Neben dem Auto lehnt schon, schlank in seiner
dünnen weißen Djellaba, unser Ismail. Nächtliche Fahrt
durch Vorortgassen. Schreckhaft reißen die Scheinwerfer
Lehmmauern und Weglöcher ins Licht, streifen sie Palmen
und schlafende Ksour und trockene Kanäle. Dann nur noch
Undeutliches: Grasbüschel, zwei dürftige Hütten. Später, bei
der Rückfahrt im Tageslicht, merken wir, daß die Piste
durch die brettflache, nur ganz sporadisch von Dornkräutern
besetzte Hamada-Ebene führte.

Eine Sandwelle, in der man mit genauer Not nicht stek-
kenbleibt, eine Hütte aus Lehm und Schilf, vor der das Auto
seine Ruhe haben soll. Während sich im Osten der Himmel
zu röten und zu erhellen beginnt, stapfen wir durch niedrige
Sanddünen den hohen zu. Von einem ihrer schwertscharfen
Grate aus wollen wir zusehen, wie die Sonne freudig wie ein
Held zum Siegen heraufsteigt, die vom Wind modellierten
Sandhügel ins Relief treibt. Im Morgenduft der Einsamkeit

wollen wir wie am ersten Schöpfungstag dem Anfangsmy-
thos beiwohnen. »Und die Erde war wüst und leer ... und
Gott sprach: Es werde Licht! und es ward Licht. Da ward
aus Abend und Morgen der erste Tag.«

Statt Sphärenmusik fern ein leises Brummen, das sich zu
banalem Motorenlärm steigert. Sieben Landrover schaffen
Hotelgäste aus Erfoud heran, eine vielstimmig-vielsprachig
schnatternde Herde, die mühsam einen Dünenrücken er-
klimmt, mit Blitzlicht das aufgehende Tagesgestirn fotografiert, sich dann gleich wieder bei den ungeduldig hupenden
Vehikeln einzufinden hat. Wir sind frei genug, um dem
Spiel des Lichtes zuzusehen, wie es die sanften Kurven der
Dünenhügel aus veilchenfarbenen Schatten ins bleiche Sand-
gelb heraushebt. Ein Glas Tee dann bei dem Andenkenhändler, der seine Decken, Töpfe und Fossilien nach dem lärmigen
Gastspiel schon wieder weggeräumt hat. Auch das Fotoka-
mel hat wieder seine Ruhe. Daß wir in Erg-Dünen Algeriens
einsamere Morgen erlebt haben, das dürfen wir dem Ismail
nicht sagen. Von den Leuten jenseits der Grenze hat er sein
Feindbild: »Diebe, die nicht wissen, was Freiheit ist«. Wie
wohler und weniger von Händlern behelligt man sich dort
drüben fühlen kann, das verschweigen wir. Aber in dieser
Stunde fasse ich den Vorsatz, demnächst – wenn Allah es
gibt – die weiteren Weiten der algerischen Sahara noch
einmal zu erleben.

In das Gewirr der dunklen Tunnelgassen der *Muley Ismail-Kasbah,* der ›unterirdischen Stadt‹ von Rissani, sickert nur da und dort durch einen schmalen Schacht gedämpftes Licht. Wo eine halboffene Tür verstohlenen Einblick gestattet, da schaut es recht proper aus. Unvermeidlich endet der Rundgang in einem Hofhaus, wo ein aus der Tasche gezogener »Bruder« Teller und Teppiche, Silber und halbseidene ›Antiquitäten‹ loswerden will. Statt hartnäckig um etwas zu feilschen, das wir doch leichten Herzens entbehren, stehlen wir uns fort auf den Markt. Heute, am Donnerstag, ist er am belebtesten.

Unter den Arkaden das rot-grün-gelbe Gemüse, kindskopfgroße Zwiebeln, feurige Paprika, scharlachrote Tomaten, mangandunkle Auberginen, fadfleckige Granatäpfel, Würzkräuter, Zimtstangen, Kichererbsen und Saubohnen. In Näpfen Kohl und Kümmel, Bleiglanz und Safran, in Bündeln räudige Bälge von Schakalen und Wüstenfüchsen, getrocknete Geckos und Chamäleons, abgestreifte Vipernhäute, Springbockhörner und Waronmumien als Zutaten zu unfehlbar wirkenden Wundermitteln. Hier am Rand der Wüste hat sich magische Volksmedizin ins verkabelte und computergesteuerte späte 20. Jahrhundert post Christum erhalten.

In einem Pferch der staubige ›Parkplatz‹ für die Marktleute, auf dem sich kein buntes Blech bläht. Hier stehen die liebenswerten schwarzen Esel mit den weißen Mäulern und wedeln mit den Schwänzen die Fliegen weg, die immer lästiger werden, je höher der Tag steigt.

Im Tafilalet hat Urtümliches und Vergangenes halbvergessen überlebt. Aber kein cleverer Ismail weiß den Weg zu den *Felsbildern* von Boviden und Gazellen, zu den verstreuten Zeugnissen der Megalithkultur, zu den Resten berberischer Tumuli, die bei Bouia (etwa zehn Kilometer nordwestlich von Erfoud) entdeckt wurden. Das ist eine Zeit, von der Marokko wenig wissen will und wenig weiß.

An der Straße der Kasbahs

Ksour und Tigermatin

Die auf den Karten als P 32 eingetragenen dreihundert Kilometer von Ksar es-Souk (pardon: Er-Rachidia) nach Tineghir und vor allem die Strecke von dort nach Ouarzazate
haben als ›Route des Kasbas‹ touristischen Weltruhm gewonnen. Sie sind Teilstücke eines alten Weges aus der Wüste zum
Meer über die Hochflächen zwischen dem im Norden wie
eine sanftblaue Mauer aufsteigenden Hohen Atlas und den
östlichen Ausläufern des Anti-Atlas im Süden: Djebel Ou-
gnat, dann Djebel Sarhro. Zwischen Tinerhir und Ourzazate
reißt die Kette der Oasen nicht mehr ab und in ihr nicht die
Kette der aus Lehm erbauten Berbersiedlungen. Von der P 32
abzweigend, zieht sie sich ins Dades-Tal hinauf und im Tal
des Oued Draa hinab.

Wenn man ganz Marokko ein Land der Gegensätze nennt,
auf seinen Süden trifft das in besonderem Maße zu. Keine
fünfzig Kilometer Luftlinie liegen zwischen den Drei- und
Viertausendern des Hohen Atlas, keine hundert Kilometer
vom glutheißen Ouarzazate erhebt der Djebel Toubkal
(4165 m) sein Schneehaupt. Hart wie die klimatischen Kontraste sind die landschaftlichen. Zwischen die wüstenhaften
Ebenen, die sich bis an den Südfuß der Hochatlasketten
ziehen, schneiden die lachend grünen Flußoasen mit ihren
kleinen Feldern und lichten Palmenhainen, in deren Schatten
Granat-, Pfirsich- und Feigenbäume Frucht tragen. Dort, wo
das Wasser nicht mehr hingelangt, dort beginnt unvermittelt
wieder die Wüste. So schroff wie der Gegensatz zwischen
Fruchtland und Öde war einst der zwischen Seßhaften und
Nomaden, zwischen Bauern und räuberischen Wanderhir-
ten. Aus ihm – aber nicht aus ihm allein – erklären sich die
Siedlungs- und Bauformen in den Taloasen des marokkanischen Südens.

Wo die Machtverhältnisse jahrhundertelang unstabil waren, wo sich eine Zentralgewalt nur gelegentlich durchsetzen

konnte, da waren die Seßhaften darauf angewiesen, sich gegen die beweglichen Feinde zu sichern: durch Verträge, in denen die Leute der Wüste sich zum Schutz der von ihnen verachteten Seßhaften verpflichteten, wofür sie einen vereinbarten Teil von deren Ernte erhielten. Doch in Regionen, in denen die verschiedenen berberischen Stammesgruppen (dazu auch Araber und Juden) und unterschiedliche Lebensformen aufeinanderstießen, herrschte stets Unruhe und Unsicherheit: vor allem, wenn sie an einem der großen Karawanenwege lagen. Erste und vordringlichste Forderung aber, die man an eine Siedlung stellte: sie mußte Schutz gewähren, leicht zu verteidigen sein. Dahinter hatten alle anderen Bedürfnisse zurückzustehen. So entstand, nur wenn ein Hügel Verteidigungsvorteile bot innerhalb, sonst möglichst am Rande des bewässerten Fruchtlandes die Siedlungsform des Ksar (Plural: Ksour), des Festungsdorfes, von einer hohen viereckigen Wehrmauer umzogen, die durch viereckige Verteidigungs- und Auslugtürme verstärkt war. Ein einziger Torbau ermöglichte die Kontrolle des gesamten Verkehrs ins Dorf herein oder aus ihm hinaus. Da sich die Siedlung um so leichter verteidigen ließ, je kürzer der Mauerumfang war, hieß es, innerhalb des Vierecks möglichst eng zusammenzurücken. Es war nicht Raum für weite Plätze, die Gassen waren schmal, wurden tunnelartig überbaut durch die Häuser, die Mauer an Mauer aneinanderstanden. An öffentlichen Bauten gab es bestenfalls ein Bet-, ein Badehaus, manchmal sogar ein Beratungshaus. Jeder Wohnbau beherbergte auf engstem Raum um einen engen Zentralhof – einen Schacht eher, durch den es Luft und Licht bezog – mehrere Haushalte einer Großfamilie. In einer solchen müssen die Spannungen oft beträchtlich gewesen sein, und gar erst die in einem Ksar als Ganzem, in dem ja manchmal verschiedene ethnische und soziale Gruppen miteinander, wenn auch voneinander gesondert, leben mußten, um zu überleben. Nur gemeinsam konnte man sich wirksam verteidigen, nur gemeinsam in Absprache das Bewässerungssystem instandhalten. Berberischer Individualismus mußte sich der notwendigen Gemeinschaft unterordnen und sich den selbstgewählten Instanzen bequemen: dem Dorfältesten, dem Ältestenrat (Djema el-

Amma) und dem Großen Rat der Alten. Gremien, welche die Normen des Miteinanderlebens festlegten.

Der Vorrang der Gemeinschaft vor dem Individuum auf beengtem Raum erzeugte einen derartigen Druck von innen her, daß in Perioden relativer politischer Ruhe und wirtschaftlicher Sicherheit eine Fluchtbewegung aus den Ksour einsetzte. Obwohl es in der Regel verboten war, über die Wehrmauern hinauszubauen, konnte niemand eine wohlhabende Familie hindern, das Ksar gänzlich zu verlassen und ihr befestigtes Haus für sich, am Rande ihrer Gärten und Felder zu errichten. Die Frage ist noch offen, ob die viertürmigen Viereckburgen zunächst innerhalb eines Ksar Gestalt annahmen und dann das befestigte Dorf verließen, oder ob sie von Anfang an als unabhängige Kleinfestungen geplant waren. Jedenfalls weisen diese kleinen ›Kasbahs‹ (die exakte Bezeichnung ist Tigermatin, Singular Tighremt, Tirhermt, auch Tignemmi) Grundzüge des Ksar-Hofhauses auf, erweitert um vier Ecktürme, die möglicherweise nicht so sehr der Verteidigung dienten (heute benutzt man sie als Trocken-, Vorrats- oder Schlafräume), sondern eher eine symbolische Funktion besaßen: gebaute Imponiergebärden.

Grosso modo läßt sich ein ›offener‹, d. h. um einen Hof angelegter Typus von einem ›geschlossenen‹ unterscheiden, dessen Herzstück bloß ein Gang mit abzweigenden Korridoren darstellt – also gewissermaßen ein Ksar en miniature, das sich mit An- und Nebenbauten umgibt. Der geschlossene Typ – er schützt besser gegen nächtliche Kälte – findet sich vorzugsweise in den gebirgigen Regionen.

Im Gebirge wie in den Taloasen spielt das Problem der Klimatisierung eine wichtige Rolle. Dadurch, daß sich die tagsüber besonnten und die beschatteten Flächen eines Tighremt verschieden stark erwärmen, entsteht bereits ein Luftstrom, der eine gewisse Kühlwirkung besitzt. Innerhalb der Ksour sind die Häuser so aneinandergebaut, daß Schatten vorherrscht. Im übrigen tun die Bewohner das zu ihrem Wohlbefinden Nötige. Im Sommer hält man sich tagsüber im schattigen Hausinneren auf, schläft nachts auf dem Dach, während man im Winter dort die Tage verbringt und sich zum Schlaf ins Innere des Hauses zurückzieht.

Seit die Oasenbauern von den Nomaden nichts mehr zu befürchten haben, weil Anarchie einer staatlichen Ordnung gewichen ist, seit auch die Grenzen zwischen den einzelnen berberischen Gruppen, zwischen Seßhaften und Schweifenden sich zu verwischen beginnen, seit sich die alten Ordnungen auflösen, die Gegensätze nivellieren, seitdem verlieren die Ksour und Tigermatin die ursprüngliche Funktion, werden verlassen und sind dem Verfall preisgegeben. Oder sie büßen zumindest jene charakteristischen Züge ein, jene klar umrissene Gestalt, in der sie deckungsgleicher Ausdruck des politisch-sozialen Gefüges waren. Man mag das als Ästhet bedauern, doch sind diese Veränderungen nichts anderes als das Spiegelbild der sich wandelnden Lebensumstände im marokkanischen Süden. Die Stabilisierung durch die Herrschaft der Glaoui, die »Befriedung« durch die Protektoratsmacht, die 1933 mit Gewalt den dauernden Fehdezustand zwischen den Ait Hadiddou, den Ait Morghad und den Ait Atta beendete, die »Erschließung« durch den selbständigen Staat (Straßenbau und moderne Verkehrsmittel, neue Techniken in Landwirtschaft und Bauwesen, wesentliche Verbesserung der medizinischen Versorgung, Schulen) – das alles blieb nicht ohne Wirkung. Die Nomaden sind großenteils seßhaft geworden, statt der Kamelkarawanen befördern heute Lastautos oder Flugzeuge die Güter. Und wie überall hat sich auch hier in den letzten fünfzig Jahren die Bevölkerung kräftig vermehrt, ohne daß sich die landwirtschaftliche Basis verbreitert hätte. Eine irgendwie nennenswerte Industrie hat sich nicht angesiedelt. Allenfalls der Tourismus belebt auf eine sehr fragwürdige Weise die Wirtschaft des Südens, trägt er doch zugleich weitere Fermente der Zersetzung herbei. Der Süden hat sich gewandelt und wandelt sich weiter. Ob aber alle Wandlungen das Leben hier leichter gemacht haben, läßt sich füglich bezweifeln. Viele der arbeitsfähigen Männer sind auf der Suche nach Verdienst weggezogen: nach Casablanca, nach Frankreich, Spanien, Belgien …

Die Tage im Tafilalet waren so heiß und staubig, daß wir immer wieder an die Blaue Quelle von Meski zurückgedacht haben. Beinahe wären wir der Versuchung erlegen, dort noch einmal schattige Rast zu halten. Doch dann beschließen wir, nicht zurückzuspulen nach Er-Rachidia, dem Fahrzeug etliche Kilometer und uns eine Enttäuschung zu ersparen, denn auf den ersten hundert Kilometern der Kasbah-Straße sind die Lehmburgen noch recht rar.

Wir steuern darum auf einem bescheidenen, etwas holprigen und kaum befahrenen Sträßlein über Jorf und Touroug, etwa dem Lauf des Oued Rheris parallel, nach Nordwesten. Nicht Palmengrün bestimmt auf dieser Route das Bild, sondern die unbebaute Steppe, die zuweilen schon Wüstencharakter annimmt. Der Blick verliert sich in unbestimmte Weiten. Seitlich der Straße stehen die graugrünen stacheligen Gewächse der Wüste: dornig-verhärtete Igel, rauh wie Reibeisen, kugelig wie versteinerter Blumenkohl, jedem Freßfeind den Angriff verleidend. Nach zwei Stunden ist *Tinejdad* am spärlichen Oued erreicht. In seiner Oase finden sich mehrere Kasbahs und Ksour – verfallende, verfallene und neue schmucklose Lehmbauten –, auch Häuser aus Beton.

Weitgedehnte Landschaft, sandgrau, stumpfgelb, von rostroten oder ockerbraunen Streifen durchzogen, im Norden begleitet von fernen violettschattigen Bergzügen. So richtig sehenswert wird die Kasbah-Straße doch erst von *Tineghir* aus, das wir nach einer weiteren Stunde Fahrt erreichen.

Diese Oase am scharfen Knick des aus dem Hohen Atlas herabschäumenden Todra-Flusses ist eine der grünsten, am dichtesten bestellten und besiedelten weitum. Zahllose Ksour und Kasbahs, ins Palmengrün gestreut, bieten die malerischsten Ansichten. Manche noch vom gelassenen Leben erfüllt, andere schon im Verfall. Dem Hauptort Tineghir, etwa 340 Meter hoch gelegen, glaubt man immer noch anzumerken, daß er aus einem Militärposten erwachsen ist. Es hängt noch etwas wie Öde des Kasernenalltags über dieser doch geschäftigen Ortschaft, die sich mit ihren Marktplätzen, den lehmi-

gen Wohngassen, den ärmlichen Läden zu Füßen des Hügels
dehnt, auf dem stolz und präpotent als weiße Walhall-Paro-
die das Grand Hotel du Sud thront, sich äußerlich im Stil den
lokalen Mustern wohl anpassend, aber doch durch Welten
getrennt. Viele Leute aus dem Ort drunten finden dort droben Arbeit und Anstellung, aber das ist auch die einzige
Verbindung. Schon die Preise oben sind dem einfachen Mann
von unten unglaublich und gänzlich unerschwinglich. Und
was von Übernachtern von dort droben herunterkommt,
das hat oft einen Ausdruck angewiderten Mißtrauens im
kosmetisch zurechtgemachten Gesicht und versucht, weil
der Reiseleiter es ja gesagt hat, man müsse um ein paar
Centimes feilschen, sein Handelsglück ausgerechnet bei den
mit Preistafeln versehenen Obst- und Gemüseständen suchen. Fast wundert einen der geduldige Gleichmut, mit dem
sich die kleinen Leute von unten – Berber und Nachkommen
von Negersklaven – die weiße Touristenburg droben gefallen lassen.

Eine Stufe tiefer als das Hotel liegt – von Jahr zu Jahr
mehr verfallend – die einstige Kasbah des Glaoui. Sie ist
inzwischen so baufällig, daß man ihre Tore vermauert hat
– und so wird das Bauwerk wohl jeder Touristenneugier
versperrt bleiben, bis es wieder zu der Erde geworden ist,
aus der es entstand. »Aus Staub bist du geschaffen, zu Staub
sollst du wieder werden« – das Schicksal aller Lehmburgen.
Nur der Lehmburgen?

Titel und Gestalt des Glaoui wird uns hinfort noch mehrfach begegnen, eine umstrittene Figur, ein Anachronismus
schon zu seinen Lebzeiten, und nach seinem Tode noch eine
Macht, der viele heimlich treu geblieben sind. Um die Mitte
des 19. Jahrhunderts beugten sich die Berber der Berge unter
die Autorität des Scheiks el-Mezouari. Sein Sohn el-Madani
Glaoui wurde Caïd des Glaoua-Stammes am Nordhang des
Hohen Atlas. Während der ersten Jahre Muley Hassans I.
(1873-1894) und während der Regentschaft des Großvezirs
Ba Ahmed dehnte er seine Herrschaft über benachbarte
Stämme aus und beherrschte das Gebiet jenseits des Atlas bis
Demnate und Marrakesch. Nach der Revolte, die Muley
Hafid (1908-1912) auf den Thron erhob, wurde dieser Expo-

nent des Feudalismus Großvezir und konnte nun seine Fami-
lienmacht ins Riesige erweitern, aufs regste unterstützt von
seinem jüngeren Bruder Thamil, der von 1908 bis 1956 als
Pascha von Marrakesch *der* Glaoui schlechthin wurde, die
bekannteste Figur aus der Familie. Kühn im Kampf, Freund
der Franzosen und zugleich auf seine eigenen Interessen bedacht, genügte ihm, der 1918 Familienchef wurde, die Macht
über bloße 600 000 Menschen nicht. Durch seine Beteiligung
an Bergwerks- und Transportgesellschaften erwarb er ein
unermeßliches Vermögen, dehnte er seine Besitzungen zu
einem Königreich im Königreich, Herr eines Gebiets, das er
durch Beauftragte regieren ließ. Diese hatten ihren Sitz in
den vielen Burgen, die heute noch als »Kasbahs des Glaoui«
bezeichnet werden. Er selbst residierte in Marrakesch (sein
einstiger Palast an der Rue Bab Doukkala beherbergt heute
die Ben-Yussuf-Bibliothek) und in der Burg Telouet, wo er
die Spitzen der Politik und des Geisteslebens empfing und
Feste gab wie aus Tausend und einer Nacht. In den letzten
Jahren der Protektoratszeit war er der Hauptgegner des Sultans Mohammed V. und seine Schlüsselfigur im Spiel der
Franzosen. Als diese die Partie verloren hatten, mußte ihr
Verbündeter, der Herr des Südens, den König fußfällig um
Gnade flehen. Er behielt sein Leben, aber verlor fast sein
gesamtes Vermögen und hat seinen Sturz nur um wenige
Monate überlebt. Noch immer hüten Söhne einstiger Vasal-
len die verlassenen Burgen des Glaoui, die dem Staat anheim-
fielen. Noch immer ist sein Andenken nicht erloschen. Der
regierende König ließ lange Jahre vergehen, bevor er sich
entschloß, unter immensen Sicherheitsvorkehrungen den
Süden, das Glaoui-Land zu besuchen.

Todraschlucht

Tineghir selbst ist sehenswert, gilt aber vor allem als Ausgangspunkt für den Besuch der *Todraschlucht,* des Cañons,
den sich der Bergfluß durch eine Bergbarriere gesägt hat —
ein Muß für jeden Marokkotouristen.

Die Straße dorthin bietet zunächst einen prächtigen Rückblick auf die Tinerhir-Oase, verläuft über dem rechten Ufer

des Flusses, dessen Tal vom stählernen Grün der Palmwipfel erfüllt ist und an dessen Rändern sich über frühlingsgrünen gartengroßen Feldern lehmfarbene Bauten kubisch und zugleich malerisch heraufheben. Eine »Quelle heiliger Fische« möchte mit Reklameschildern auf Camping und Restaurant aufmerksam machen. Wieder einmal Fische, die Fruchtbarkeit verleihen sollen. Man macht sich seinen nicht ganz islamischen Reim.

Dann rücken die Felshänge noch näher zusammen, die bestellbare Talfläche wird immer schmäler, schnürt sich zu einer Schlucht zusammen. Die Straße überquert das Wasser auf einer Furt. Bei normalem Stand erreicht man das Hotel-Restaurant Yasmina, oleanderumblüht, an der schmalsten Stelle der Klamm, unter schier himmelhohen überhängenden Wänden, zwischen deren Rostrot der Taghimmel nur wie ein schmales blasses Band steht. Unvergeßlich eine Nacht dort. Man tritt aus dem Zelt in schwärzeste Finsternis, wasserdurchrieselt. Über der massiven Schwärze der kobaltblaue Himmelstreifen, bestickt mit den silberweißen Kugeln der Sterne, deren Leuchten durchs Dunkel unten ins kaum Glaubliche gesteigert wird.

Hier endet die Fahrbahn. Zwar zeichnet die Karte eine Piste ein, und ab Tamtat-Touchte einen »schwierigen Fahrweg ohne Belag«, auf dem man über den Tizi Tirherhouzine (2700 m) Agoudal und Imilchil erreichen könnte, aber das kommt für ein normales Auto nicht in Frage. Vor Jahren stand hier einmal inmitten fußballgroßer Kiesel ein handgeschriebenes Warnschild »Mauvaise Route«.

Mit einem Geländewagen ließe sich diese Route vielleicht schaffen – oder zumindest die von Tamtat-Touchte über einen 2800 m hohen Paß hinüber ins so sehenswerte Dadestal. Wir wollen einen bequemeren Zugang zu seiner bizarren Schönheit finden.

Abstecher ins Dadestal

Die gut fünfzig Kilometer von Tineghir nach Boumalne du Dadès führen durch wüstenhaftes Hochland, das im Norden der ferneblaue Hohe Atlas, im Süden der veilchenfarbene

Djebel Sarhro mit seinen dunklen Gipfeln begleitet. Nach der sehenswerten Kasbah von Timadriouine steigt die Straße unmerklich einer Wasserscheide entgegen, der zwischen dem nach Südosten verlaufenden System des Rheris und Ziz und der nach dem Südwesten fließenden Draa. Um *Imiter,* was auf berberisch nichts anderes bedeutet als einen befestigten Speicher, erheben sich am Rand grüner Oasengärten schöne Lehmburgen.

Überraschend tut sich dann der Blick auf *Boumalne du-Dadès* mit betürmter Kasbah vor bergigem Hintergrund auf, macht das gesichtslose Verwaltungs- und Militärviertel (und auch das noch unfertige Vielzellenhotel) vergessen. Ein abschüssiger Dreiecksplatz der Imbißstuben und Andenkenhändler, der Blick talab- und bergaufwärts, das schreibt sich in die Erinnerung, obwohl Boumalne nur als Sprungbrett gilt für den Ausflug zur Dadesschlucht. Auch der eiligste Landdurchfahrer sollte dafür einen halben Tag vorsehen, für pittoreske Fels- und Verwitterungsformationen, für kaum abreißendes Oasengrün, dem wohl die Palmen fehlen, wo sich aber wohlerhaltene Lehmburgen zwischen großblätterigen Feigen- und schlanken Pappelbäumen zeigen und die salatgrünen Gemüsebeete in den erdroten Einfassungen der Terrassenbeete sitzen. An den Berghängen herrschen alle ockrigen, gelben Lehmfarben zwischen Staubgrau und Basaltschwärze, und vor den blauen Schatten stehen die rostigen Lehmbauten der Berber.

Wenige Kilometer nur hinter Boumalne ragt in einem Talknie als klassisches Exempel eines feudalen Herrensitzes eine Glaoui-Kasbah, ein Viereck, vierbetürmt. Um einen Innenhof mit geweißelten Hufeisenarkaden ordnen sich in drei Geschossen die Gemächer. Aus den Fensterschlitzen der bezinnten Ecktürme geht der Blick weit talauf- und talabwärts und fällt auf die flachen Dächer der paar Lehmhütten, die sich im Schutz der Kasbah und zu ihrem Dienst erbötig angesiedelt haben: eine Komposition aus Ocker- und Lehmfarben wie von Paul Klee. Wir nehmen die Kasbah mit ihren durch Vierkanthölzer gegen zu schnelles Abtreten der Lehmstufen gesicherten Treppen als ein Beispiel für all die ungezählten Lehmburgen des marokkanischen Südens, die

weniger großen Herren gehörten, die man auch nicht so
einfach betreten kann. Bei diesen ländlichen Kleinfestungen
ist oder war im unteren Geschoß das Vieh untergebracht, im
Stockwerk darüber Vorräte, im obersten Geschoß endlich
Wirtschafts- und Wohnräume, am großzügigsten durchfen-
stert und belüftet.

Die Landkarten markieren Siedlungen, geben Ortsnamen
an, in Wirklichkeit erstrecken sich aber diese Ortschaften
zerstreut das ganze Tal entlang, und wo sich ein Ksar aus
Lehm um eine Lehmburg schart, da läßt sich der Name, den
man erfragt, auf keiner Karte ausfindig machen. Aber auf
Namen kommt es ja gar nicht an, vielmehr auf das, was die
weitoffenen Augen gierig einraffen: die starken Farbkontraste und die feinen Abtönungen, die vielfältigen Brechungen
des Lichts und die schmalen tiefen Schatten, die phantastischen Formen der Landschaft. Hier fallen die Hänge steil
ab, dort stehen plötzlich phallische Felsgebilde oder erstarrte
Wogen als Hintergrund flacher Dörfer, aus deren Mitte eine
Lehmburg aufragt. Es gibt Stellen, an denen muß man einfach anhalten, um die seltsam-fremde Herrlichkeit so recht
einzutrinken. Dann kommen aber auch schon, mit Goldstof-
fen und buntem Flitter aufgeputzt, Kind-Mädchen, die als
Fotoobjekte – »un dirham m'siou, un dirham« – zur Familien-
armut etwas hinzuverdienen möchten.

Das Tal des Bergbaches – der Dades entspringt am Süd-
hang des schneereichen Hohen Atlas – verengt sich, je weiter
aufwärts wir ihm folgen. Bis Ait Oudinar bietet die Straße
keinerlei Probleme. Dort finden wir ein freundliches Rast-
und Gasthaus mit einfachen Zimmern, eine Terrasse mit
Blick auf den schmalen Grünstreifen im Tal, auf den gelassenen Kubismus einer feudalen Burg, auf rotschattende Fels-
wände. Vor der Herberge haben schwarzlockige Burschen
ihre Andenkenstände aufgeschlagen: mit Ketten aus durch-
bohrten bunten Steinen, aus synthetischem Bernstein, Pla-
stikperlen, berberischem Silberschmuck, Reifen für Handge-
lenk und Fußknöchel, schweren Fibeln und Pectoralien, breiten Armringen mit buntem Email zwischen Filigranmustern.
Die dunklen Augen und die rosahelle Zunge wollen uns
überreden, am besten gleich wieder nach Boumalne zurück-

zufahren, denn dort könnten sie noch eine reichere Auswahl
bieten – für »gudd preis, bon prix«.

Wir winken ab. Wir sind hier herausgefahren, um die
Landschaft zu erleben. Den »Säbelhieb«, durch den sich der
Dades seinen Weg durch die verschiedenen Kalkschichten
gebahnt hat, den kann man nur bei niedrigstem Wasserstand
mühsam durchwaten – eine noch engere Klamm als die des
Oued Todra –, aber die Straße führt in Kehren bergan,
überwindet so die Schlucht. Großartige Landschaftsbilder,
fast schaurige Einsamkeiten, aber nur wer gerade zur Zeit
des großen Heiratsmarktes unterwegs ist, wird sich und dem
Vehikel die Fahrt bis Imilchil zumuten.

Von Boumalne folgt die ›Route des Kasbas‹ nun dem Dades-
tal abwärts. Immer wieder fesseln hier die schlicht-monu-
mentalen Bauten mit ihren einfach-großen Schmuckmoti-
ven den Blick des Vorbeifahrenden, denn vorbeifahren muß
man an den meisten. Schließlich hat selbst ein ungebundener
Landfahrer ein ungefähres Tagesziel. Schlichte Zweck- und
Nutzbauten, deren Standorte so instinktsicher gewählt sind,
deren Proportionen so in sich stimmen, daß man sie nur
bewundern, ihren drohenden Verfall beklagen kann.

Etwa zwanzig Fahrtkilometer bis *El-Kelaa,* dem Zentrum
der Mgouna und des ›Landes der Rosen‹, wo eine kleine
Fabrik Rosenöl und das so beliebte Rosenwasser herstellt.
Im Mai feiert das Städtchen also auch ein Rosenfest. Mehr
Freude als die Düfte machen einem Freund der Lehmarchitektur die einfach-großen Schmuckmotive an den Türmen
der berberischen Burgen.

Auch in Imassine wieder ganze Gruppen von Lehmburgen, und dann jenseits einer kaum merklichen Paßhöhe (1370
Meter) *Skoura.* An seinen mit üppigem Grün erfüllten Oasengärten wird nur der wirklich eilige Reisende unbesehen
vorüberfahren. Ein weiterer Palmenhain umgibt die Siedlung.
Eine Überlieferung will wissen, er sei aus den Dattelkernen
entstanden, welche Karawanentreiber hier ausspuckten,
wenn sie ihre Tiere an der Quelle tränkten ... Jedenfalls ist
er recht jung, entstand nicht vor dem 16. Jahrhundert. Es ist
wie überall: man ist noch nicht aus dem Auto gekrabbelt,

da sammelt sich schon junges Volk um den Ankömmling. Wir engagieren einen gewitzt aussehenden Burschen, der ein verständliches Französisch spricht, als Führer. Teils zu Fuß, teils per Automobil durchstreifen wir dieses grüne Eiland zwischen den fernen Bergen des Djebel Sarhro und den näheren des Hohen Atlas im Norden. Zum seidigen, silbrigen, lackglänzenden Grün bilden die stumpfrötlichen Mauern und Türme aus Lehm einen zugleich wilden und kostbaren Kontrast. Die Kasbah von *Amerhidil* hat es sogar zum Rang eines Michelinsternes gebracht.

Im nachmittäglichen Licht zackt die Silhouette des Atlas blau in den fahl verblichenen Himmel. Hart am Rand der Straße ein erster Stand mit Mineralien, der alles tut, um die Aufmerksamkeit auf sich zu ziehen. Wir werden seinesgleichen noch dutzendweise begegnen, denken nicht daran, hier schon anzuhalten.

Vor den veilchenfarbenen Ausläufern des Anti-Atlas blinkt dann linker Hand ein seidenblauer Spiegel: der Stausee El-Mansour ed-Dehbi (Eddahbi), benannt also nach dem »goldenen« Saadiersultan Ahmed al-Mansour (1578–1603). Ein knapp 300 Meter langer, 63 Meter hoher Damm staut in dem künstlichen See bis zu 560 Millionen Kubikmeter Wasser, das die Flüsse aus den Atlasbergen heranführen, vor allem der Oued Dades von Osten her. Der Fluß, der den See im spitzen Winkel zum Dades-Lauf verläßt, heißt nun Oued Draa. Er findet seinen Weg in weiten und engeren Windungen nach Südosten, bewässert eine hundertdreißig Kilometer lange Taloase, bis er sich etwa sechzig Kilometer südlich von Zagora abrupt nach Westen wendet. Das Tal, das er sich einst in wasserreicheren Jahrtausenden schuf, führt südlich des Anti-Atlas dem Atlantik entgegen, den es etwa auf der Höhe der Kanarischen Inseln erreicht. Das Gewässer von heute frißt in öder Wüste gierig Sand, die Sonne droben saugt an seinem Blut. Was in niederschlagsreichen Jahren ausnahmsweise als »Draa« den Ozean erreicht, das haben die südlichen Abflachungen des Anti-Atlas herabgesendet.

Der Stausee, ein erstaunliches Bild zwischen völlig dürren, vom Abendlicht in tiefe Tinten getauchten dunklen Ufern, lädt zum Bade und soll auch einmal Naherholungsgebiet

werden. Mit der Verwirklichung solcher Pläne läßt man sich
hier Zeit. Vorläufig ist das Gelände einmal eingezäunt und
abgegrenzt. Ein Bakschisch öffnet den Zugang zu einem
Bereich, auf dem man beruhigt sein Zelt aufschlagen kann,
in Stille und Einsamkeit unter den sich langsam drehenden
sternhellen Bildern droben im Nachtblauen.

Ouarzazate

Vielleicht hätte der Zeltplatz in *Ouarzazate* mehr Konfort,
er hätte Duschen, Waschbecken, Toiletten geboten. Doch
derlei läuft uns nicht davon. Die Ortschaft, erst 1928 als
Garnisonsstadt gegründet, ist heute das wichtigste Zentrum
südlich des Hohen Atlas. Mit Hotels, Banken, Hospital,
PTT, Tankstellen und Reparaturwerkstätten, Restaurants
und einer Epicerie, in der man sich für lange Durststrecken
mit ein paar Flaschen soliden Landweins eindecken kann, ist
sie Kreuzungs- und Ausgangspunkt verschiedener Routen
und zugleich ein Sammelpunkt der Oasenbauern, der Leute
aus der Umgebung, der nicht seßhaften Hirten, die sich
zum Markten und Austausch treffen. Zwischen und hinter
schnellfertigen Betonwürfeln niedrige Lehmgassen und ein
lebendiger Markt, mit strotzenden Karotten, kastanienbrau-
nen Oliven, alabasterhellen Kartoffeln, mit verwaschenen
und ganz neuen Jeans, mit flaschengrünen Bechern und

Leuchtern aus Ton, mit wilden T-Shirts und Musikkassetten, mit Haschisch und Henna, Minze und Mandeln und sonst noch mancherlei, auch mit labbrigen Lebern und flachsigem Fleisch.

Nachdem wir beim Griechen unseren Proviant ergänzt haben, schauen wir von einem Café an der Hauptstraße lässig dem Treiben zu. Wir versäumen nichts. ›Sehenswürdigkeiten‹ hat Ouarzazate ja keine zu bieten – oder nur eine einzige: die an der Straße zwischen Neustadt und Zeltplatz gelegene *Kasbah von Taourirt,* eine betürmte und bezinnte Festung, in der einst der Glaoui glänzend Hof hielt und einer seiner Vasallen residierte, die aber heute als leere Hülle der Touristenneugier zugänglich ist.

Händler bedrängen dort jeden, der sich im Syndicat d'Initiatives mit bunten Prospekten und am Eingangstor mit der Rolle von Papierchen versehen möchte, die als Quittung für ein lächerliches Eintrittsgeld verabreicht wird. Aber es ist nicht übermäßig viel zu sehen: ein paar leere Zimmer mit ein wenig Stuck und Deckenschmuck und ein paar Kachelbelägen, die eine spanisch-arabische Note in das berberische Bauwerk bringen. Nur eben die Disposition einer fürstlichen Wohnung wäre interessant, aber einem solchen Überblick verschließen sich die Türen. Die beamteten Führer radebrechen maghrebinische Geschichten. Was den Besuch lohnt, das sind die Ausblicke von den Terrassen über das Lehmdorf der Hintersassen, das sich als kompakte Masse zum Oued hinunterstaffelt, über die Palmenhaine bis zu den in tiefen Tinten leuchtenden Wüstenbergen.

Ins Draa-Tal

Einer der lohnendsten Ausflüge von Ouarzazate aus führt auf der P 31 ins Draa-Tal, bis Zagora wenigstens, und für ihn sollte man einen ganzen Tag ansetzen. Vor etlichen Jahren war es möglich, noch über Zagora hinaus in den Süden vorzustoßen, nach Ouled Driss und bis Mhamid, wo man einen Vorgeschmack von Sahara, erste Vorboten der Sanddünen des Großen Westlichen Erg erleben konnte. Seit das Scherifische Königreich sich mit dem Nachbarn im Krieg

um die Phosphatlager der einstigen Spanischen Sahara befindet, ist der tiefere Süden der bloßen Neugier verschlossen.

Wir sind zeitig von Ouarzazate aufgebrochen, zur Morgenfrühe im Wüstenhaften. Kahlheit da, und dort das grüne
Band der Palmenhaine. Wir überholen einen Militärkonvoi.
Die jungen Männer im Feldbraun sind nicht zum Vergnügen
unterwegs, sondern zum Töten und Getötetwerden. Wir
finden es ungehörig, Schlachtopfern im Vorbeifahren
freundlich zuzuwinken.

Nach sanfter Wüstenei ein sachter Anstieg. Im Rauh-
steinigen eine erste Siedlung, das Lehmdorf Aït Saoun, stei-
nig und dürr auch im Frühling. Felskuppen, Kehren aufwärts, ein einsamer vergessener Wachtturm von einst und
dann noch einmal ein Blick zurück, der bis zur langen Kette
des Hohen Atlas Weite und Größe und Einsamkeit der nord-
afrikanischen Landschaft umfaßt. Die scharfe Scharte des
Tizi n' Tinifift (1660 Meter), dann schaut man den bizarren
Bergzügen des Südens entgegen. In den Falten und Höhlen
der glattgeschliffenen Berge nisten einsame Nomaden. Abwärts geht es ins Vorsaharische. *Agdz* mit einem roten Fort
auf der Höhe wirkt wie ein trüber Stützpunkt der Legion,
dem ein komisch-neuer Triumphbogen, eine Moschee und
ein Arkadenmarkt mit bunten Teppichen etwas Farbe verleihen. Dann entfaltet sich die pittoreske Gestalt des 1524 Höhenmeter erreichenden Djebel Kissane als Hintergrund für
die ersten Dorfschaften. Gut ein halbes Hundert von ihnen
zieht sich an der Straße entlang, die in lockerer Entfernung
dem Flußlauf am Rand des Oasengürtels folgt.

Bei unserem ersten Halt fallen die hellen Stämme und
Blätter des angeblich hochgiftigen Blasenstrauches auf, auch
Sodoms- oder Satansapfel genannt. Daß die Einwohner das
Gewächs so sich selbst überlassen, daß es sich neben Haus
und Hof und mitten in den schmalen Feldern entfalten darf,
läßt einigen Zweifel an dem üblen Ruf der Pflanze aufkom-
men. Die Dorfschaften bestehen oft aus mehreren Kasbahs.
Unterm Fächerdach der Palmen wachsen Tamarisken, tragen
Feigen-, Pfirsich- und Granatbäume Frucht. Wenn die Straße
auch wieder ins Ödland abbiegt, immer kehrt sie an den
bewohnten Rand des Oasengürtels zurück.

Bei *Tansikht* links ein Staudamm, den Fischschwärme vergeblich zu überwinden suchen: es gelingt den silberblitzen-
den Leibern nicht, das letzte Hindernis zu überspringen.
Kraniche und Graureiher sitzen in bequemen Reihen und
kropfen sich voll, schon so satt, daß sie sich kaum mehr regen
mögen. Die Ksar-Dörfer und die Tighremt-Kasbahs reihen
sich in dichter Folge. Allerdings drängen die Häuser über die
einstigen Dorfmauern hinaus. Was sich vor zwei Menschenaltern noch auf sich zurückzog, das entsendet nun wuchernd
immer neue Zellen, die fast ohne Unterbrechung den Oasen-
streifen säumen, während die streng geschlossenen Wehrdör-
fer veröden.

Es bedarf ja nur so weniger Dinge, um ein Lehmhaus oder
eine kleine Kasbah zu errichten. Das wichtigste Material ist
das lehmige Erdreich. Dazu ein paar Steinbrocken, geschälte
Baumstämme, Palmschäfte und -wedel oder Bambus. Keine
Maschinen, sondern nur ein paar einfache Werkzeuge: eine
kurzstielige Hacke, Schalungsbretter, ein paar Pfosten und
Stricke und ein Model für die Herstellung der luftgetrockneten Ziegel. Damit läßt sich in kurzer Zeit eine Wohnung
errichten. Über einem Fundament aus groben, in Lehm
gebetteten Bachkieseln und Steinbrocken wird zwischen
Schalungsbretter der im Feuchten getretene Lehm gestampft.
In dem trockenen Klima läßt sich ein solcher Kasten mehr
als zehnmal am Tag umsetzen, so daß, gar wenn mehrere
Mannschaften nebeneinanderarbeiten, eine Behausung
schnell in die Höhe wächst. Die Baufugen bleiben sichtbar
wie die viereckigen Löcher für die Verankerung des Bauge-
rüsts und verleihen dem Mauerwerk Akzent und Leben. Das
tun vor allem die luftgetrockneten Ziegel, aus denen die
oberen Geschoße aufgemauert werden. Dort und an den
Türmen entfaltet sich eine aus nur vier verschiedenen Verle-
gearten entwickelte Ornamentik mit Zickzackbändern,
Rauten, Nischenfenstern, Fischgrätenstreifen, ähnlich wie
auf den braun- oder safranfarbigen Berberteppichen, die man
in den Souks von Marrakesch zum Verkauf anbietet. Hier
lebt altes Formen- und Symbolgut weiter, wie in der Hand
der Fatima, die man als einfachen Handabdruck an den Wänden der Häuser, stilisiert als Beschlag der Türen in Stadt und

Land, und auch als Schmuckamulett findet. In den Zinnen und gar den schlanken Zinnenpfeilern über den Ecken der Türme, über die eine umgedrehte Schüssel gestülpt ist, darf man füglich Fruchtbarkeits- und Schutzzauber erkennen. Weder die Arabisierung noch die neue Zeit haben die alten magischen Vorstellungen in Vergessenheit sinken lassen. Nur ihre Zeichen fallen der Zeit zum Opfer.

Lehmbauten können, wenn sie sorgsam erhalten werden, eine lange Lebensdauer erreichen (von einigen der Kasbahs heißt es, sie seien schon vierhundert Jahre alt), aber in der Regel bedürfen sie alle Menschenalter einer Erneuerung. In einer sich verändernden Welt schwindet die Achtung vor dem Hergebrachten. Die jetzt erwachsene Generation macht sich oft nicht mehr die Mühe, kunstvolle Muster zu legen, die neuen Bauten werden glatt verputzt. Und auch der Beton hält schon seinen Einzug. Die Bewässerungskanäle, die sich an der Straße entlangziehen, die schmalen Stege darüber, sie bestehen schon aus dem Baustoff unseres Jahrhunderts.

Einmal bahnt die Route sich ihren Weg zwischen dunklen Felswänden, um alsbald wieder die wüstenhafte Weite und neuen Ksarsiedlungen zu erreichen: phantastische Ensembles aus flachen Hütten und zinnenbekrönten Türmen, bewohnt von einer Mischung aus Enkeln schwarzafrikanischer Sklaven und der arabischen Beni Hillal, die aus der Arabia Felix kamen. Wer nach Parallelen zu den Lehmburgen hier sucht, der wird sie am ehesten in den ›Hochhäusern‹ des Yemen finden. H. Helfritz, der den Süden der arabischen Halbinsel gut kennt, erinnert sich immer wieder an Arabien. »Bei einigen Kasbahs ... sind die Ecktürme ... und die oberen Stockwerke mit den zinnengekrönten Dächern weiß gekalkt, genauso wie ich es bei dem Sultanspalast von Saiwun in Hadramaut gesehen habe.« Man darf direkte, freilich Jahrhunderte zurückliegende Beziehungslinien zwischen Arabien und dem Maghrib annehmen. Auch die herrschende Dynastie stammt ja von dort.

Verzichten wir auf Spekulationen, halten wir uns an die Gegenwart der Dörfer. Haben wir den Anblick der Siedlungen von außen in erster Linie ästhetisch genossen, so werden wir, falls dazu eingeladen, in Dorf und Haus ins Alltagsleben der Menschen hineinsehen können. Freilich bleiben wir immer die Außenseiter, die Fremden, die Ungläubigen mit den wohlgefüllten Taschen. Und das trennt nicht weniger als die Barrieren von Sprache und Religion.

Niemand aus unseren Breiten würde ernstlich in einer solchen »Burg« leben wollen, und hauste er auch in einem Loch ohne jeglichen Komfort. Abgesehen davon, daß er es gar nicht vermöchte. Selbst wenn er es lernte, statt Lichtschalter oder Wasserhahn den Brunnen auszubessern und die Dachterrasse zu flicken, selbst wenn er Moslem würde und den Berberdialekt erlernte, bliebe er doch immer ausgeschlossen aus dem sozialen Verband eines solchen Dorfes. Die Ksour und Tighermatin sind ja nichts anderes als der Ausdruck eines Gemeinschaftsdaseins von Sippen und Familienverbänden.

Dem Touristen ist bei allem guten Willen und aller freundlichen Aufnahme immer nur kaltstaunender Besuch erlaubt. Solange sich die Zahl der Fremden in Grenzen hält, bilden sie keine Gefahr. Doch wenn sie vom Standquartier eines Luxushotels ausströmen, um diese Welt neugierig zu erobern, dann helfen sie – ob sie wollen oder nicht – jene Lebensformen aufzulösen, deren baulicher Ausdruck eben jene Lehmbauten sind, die sie so schön finden. Tourismus, wenn er zur Massenangelegenheit wird, zerstört seine eigenen Ziele. Auch wer schreibend von Schönheit und Eigenart des marokkanischen Südens berichtet, lockt wider seinen Willen neue Neugierige in eine Welt, aus der er am liebsten alle nur Schaulustigen ausschlösse. Aber die Lebensformen sind ja schon längst nicht mehr die alten, das Gleichgewicht ist schon zerstört und ein paar Druckseiten werden nichts mehr retten, nichts mehr verderben.

Eine Gruppe von Schulbuben hält uns winkend an, möchte ein paar Kilometer mitfahren dürfen. Ein besonders nett-intelligenter, der auf den schönen Namen Abd es-Salam hört, lädt uns zum Dank ein, sein Elternhaus zu besuchen. Er ist der älteste Mann dort. Der Vater arbeitet im Hafen von Casablanca, der ältere Bruder studiert im Internat von Zagora. Der Junge leitet uns, durch ein neu in die das Dorf umgebende Mauer gebrochenes Tor, um ein paar Ecken in

ein Sackgäßchen. Auf ein Klopfsignal und ein paar erklä-
rende Worte öffnet die Mutter von ihrer über der Tür gelegenen Küche aus das Haus, bleibt aber zunächst unsichtbar. Der
kleine Hausherr zeigt uns den Innenhof, die Wirtschafts-
und Vorratsräume unten und die Wohngemächer oben, die
archaisch-sparsam, nach unseren Begriffen gar nicht möbliert
sind. Ein paar Truhen, ein Tisch, ein Regal. An Nägeln in
der Wand hängen Kleidungsstücke. Ein paar herumstehende
Blechgefäße und Plastikkannen, Spinngeräte und ein einfacher Webstuhl: das ist die Häuslichkeit einer Familie, deren
Vater in der fernen Stadt doch so viel errackert, daß er seinen
Söhnen die beste hier erreichbare Schulbildung gönnen kann.
Vom flachen Dach aus Blicke auf die Dachlandschaft der
Nachbarhäuser, auf die Wipfel der Palmen in den zum Dorf
gehörenden Oasengärten, in die Weite des Tales und auf die
schöngeschichteten Höhenzüge, die es begleiten.

Als wir unsere Fotoapparate weggepackt haben, wagen
sich, zaghaft und neugierig, die Frauen des Hauses hervor:
die Mutter des schwarzschöpfigen Abd es-Salam und ihre
zwei Töchter. Sie halten noch einen Zipfel ihres Kopftuchs
vors Gesicht, als sie sich nähern und einige ihrer Handarbei-
ten anbieten: buntbestickte schwarze Tücher, die sie selbst
auch um den Kopf tragen, um nonnenhaft ihr Haar zu
verbergen, wie der Prophet es geboten hat. Das Beschauen
der Dinge ist Frauensache. Wir überlassen es ihnen, auszu-
wählen und, nur so zum Spaß, zu handeln. Und untereinander verstehen sich die Weiber offensichtlich so leicht, daß
die dunklen Geschöpfe auftauen, bald vergessen, sich noch
geschämig einen Tuchzipfel vor den Mund zu halten. Ein
Tablett mit Minzentee erscheint, und auch die Männer, die
ja eigentlich die ›Herren‹ wären, bekommen schließlich ein
Glas ab. Wenn auch Recht und Gesetz in der islamischen
Welt dem Mann die Autorität zusprechen: im Hause wissen
die Frauen recht wohl ihr Recht zu wahren.

Am Rand der Flußoase des Oued Draa weitere Lehmdörfer, Lehmhäuser, dann endlich ein Torbogen über einer breiten geraden Straße: wir sind in *Zagora,* das auf den ersten Blick seinen Ursprung verrät. An der Hauptachse reihen sich die paar Hotels, die Speiselokale, die Cafés und die Läden, die das verkaufen, was der wöchentliche Markt nicht bietet.

Zagora war einst Ziel und Basis jener Reisenden, die, möglichst in Gesellschaft, an saharischer Einsamkeit nippen wollten. Das Foto des Straßenschildes »Toumbouktou 52 jours« (per Kamel, versteht sich) am Ortsausgang war ein Muß. Aber nun ist hier vorerst die Welt zu Ende. Der Militärkonvoi, dem wir heute früh begegneten und der uns etwas melancholisch gestimmt hat, erklärt, warum weitere Abstecher in die Wüste hinein zur Zeit untunlich und verboten sind.

Reiner Zufall, daß wir gerade an einem Markttag, einem Mittwoch, hierherkommen. Der weite, sonst ödliegende Platz neben der Hauptstraße ist voller Leben, obwohl die Hitze dröhnt. Im Schatten des Torbogens hocken die Bettler, an ihnen vorbei schiebt sich die Schar der Schaulustigen. Sonnenschirme sind auf dem weiten Geviert aufgespannt, Schattensegel sollen die unerbittlichen Strahlen der schon hochstehenden Sonne abhalten. Was für eine bunte Versammlung fremder Menschheit! Mohrenschwarz die meisten Gesichter unterm weißen Turban, der sie noch dunkler erscheinen läßt, unterm gelben oder graubraunen Kopftuch oder der einfachen Wollkappe des Landmannes. Schwarze Pupillen im Weiß des Augapfels, das so manchmal gelblich getrübt ist, feingeschnittene und breitrückige Nasen, weiße Gebisse, die sich beim seltenen Lächeln tigerhaft enthüllen. Schlanke Gestalten, hager – denn Armut läßt nicht zu Fett kommen, und das Klima auch nicht –, an denen die khakifarbenen, grauen, braunen, himmelblauen oder tiefdunklen Djellabas, die verwaschenen und schadhaften Ganduras mit klassischer Würde herabfallen. Das schiebt sich gemessen durcheinander, begrüßt sich distanziert-vertraut, hält ein Schwätzchen, hockt ausruhend-gelassen in einem Schatten-

fleck. Dazwischen halb verschleiert Frauen, resolut eher als
schüchtern, aber kleinwüchsig meist und vor der Zeit vom
Tragen, Gebären und der tagtäglichen Mühsal gekrümmt,
neugierige Kinder, vereinzelte Touristen: hochgerötete
Weißlinge, Schmuddelkinder in Zottelhaar und -bart.

Ihnen zuliebe haben ein paar Souvenirverkäufer ihre Ketten und Reifen, Steine und Vasen ausgelegt, aber so sehr sie
lauern, niemand beachtet ihre Schätze. Die einfachen Dinge
sind es, die den Markt von Zagora so bunt machen: die
silbergelben Rüben und die aus Palmfasern geflochtenen
Körbe und Tragtaschen, die auf Plastikbahnen gehäuften
Orangen, die Berge flachsblonder trockener oder klebrig-
brauner Datteln, die gedörrten Feigen und die getrockneten
Weinbeeren. In langer Reihe Stände, wo fettlockige Händler
ihre schrillfarbigen Billigstoffe der weiblichen Eitelkeit dar-
bieten, daneben die primitive Buntheit von Plastiktaschen
und -eimern und der Kleinkram: Haarspangen und Knöpfe,
Schuhbänder und Kaugummi, Taschenspiegel und Sicher-
heitsnadeln, Gummibandeln und Kämme. Mandeln und
Messing, Porzellan und Popkassetten, Löffel und Leder liegen zum Verkauf, Gewürze aller Art häufen sich. Wie die
klingenden Reime in einem sonst wirren Gedicht schreiten
die hochgewachsenen Männer der Wüste in ihren strahlend
blauen Gewändern durchs Vielfältige, das dunkle Antlitz
halb verhüllt. Wie helle Trompeten tönt das Rot dazwischen:
das tiefe Rot eines Kopftuches, das schrille Rot nägelbeschla-
gener Blasebälge, das rostige Rot von Satteltaschen, das
Kunstrot blechverzierter Truhen, das brennende Rot scharfen Pfeffers.

Von Ouarzazate nach Marrakesch

Besuch in Ait Ben Haddou

Jede Etappe einer Fahrt durch Marokko bringt neue landschaftliche Eindrücke, neue Begegnungen. Vom heutigen Tag dürfen wir uns einiges versprechen, soll es doch über den Hohen Atlas nach Marrakesch gehen, der Perle des Südens. Diese Fahrt muß man im Frühjahr machen, dann glänzen die Berge noch weiß vom Schnee und die Täler grünen.

Nachdem wir die Oase von Ouarzazate verlassen haben, grüßt links die Kasbah von Tiffultut (Tiffoultoute) herüber und weckt die Erinnerung an einen ›Folkloreabend‹, der peinlich einer solchen Veranstaltung daheim glich. Massentourismus zeitigt wohl überall die gleichen oder ähnliche Erscheinungen. Rosig im Morgenlicht schimmert voraus der Hohe Atlas. Über Hügelschwellen geht es in begrünte Taloasen – Oasen ohne Palmen freilich.

Nach etwa zwanzig Kilometern führt uns rechts abzweigend ein glattes Asphaltsträßchen über Tisserghem nach Ait Ben Haddou (und weiter nach Tamdaght). *Ait Ben Haddou* ist eine so eindrucksvolle Berbersiedlung, daß sie häufig auf Plakaten der marokkanischen Touristenwerbung abgebildet wird. Wir wollen sie uns nicht entgehen lassen – und da unsere heutige Fahrtstrecke wenig mehr als zweihundert Kilometer beträgt, dürfen wir uns die Zeit zu einigen Abstechern gönnen. Es geht einige Kilometer durch Öde, dann ein Blick in ein grünes Flußtal. Jenseits ein rosenfarbener Berg, von einer verfallenden Speicherburg bekrönt, an dessen Hang sich ein phantastisches Konglomerat viertürmiger Tigermatin aufwärtsstaffelt.

Wir halten in der Nähe der neuen Moschee. Neben der Straße die moderne Betonbaracke der Schule. Pausenzeit. Kinder drängen sich halb frech, halb übermütig heran. Der Lehrer, jung noch, mit wachen Augen im schmalen Gesicht, greift zügelnd ein. Selbstverständlich dürfen wir einen Blick ins Schulgebäude tun – »je vous en prie, messieurs«. Zwei schmucklose Räume mit altmodischen Schulbänken, einer Landkarte, dem Bild des Königs. In der Hofmitte die rote Fahne mit dem grünen Salomonssiegel. Versteckt die Latrinen. Neben der Schule die Wohnung des Lehrers. Wir dürfen uns nicht verabschieden, ohne den Tee getrunken zu haben, den uns die anmutige Gattin des Schulleiters anbietet. Sichtlich hat das Studium in der Stadt (sogar für ein paar Monate in Frankreich) auf die Lebensweise des sympathischen Paares abgefärbt: auch die Frau ist kein verhuscht-verhülltes Etwas, sondern bewegt sich selbstsicher. Während wir das heiße Getränk schlürfen, bleiben die Kinder sich überlassen. Ginge die Gastlichkeit nicht vor, der Lehrer wäre schon wieder bei seinem Dienst. Den nimmt er ernst. »Man muß den Kindern etwas beibringen, damit sie es einmal besser haben als ihre Eltern.« Und seine Augen sind ganz ernst dabei. Wie lange denn die Kinder zur Schule gingen? »Laut Gesetz bis zum 14. Lebensjahr, aber die meisten hören viel früher auf oder kommen gar nicht, vor allem die Mädchen. Und dann, sehen Sie, unsere Schule liegt im neuen Dorf, und wenn der Oued viel Wasser führt, kommen die Kinder aus dem alten Ksar nicht herüber – es gibt ja keine Brücke. Und wenn sie zur Arbeit gebraucht werden, dann bleibt eben die Schule unbesucht. Dabei wäre eine Schulbildung so wichtig, die Voraussetzung fürs Fortkommen im Leben. Voyez mes amis, die Felder hier können nicht alle ernähren, die meisten jungen Burschen werden in die Stadt ziehen, und wenn sie da nicht einmal französisch lesen und schreiben können, finden sie kaum Arbeit, werden bestenfalls Tagelöhner oder Tagediebe, bleiben arm und elend. Sie sind ja sowieso jenen Kindern aus der Stadt unterlegen, deren Eltern für eine gute Ausbildung gesorgt haben. Unsere Leute hier im Dorf wollen das nicht einsehen. ›Wir brauchen den Buben als Viehhüter‹, sagen sie, oder ›Wir sind auch nicht zur Schule gegangen, und Allah gibt uns das Leben‹.«

Er selbst stammt nicht von hier, das verrät schon seine Distanz zu den Ansichten der Dörfler. Er kommt aus der Stadt, aber hat freiwillig die Aufgabe hier draußen übernommen – wenigstens für ein paar Jahre. Ein Entwicklungshelfer

also im eigenen Land, dem die Probleme auf den Nägeln
brennen.

*Noch immer sind achtzig Prozent der Einwohner des Landes Anal-
phabeten. Die Regierung empfand neben dem Aufbau eines das ganze
Land umfassenden Gesundheitswesens den Kampf gegen den Analpha-
betismus als eine ihrer Hauptaufgaben. Als Marokko unabhängig
wurde, gingen bloß zweihunderttausend Kinder zur Schule. Zehn
Jahre später waren es bereits plus eine Million, nach weiteren zehn
Jahren mehr ls drei Millionen: mehr als die Hälfte davon in Grund-
und Hauptschulen, je eine halbe Million in den weiterführenden
Schulen, den Koranschulen oder in den elitären Privatinstituten. Aber
noch immer sind vor allem im Süden nicht einmal alle schulpflichtigen
Kinder erfaßt. Und selbst wenn sie es wären: wie könnten die Nomaden und die Bergbauern in den entlegenen Dörfern ihre Kinder in die
Schule schicken? Und Mädchen, als Wesen minderen Wertes geltend,
müssen von früh an daheim oder unter fremder Fuchtel fronen.*

*Trotz aller Anstrengungen, die mit der Wachstumsrate einfach nicht
Schritt halten können, hat sich wenig geändert. Sie bleiben in der ihnen
vom Herkommen und der wirtschaftlichen Situation vorgezeichneten
Rolle: Sklavinnen ihrer eigenen Familie und nach der kurzen Köni-
ginnenrolle in den von Bräuchen und Riten umgebenen Hochzeitstagen
dem Manne und der Schwiegermutter untertan und erst als vollwertig
angesehen, nachdem sie einen Sohn geboren haben.*

*Nur vierzigtausend Universitätsstudenten sind, von Haus aus schon
begünstigt, auf dem Weg zum Start in ein sattes und angenehmes
Leben. Die Heranbildung einer Schicht von Führungskräften war
eines der Ziele der Wirtschaftsplaner. Studenten erhalten ganz ansehnliche Stipendien. Aber dann sind sie darauf bedacht, in einer Stadt
Karriere zu machen. So wie unser Gastgeber denken nicht viele unter
ihnen.*

Wirklich, über den Oued führt keine Brücke. Ein Plata-
nenstamm liegt quer im Bachbett, über ihn müssen wir
balancieren, dann von Stein zu Stein hüpfen und endlich
doch mit hochgekrempelten Hosenbeinen durchs Wasser
waten. Und Kinder sind natürlich da, die einen wegweisend
umdrängen, bis ein Herangewachsener sie barsch ver-
scheucht und sich zu unserem Führer aufwirft. Er zeigt uns,
was einem Fremden eben so gezeigt wird (daß wir nicht die
ersten hier sind, das ist deutlich). Die Büblein, die uns als
Rattenschwanz folgen, kennen schon die zum Betteln nöti-

gen französischen Brocken. Ihre dunkeläugige Frechheit ist voll zutunlichen Charmes. Unser Guide gewährt uns einen Blick durch die Tür in die alte Moschee (wie alt, das läßt sich bei diesen Lehmbauten nicht sagen, aber das Raumbild wirkt ganz archaisch). Die »Rauchstube« dürfen wir betreten, das heizbare Gelaß, darin sich zur kalten Zeit das Männervolk am Feuer wärmt und die Angelegenheiten des Dorfes berät. Weiter oben eine Aussicht auf die Atlasberge und hinab ins Tal, auf die flachen Lehmdächer und die mit einfach-großen geometrischen Mustern gezierten Lehmziegeltürme der Burgengemeinschaft. Jedes der Motive, wie auf den Webarbeiten der Frauen, läßt eine halbvergessene, halb noch lebendige Magie anklingen.

Während wir herabsteigen, melden sich Tamtams und näselndes Getön. Um eine Ecke auf einem podestkleinen Platz ein seltsamer Anblick: Drei buntgewandete Frauen, die Gesichter hinter rotweiß gestreiften Tüchern verborgen, wiegen sich in kleinen Tanzschritten, klatschen den Rhythmus in die hennaroten Hände. Neben ihnen ein in Ziegenfelle gehüllter Mann mit haariger Tiermaske, und auch einer der vier Tamburinschläger ist maskiert – mit einer Gasmaske aus dem letzten Krieg. Was soll das sein? Unser selbsternannter Begleiter drängt unwillig-verlegen weiter: »une fête«. Ist es vorislamisches Überbleibsel oder Erinnerung an ›Sodom und Gomorrha‹, den Film, für den die Kulisse des Ortes Orson Welles gefiel?

In einer Speicherburg

Weiter geht es dann auf der Hauptstraße flußaufwärts. Grün die Talböden beiderseits des breiten Schotterbetts des Oued, kahl und phantastisch zerrissen die Hänge, braun, ockerfarben, fahlgrau, violettrot, streifig grüngrau. Neben der Straße alle paar hundert Meter Händler mit »minéraux«, die durch grelle Pfiffe den Vorbeifahrenden zum Anhalten auffordern, damit der die grüngolden oder orangerot gefärbten Kristalle kaufe.

Die rotbetürmten Kasbahs werden spärlicher, dafür zeigen sich an den Hängen die ebenso lehmroten oder -gelben Terrassendörfer der Bergberber, die sich um eine Speicherburg sammeln, einen Irherm oder Agadir, dessen Bestimmung es war, die Habseligkeiten der Bauern zu bergen: ihre Vorräte, ihr Saatgut, ihre Werkzeuge und ihre Wertsachen. Innerhalb der festen Mauer hatte jede Familie des Dorfes ein eigenes, mit Holzschloß verschließbares Gelaß. Ein erwählter Wärter führt den Schlüssel zum Tor der ganzen Anlage. Diese Irherms sind als Typus vielleicht noch älter als die Tigermatin, ähneln ihnen in der Gestalt jedoch so auffallend, daß man sie als ihre Vorbilder ansehen möchte. Heute jedoch werden sie meist nicht mehr benützt, verfallen also. Wer sollte sich die Mühe machen, sie zu erhalten, da sie nicht mehr nötig sind?

Der Getreidespeicher, welcher der Siedlung *Irherm n'Ougdal* den Namen gab, ist noch im Gebrauch. Als wir uns ihm von neugierigen Blicken und Kindern gefolgt nähern, da erscheint auch schon, den Schlüssel in der Hand, der Verantwortliche. Er weiß aus Erfahrung, was Fremde suchen, die hier anhalten, und er weiß auch, daß sie nicht als Räuber und Vorratsdiebe kommen, sondern wohl ein Bakschisch zurücklassen werden. Das Bohlentor wird aufgeschlossen. Über Leitern und Trittsteine erreichen wir die Vorratsräume der einzelnen Familien. Ein braunes Kind mit zitronengelbem Kopftuch bringt den altertümlichen Schlüssel zu einem der Gewölbe. Er schaut aus wie eine grobe Zahnbürste, funktioniert nach uralter, schon vorrömischer Art und dünkt uns als archaisches Überlebsel sehenswerter als die Vorräte (ein ärmlicher Reichtum) in der schmalen Lehmziegelkammer, die er uns aufschließt.

Bei der Gendarmeriestation eine »Barrière de neige«, ein Schlagbaum, der herabgelassen wird, wenn im Winterwetter die Paßstraße unpassierbar ist. In einem schmalen Bachtal geht es aufwärts über den Tizi n'Lebsis (2125 m), doch hat man nicht das Gefühl, zu einem Hochgebirgspaß emporzukurven. Die Straße steigt eher undramatisch stetig, die »verglas«-Warnschilder (Straßenglätte) erscheinen den Sommerfahrern eher komisch.

Kurz bevor wir den Tizi n'Tichka erreichen, führt rechts eine Straße ab zum 21 km entfernten 1800 Meter hoch gele-

genen Dorf *Telouet*. Die Michelinkarte hat diese Strecke mit
dem grünen Streifen für »parcours pittoresque« versehen.
Und man findet sich nicht enttäuscht.

Märchenschloß in Einsamkeit

Rostig zerrissene Berge, rote Hänge gesprenkelt von Wacholder, Steineichen, Kiefern, nackte Bergflanken in allen
Tönungen zwischen strohweiß und basaltschwarz, zwischen
müdem Grün und säbelrasselndem Rot. Und endlich: ein
einsames Lehmdorf, beherrscht von einem hochragenden
Kasbahkomplex mit bezinnten Türmen und grünen Dächern. Beim Näherkommen erkennt man: die Dächer sind
schadhaft, die Fensterhöhlen leer. Das beinahe legendäre
Bergschloß des Glaoui. Noch bis in die fünfziger Jahre hielt
der Herr des Südens, der Pascha von Marrakesch, in diesem
Palast Hof, in dem Hundertschaften von Dienern und Eigenen jedem Wink der Gäste zu Gebote standen. Wir finden
den Weg an Mauern vorbei durch ein offenes Tor in einen
Hof und von dort hinaus aufs Feld, von dem sich das verzau-
bert-verfallende Schloß dem Fotoobjektiv darbietet. Aber
einen Zugang finden wir nicht. Als wir schon fast verzagen,
erscheint ein Mann mit einem Schlüssel, winkt uns, ihm zu
folgen, öffnet uns ein Tor zu verwinkelten Höfen, schmalen
Treppen, vorbei an leeren Türen, hinter denen sich der Schutt
häuft. »Niemand findet sich, der die inzwischen notwendig
gewordenen Ausbesserungen vornehmen will … An vielen
Stellen sind die morschen Holzverkleidungen mit ihren bunten Bemalungen ebenso wie Teile der Stuckarbeiten von den
Decken und Wänden herabgefallen, so daß ein Gang durch
die leeren Räume, über halbzerfallene Treppen und an einge-
stürztem Mauerwerk vorbei nur ahnen läßt, welcher Glanz
und welche Pracht einmal in diesem Märchenschloß geherrscht haben müssen.« (H. Helfritz) Dann schiebt der
stumme Führer den schweren Riegel einer buntbemalten
Türe auf und versetzt uns in Tausend und eine Nacht: Ein
Patio mit Marmorboden, mosaikbelegten Säulen und Wand-
sockeln, präzise geschnittenem Stuck. Stalaktiten aus Zedernholz tragen das freilich zerscherbte Glasdach, buntbe-

malte Decken überfangen die anliegenden Salons, wo zwischen Zelliys-Mosaik unten und farbig getöntem Stuck oben die Wände mit verblichenen Seidengeweben verkleidet sind. Das ist so reich, so phantasievoll, ist handwerklich so präzise wie nur irgendeine der schönsten merinidischen Medresen des Landes. Es ist dies freilich nur der Eindruck auf den ersten Blick und verrät sich bereits dem zweiten durch manche Kleinlichkeiten im Geschmack und manche Manierismen eben als – fraglos in der Tradition stehendes – Erzeugnis der Jahrhundertwende. Auch in diesem behüteten Bereich zeichnet sich der beginnende Verfall ab. Sein ganzes Ausmaß allerdings ersieht sich erst von der Dachterrasse aus, die zugleich die zeitlose Größe der klassisch nüchtern geformten Berglandschaft dem Rundblick darbietet. Adrians knapper Kommentar: Der Abstecher hätte selbst auf einer noch holprigeren Piste dafürgestanden.

Über den Tizi n'Tichka

Vor ein paar Tagen erst sahen wir im breiten Fernsehsessel die höfische Gratulationscour der Minister, Generale, der hohen Beamten und der Großverdiener, die gebeugten Knies eilig und beflissen der Scherifischen Majestät die Hand, dem Kronprinzen die Schulter küßten. Anlaß: das Große Opferfest (Ait el-Kebir), mit dem die Pilger in Mekka die Haddsch beenden und überall in der islamischen Welt junge Widder geschlachtet werden. Wie die Schranzen knicksten und küßten, das fanden wir ziemlich peinlich, und nun sind wir recht betroffen, daß uns gleiches widerfährt. Der Bursche, der mit einem schweren »sac« nach Irherm unterwegs ist und den wir bis zur Paßstraße mitnehmen, darf sich aus unserer Wasserflasche erquicken, und bevor wir es verhindern können, drückt er dankbar seine Lippen auf unsere Rechte.

Die letzten Kurven zum Tizi n'Tichka sind wie nebenbei geschafft. Fast sind wir etwas enttäuscht, daß es so glatt und gar nicht grandios zuging und auch die Paßhöhe (2260 m) keine gewaltigen Ausblicke gewährt. Dafür ist, wo vor zehn Jahren nur einige Halbwüchsige in dicke Djellabas gewickelt dem Fremden für fast nichts ihre Steine und Kristalle anboten, eine ganze Marktsiedlung mit festen Verkaufsbuden und langen Bänken entstanden, die alles ausbreiten, was als stummer Stein und farbiges Mineral den Laien ergötzen kann.

In weiten Kehren geht es abwärts durchs Kahle. Die Fahrt nach Norden hinab in die Haouz-Ebene, in der Marrakesch liegt, ist unvergleichlich dramatischer als die von Süden auf den Paß hinauf. Wo sich in den engen Rissen der Bergwasser ein schmaler Streifen Fruchtland bilden konnte, da klammern sich ein paar flache Hütten an den mit dornigen Büscheln besetzten Hang. In *Taddert,* der ersten größeren Siedlung, wieder ein langbänkiger Mineralienmarkt und Kindergewimmel. Kleine Rotznasen, kaum selbst recht sicher auf den Beinchen, schleppen schon ein Geschwisterchen auf dem Rücken, und die Mutter trägt eines an der Brust und sichtlich schon wieder eines unterm Herzen.

Kahle Hänge, von harten Kräutern gesprenkelt, dann und wann in einer Krümme Lehmhütten über winzigen Feldterrassen. Unten im steinig-schmalen Bachbett Oleander, babyrosa und jungfernweiß, dann auf rotem Boden ein schwerer Zusammenklang mit dunklem Grün. Und fernhell Almwiesen darüber und ferner noch die Schneehäupter der Glaoua-Berge. Unzählbar die Minéraux-Stände am Straßenrand, die verwegenen Buben, die mit abschreckend gefärbten Kristallen Kunden anlocken möchten.

Ein rotgedecktes Forsthaus im Grünen, ein ärmliches Bergdorf über Terrassenfeldern, ein überraschender Blick

dann hinaus ins schon sich weitende Vorland, dem sich die
Straße nun zusenkt. Lehmgelbe Hütten, in grünen Feldern
feuerroter Mohn. Opuntien, Kiefernaufforstungen, Ölbäume im Gebreite, Zypressen, Eukalyptus ... Der Wall des
Gebirges bleibt als blaulicher Schemen zurück, während wir
auf Marrakesch zufahren.

Dorfgehöft

Bei der Rast unterm Paß hat uns ein Freund des Wirts
gefragt, ob wir nicht Platz hätten für ihn und seine zwei
mächtig schweren Gepäckstücke. In El-Kelaa im Dadestal
habe er sein Geschäft, nun sei er unterwegs zu seiner Familie
in einem Dorf »pas loin de Marrakesch«. So wird ein kleiner
Umweg nötig. In Taddert schon bittet er um eine kurze
Pause, kauft einen Sack Nüsse als Mitbringsel für seine Kinder. In *Tazlida* erhandelt er ein saftiges Lammviertel, versorgt
uns mit frischem Trinkwasser und schwängert den Wagen
mit dem schweren Duft von Räucherstäbchen. Sie benebeln
indisch. Ein Hadj hat sie gerade erst aus Mekka heimgebracht
... Unterwegs ersteht er preisgünstig noch dies und das und
ein paar Beeren. Selbstverständlich müssen wir in seinem
Haus einkehren, Tee wenigstens müssen wir bei ihm trinken.

Ein Dorf, etliche lange Kilometer abseits der Straße,
Lehmmauern, von Opuntienhecken umstanden. Am Vormittag haben uns die Handküsse etwas verstört, hier finden
wir es ganz in der Ordnung, daß die beiden Buben, der ältere
zuerst, dem Vater die Hand küssen – und der wieder seinem
Vater, einem gebückten lederhäutigen Greis in Gandoura
und Turban. Er verfügt nur über zwei Vokabeln »Bonjour,
ça va?« und »Merci«. Sonstiges ersetzt freundliches Nicken
oder die Dolmetscherei unseres Fahrgasts.

Lehmmauern umgeben einen staubigen Hof mit überdeckten Schuppen für schlichtes Ackergerät, mit dem Stall
für zwei Jungrinder. An einer Seite der Werkbereich der
Frau. Da unverhüllt, ist sie bei unserem Eintreten ins Raum-
dunkel zurückgewichen. Man bittet uns in einen zweiten,
kleineren Hof, in dessen Mitte ein freundlich gepflegter Blü-
tenstrauch rosig strahlt. Das handtuchlange Quergelaß, darin

wir Platz nehmen müssen, gleicht im Grundriß dem eines
Salons um den Patio eines städtischen Hauses. Freilich fehlt
jeder Hinweis auf gehobene Lebensweise. Der Boden: ge-
stampfter Lehm; die Decke: dünne Querbalken, darüber
Schilfrohr; die Wände einfach gekalkt, aber seltsam kindlich
bepinselt mit Blättern, Blattranken und einem vierarmigen
nackten Weib mit gewaltigen Brüsten. In einem Winkel
übereinandergestapelt die schäbigen Matratzen. Abends werden sie den Boden in einen Schlafsaal verwandeln. Schmutzige Kleider hängen an einem Nagel von der Wand, die ein
Teller mit dem Bild des Königs schmückt.

Die Söhne Omar (12) und Ali (8) dürfen uns mit Handkuß
begrüßen. Mirjam (10) bekommen wir nur zu Gesicht, als
sie hinterm Vater verborgen einen Blick auf die fremden
Wundertiere riskiert. Ein Messingtablett auf drei Beinen erscheint. Nur gerade die Hände der Frau, die es hereinreichen,
sind zu sehen. Der Großvater bereitet den Tee mit Auf-
und Hin- und Wiedergüssen, dem Privileg des Ältesten und
Angesehensten. Als wir uns verabschieden wollen, erscheint
Omar mit einer Kanne heißen Wassers, um unsere rechte
Hand zu waschen. Mit ihr, der reinen und gereinigten müssen
wir – mit Brot und bloßen Fingern – einen Teller mit Tadjine
leeren. Die Danksagung – el-Hamdulillah! – beschließt das
Mahl.

Der Himmel begeht sein abendliches Farbenfest und das
Kutubiya-Minar steht hinter Palmsilhouetten als Wegmarke
über den Mauern, als wir endlich durchs ungezügelte Gewimmel den Weg zu unserem Nachtquartier finden, glücklich erregt vom Wiedersehen mit *Marrakesch*. Jede Vernunft
geböte, bald ins Bett zu steigen. Doch wer bringt das fertig!
Wenigstens ein Stündchen noch auf der Djema ef-Fnaa, ein
kurzes Hineinschnuppern in die noch erleuchteten Souks.
Nur um uns zu versichern: wir sind angekommen.

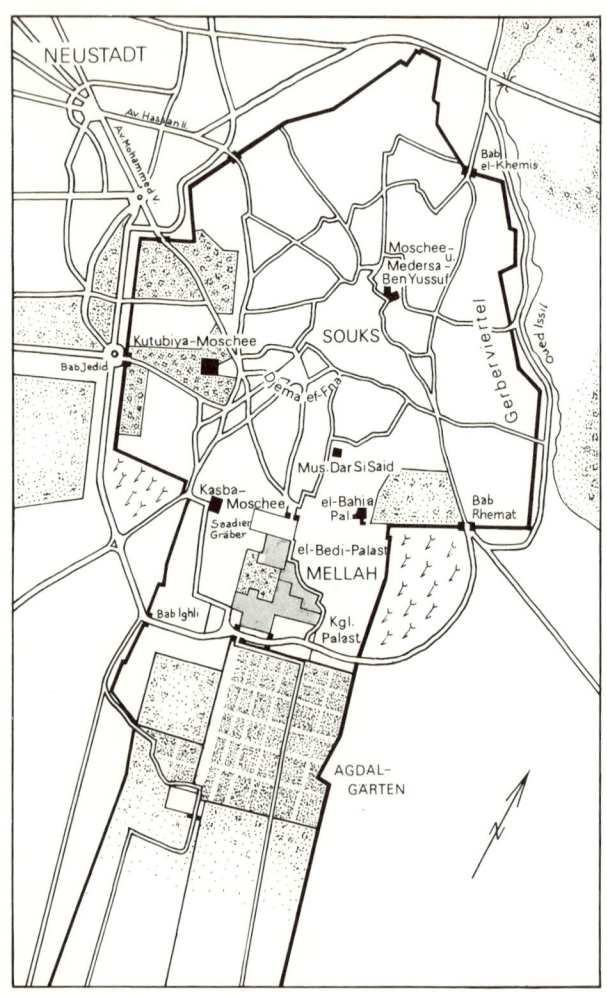

NEUSTADT

Av. Hassan II

Av. Mohammed V.

Bab
el-Khemis

Moschee-
Medersa
Ben Yussuf

SOUKS

Kutubiya-Moschee

Bab Jedid

Gerberviertel

oued Issil

Djema el-Fna

Mus. Dar Si Said

Kasba-
Moschee

el-Bahia
Pal.

Bab
Rhemat

Saadier
Gräber

el-Bedi-Palast

MELLAH

Bab Ighli

Kgl.
Palast

AGDAL-
GARTEN

N

Marrakesch

Die rote Stadt

Marruecos, der spanische Name der Stadt, hat dem ganzen Land seinen in Europa üblichen Namen gegeben: Morocco, Maroc, Marokko. Wenn es auch falsch wäre, zu sagen, Marokko kenne, wer nur Marrakesch gesehen hat, so stimmt es doch umgekehrt: Wer Marrakesch nicht gesehen hat, der hat Marokko nicht gesehen.

Fes, das geistliche Herz des Landes, ist vom Habitus her eine durchaus ›arabische‹ Stadt. Marrakesch dagegen, das ist die Stadt der Berber, die große Oase, das Zentrum des gesamten marokkanischen Südens. Schon ein Blick auf die Straßenkarte zeigt: Wie eine Spinne sitzt es im Wegenetz, läßt alle bedeutenden Routen des Südens auf sich zulaufen, nicht nur die des Landes vor der Atlaskette, sondern auch die Straßen dieses Gebirges und der Regionen hinter seinem Wall.

Marrakesch ist nicht weiß und altersgrau, sondern rot: terrakottrot, ziegelrot, lehmrot. Selbst die Betonbauten der französischen Gueliz-Neustadt nehmen die rosarote Farbe des Südens an. In den Bazaren sind es nicht die zurückgenommenen Töne, die nur da und dort fahlgelb, golden, taubengrau oder rauchblau aufschimmern, sondern die wilden Farben: neben gleißendem Messing das intensivste Krapprot, das giftigste Grün, das tintendunkelste Blau, das lauteste Kanariengelb der gefärbten Wollsträhnen in der Färbergasse, in den Trauben bunter Tücher und noch bunterer Frauengewänder, gedämpft nur durch den Schatten der Latten, die von den Marktgassen die Sonne weghalten sollen und über sie ein grelles Muster aus Licht- und Dunkelstreifen breiten, durch das sich unentwegt eine bewegte Menge schiebt, bäurisch-bunt, gewarnt nicht nur vom »balek-balek« der Maultiertreiber und Lastträger, sondern auch vom Geknatter und Gehupe der Motorrädchen und Autos. Keine patrizische Stadt, die resigniert den Mantel ihres Alters um sich schlägt

und wie mit toten Augen durch den Fremden hindurch-
schaut, sondern eine, die sofort zupackt, den Ankömmling
nicht nur berührt, sondern anfaßt, gewalttätig, aggressiv,
groß zugleich und armselig, staubig und duftend, eine rosinfarbene Sphinx in bunten Gewändern, mit bösen Klauen und
dem melancholischen Tierblick einer dunklen Seele, die ihre
eigenen Rätsel nicht zu deuten weiß.

Die Almoraviden

Marrakesch, das war zuerst die Stadt der Almoraviden. Mit
ihnen endeten die langen trübseligen Jahrzehnte des
11. Jahrhunderts, da die Herrschaft der Idrisiden zerfiel, die
Omayyaden von Spanien, die Fatimiden Ifriqiyas (Tunesiens), die Berber verschiedener Stämme und verschiedener
Sekten mit wechselndem Geschick mit- und gegeneinander
um die Macht im fernen Westen rangen. Nach dem Abfall des
ziridischen Stadthalters des Maghrib sandte der inzwischen in
Kairo residierende schiitische Oberherr als Vollstrecker seiner
Rache landhungrige arabische Beduinen in den Maghrib, die
Banu Hillal (1052), die nun wie Heuschrecken den Westen
heimsuchten; das heutige Tunesien in erster Linie, aber auch
Algerien und selbst den »fernen Westen«. Hier haben sie das
nomadische Element verstärkt und zugleich das arabische,
das im westlichsten Berberland noch recht dünn war.

Paradoxerweise bedeutete gerade dieser Einfall aus dem
Osten das Ende der engeren Verbindung zwischen Maghrib
und Maschriq, dem islamischen ›Morgenland‹. Für die nächsten Jahrhunderte sollten Berber und nicht Araber den Westen der islamischen Welt beherrschen und der christlichen
Wiedereroberung jener Gebiete auf der iberischen Halbinsel
Widerstand entgegensetzen, die einst Berberkrieger unter
Tariq für den Islam erobert hatten. Langvergangene Geschichten – aber ohne sie wäre das Land von heute nicht das,
was es ist.

Die Männer vom Lemtuna-Stamm der berberischen San-
hadscha – sie trugen (wie die ihnen verwandten Tuareg noch
heute) den Litham, den Gesichtsschleier – hatten sich schon
im 9. Jahrhundert zum Islam bekehrt, aber in ihrem armen

Gebiet zwischen den südlichen Oasen blieb ihr Glaube unbelehrt und rudimentär. Bei der Rückkehr von einer Pilgerfahrt nach Mekka wollten einige Häupter der Lemtuna mehrere Schüler des in Kairouan lehrenden Abu Imran aus Fes als Lehrer mitnehmen, aber sie wurden auf einen Weisen des Westens verwiesen: auf Adullah ben Yasin im Sus (Sous). Er war bereit, als Missionar mit an den Sahararand zu ziehen. Dort aber stieß seine Strenge auf Widerstand des Volkes. So wandte er sich an eine Elite und zog mit einigen der Stammeshäupter sich in ein ›Ribat‹ zurück, eine Klosterburg, Festung zugleich und Ort härtester Askese, spärlicher Nahrung und körperlicher Züchtigung beim kleinsten Verstoß gegen die Regeln. Dennoch, nein: eben darum scharten sich bald Hunderte der stolz-armen Berber um das Ribat, als el-Murabitun, als ›Männer vom Ribat‹. Daraus wurde im spanischen Munde Almoraviden. Ihr geistliches Haupt war Abdallah, ihr militärischer Führer Yahia, der Scheikh des Sanhadscha-Verbandes. Er führte die Seinen zur Eroberung von Sidjilmassa, machte dadurch die Almoraviden zu Herren auch einer der großen Karawanenstraßen von der Sahara zum Meer. Mochte man das religiöse Anliegen propagandistisch herausstellen, so dienten die militärischen Aktionen doch auch wirtschaftlichen Interessen.

Nach dem Tod Yahias übernahm Abu Bakr den Befehl über die Glaubenskrieger und lenkte die Eroberung gegen Norden, nach Taroudannt, der Hauptstadt des Sous, in den Hohen Atlas und die Tensift-Ebene. Endlich bezwangen sie auch Aghmat – und hier nahm Abu Bakr die Witwe des örtlichen Machthabers zur Frau, Zeinab, die Tochter eines Kaufmannes aus Kairouan, eine instinktsichere, willensstarke, intelligent-energische Dame. Als Abu Bakr auf die Kunde von einem Aufstand in der Sahara 1061 dorthin aufbrach, um die Empörung niederzuschlagen oder im Kampf den Tod des Glaubenszeugen zu erlangen, schied er sich von ihr: »O Zeinab! Du bist ein Wesen von großer Güte und vollkommener Schönheit; allein, ich muß dich verlassen und in die Sahara ziehen, um dort im Heiligen Krieg den hohen Lohn des Martyriums zu erstreben. Als zarte Frau ertrügest du es nicht, mir zu folgen und in jenen Wüsten zu leben.

Deshalb verstoße ich dich. Wenn die gesetzliche Frist vorüber ist, sollst du meinen Vetter Yussuf ben Taschfin heiraten, denn er ist mein Statthalter im Maghrib.« Abu Bakr ernannte tatsächlich Yussuf zu seinem Stellvertreter, übergab ihm alle Vollmachten und beauftragte ihn mit dem Kampf gegen die noch feindlichen Berber. Die Anführer der Almoraviden anerkannten ihn als ihr Oberhaupt, denn er war fromm, tugendhaft, entschlossen, unternehmend, streng und dabei gerecht. Yussuf heiratete die kluge Zeinab, und es gelang ihm (nicht zuletzt dank ihrer vorzüglichen Ratschläge), den größten Teil des Maghrib zu erobern und seine Macht zu festigen.

Nehmen wir uns die Zeit, dem Geschichtsschreiber Ibn Abi Zar (in der Übersetzung von Titus Burckhardt) weiter zuzuhören: »Als Abu Bakr vernahm, welchen Umfang das Reich seines Vetters angenommen hatte, verließ er die Sahara und machte sich auf den Weg, um ihm zu danken und seinen Platz einzunehmen. Doch Yūsuf, der seine Absichten erriet, frug seine Frau Zeinab um Rat. »Dein Vetter Abu Bakr«, antwortete sie ihm, »ist ein frommer Mann, der nicht gern Blut vergießt. Wenn du ihn triffst, unterlaß es, ihm die Ehre zu erweisen, die er von dir zu erfahren gewohnt ist. Zeig ihm weder Höflichkeit noch Demut, sondern empfange ihn als einen, der dir gleichgestellt ist. Zugleich bring ihm einige kostbare Geschenke wie Stoffe, Gewänder, Speisen und nützliche oder seltsame Gegenstände; beschenke ihn reichlich, denn in der Sahara ist alles, was von hier kommt, selten und kostbar.« Yūsuf befolgte ihren Rat; als sich der Emir Abu Bakr dem Reiche Yūsufs näherte, kam ihm dieser entgegen, und wie er seinen Vetter auf dem Wege traf, grüßte er ihn kurz angebunden vom Pferd herab. Der Emir, der das Gefolge Yūsufs betrachtete, verwunderte sich über dessen große Zahl und frug: »Yūsuf, was soll dieses Heer?« – »Mir dienen gegen jeden, der mir gegenüber üble Absichten hegt«, gab jener zur Antwort. Da wurde Abu Bakr mißtrauisch wegen des Grußes vom Pferd herab und jener Antwort, doch als er im selben Augenblick tausend beladene Kamele wahrnahm, die auf ihn zukamen, frug er: »Was bedeutet diese Karawane?« Worauf sein Vetter erwiderte: »O Fürst, ich bin dir entgegengekommen mit allem, was ich an Schätzen, an Stoffen, Kleidern und Proviant besitze, damit dir in der Sahara nichts fehlen möge.« Bei dieser Antwort begriff der Emir alles … Darauf kehrte er in die Sahara zurück und verbrachte dort sein Leben im Kampf gegen die Ungläubi-

*gen, bis er schließlich, im Jahre 480 (1087), von einem giftigen Pfeil
getroffen das Martyrium erlangte, nachdem er sein Reich über die
Sahara bis zum Goldberge im Sudan ausgedehnt hatte. Sein Reich
aber ging ganz auf Yūsuf ben Taschfīn über ...«*

Yussuf gründete 1062 Marrakesch an jener Stelle, wo die
wichtigsten Paßwege aus der Sahara über den Hohen Atlas
sich trafen. Nicht als Hauptstadt zunächst, sondern als Etappenlager. Ein Jahr später zog er in Fes ein, wo einst die
Idrisiden geherrscht hatten, und riß die Mauern nieder, welche die beiden Keimzellen der Stadt, das Kairouaner- und
das Andalusierviertel, voneinander trennten, dehnte seine
Eroberungen bis Tanger und ins heutige Algerien aus, gründete dort das heutige Tlemcen, stieß bis Algier vor, ohne es
freilich zu erobern, und erhielt vom fernen Kalifen den Titel
eines ›Führers der Gläubigen‹. Dann erging an ihn der Ruf
der durch die beginnende christliche Reconquista bedrohten
Emire Andalusiens, der Erben des zerfallenen Kalifats von
Córdoba. Alfons VI. von Kastilien nahm 1085 Toledo ein,
die westgotische, dann arabische Hauptstadt. Yussuf setzte
mit seinen Kriegern über die Meerenge, eroberte Algeciras,
hielt in der Schlacht von Zallaca bei Badajoz (1085) den
christlichen Vorstoß auf. Nach getaner Pflicht kehrte er im
Triumph und mit reicher Beute nach Afrika zurück. Als er
jedoch erneut zum Eingreifen nach drüben gerufen wurde,
da begnügte er sich nicht mehr nur mit Ruhm und Schätzen.
Durch eine Fetwa, ein Gutachten der Koranrichter ermäch-
tigt, machte er sich selbst zum Herren, ließ al-Mutamid, den
Dichterkönig von Sevilla, der ihn gerufen und ihm Algeciras
abgetreten hatte, im Kerker verschwinden, nahm Granada,
Malaga und Sevilla. Nur Valencia, die Stadt des Cid, widerstand ihm. Das arabische Spanien wurde nun mit al-Maghrib
zu einem Reich verschmolzen. Und mochten auch Sevilla,
Tlemcen, und Fes sich königlicher Gunst erfreuen, zu seiner
Hauptstadt wurde Marrakesch erhoben.

Als Yussuf 1106 starb, hinterließ er seinem 23jährigen,
in Ceuta geborenen Sohn Ali (1106-1143) ein großes und
befriedetes Reich. Obwohl der neue Herr im kulturellen
Klima Andalusiens aufgewachsen war, war er doch seinem
Wesen nach ein reiner Berber vom Sahararand, ein Krieger

und Asket. Aber Spanien brachte den Wendepunkt in seinem
Geschick. In der Schlacht von Ucles (1108) fiel zwar Don
Sancho, Thronerbe König Alfons VI., doch Toledo ließ sich
nicht mehr zurückgewinnen; Aragon, Kastilien, Portugal
begannen ihre Herrschaft über immer weitere Gebiete auszu-
dehnen.

Erstmals verbreitete sich die arabisch-andalusische Kultur
auch im Berberland. Ali ben Yussuf ging daran, die Residenz
Marrakesch zum würdigen Zentrum seines riesigen Reiches
auszubauen. Nachdem das Problem der Wasserversorgung
durch Anlage unterirdischer Kanäle (Foggares) bewältigt
war, entstanden innerhalb des 1112-1127 errichteten Mauerringes bedeutende Bauten: eine Moschee im Zentrum der
Souks, ein Monumentalbrunnen, ein Palast (an der Stelle
der heutigen Kutubiya-Moschee). Handel und Handwerk
begannen aufzublühen und selbst ein geistiges Leben begann
sich zu regen. Es war freilich nicht mit dem von Bagdad
oder Córdoba zu vergleichen, doch zog der Hof Dichter,
Philosophen, Ärzte an, wie *Abu el-Ala Zor* und *Abu Merwan
Abd al-Malik ibn Zohr* (die Scholastiker nannten sie später
Avenzor und Avenzoar) oder jenen »Avempace« (*Abu Bekr
ibn Bajja,* geboren in Zaragoza Ende des 11.Jahrhunderts,
gestorben in Fes 1139), den ersten unter den spanisch-arabi-
schen Aristotelikern. Allerdings fanden sie sich in einem
Klima klerikaler Unduldsamkeit gegen alle weiteren und
tieferen Ideen. Die malekitischen Ulema legten den Koran
streng wörtlich aus, beinahe anthropomorphistisch. Die sich
im islamischen Osten abspielenden Kämpfe zur Überwin-
dung des Zwiespalts von Glauben und philosophischer Erkenntnis fanden am Hof eines kaum des Schreibens kundigen
Herrschers kein Verständnis – genausowenig wie die gleichfalls im Osten aufkommende sufische Mystik.

Nach Alis Tod 1143 herrschte für nur zwei Jahre sein Sohn
Taschfin ben Ali, dem sein Bruder Ishak folgte. Dieser wurde
1147 getötet, als die Almohaden Marrakesch eroberten. Vom
Geschick der Almoraviden scheint Ibn Khaldun, der aus
Tunis gebürtige Historiker des Maghrib, das Grundmuster
seiner Betrachtung abgeleitet zu haben. »Die Führerschaft
erschöpft sich innerhalb einer bestimmten Herrscherfamilie

nach vier Generationen: Der Urheber des Ruhmes der Familie weiß, was ihn sein Werk an Anstrengungen gekostet hat, und bewahrt deshalb die Eigenschaften, die seine Macht begründeten. Der Sohn, der ihm in der Herrschaft nachfolgt, hat eine persönliche Beziehung zu seinem Vater gehabt und von ihm gelernt ... Die dritte Generation begnügt sich mit einer äußerlichen Nachahmung ihrer Vorgänger und verläßt sich auf den Brauch ... Die vierte endlich macht sich keine richtige Vorstellung mehr von der Mühe und Anstrengung, mit welcher der Bau errichtet wurde. Sie meint, daß ihr der Ruhm nur um ihrer edlen Abstammung willen gebühre ...« Mit der Verwandlung einer adligen Schicht in städtisches Beamtentum beginnt der Untergang der jeweiligen Dynastie. Das große ethisch-religiöse Anliegen der nomadischen Almoraviden, die Erneuerung nämlich und Vertiefung des islamischen Gesetzes, erstarrte zur Berufsroutine bestallter Schriftgelehrter, welche die malekitische Observanz zur im Westen herrschenden erhoben.

Ein Mahdi und sein Jünger

Noch deutlicher nach dem von Ibn Khaldun gefundenen immanenten Gesetz rollte die Geschichte der nächsten berberischen Dynastie ab, die der Almohaden. Zu dieser Form hat spanischer Mund das arabische al-Muhawwidun zurechtgeschliffen, was bedeutet: »Verfechter der [göttlichen] Einheit, Unitarier«.

Ihre religiöse Erneuerungsbewegung war getragen von den Masmudaberbern des Hohen Atlas. Ihr Urheber war Mohammed Ibn Tumart, der, im Jahrzehnt zwischen 1077 und 1087 in einem Dorf des Sous geboren, einem Zweig der Hintata-Berber des Atlas entstammte. Als wohlgebauter, schöner Mann wird er geschildert, von hellbräunlicher Hautfarbe, mit tiefsitzenden Augen, Adlernase, spärlichem Bartwuchs und einem auffälligen schwarzen Muttermal auf dem Handrücken. Von klein auf von hingebender Frömmigkeit und brennendem Wissensdurst erfüllt, ward ihm die geistliche Unbelehrtheit und die geistige Enge daheim bald unerträglich. Seine Wanderjahre hoben an, die ihn zunächst nach

Spanien führten und dann nach dem Osten. In Alexandria
lernte er nicht nur die Lehren des Theologen al-Anschari,
sondern auch die kontroversen des al-Ghazzali kennen. Als
Verwandelter kehrte er – nicht ohne Abenteuer zu Land
und See – in den Westen zurück. Er begann die Sitten der
Almoraviden zu tadeln, den Anthropomorphismus ihrer
Gottesvorstellung anzugreifen. In Mahdiya ward er freundlich aufgenommen, in Béjaja rief er bereits Widerspruch
hervor und mußte bei einem benachbarten Berberstamm
Zuflucht suchen.

Der Kern seiner Lehre: die Verkündung der Einheit Gottes
gegen die schlicht-buchstäbliche Auslegung der Schrift.
Allah ist nicht bloß der Zahl nach Einer, sondern das Eine
seinem Wesen nach. Einzig ist er, weil es nichts gibt, was sich
ihm vergleichen ließe. »Es gibt keinen Gott außer dem, auf
welchem alles Dasein hinweist und von dem alle Geschöpfe
bezeugen, daß Er unbedingt und unendlich ist, frei von aller
Bestimmung durch Raum, Zeit, Richtung, Grenze, Art,
Form, Gestalt, Maß, Verhältnis oder Zustand. Er ist der Erste,
dem nichts nachfolgt, der Letzte, dem nichts vorausgeht.
Einzig ist Er, ohne irgendwo zu sein, erhaben, ohne irgendwie zu sein, liebenswert, ohne etwas zu gleichen. Der Verstand kann Ihn nicht fassen, die Phantasie nicht vorstellen,
der Gedanke nicht erreichen, die Vernunft nicht beschreiben ...«

Die Konsequenz dieses vertieften Glaubens war ein ver-
tieftes religiöses Leben. Als Prediger wanderte Ibn Tumart
in die Heimat zurück. Das Kloster von Mellala in der Nähe
von Béjaja wurde zu einer entscheidenden Station auf diesem
Wege. Meditierend in dieser Abgeschlossenheit ward er sich
seiner Sendung bewußt und fand seinen Jünger in Abd al-
Mumen, einem Töpfersohn aus der Gegend von Tlemcen.
Spätere Legenden haben diesen nicht nur zu einem Nachkommen des Propheten Mohammed machen wollen, sie
umgaben auch seine Kindheit mit einem bunten Kranz. Als
seine Mutter mit ihm schwanger ging, soll sie eines Tages
ein Feuer von ihrem Schoß ausgehen gesehen haben, das alle
vier Himmelsrichtungen erfaßte. Und als das Kind in der
Wiege lag, sollen sich Bienenschwärme auf ihm niedergelas-

sen haben, um sich dann in alle vier Richtungen zu zer-
streuen. Den derartig Vorbestimmten soll Ibn Tumart sofort
als seinen Apostel erkannt haben. Vom Meister berufen,
gab Abd al-Mumen seine Reisepläne auf, teilte fortan des
Meisters Einsamkeit, seinen Weg und seine Lehre.

Sein Weg führte Ibn Tumart weiter nach Westen, verfolgt
und Verfolgung herausfordernd durch seine sittenreformeri-
schen Predigten. In Fes forderte er auf, die Musikalienhand-
lungen zu plündern, in Marrakesch tadelte er laut die Sitte
der Lemtunafrauen, unverschleiert zu gehen, er verfolgte
dort die Schwester des Herrschers, ja diesen selbst mit
Schmähworten und disputierte mit almoravidischen Gelehrten, deren einer dem Sultan riet, den Unbequemen töten zu
lassen. Ibn Tumart floh und begann in der Verbannung mit
der methodischen Verbreitung seiner Lehre. Zunächst trat er
als bloßer Reformer der Sitten auf, soweit sie nicht der
koranischen Tradition entsprachen. Als er einen Anhänger-
kreis gewonnen hatte, ging er weiter, entwickelte seine Doktrin und griff jeden als »Ungläubigen« an, der anderer Meinung war; er predigte also den Heiligen Krieg nicht nur
gegen Heiden und Polytheisten, sondern auch gegen »falsche«
Moslems. Und seine Theologie sollte nicht länger das Reser-
vat einer kleinen arabischen Oberschicht sein: in berberischer
Sprache wandte er sich an die Berber des Gebirges, scharte
die Stämme der Hergha und den größten Teil der Masmuda
um sich, die den Lemtuna immer feindlich gewesen waren.
Neben Abd al-Mumen wählte er noch neun weitere »Gefährten«. Sie bildeten den engsten Kreis der Vertrauten. Seine
Jünger betrachteten ihn bereits als den »untadeligen Imam«,
der alle Zeichen des Mahdi an sich trage, und schließlich
ließ er sich als solchen anerkennen und erstellte sich einen
Stammbaum, der auf Ali ibn Talib, den Schwiegersohn des
Propheten zurückführte.

Die Einwohner von Tinmal freilich wollten seine Autorität nicht anerkennen. Ibn Tumart bemächtigte sich der Stadt
durch eine Kriegslist, ließ alle Männer über die Klinge springen, die Frauen in die Sklaverei verkaufen, teilte ihre Häuser
und Besitzungen unter seine Anhänger und ließ eine Festung
erbauen. Die Stämme der Umgebung zogen es daraufhin

vor, sich zu unterwerfen. Der unfehlbare Mahdi organisierte
seine Gefolgschaft zu strafferer Staatlichkeit. Ein Heer, das er
unter Abd al-Mumen gegen die Almoraviden gesandt hatte,
erlitt allerdings eine klägliche Niederlage. Der Mahdi sah
sich nun seinerseits in Tinmal belagert. Als die Gefahr vorüber war, ließ er all jene, die von Kapitulation gesprochen
hatten, enthaupten. Bald darauf (1130) starb Ibn Tumart,
der sich wie Mohammed vom Gottsucher zum politisch-
militärischen Führer entwickelt hatte, in Tinmal und wurde
dort auch begraben.

Der designierte Nachfolger Abd al-Mumen soll seinen
Tod so lange verheimlicht haben, bis er selbst fest genug im
Sattel saß und von den Gefährten und der Jüngerschaft den
Treueid empfangen hatte. Dann nahm er – wie Aku Bakr
nach Mohammeds Tod – den Titel eines »Khalifa«, eines
Stellvertreters an. Er war der rechte Mann: ein »Fremder«,
daher keinem der Stämme verpflichtet, ein Gelehrter, Diplomat, Redner, ein nüchterner, zäher und harter Krieger mit
der nötigen Portion Ehrgeiz. Er, der einst, als sein Meister ihn
berief, sich weinend als ungeeignet für diese Rolle bezeichnet
hatte (»ich bin nur einer, der sucht, was ihn von seinen
Sünden reinigen könnte«), überspielte bald seinen Steigbü-
gelhalter Abu Hafs Omar und wurde Gründer einer erbli-
chen Dynastie. Ein Mann mit »der Stirn in den Sternen, den
Füßen im Staube«.

Vor Marrakesch hatte er einmal eine Niederlage erlitten.
Nun ließ er vom direkten Angriff auf die Stadt ab, nahm sie
in die Zange, indem er zunächst in den Bergen des Hohen
Atlas und des Rif Fuß faßte, während die Macht der Almoraviden schwand. Durch den Korridor von Taza zogen seine
Krieger vor Fes. Nach monatelanger Belagerung wurde die
Stadt erobert, ihre Festung wie ihre Mauern geschleift. »Unsere Mauern sind unsere Schwerter und unser Recht.« Meknes, Salé wurden gewonnen, und dann, 1146, bevor noch
die Stadt mit Getreide aus der neuen Ernte versehen werden
konnte, erschien er vor Marrakesch. Nach neun Monaten
der Belagerung und des Hungers wurde die geschwächte
Stadt mit stürmender Hand genommen. Zahlreiche Einwohner, vor allem die almoravidische Führungsschicht und der

kindliche Sultan Ishak verfielen dem Schwert. Das Andenken an die ketzerischen Almoraviden wurde ausgerottet und
ihre Bauten niedergerissen. Seit 1148 gehört Marokko den
Almohaden.

Die Almohaden

Schon einige Jahre vorher hatte Abd al-Mumen sich veran-
laßt gesehen, den spanischen Moslems gegen die christliche
Reconquista beizustehen. Auch hier ging er methodisch vor.
Schon 1145 waren Jerez, Badajoz und Sevilla in almohadischer Hand. In Andalusien sah man diese neuen berberischen
Helfer genau so ungern wie die Almoraviden, aber der Vorstoß Alfonsos VIII. von Kastilien auf Córdoba rief sie 1150
erneut auf den Plan. Im nächsten Jahr (1151) führte Abd al-
Mumen den Eroberungszug nach Osten, in den mittleren
Maghrib, nach Algerien und nach Tunesien, wo die Macht
der Ziriden dahingeschmolzen war und die Normannen Sizi-
liens sich handelspolitisch bedeutsamer Hafenstädte bemächtigt hatten.

In einem Blitzfeldzug nahm er Algier, Béjaja (Bougie),
die damals bedeutendste Hafen- und Handelsstadt der »Ham-
maditen«, während sein Sohn Abdallah deren Festungsstadt
in den algerischen Hodnabergen eroberte. Einige Mühe
machte der Widerstand der arabischen Beduinenstämme. In
der Schlacht bei Setif (1152) wurde er gebrochen. Im Kampf
gegen die Normannen standen sie bedingungslos auf der
Seite der Almohaden.

Dieser Feldzug (1159 mit Heer und Flotte unternommen),
war sorgsam geplant und führte zu schnellem Erfolg. Aus
Tunis, Sousse, Mahdiya, Sfax, Tripoli wurden die Normannen vertrieben, während der bewährte Abdallah die kleinen
Emire Ifriqiyas unterwarf oder verjagte. Zum ersten Mal
war der gesamte moslemische Maghrib zu einem berberisch-
islamischen Großreich vereinigt. Im Jahre 1161, auf dem
Höhepunkt seiner Macht, nahm Abd al-Mumen den Kampf
in Spanien erneut auf, aber erreichte nicht das gesteckte Ziel.
Bevor er zu neuem Schlag ausholen konnte, schlug ihn der
Tod (1163). Der Sohn Yussuf (1163-1184) setzte die Eroberung Spaniens fort: 1172 waren die Almohaden Herren jenes

Bereichs in al-Andalus, der einst den Almoraviden gehört hatte. In Ifriqiya (Tunesien) freilich gab es Schwierigkeiten.

Wie alle mittelalterlichen Großreiche stand auch dieses auf tönernen Füßen. Schon Abd al-Mumen hatte befohlen, das weite Gebiet zwischen Atlantik und der Cyrenaika in einem einheitlichen Steuerkataster zu erfassen. Die im ›Heiligen Krieg‹ eroberten Gebiete der »falschen Moslems« mußten die Kopfsteuer der Ungläubigen zahlen, d. h. sie wurden ausgebeutet. Ihr lukrativer Handel mit den christlichen Feinden wurde behindert, die arabischen Hillal-Beduinen durch Überredung oder durch Gewalt zum Soldatendienst für die spanischen Feldzüge gepreßt oder in den fernen Maghrib umgesiedelt und mit Privilegien ausgestattet. Ihre Chefs gewannen ein immer größeres Gewicht in einem ausgedehnten Staat, der eben seiner Ausdehnung wegen kaum zu regieren war. Abd al-Mumen versuchte das Problem dadurch zu lösen, daß er seine Söhne als Provinzstatthalter einsetzte – aber auf die Dauer sollten sich die zentrifugalen, die oppositionellen, die unzufriedenen Kräfte als stärker erweisen als die der almohadischen Ordnung.

Nach Yussufs Tod vor Santarem 1184 folgte ihm sein ältester Sohn Abu Yaqub (1184-1199) nicht ohne die üblichen Schwierigkeiten. In Sevilla zum Kalifen proklamiert, erwies sich der neue Herr als energisch, kraftvoll, geschickt. Ein ›Beherrscher der Gläubigen‹ mit starker Hand, ein Richter mit offenem Ohr für alle Klagen, ein sittenstreng-frommer Unitarier, der den Malekismus zäh bekämpfte und einen Krieg nach zwei Fronten zu führen hatte. Den stets unruhigen Mittleren Maghrib wählten auf Mallorca überlebende Almoravidenanhänger als Operationsfeld für einen Feldzug gegen die Almohaden, dem zu begegnen der Kalif seine emporwachsenden Bauten in Marrakesch verlassen mußte. Aber auch nach diesem erfolgreichen Krieg und dem Tod des Gegners fand der östliche Maghrib keine Ruhe: Nomadenhäuptlinge, Hammaditenerben, Abenteurer und Räuber schwächten die Autorität der Almohaden, ohne daß sie sich fassen ließen: Wenn man sie verfolgen wollte, verschwanden sie in der Wüste. In Spanien hingegen waren die Almohaden erfolgreicher. Es gelang schon 1190, das neuerliche Vordrin-

gen der christlichen Reconquista aufzuhalten; Alfons VIII.
schloß einen Waffenstillstand, nach dessen Ablauf Yaqub
den großen Schlag gegen die untereinander zerstrittenen
christlichen Reiche auf der iberischen Halbinsel führte. Am
18. Juli 1195 siegte er glorios bei Alarcos in der Nähe von
Ciudad Real. Er fügte seinem Namen fortan den Siegertitel
›al-Mansur‹ an. Der Maghrib erlebte eine Sternstunde. Doch
von der Höhe führt der Weg nur abwärts. Als der Siegreiche
1199 in der Kasbah von Marrakesch die Augen schloß, da
waren die Grenzen keineswegs gesichert. Alarcos hatte die
Christenheit aufgeschreckt. Kreuzfahrergeist wandte nun
dem spanischen Schauplatz größere Aufmerksamkeit und
Kräfte zu – und am Ende siegten die Ritter der Reconquista
und griffen dann selbst auf afrikanischen Boden über.

Die Umsiedlung der arabischen Stämme in den atlantischen Maghrib erwies sich als eine schwere Hypothek auf
die Zukunft des berberischen Bereiches. Auf seinem Toten-
bett soll Yaqub al-Mansur diese Aktionen ebenso bedauert
haben wie das, was er tat, um seinen Jahren das Siegel der
Größe für alle Zeit aufzuprägen: sein Mäzenatentum für die
Intellektuellen und seine großzügige Bautätigkeit. Zeugnissen dieser Tätigkeit sind wir bereits in Rabat begegnet.
Hier in Marrakesch steht sie noch viel eindrucksvoller vor
unserem Auge, denn die Almohadenzeit hat den Verlauf der
Mauern und bedeutendsten Straßen, die Lage der Plätze
bestimmt. Was später kam, hat den Plan nur ausgefüllt, mit
Wohnungen und warmem Leben erfüllt, erweitert.

Stadt- und Weltwirtschaft

Die Botschaft Mohammeds hat die Nomaden erreicht und
gewonnen, der Prophet aber war Städter, und nur im städtischen Zusammenleben vollendet sich das islamische Gesetz
im Miteinander von Bettlern, Tagelöhnern, zünftischen
Handwerkern und Kleinhändlern, großen Kaufleuten, Gelehrten, einem feudalen Adel im Schatten eines absoluten
Herren. Nur in Städten gab es zunächst die Freitagsmoschee
für das gemeinsame Gebet. Aber Städte sind nicht lebensfähig ohne ihr Hinterland, ohne die Ebenen (in denen sich jetzt

die Hillal breitmachten) und die bewässerten Täler, darin
Obst und Zuckerrohr, Weizen und Oliven gediehen, ohne
das aus der Tiefe gewonnene Kupfer oder die aus dem Sudan
herangeführten Edelmetalle. Das in Gilden organisierte
Handwerk war nicht lebensfähig ohne den Handel, den
stadteigenen wie den Fernhandel, dessen Etappen eben die
Städte mit ihren Funduqs und die Häfen bildeten, wo sich
der Austausch mit einem gerade aus primitiver agrarischer
Autarkie heraustretenden Europa vollzog. Die Kaufleute der
italienischen Seerepubliken lösten allmählich die jüdischen
Wanderhändler ab, die noch im 10. und 11. Jahrhundert von
Spanien aus Europa durchzogen hatten, und sie verstanden
die Nachfrage zu nützen, welche der erste Kreuzzug ausgelöst hatte. Die Häfen des Almohadenreiches waren schon so
straff gelenkt wie später der Betrieb in Genua oder Venedig;
der wichtigste Partner des maghrebinischen Handels war
aber damals zweifellos Pisa, Vermittlerin des Güteraustauschs
mit der Lombardei und Deutschland, mit Frankreich, der
Normandie und England. Mit dem Handel ging Piraterie
Hand in Hand, aber wer damals das Meer unsicher machte,
das waren die christlichen Piraten, und gegen sie versuchte
sich das Berberreich durch Verträge zu schützen.

Geisteskultur

Das geistige Leben des Almohadenreiches war dem der damaligen Christenheit haushoch überlegen. Da die Dynastie
ihre Macht durch Theologie und Moral legitimierte, genossen Theologen und Juristen das höchste Ansehen – nicht
minder aber auch die Philosophen. Die Hofärzte Ibn Tofail
(1110-1185) und Ibn Roschd (1126-1198) gehören zu den
Großen der mittelalterlichen Philosophie. Letzterer, der
Averroës der Scholastiker, aus Córdoba gebürtig, als Medizi-
ner und Astronom/Astrolog bei Emir Yussuf in höchster
Gunst, dann als Ketzer verbannt, wurde kurz vor seinem
Ende von Yaqub al-Mansur wieder an den Hof von Marrakesch berufen. Er gilt mit Recht als einer der bedeutendsten
arabischen Philosophen. Als Übersetzer und alexandrinisch-
rationalistischer Kommentator der Schriften des Aristoteles

war er von höchstem Einfluß auf die Scholastik eines Thomas
von Aquin.

Geschichtsschreibung und Geographie wurden am Hofe
von Marrakesch ebenfalls sehr gepflegt. Die Dichter allerdings zogen es in der Regel vor, in al-Andalus, dem Land der
Poesie, zu bleiben. Doch auf Bücher war man in Marrakesch
nicht weniger versessen als in Sevilla, der zweiten Hauptstadt
der Dynastie. Von den Buchhändlern, die in ihrer Nähe ihre
Stände hatten, bekam die almohadische Hauptmoschee, die
Kutubiya, ihren Namen.

Freilich war das geistige Leben der Almohadenzeit fast
gänzlich auf die Städte beschränkt, aber wann war es je
anders? Das Land blieb analphabetisch und den berberischen
Dialekten treu. Auch in den Städten scheint damals das
Berberische noch die Umgangssprache gebildet zu haben. In
Fes zum Beispiel wurde niemand als Prediger angestellt, der
nicht berberisch sprach. Trotzdem blieb dem Volk die strenge
almohadische Theologie fremd. Das eingewurzelte malekitische Koranverständnis war nicht auszurotten.

Von Osten und über Andalusien verbreitete sich damals
die sufische Mystik als ein Weg zu intensiverem religiösen
Leben und zur unmittelbaren Erfahrung Gottes. Diese Bewe-
gung bildete sich um zwei nach Marrakesch gekommene
Vertreter des andalusischen Sufitums. Einer der bedeutendsten Mystiker der Almohadenzeit war Sidi Bel Abbes es-
Sebti (also aus Ceuta), der noch heute als einer der Stadtpa-
trone gilt und als Schutzpatron der Blinden verehrt wird.
Und Blinde gibt es ja – Gott sei's geklagt – noch immer
zahlreich in Marrakesch wie im ganzen Land. Wurden die
Sufis geduldet, so war die Toleranz gegenüber den Nicht-
Moslems nicht unbegrenzt. Die einheimischen Juden mußten
zwar eine eigene Tracht anlegen, den langärmligen schwarzen Kaftan, blieben aber so unbehelligt wie die Christen,
welche als Ausländer – als Sklaven, Söldner, Handelsleute –
im Lande lebten. Nur auf den Versuch, einen Moslem zum
Christentum zu verleiten, stand die Todesstrafe. Das mußten
fünf Franziskanerpatres erfahren, die 1120 hingerichtet wurden. Aber wäre es moslemischen Missionaren im christlichen
Europa besser ergangen?

»Die vierte Generation macht sich keine Vorstellung mehr von der Anstrengung, mit welcher der Bau errichtet wurde« sagt Ibn Khaldun. Nachdem der so vorbestimmte Zeitraum von 120 Jahren (er rechnet eine Generation zu dreißig Jahren) verflossen ist, vermag ein Reich noch aus eigener Kraft dank seines Beharrungsvermögens weiterzuexistieren, doch die Nachfolge ist offen.

Der Urenkel Abd al-Mumens, der vierte Herrscher der muminidischen Dynastie, Mohammed al-Nasir (1199-1214), der seinem Vater Yaqub al-Mansur folgte, scheint ein scheuer Jüngling gewesen zu sein, der die Einsamkeit liebte und sich nur schwer zum Handeln aufraffte. Und wenn, dann ohne Fortune. Zwar konnte er Tunis und Gafsa wieder in sein Reich einfügen, doch am folgenschweren 16. Juli 1212 verlor er die Schlacht von Las Navas de Tolosa. Die Niederlage bezeichnet den Anfang vom Ende der moslemischen Macht in Spanien. Der mit Schwung wiederaufgenommenen Reconquista konnten die Almohaden nichts mehr entgegenstellen. Seit 1232 war das nasridische Königreich Granada der letzte und einzige Vorposten des Islam auf europäischem Boden. Unter Yussuf al-Mustansir (1214-1224) wurde auch die Herrschaft über Ifriqiya mutwillig verspielt, die Hafsiden von Tunis machten sich und ihr Land unabhängig. Die letzten vierzig Jahre der Almohaden bieten nur noch das traurige Schauspiel einer langen Agonie. Die strenge Religiosität Ibn Tumarts, daraus Moral und Politik der Almohaden entsprangen, ging verloren, und damit das, was die Kraft der Dynastie ausgemacht hatte. Laschheit und Uneinigkeit griffen um sich. Die kurzen Regierungszeiten, das Hin- und Herspringen in der Abfolge reden eine deutliche Sprache. Auf Al-Mustansir folgte sein Oheim Al-Adir (1224-1227), auf ihn an-Nasirs Sohn Yahia (1227-1229), auf ihn Yaqubs des Dritten Sohn Al-Mamun (1229-1232), dann dessen Söhne Al-Raschid (1232-1242) und Al-Said (1242-1248), auf diesen zwei Urenkel al-Mansurs: al-Mustada (1248-1266) und Abu Debbas (1266-1269). In Palastrevolutionen, in Bruderzwist und Bürgerkriegen ging die Almohadenzeit zu Ende. Der östliche Maghrib war verloren, Spanien nicht mehr zu halten, und selbst Marokko wurde bald die Beute einer neuen berberischen Dynastie: der Scheiks der Beni Merin. An sie haben wir uns schon in Fes erinnert. Als Abu Yussuf Abd el-Haqq (1258-1286) im Jahre 1269 endlich Marrakesch eroberte, war die Almohadenzeit zu Ende. Zu Ende auch war die Zeit, da Marrakesch Hauptstadt eines Großreiches gewesen war. Der Eroberer verlegte nach knapp zwei Jahren seine Residenz nach Fes.

Nur noch ein König im Kleinen

Fortan war Marrakesch, in einem verkleinerten und auf den fernen Maghrib reduzierten Bereich, nur noch die zweite Stadt, die Hauptstadt des Südens immerhin und mehrfach Sitz hier als Gouverneure amtierender Merinidenprinzen, auch Basis für ihre Aufstände gegen die Zentralgewalt – aber die großen Tage waren vorbei. Um die Mitte des 14. Jahrhunderts entvölkerte der Schwarze Tod die einst glanzvolle Residenz, ganze Viertel sollen danach öde gelegen haben. Ein Vierteljahrhundert später gewährte der auf seine Stunde lauernde Thronanwärter Abu el-Abbas dem »Vizekönigtum« Marrakesch so viele Rechte, daß es fast autonom und Sammelpunkt aller Widerstände gegen die merinidischen Sultane wurde. Bis ins beginnende 16. Jahrhundert genoß Marrakesch unter den Hintata-Emiren ein Eigenleben. Vergeblich belagerten 1515 die Portugiesen die Stadt. Ohne Kampf fiel sie 1521 dem Saadier Ahmed el-Aradj zu. Dessen Bruder Mohammed esch-Scheikh erkor sie zu seiner Residenz. Wieder einmal war Marrakesch Hauptstadt.

Ahmed al-Mansur el-Dehbi (1578-1603) brachte ihr etwas vom alten Glanz und Ansehen zurück. Für die Europäer war dieser Sultan »el Dorado«, der Goldreiche. Goldreich aus der riesigen Beute der Dreikönigsschlacht, reicher noch durch seine Kriege mit dem Sudan, für die er zwar religiöse Motive vorschob, die jedoch in erster Linie wirtschaftlichen Zwekken dienten. Der Sudan war damals das Verteilungszentrum des afrikanischen Goldes, der Lieferant des gelben Metalls in den Maghrib, nach Tunis und nach Ägypten. Selbst wenn die Ergebnisse der Beutezüge hinter den hochgespannten Erwartungen zurückblieben, so lieferten sie immerhin die Mittel für eine glanzvolle Hofhaltung des »gelehrten Kalifen und Kalifen der Gelehrten« und eine verschwenderische Bautätigkeit, von der die Eifersucht der alaouitischen Nachfolgerdynastie allerdings nur Trümmer übrigließ.

Die Stadt des Südens war fortab nur ein Nebenzentrum – wiederholt aber auch etwas wie eine Gegenresidenz. In der Protektoratszeit entstand auch hier eine Neustadt mit Post, Bahnhof, Verwaltungsbauten und auf dem Gueliz-Hügel ein französisches Fort. Heimlicher Herr aber war der Glaoui-Pascha, der, fromm und unbedenklich, die Macht Frankreichs benützte, um sein inoffizielles Imperium aufzurichten und sich ebenso bedenkenlos gebrauchen ließ. Doch er konnte die Unabhängigkeit des Landes nur verzögern, nicht verhindern. Als sie errungen war, war seine Macht, die im alten Marrakesch so manchen richten konnte, vorbei. Marrakesch war keine Gegenresidenz mehr. Um doch noch etwas zu gelten, hat es sich dem Tourismus aufgetan.

Durch die Souks

Keine Marokkoreise ohne einen Tag in Marrakesch! Busse karren täglich Ausflügler von den Badeorten an der Küste herbei, durch die Luft kommen gelangweilte oder erlebnishungrige Badegäste von den Kanarischen Inseln zu Shopping und Sightseeing für ein paar Stunden. Mitten in der Stadt, zwischen Kutubiya-Moschee und der Jema ef-Fnaa hat, allerdings hinter hohen Mauern versteckt, der Club Méditerranée ein Feriendorf eingerichtet. Seine Mitglieder wissen ihre Kleidung so zu wählen, daß sie auffallen müssen. Die Damen vor allem durch so große Sparsamkeit an Textil, daß sie sich in den Augen der Einheimischen schlichtweg verächtlich machen. Wen wollte es wundern, daß sich dann die Haltung der Marrakschis den Touristen gegenüber aus stolzer Verachtung und von Gewinngier bestimmter Dienstwilligkeit zusammensetzt? Eher nimmt es wunder, daß die meisten der jungen Bürschlein mit den schwermütigen dunklen Augen im bronzebraunen intelligenten Gesicht, die untereinander über ihre Schäflein mancherlei Abfälliges und Deftiges austauschen, weil sie meinen, es verstehe sie doch niemand, sich bei einem Rundgang als recht loyale Begleiter erweisen. Einem Rundgang durch die Souks mit ihren aggressiv bunten Angeboten, durch das Labyrinth der überdeckten Marktgassen, in deren Halbdunkel Kunstlicht oder ein zufälliger Sonnenstrahl bloßes Blech wie Silber, Messing wie pures Gold aufglänzen läßt, Teppiche und Decken farbig erblühen, wo sich Souvenirkrimskrams andrängt, dort ein kleiner Laden erlesene alte Stücke mit zurückhaltendem Geschmack mehr verbirgt als darbietet, wo blütenweiße, mausgraue, nußbraune, anthrazitdunkle Djellabas und gewichtige Wollstoffe auf Käufer, nebenan Geblümtes und schreiend bunte Fähnchen auf Kundinnen harren. Doch es sind ja nicht nur oder eigentlich gar nicht die Waren, die unsereinen fesseln, es sind die Menschen, die sich hier drängeln, nicht ziellos, aber ohne Hast: würdige Bürger der Stadt, die auf Tradition halten, rippendürre Tagelöhner, lungernde Jugendliche, Bäuerlein aus der Umgebung, Leute aus dem Gebirge oder gar solche von jenseits des Atlaswalles. Alle Trachten, alle Physiognomien, alle Schattierungen der Haut vom blassen Olivton bis zum schwärzesten Braun – und hineingesprengt dann und wann die rotaufgelaufenen oder rothaarbleichen Touristen, die, wenn sie im Schwarm auftreten, die engen Gassen verstopfen und unerfreuliche Stauungen verursachen.

Schon auf der Place Djema ef-Fnaa, wo sich am späten Nachmittag dann das bunte Treiben der Schausteller entfalten soll, drängen sich die Stände: schlichte Garküchen, aus denen es verlockend duftet, Händler mit Obst und Gemüsen und mit Flechtwerk aller Art, mit Körben und Taschen aus Palmfasern oder Halfagras, mit Matten und breiten Schüsseln und den rotgemusterten Kegeln, unter denen man hier das Brot aufbewahrt und den Tadjine warmhält. Nahe der bescheidenen ef-Fnaa-Moschee, in der einst der Verurteilte sich noch einmal zum Gebet niederwerfen durfte, bevor der Henker Hand an ihn legte, öffnet sich der Haupteingang in den gedeckten Souk. Weißblaue Keramik aus Fes, Berge von Nüssen, Mandeln, Dörrobst, Oliven aller Schattierungen, Säcke voll Kichererbsen und Bohnen, blassen Kürbiskernen und graugrüner Henna. Am ersten Tor, das früher jeden Abend verschlossen wurde, die blinden Bettler, die im Namen Allahs ihr Almosen fordern und, wenn eine Münze auf ihren Teller scheppert, den Segen des Höchsten auf den Geber herabrufen. Man wirft seine Gabe fast verstohlen in ihre Hand, wie um Abbitte zu leisten dem Mitbruder, dem dieser Welt holde Sichtbarkeit verschlossen ist.

Vom Souk der Textilien zweigt nach einigen hundert Metern rechts ein Gäßchen ab zum dreieckigen Rahba-Kedima-Platz mit einem öffentlichen Brunnen unter Baumschatten. Hier haben Gewürzkrämer ihre Stände. In Läden kaum größer als ein Kleiderschrank reihen sich neben- und übereinander die Gläser mit Rostrotem, Schwefelgelbem, Blaugrauem, Grünlich- und Braunlichem. Brennendes Chilipulver und sanfter Paprika, alle Arten von Currymischungen, Pfeffer und Nelken, Kümmel, Zimt, Schwefel und Schwefelblüte, Hennapulver und Safran, Moschus und Ambra, dunkelblaues Indigo und verschiedenste Kräutermixturen sind feil, die gegen dunkle Leiden dienen sollen oder zur Erhöhung der Manneskraft und -lust wie droben unter der Decke die gedörrten Chamäleons, die Wiedehopfmumien und die Springbockhörner. Die Schlangenhäute sollen gut sein gegen Haarausfall.

Halblinks zweigt von der Hauptgasse des Souk (Rue Souk Smarine) die Kesselschmiedgasse ab, der Souk des Chaudronniers, in der noch immer ein paar Handwerker an metallenen Gefäßen hämmern. Sie bildet den Zugang zur Färbergasse (Souk des Teinturiers), einst das Paradies für jeden Farbfotografen, wenn giftgrüne, krapprote, indigoblaue, schneeweiße, goldgelbe Wollstränge über die Gasse zum Trocknen hingen. Heute sind hier die Färber nicht mehr unter sich. Immer weitere bloß glitzernde Souvenirläden schieben sich zwischen die alten Werkstätten und schreien den Fremden an. Unfreiwillige Zeugnisse dafür, daß das alte Gefüge der Souks sich auflöst, bereichern sie zugleich dem oberflächlichen Auge das Bild aufs orientalischste. Die Händler wissen: der Färbersouk ist seit Jahrzehnten eine Stelle, die mit vielen Sternen in den Reisehandbüchern ausgezeichnet ist, in die also jeder Fremdenschlepper seine Kundschaft führt, ebenso

wie auch ins lautstarke Quartier der Schmiede oder auf den
überdeckten Platz, wo am späteren Nachmittag die Teppiche
versteigert werden, welche die Frauen daheim geknüpft haben. Fast leise geht es dabei zu. Welche Fülle des immer
gleichen bei den Händlern mit den gelben Babuschen oder
den goldgestickten Frauenpantöffelchen!

Da und dort ein öffentlicher Brunnen, an dem züchtig
verhüllte junge Mütter Wasser holen oder neben dem verwit-
terte Alte gleichgültig im schmalen Schattenrand einer
Mauer hocken, umtobt von unbekümmert spielendem Jungvolk. Und ein paar Schritte weiter die langen, geraden,
freudlosen Wohngassen, wie feindselig und tot, von denen
das blinde Geäder der Seiten- und Sackgäßchen abzweigt.

Ein Rundgangprogramm zu allen malerischen Stellen,
allen günstigen Einkaufsgelegenheiten, das läßt sich nicht
reiseführermäßig entwerfen. Und selbst wenn es gelänge:
eine so vorprogrammierte und minutiös festgelegte Füh-
rungslinie wäre eher hinderlich als hilfreich, denn sie würde
ja gerade das verhindern, was den Bummel in den Souks
von Marrakesch so reizvoll, so zu einem alle Sinne beschäfti-
genden Abenteuer macht, nämlich die gemächliche und dem
Zufall folgende Begegnung mit den bunten Facetten einer
fremden Welt, mit ungewohnt brennenden Farben und
scharfen Gerüchen, unvertrauten Sitten und Gewohnheiten.
Was hülfe es, ein Besichtigungsprogramm abzuspulen und
dabei doch nichts zu sehen. Sagen wir dem Burschen, den
wir angeheuert haben, was zu besehen oder zu kaufen wir
begehren, er wird uns in den entsprechenden Souk, in die
entsprechenden Geschäfte führen, wo wir hartnäckig und
zäh zu feilschen beginnen. In Geschäfte freilich lieber als zu
den alten Monumenten, denn bei denen fällt für ihn ja keine
kleine Provision ab. Schließlich weiß er, daß wohl kaum ein
Fremder nach Marrakesch kommt, ohne ein Mitbringsel für
die Daheimgebliebenen zu erwerben.

Wer allein durch die Gassen streift, wird von den Händlern immer wieder in einen Laden gelockt, aber der Besuch verpflichtet zu gar nichts. Wenn man in dem einen das nicht findet, was man sucht, kann man im nächsten Umschau halten, ohne daß jemand das übelnimmt.

Es gibt in den Souks einige leistungsfähige Handelshäuser mit vielseitigem und buntem Warenangebot, das von soliden und heute nur noch seltenen Erzeugnissen echter Volkskunst und des traditionellen Kunsthandwerks bis zum billigen Tand reicht, den Unerfahrene für marokkanisch halten, weil kein Vermerk »Made in Taiwan« oder »Made in India« ins Auge springt. Um eine Ecke biegend trifft man dann vielleicht auf ein schrankgroßes Antiquitätengeschäft, dessen Inhaber, ein korrekt gekleideter weißhaariger Jude mit dem schwarzen Käppchen auf dem Scheitel, freundlich beim Kauf eines spanischen Rohres mit eleganter Krücke, eines Degengriffs aus dem 18. Jahrhundert oder einer englischen Tabatière berät. Ein Fachmann, der seine Preise kennt. Und wieder um eine Ecke, und Laden an Laden hängt bis zur Decke hinauf voll Lederjacken, Ledermänteln, Lederbeuteln, Ledertaschen, die sich so herrlich weich anfühlen. Doch die schönen und preiswerten Dinge behalten leider zäh den Geruch der Gerbereien. Diese, beim Bab Debbarh am Ostrand der Medina angesiedelt, gelten als »Sehenswürdigkeit«. Dem, der die Gerberhölle von Fes gesehen hat, mögen sie weniger bunt vorkommen, aber sie stinken nicht weniger und machen den Abstand zwischen dem Werk-Alltag der Einheimischen, die hier schuften, und dem Fotomotive suchenden fremden Urlauber nicht weniger augenfällig.

Da klaffen Welten auseinander, die gar nicht nur mit arm und reich zu tun haben. Manche der Städter, die in bescheidenen Verhältnissen zu leben scheinen, sind vielleicht vermöglicher als der anspruchsvolle Urlauber, aber sie stellen ihren Reichtum nicht zur Schau. Besitz allein bezeichnet nicht ihren sozialen Status. Den bestimmen noch heute Frömmigkeit und theologische Bildung. Nicht Guthaben, Versicherungen, Krankenkassen weben hier ein soziales Netz.

Das Netz, das den Moslem trägt, ist geflochten aus dem Kettfaden des unbedingten Glaubens an Allah und das Mektub, das vorbestimmte Geschick, und durchschossen von der Pflicht, dem moslemischen Bruder (und jeder Moslem ist des anderen Bruder und grüßt ihn mit dem brüderlichen Friedensgruß) das Almosen nicht zu verwehren. Auch der letzte Bettler wird ein Obdach, einen Napf Suppe, ein Stück Brot finden. Das Wort »Liebe« spielt im Islam eine geringere Rolle als im Christentum, doch praktisch leistet die Glaubenspflicht mehr. Herbergen der Obdachlosen sind, oder waren, die Moscheen. Hier fand der Ärmste Nachtlager, Wasser, um seinen Durst, Anlagen, um seine unreinlichen Bedürfnisse zu stillen. Die Zawiyas der Bruderschaften – Horte der Frömmigkeit, die man freilich auch als »Nester des Fanatismus« bezeichnet hat, dem »Roumi« so verschlossen wie die Moscheen – sie spielen auch heute noch eine Rolle, die sich durchaus mit der der Bettelordensklöster seit dem späten Mittelalter vergleichen läßt. Anders freilich als deren Kirchen – zu schweigen gar von denen der späteren Jesuiten – sind die islamischen »Ecken«, Zawiyas, eher unauffällig ins Gewirk der Gassen eingefügt. Gerade daß ein schönes Portal, ein Minar verrät, was sich hier verbirgt.

Vom erhöhten Standpunkt überm Gerberviertel schauen wir auf die alten roten Mauern der Stadt. Sie zu Fuß zu umwandern wäre reiner Mutwille. Es gibt keinen anderen Weg als die ›Route des Remparts‹, auf der die Autos stauben und stinken. Und wir sehen auf die staubigen und stinkenden Ufer des Oued Issil, wo zwischen melancholisch-verlassenen Friedhöfen unsägliche Slums in den immer schütterer werdenden Palmenhain hinauswachsen. Über den flachen Lehmdächern und den grünen Ziegeln der Moscheen, Medresen und Zawiyas stehen die hellen Vierkantminars in den durchsichtigen Himmel. Unserem Standort bei den »Tanneurs« zunächst das der Ben-Yussuf-Moschee, bei der wir später mit dem Besuch der sehenswerten Architekturdenkmäler beginnen wollen. Den die Stadtsilhouette beherrschenden Akzent setzt das Minar der Kutubiya-Moschee – obwohl fast zwei Kilometer Luftlinie es vom Gerberviertel trennen.

Das Irr- und Verwirrgewirr der Souks ist doch nicht unendlich. Man versieht sich's nicht, da umarmt einen, um ein Jahr männlicher geworden, der Soukbegleiter vom letzten Mal, drückt freudigen Willkommkuß auf die Wange und läßt keine Einrede gelten und sein Geschäft fahren. So ungefähr seine Rede: »Du hast versprochen, im Oktober wiederzukommen, du hast Wort gehalten. Auf die Allemands, auf die kann man sich halt verlassen.« Und auf deutsch: »Alles klar? – Keine Probleme!« Unbedingt müssen wir bei ihm daheim Tee trinken, gleich jetzt. Durch staubige und gesichtslose Gassen führt er uns – links-rechts-links-links-rechts – um die Ecke zu dem engbrüstigen Haus, wo er mit Mutter, Schwester und älterem Bruder wohnt. Attendez – und eine kurze Voranmeldung, dann steigen wir die schmale Himmelsleiter hinauf (im Winkel neben der Tür das Wasserfaß und unter der Treppe der Abort) zu einem winzigen Patio, an den zwei Räume grenzen. Der eine als Küche dienend – und an der Schranktür hat Freund Abderrachid die Bilder seiner geliebtesten Fußballer – des Allemands – geklebt. Im anderen, dem Wohn- und Schlafraum (die Matratzen sind an der Wand hochgestapelt), wird den Gästen der Tee bereitet. Abdessalim, der ältere Bruder, mit wachen Bernsteinaugen im schmalen braunen Gesicht, stud. rer. math. et nat., ist für Adrian, den diplomierten mathématicien, ein wißbegieriger Gesprächspartner. Wir müssen unbedingt wiederkommen. Formelle Einladung zum Mittagessen für morgen, Freitag, den Tag des Couscous.

Bei uns daheim bringt man bei solchen Gelegenheiten ein paar Blümchen mit und ein Fläschchen Wein und küßt der Hausfrau die Hand. Das ist hier völlig unmöglich. Was also? Vielleicht ein paar Kilo Würfelzucker und einige Päckchen grünen Tees? Der mit fünf Sternen ist gar nicht überall aufzutreiben, doch der Zufall hilft, führt mich dem strubbelköpfigen Burschen in die Arme, den wir gestern, von Oukaimeden zurückkehrend, als Anhalter mitnahmen, und der weiß die rechte Adresse. Die Idee war nicht schlecht, die Mutter der Familie ruft dankbar Gottes Segen auf uns herab.

Auf nackten Sohlen betreten wir den Wohnraum, ausgesäubert, mangels eines Teppichs mit einer Decke ausgelegt, ringsum mit den Schlafmatratzen umpolstert. Nach der Teezeremonie erscheint die Schüssel mit dem Couscous. Handwaschung, dann gehen wir ihn an – bismillah! – und finden ihn musterhaft zubereitet. Ganz Nordafrika kennt den Couscous, aber was oft – und gerade in Hotels – angeboten wird, ist eher traurig.

Wer ihn zu Hause selbst einmal zubereiten möchte, braucht neben einigem Glück einen Kochtopf mit einem Aufsatz, dessen Boden durchlöchert ist. Es gibt verschiedene Arten, mit Rindfleisch, Hühnchen oder Lamm. Hier eines der gängigsten Rezepte: Etwa ein Pfund Schaffleisch und eine gut fingerdicke Scheibe Lammfett werden in gleichmäßige Stücke geschnitten, mit Salz, etwas gemahlenem schwarzem Pfeffer, Harisa und Pimiento zusammen mit einer feingeschnittenen Zwiebel einige Minuten in erhitztem Olivenöl angebräunt. Dann kommen zwei Handvoll Kichererbsen dazu, die man schon am Vortag eingeweicht hat, etwas Wasser und durchs Sieb getriebene frische Tomaten. Während das ganze etwa zwanzig Minuten auf kleinem Feuer köchelt, wird das Gemüse zubereitet: drei bis vier Zwiebeln, ebenso viele geschälte ganze Kartoffeln, drei halbierte Karotten und zwei gewürfelte weiße Rüben. Es wird in etwa zwei Litern Wasser gegart. Anderthalb Pfund Hartweizengries (eben: Couscous – man kann ihn heute schon fertig abgepackt kaufen, und der Unterschied zum hausgemachten ist wie bei uns der zwischen hausgemachten und fertiggekauften Nudeln) wird mit Salzwasser vorsichtig zu einem feinen Brei geknetet (ohne daß die Körner gedrückt werden dürfen!). Er wird dann in den Aufsatz gefüllt und über den Kochtopf gesetzt. Etwa 40 Minuten lang muß der Dampf durch den Aufsatz steigen, bevor man diesen abnimmt, den Couscous auf ein Tablett häuft und mit frischem Wasser besprengt. Die Masse muß ganz locker sein, notfalls streicht man sie mit einem Holzlöffel glatt, weil die Körner keineswegs aneinanderkleben sollen. In den Gemüsetopf kommen nun eine dicke und geschälte Kürbisscheibe, drei milde und einige scharfe Paprikaschoten. Der Couscous wird erneut in den Aufsatz geschüttet und über dem Kochtopf eine weitere halbe Stunde gegart. Dann füllt man die ganz lockere Masse in eine große Schale, schöpft von der Brühe die fette obere Schicht ab und setzt ein nußgroßes Stück gesalzene Butter, sowie je eine Messerspitze zerstoßenen Zimt und gemahlene Rosenknospen zu. Dann werden Fleisch und Gemüse

auf dem Couscous angerichtet, die abgeschmeckte Brühe wird darüber-
gegossen. Das Ganze sollte einen Moment, aber nicht zu lange,
ziehen, bevor es serviert wird. Ein Schnellgericht ist das also ganz
gewiß nicht.

Weniger Aufwand erfordern die Tadjines, die – ähnlich zubereitet
wie das Fleisch und Gemüse zum Couscous – in ungezählten Varian-
ten anzutreffen sind, Zusammenstellungen verschiedener Gemüse
(Gurken, Rüben, Bohnen, Kohl, Auberginen, Tomaten usw.) mit
Dörrpflaumen, Pilzen, kandierten Zitronen, Mandeln, Quitten. In
Restaurants wird Tajine auf dem heißen Tonteller serviert unter dem
konusförmigen Tondeckel.

Im Umkreis der Moschee Ben Yussuf

Auch wenn die Bauten religiöser Bestimmung dem Fremden
im ganzen Lande verschlossen bleiben, so bietet Marrakesch
doch eine Reihe von Bauwerken, anhand derer sich der
Entwicklungsgang der Kunst im Maghrib nacherleben läßt.

Das einzige, das noch für die Epoche der Almoraviden
zeugt, ist die tief unter dem heutigen Straßenniveau liegende
Qubba Ba-Aydin (oder *Berdayyin*) gegenüber der Südseite der
Ben-Yussuf-Moschee, Teil eines verschütteten Ruinenkom-
plexes. Mag die Außengestalt des kleinen Kuppelbaues weitgehend Werk der Restauratoren sein, der Stuck in seinem
Inneren ist sehenswert als Zeugnis für den Übergang von
der cordobesisch-spanischen Phase der islamischen Kunst
(von der in Marokko eigentlich nur der dem Blick fast
ganz entzogene alte Minar der Qarawiyyin-Moschee von Fes
zeugt) zur so fruchtbar-folgenreichen Kunst der Almohadenzeit, die trotz aller berberischen Strenge auch noch viele
Anregungen aus Spanien bezog.

Die Moschee Ben Yussuf steht an der Stelle einer almoravidischen Gründung, vermutlich der einstigen Freitagsmoschee, wurde aber mehrfach erneuert, erstmals unter den
Almohaden, dann durchgreifend im frühen 16. und nochmals im frühen 19. Jahrhundert unter Muley Sliman, so daß
nichts von der ursprünglichen Anlage übrigblieb.

Ein paar Schritte östlich der Moschee treffen wir, an ihrem
grünen Ziegeldach kenntlich, auf die *Medersa Ben Yussuf,*

eine Gründung des Saadiersultans Muley Abdallah (1557-
1574) aus seinen späten Regierungsjahren, seit 1960 dem
Schulgebrauch entzogen und als historisches Denkmal restauriert. Dieses späte Glied in der Reihe der uns bereits
bekannten Medresen könnte man beinahe noch als einen
Repräsentanten der Merinidenkunst ansehen, die ja in Marrakesch sonst nicht in Erscheinung tritt. Doch schon die Di-
mensionen sind anders. Als größte Medrese des Maghrib
konnte sie bis zu neunhundert Studenten beherbergen. Ihre
hundertfünfzig Wohnzellen sind um den großen Innenhof
und um weitere sieben winzige Höfchen – Lichtschächte eher
– gruppiert. An den prächtig, vielleicht ein wenig kleinteilig-
reich mit Fayencemosaik, Stuck und Schnitzwerk dekorier-
ten marmorgepflasterten Haupthof schließt sich ein drei-
schiffiger Betsaal. Sein Mihrab ist ein Meisterwerk kompli-
zierter Stucktechnik, die pyramidenförmige Zentralkuppel
aus Zedernholz über dem von 24 Fenstern durchbrochenen
reichstuckierten Tambour verdient ihre Reiseführersterne.

Monumente der Almohaden

Wer sich eine ungefähre Vorstellung von einer Moschee der
Almohadenzeit verschaffen möchte, ist auf Fotos angewiesen
oder die Erinnerung an die Moscheen von Algier oder Tlemcen. In Tinmal werden wir wenigstens einer Moscheeruine
begegnen. Man tröstet sich damit, daß sich wohl kaum
überraschende Raumlösungen bieten. Für die Versammlung
der Gläubigen genügte eine kultisch »reine« Fläche; daß man
sie umhegte, ummauerte, durch ein von schlichtesten Stützen
getragenes Dach gegen Sonnenstrahlen schützte, geschah aus
praktischen, nicht religiösen und nicht künstlerischen Gründen. Für die Freitagsmoscheen des islamischen Westens blieb
das Grundmuster des vieljochig-vielschiffigen Saales verbindlich, wie ihn die Großen Moscheen von Córdoba oder
Kairouan ausgebildet hatten, nur traten unter den Almohaden Viereckpfeiler an die Stelle der Säulen.

Einzigartige Gebilde sind freilich die Mihrabkuppeln von
Taza, von Fes, der *Kutubiya* von Marrakesch. Aus dem abstrakten Geist der arabischen Mathematik entsprungene,

kompliziert sich überschneidende Bogenrippen bilden ihr
Gerüst.

Vielpaßbogen, die sich zu einem Netzmuster (sebka) verschlingen, kennen wir bereits vom Hassan-Turm von Rabat.
Doch diese Bauruine, so eindrucksmächtig sie erscheint,
blieb um jene geheimnisvolle Seligkeit betrogen, welche
dem Minarett der almohadischen Kutubiya einen Platz in
der olympischen Zwölfzahl der schönsten Türme sichert, die
Menschengeist entwarf und Menschenfleiß errichtete. Ein
zunächst fremd-sprödes Gebilde vielleicht, das man geduldig
umkreisen, von allen Seiten beim Licht der wechselnden
Tageszeiten betrachten muß, damit sein gelassen-körper-
schweres und doch schwereloses Aufsteigen, damit sein nirgendwo kleinlicher, bei aller Kompliziertheit einfacher
Schmuck sich dem inneren Haushalt unverlierbar einprägt.

Vor etlichen Jahren war der Mimber, die Kanzel für die
Verlesung der Freitagsbotschaft, während Restaurierungsarbeiten in einem Saal des Bedi-Palastes ausgestellt: ein ehrwür-
diges Möbel aus Ebenholz, die Sternfelder der Seitenwangen
mit abstrakten Schnitzereien, mit Einlagen aus Elfenbein und
Perlmutt geziert, von archaischer Kraft und Größe, im Detail
von zierlichster Präzision des arabesken Rankenwerks, das
genau die Mitte hält zwischen dem noch halb-byzantinischen
Blattgeschlinge am Mihrab von Córdoba und den strenger
abstrahierten Mustern an merinidischen Bauten.

Ähnlichem, nur wieder im monumentalen Maßstab, begegnen wir in der Ornamentik an den Stirnseiten almohadischer Tore. Wir haben prächtige Beispiele bereits in Rabat
gesehen. In Marrakesch vertritt das *Bab Agenau* aufs würdig-
ste den Typus; es zeigt einen Schmuck aus verflochtenen
Hufeisenbögen, Schriftfriesen und arabesken Blattmustern.
Immer sitzen in den Zwickeln die seit Córdoba beliebten
Muscheln.

Erinnerung an die Saadier

Die Straße durch das Tor führt breit und gerade auf die
Kasbah-Moschee oder Moschee al-Mansurs zu, die Yaqub der
Siegreiche für die Garnison seiner Stadtfestung im ausgehen-
den 12. Jahrhundert stiftete. Im Jahr 1574 hat eine Pulverex-

plosion einen Teil des almohadischen Baues zerstört, Wiederaufbau und mehrfache Instandsetzungen gingen nicht zimperlich mit dem Bestand um, wie das schön bunte, aber seiner ›romanischen‹ Kraft beraubte Minar lehrt.

Hinter der Qiblawand dieser Moschee birgt sich eines der bezauberndsten Ensembles Marokkos. Es war der Sultan Ahmed el-Dehbi, der »Goldene« (1578-1603), der Sieger in der Dreikönigsschlacht von Ksar el-Kebir, der hier die Grablege seiner Familie schuf. Hundert Jahre später war der gewalttätige Bauherr Muley Ismail eifersüchtig auf den Ruhm seines Vorgängers. Er hat den Palast des Goldenen Sultans zur Ruine gemacht und hätte seine Grabstätte am liebsten eingeebnet. Vor solchem Frevel scheute er zwar zurück, doch ließ er die Nekropole mit einer dicken und hohen Ziegelmauer umgeben, entzog sie damit dem allgemeinen Bewußtsein. Zwar vererbte der Imam der Moschee den Schlüssel zu dem vermauerten Garten seinem jeweiligen Nachfolger, aber »entdeckt« wurde dieser vergessene Winkel erst im Jahr 1917 durch einen französischen Beamten.

Seither gilt der Bezirk der Saadiergräber, in dem die Zeit stillstand und keine Menschenhand etwas verändert hatte, als eine der großen Sehenswürdigkeiten von Marakkesch. Vor dem engen, durch die Mauer gebrochenen Eingang stehen in den Vormittagsstunden der Saison die Touristenscharen Schlange, kehlig umgurrt von den fliegenden Andenkenhändlern, die sich auf sie stürzen wie Fliegen auf den Kuhfladen. Am Nachmittag flaut der Betrieb ab, dann hat man die Chance, einen nicht nur ganz flüchtigen Blick in die Grabräume zu erhaschen.

Das Mausoleum (vielleicht ein Nachklang der längst zerstörten »Rauza«, der Burg- und Grabmoschee der granadinischen Alhambra) besteht aus drei Räumen. Der Saal der zwölf Säulen, dessen Mitte die Gräber des »Goldenen« Sultans Ahmed, seines Sohnes und seines Enkels einnehmen – rings umgeben von den flachen Grabsteinen königlicher Söhne, Brüder und Vettern –, gilt unbestritten als die schönste Nachblüte hispano-maurischer Kunst auf afrikanischem Boden. Heben die zwölf Säulen aus carrarischem Marmor eigentlich das Netzwerk der Bögen und das Wabenwerk der Stalaktit-

kuppel hinauf – oder entfaltet sich der Raum nicht vielmehr
in sanftem Licht herabfließend von dem vergoldeten Zedernholz der Kuppel als Klöppelspitze abwärts zum marmornen
Boden? Die in gedämpften Keramikfarben schimmernden
Sockel mit Sternmustermosaiks künden in der irdischen
Sphäre von den verschlungenen Wegen des Mektub, des
vorbestimmten Einzelloses, das doch nicht vereinzelt ist, das
sich im Frieden des Ein-Einzigen selig beruhigen darf.

Ein gezackter Hufeisenbogen führt in den von vier Säulen
getragenen Mihrabraum, dessen Decke und Gebetsnische ein
Spitzenwerk aus Stuck überspinnt, der aber nur bescheidene
Kindergräber beherbergt, wie der gegenüberliegende ›Saal
der‹ drei Nischen‹. Abgesondert davon, an die Mihrabwand
der Moschee angelehnt, ein Baugebilde, das wie ein aus dem
Löwenhof der Alhambra herversetzter Pavillon anmutet,
mit massiven Eckpfeilern zwar, aber mit überaus feinen Ka-
pitellen: das Mausoleum, das der Goldene Sultan seiner Mutter errichten ließ, der vom Volk verehrten Lalla Messaouda,
die sich durch Taten freundlicher Menschenliebe ausgezeichnet hatte. Ein besonders reiches harmonisches Fayencemosaik
schmückt den Sockel ihres Mausoleums. Gerne würde man
hier mit jener Gelassenheit verweilen, mit der man islamischer Ornamentik begegnen soll. Doch gerade weil Muley
Ismail diese Gräber für alle Zeit dem Anblick entziehen
wollte, drängen sich die Menschen heute hier in Gruppen,
treten sich die Touristen gegenseitig auf die Füße, müssen
die Wärter immer wieder mit schrillen Pfeifen darauf aufmerksam machen, daß Fotografieren strengstens verboten
ist, und zerreißen die kauderwelschen Geschichten der Führer
die Stille, die jahrhundertelang über dieser Totenstätte lag.

Zum *Bedi-Palast* – der Name fiel schon einmal – wären es
in gerader Linie nur etwa dreihundert Meter, doch führt kein
Weg durch das Kapillarwerk der volkstümlichen Gäßchen.
Ein Umweg (zurück zum Bab Agenau, rechts, dann wieder
rechts) ist nötig, um das zu erreichen, was von dem Palast
geblieben ist, den der Goldene Ahmed al-Mansur das ›Wunder‹ seiner Zeit, ›el-Bedi‹, nannte. Der eifersüchtige Ismail
hat ihn nicht nur ausleeren lassen, er hat ihn ausgeschlachtet.
Alles was gut und teuer war, die Säulen und die Kapitelle

aus carrarischem Marmor, die farbigen Steine der Böden und die Brunnen aus Onyx, ließ er in sein Versailles von Meknes verschleppen. Was übrig blieb, war ein nackter Kadaver, ein Gerippe, aber auch im Verfall noch groß.

Vorbei an dudelnden Schlangenbeschwörern steigt man hinauf zu einer Plattform, die einen Überblick über die lehmfarbenen Flachdächer der Stadt gewährt, über denen sich die hellen Minaretts erheben. Man betritt einen Söller, von dem aus sich der Hof des Saadierpalastes mit seinem Wasserspiel im Schnittpunkt sich kreuzender Kanäle dem Auge hinbreitet: mit den an den Schmalseiten vortretenden Pavillons eine erweiterte Kopie des granadiner Löwenhofes. Der Vergleich mit der Alhambra, der sich einem immer aufdrängt, macht auf die merkwürdige Zerdehntheit der saadischen Anlagen aufmerksam, die mit einer etwas fleißig-kleinteiligen Dekoration zusammenhing. Von der ganzen Pracht sind nur ungestalte Mauermassen geblieben. Es ist wie bei Shakespeare: der Narr hat das letzte Wort. Als das Wunderschloß vollendet war, soll der Bauherr stolz seinen Hofnarren gefragt haben, was er daran zu rühmen wisse. »Mein großmächtigster Herr«, war die Antwort, »stellt Euch nur den Schutthaufen vor, wenn das alles einmal wieder zerstört sein wird!«

Nur einmal im Jahr zieht noch Leben in die Ruinen ein: Wenn sich hier im Frühsommer in dem von Orangenbäumen bestandenen Hofparterre das Nationale Folklore-Festival abspielt, mit ganz echten Tänzen, Liedern, Instrumenten und Kostümen aus allen Regionen, aber herausgerissen aus dem lebendigen Kontext. Bei aller Echtheit doch eine Schaustellung. Was würde der Narr dazu sagen?

Südlich der Bedi-Ruinen schimmern die flaschengrünglasierten Ziegeldächer des Königspalastes.

Paläste der Neuzeit

Den *Palast el-Bahia,* einen wahrhaft fürstlichen Sitz, ließ sich im ausgehenden 19. Jahrhundert Ba Ahmed errichten, der Vezir von Sultan Hassan I. (1873-1894) und Sultan Abdelaziz (1894-1908). Hier sind die traditionell maghrebinischen Elemente durch solche türkischer und westeuropäischer Herkunft bereichert (z. B. die offenen Kamine). Im Dekor lösen Blümchen im französisch-türkischen Rokokogeschmack die islamischen Sternmotive ab. Die Anlage als ganzes ist nicht nach einheitlichem Plan entstanden, wuchs im Lauf der Entstehung zu einem verwirrenden Konglomerat aus Höfchen und Höfen, Brunnengärtchen und breitrechteckigen Sälen, intimen Gelassen, durch die man sich nicht ohne Führung bewegen darf. Und manchmal ist der Palast ganz unzugänglich: er dient dem jüngeren Bruder des Königs als offizielle Residenz, wenn er in Marrakesch weilt.

Auf den kaum dreihundert Schritten zwischen Bedi- und Bahia-Palast über die Place des Ferblantiers bietet sich ein Abstecher ins rechteckige Gassennetz der Mellah an, des alten Judenviertels.

»Rings um den ganzen Platz waren Läden; in manchen arbeiteten Handwerker, ihr Hämmern und ihr Klopfen tönte laut ...« Seit Elias Canetti in seinen ›Stimmen von Marrakesch‹ einen Besuch in der Mellah schilderte, hat sich die hebräische Minderheit dezimiert. Die Wiedergewinnung der staatlichen Selbständigkeit Marokkos ließ die Wogen eines arabischen Selbstgefühls hochgehen. Die Juden galten nicht immer zu unrecht als Sympathisanten der nun vertriebenen Protektoratsmacht, und die Gründung des Staates Israel wurde auch im Maghrib als Schlag gegen die Araber verstanden. Nicht, daß man die ansässigen Juden verfolgt hätte, dazu waren sie ein schon zu selbstverständlicher Teil der marokkanischen Bevölkerung, doch ließ man sie Mißtrauen spüren. Und ihnen stand die Erfüllung jahrhundertealter Hoffnung auf Heimkehr ins Gelobte Land offen. Zehntausende marokkanischer Juden sind ausgewandert, nicht nur nach Israel, und Araber und Berber vor allem haben sich im alten Ghetto seßhaft gemacht. Das schwarze Käppchen, das die Juden zu tragen pflegten, ist heute eher Ausnahme als Regel im Straßenbild. Allenfalls am Sabbat merkt man noch an den geschlossenen Läden, daß in diesem Viertel die Juden doch noch die relative Mehrheit bilden.

Immer gibt es noch Bilder wie bei Canetti. »Manche kauerten auf der Gasse und boten Winzigkeiten feil. Oft waren es ganz jämmerliche Häufchen von Gemüsen oder Früchten. Diese wirkten so, als hätten sie eigentlich gar nichts zu verkaufen und klammerten sich bloß an die Geste des Erwerbs. Sie sahen vernachlässigt aus; es gab viele von ihnen, und ich fand es nicht leicht, mich an sie zu gewöhnen. Aber bald war ich doch auf alles gefaßt und ich wunderte mich nicht besonders, als ich einen alten, kränklichen Mann am Boden hocken sah, der eine einzige verschrumpfte Zitrone zum Verkauf hinhielt.«

Nur ein paar Gehminuten sind's vom Bahia-Palast des Ba Ahmed zur Stadtresidenz seines Bruders, dem *Dar Si Said,* der sich im Gassengewirr versteckt. In einem Teil dieses Stadtschlosses, das ähnlich dekoriert ist wie das Palais des Bruders (meisterhaft der tiefgeschnittene Stuck, der ein exaktes Schwarz-weiß-Muster erzeugt!), ist seit 1930 das regionale *Volkskunstmuseum* untergebracht, das fremd-große Dinge aus den Berbergebieten des Mittleren und Hohen Atlas und des tiefen Südens präsentiert: holzgeschnitzte Türen von Lehmkasbahs aus dem Draa-Tal, Weibergewänder und Hochzeitsthrone, auf denen beim Fest der Eheschließung die Braut saß, gebadet, geschminkt, tätowiert, unbeweglich wie ein Idol in ihren gestickten oder brokatenen Kaftanen, behängt mit Gold- und Silberschmuck, den jüdische Handwerker anzufertigen hatten (Metallarbeit galt den Moslems als unrein). Da gibt es Holzarbeiten und ältere Safi-Keramik (wie ist die heute heruntergekommen!) und solche aus ländlicher Herstellung. Eindrücklich eine Serie großer, mit großen einfachen Rauten und Bändern gemusterter Teppiche in wenigen entschiedenen und doch harmonierenden Naturfarben: Erzeugnisse unbekannter Frauenhand, die ganze Galerien der »Moderne« ins Unerhebliche verweisen. Waffen leider auch. Handwerklich sind die Flinten und Pistolen, die Säbel und Dolche, die Pulverhörner und -flaschen von einigem Reiz. Sie gehörten wohl zum Alltag des freien Mannes, aber gewannen nur zu oft ihre eigene Dynamik. In der Totenkammer eines Museums sind sie am besten aufgehoben.

Um ein Bild von einem Stadtwesen zu gewinnen, sollte man nicht nur sein Zentrum, sondern auch seine historischen Grenzen erleben. Die Mauern von Marrakesch, blut- und purpurrot wenn die Sonne sich senkt, hinterm Vordergrund melancholischer Friedhöfe oder eleganter Palmwedel, vor dem Hintergrund der bläulichen Atlaskette, auf der im frühen Jahr noch die Schneefelder glänzen: das sind Bilder, die kein anderer Eindruck so schnell überlagert. Doch der Umrundung des zwölf Kilometer langen Mauerzingels stellen sich einige Schwierigkeiten entgegen, vor allem im Süden, wo das ausgedehnte Agdal-Gelände und Durchfahrtsverbote zu weiten Umwegen zwingen. Sie bietet nicht nur Augenfreude, sondern eher den Augenschein mancher Probleme, die sich aus dem Zusammentreffen noch mittelalterlicher Strukturen mit den Tatsachen des 20. Jahrhunderts ergeben, zeigt das Doppelgesicht und die harten, ja düsteren Züge des Landes, das von Marrakesch seinen Namen empfing.

Beginnen wir an der westlichen Ecke der Almohadenstadt, etwa dort, wo die Avenue Mohammed V, welche den Platz vor der Kutubiya-Moschee mit der Place de la Liberté in der französischen Neustadt verbindet, die alte Mauer beim Bab Nkrob durchstößt. Wir sind hier im vornehmen Westend der Hotels, Banken und Konsulate. Die Autostraße folgt der mit quadratischen Türmen bewehrten Mauer in südlicher Richtung. Vor dem Bab Jedid, dem ›Neutor‹, außen eine Verkehrsinsel.

Rechts, d. h. in westliche Richtung, führt die Avenue de la Ménara hinaus zur Menara, in den Olivenhain der Sultansgärten (heute ein wohlbewässertes landwirtschaftliches Versuchsgelände) und zum großen viereckigen Bassin (200 × 150 m), das schon in der Almohadenzeit angelegt wurde und in dem sich vor den Atlasbergen ein Pavillon des Sultans spiegelt. Erst 1866 unter Mohammed IV. ben Abderrahman (1859-1873) angelegt, ist er kein Zeugnis aus der großen Zeit der maghrebinischen Baukunst, und wer ihn wie gewöhnlich verschlossen findet, braucht sich nicht zu grämen. Es ist nur das Spiel der Kontraste zwischen dem

Wasserspiegel und den fernen Schneebergen, dem kantigen Baukubus und den wie in flehentlichem Ringen gewundenen Olivenbäumen, was das Auge bezaubert und die Touristen anlockt und damit auch die fliegenden Händler, Limonadenverkäufer und Schlangenbeschwörer.

Innerhalb des Bab Jedid, an der zur Place Yussuf ben Taschfin führenden Avenue, liegt das nobelste Hotel von Marrakesch, ›La Menara‹, das nicht nur den Maler Winston Churchill, sondern auch andere Zelebritäten beherbergt hat, fein abgeschirmt von aller Realität des Alltagslebens in der Stadt. Solche Luxusherbergen sind geschaffen, dem Reisenden ein Tausend und eine Nacht vorzugaukeln oder den Geschäftsmann hinterm Vorhang orientalischer Düfte den unerbittlich-zähen Verhandlungsstil moslemischer Partner fürchten zu lehren.

An Friedhöfen vorbei und durch noch halbödes Gelände erreicht die Route die Stadtmauer erst wieder beim Bab Ighli, das sie passiert, um bloße dreihundert Meter weiter durch die Porte d'Aguedal in den Bereich des Agdal (Aguedal) zu gelangen, eines gut drei Kilometer langen, aber nur halb so breiten Gartens, der schon seit der Almohadenzeit besteht, jedoch erst im 19. Jahrhundert die betürmte Mauer und seine heutige Gestalt erhielt. Kein englischer Park, sondern eine regelmäßige Anlage, von einer Mittelallee in zwei annähernd gleiche Hälften geteilt, in etwa gleichgroße Abschnitte gegliedert, mit Weinstöcken und Obstbäumen jeder Art bepflanzt, durch Kanäle bewässert.

Auf der von Ouarzazate herankommenden Straße hatten wir die Gegend vor dem Bab Rhemat erreicht. Hier hat sich außerhalb der Mauern ein recht volkstümlicher Markt etabliert, den Fremden fern und ihnen eher feindlich gesinnt. Hier spielt sich abends im Schein von Karbidlampen ein Gaukler- und Schaustellertreiben ab, wie es einstmals nur auf der Djema ef Fnaa zu sehen war. Hier ist das Bild nicht mehr vom umhegten Grün königlicher Palmen bestimmt, sondern vom Staubgrau des Vorstädtischen, und doch ist gerade hier und an der Ost- und Nordostseite der Stadt die ›Route des Remparts‹ auf ihre Weise besonders eindrücklich, denn ihr zur Seite spielt sich das gar nicht behagliche Leben der

kleinen, nein: der bitter armen Leute ab, zwischen Staub und
Stank, Dreck und Drang, Hüttenelend und Bettlerstand. Die
übelriechenden Gerbereien, die kennen wir ja schon.

Schöben sich nicht Notbehausungen über die Stadtbefestigung und selbst über das Bett des Oued Issil hinaus, wäre
dieser Mauerabschnitt, hinter dem sich allerdings manche
modernen Banalitäten verstecken, besonders imponierend.

*Etwas abseits der Route des Remparts das Bab el-Khemis, von dem
aus – erst rechts, dann wieder links abbiegen – eine gerade Gasse zur
Zawiya des Sidi Bel Abbes führt, zum Grabkloster eines der sieben
Schutzheiligen von Marrakesch. Es stammt – mehrfach verändert –
aus dem 17. Jahrhundert.*

*Bel Abbes es-Sebti wurde 1130 in Sebta (Ceuta) als Töpfersohn
geboren. Früh vaterlos, verschmähte er eine bürgerliche Laufbahn,
sondern schloß sich einem Koranlehrer aus Tetuan an, ging als Zwan-
zigjähriger nach Marrakesch, wo er vierzig Jahre hindurch als Prediger auf dem Gueliz-Hügel lebte, bis ihn der Sultan Yaqub al-Mansur
als Lehrer an eine der Schulen berief. Wenn er nicht Unterricht erteilte,
lief er in schäbigem Gewand durch die Stadt, ein Narr in Allah,
Koransuren rezitierend. Zur Gebetszeit trieb er Lässige zur Moschee
und strafte sie mit derbsten Scheltworten. Als er 1205 starb, war sein
Ruf als Wundertäter so gefestigt, daß selbst der Herrscher es nicht
verschmähte, der Bruderschaft des Heiligen beizutreten.*

*Die Zawiya ist so wenig Touristenziel wie alle anderen (zum
Beispiel die nur wenige Minuten entfernte des Sidi Sliman el-Jazuli,
eines aus dem Süden stammenden Mystikers, der als Nachkomme des
Propheten galt und in der ersten Hälfte des 15. Jahrhunderts aktiven
Anteil an den Kämpfen gegen die Portugiesen nahm und auch als
einer der Patrone der Stadt gilt), aber im Vorübergehen beobachtet
man vielleicht die Ankunft von Pilgern, die Verteilung von Almosen
an der Klosterpforte, spürt man etwas von der Intensität des religiösen
Lebens in Marokko.*

Von der Kreuzung der Route des Remparts mit der von
Fes über Beni Mellal herankommenden P 24 aus läßt sich ein
Abstecher in den Palmenhain (Wegweiser: Palmeraie) von
Marrakesch unternehmen.

Zu jeder Oase gehört ein Palmenwald. Ohne ihn wäre sie
nicht, von ihm lebt sie. Der Oasenhain von Marrakesch –
der nördlichste des Landes – wirkt freilich nur noch wie

eine Zugabe. Die knapp hunderttausend Bäume minderer Qualität, die büschelhaft, verkümmert und verstreut stehen, sind wirklich nicht mehr als ein bloßes Anhängsel der Stadt. Nicht die Stadt nämlich ist aus dem Palmenhain erwachsen, sondern umgekehrt: der kam später erst dazu. Die Legende erzählt, er sei zufällig aus den Kernen entstanden, welche die Krieger des Yussuf ben Taschfin bei der Belagerung der Almoravidenstadt ausgespuckt haben. Etwas Zufälliges haftet der dreizehntausend Hektar bedeckenden Fläche heute noch an, oder vielleicht heute besonders wieder, weil sie nicht Lebensnotwendigkeit, sondern stellenweise bloß noch Bauland-Reserve für die wuchernden Vor-Vorstädte entlang des Boulevard de Safi, der Ausfallstraße zur Küste und nach Casablanca, darstellt.

Außerhalb der am weitesten nach Norden vorspringenden Spitze des Mauergürtels ein Friedhof, über dessen namenlose, nur durch zwei Steine bezeichnete Gräber einige weiße Kubbas wachen. Eine steht über jener Stelle, an der sich – es mag gut ein Dutzend Jahre her sein – ein lebenssatter frommer Greis unterm Andrang des Volkes lebendig begraben ließ, als Opfer, um von Allah den langersehnten Regen zu erlangen. Eine makabre Geschichte, makabrer noch dadurch, daß am Tag danach tatsächlich ergiebiger Regen niederging. Die Stadt hatte einen neuen Heiligen. Derartiges entspringt uraltem und zähem berberischem Natur- und Opferglauben, der auch den asketischen Marabutismus und die düstere Tönung des Koranverständnisses im Maghrib, dem Land des Sonnenuntergangs speist, der unserem säkularisierten Betonzeitalter so ganz fremd ist. Das meldet sich nun zu Wort mit Sportanlagen, Tankstellen, Großmarkthalle und brandneuem Busbahnhof. Die würdige Schönheit des Bab Doukkala geht unter im ungezügelten Verkehrstreiben. Wir sind wieder an jener Stelle angelangt, wo sich die mittelalterliche Medina und die Neustadt des 20. Jahrhunderts durch Almohadenmauern und -tor durchdringen. In Marrakesch ist die europäisch-amerikanische Stadthälfte nicht durch ein Tal oder eine neutrale Zwischenzone gesondert, sie beginnt unmittelbar an der alten Mauer. Aber diese Stadt mit Post und Bahnhof, Luxusläden, Brasserien, Restaurants, Hochhäu-

sern, umgrünten Konsulaten und Villen, mit Reisebüros und
Agenturen der Fluggesellschaften, sie besichtigt man nicht.
Sie benützt man nur, wenn ein Bleistiftspitzer, eine Kugel-
schreibermine, ein Film fehlt, oder wenn einen das absurde
Gelüst nach halbeuropäischer Küche und ein schales oder zu
kaltes Flaschenbier anwandelt. Nur zu schnell ist man dieser
banalen Herrlichkeiten müde und sehnt sich wieder zurück
in die geschlossene und geformte Welt der Medina. Der
jederzeit mögliche Wander-Wechsel zwischen beiden Welten
verleiht den Tagen in Marrakesch einen fast schnöden Reiz.

Abends auf dem Platz der Gehenkten

Daß die Djema ef-Fnaa nicht mehr Richtstätte ist, nur noch
ihr Name daran erinnert, daß hier einst abgehackte Köpfe
auf hohen Stangen zur Schau standen, das betrübt uns nicht,
wir sind auf blutige Schauspiele wahrlich nicht erpicht. Be-
trüblich ist dagegen, daß dieser zentrale Platz, oft und oft als
der Schauplatz bunten Volkslebens beschrieben und gepriesen
und zum touristischen Muß hochgelobt, vor lauter Tourismus fast zur touristischen Leiche geworden ist. Oder um es
schonender zu sagen: der Platz ist nicht mehr, was er noch
vor zwanzig Jahren war. Er ist beschnitten, reglementiert,
verarmt. Beschnitten dadurch, daß Marktgassen sich eine
ganze Ecke erobert haben. Nun schieben sie halbfeste Verkaufsstände weiter vor und bis an den Rand der Straße,
auf der die Autos hupen. Parkende Fahrzeuge engen den
Freiraum noch weiter ein. Reglementiert: Am Nordrand,
neben der Mauer des Club Méditerranée, gegenüber der
Banc du Maroc-Filiale, die dem kauflustigen Fremden bis
abends das nötige Geld wechselt, hat die ›Davidswache‹ für
die Djema ef-Fnaa ihr Quartier – und die Polizisten sind gar
nicht zimperlich im Umgang mit illegalen Anbietern – aber
das geht natürlich auf Kosten der Buntheit.

Man bedauert es nicht, daß hier nun kein entmenschter
Vater mehr seine zu »Mißgeburten« verstümmelten Kinder
für Geld sehen läßt, verzichtet auch auf den vulgären Tanz
eines als Weib verkleideten schmalhüftigen Knaben. Wo die
Frau als begehrt-verpöntes Objekt von Begier und Lust sich

verhüllen muß, kann sich die gleichgeschlechtliche Liebe breit machen. Daß sie sich nun andere Striche sucht, daß die kaum mannbaren Lolitas sich nicht mehr zu freudlosem Dienst in einer der unsäglichen Schlupfbuden in einer der Sackgassen ringsum erbieten, das tut einem nicht leid. Aber wo sind denn die mittelalterlichen Zahnbrecher auf ihrem zerfransten Teppich, die ausgerissene Stockzähne als Reklame auslegten und fertigen Zahnersatz gleich zum Probieren anboten? Wo ist der Entfesselungskünstler, der Feuerfresser, der sich einst produzierte? Immer noch – wenn auch seltener – gibt es die besessenen Prediger mit wirrem Haar

und irr flackernden Augen, die Kartenlegerinnen, die Wahrsager, den Mann mit dem Affen, die Schlangenbeschwörer, die Stockfechter, die Scheinboxer, wo ein winziger David einen plumpen Goliath besiegt, den Esel, der sich tot stellt, die Fahrradartisten … Noch immer auch die schokoladebraunen Tänzer aus Niger oder Mali, mit Kaurimuscheln auf den buntgestickten Käppis, weißgewandet. Die innen rosigen Hände entlocken den Trommeln schwarzafrikanische Rhythmen. Aber lange dauert es, bis sich um die Trommler und Springer ein neugieriger Kreis gesammelt hat. Das Schauvergnügen der Einheimischen befriedigt sich heute lieber fremdenfern am Stadtrand, vor dem Bab Rhe-

mat. Und die Fremden fliehen vor der Zudringlichkeit der
Jeansjünglinge und Bettelweiber auf die Terrassen der Cafés,
von denen aus sich geruhig das bunte Gewimmel betrachten
und durchs Teleobjektiv festhalten läßt. Ein billiges, aber
etwas steriles Vergnügen.

Der Platz der Gehenkten hat viel von seiner Vielfalt verloren, was nicht heißt, er sei nicht immer noch in hohem
Maße sehens- und erlebenswert. Und wenn der Westhimmel
hinterm Staubschleier sich gelblich verdunkelt, sich vom
Goldenen und Orangeblutigen zum Branstigen wandelt und
in müdem Karmesin verblaut, dann zeichnet sich vor ihm
die reine Silhouette der Kutubiya-Minars ab, des adligen
Wahrzeichens der roten Stadt des Südens.

Von Marrakesch nach Agadir

Wege zum Ozean

Auf Marrakesch führen viele Wege zu und von dort auch wieder viele weiter. Nicht alle graben sich in die Erinnerung. Die glatten und geraden Straßen stehen, wenn man überhaupt noch an sie zurückdenkt, als eher eintönige Routen vor dem Auge. Da ist die geradeste Verbindung nach Casablanca (P 7, etwa 240 km). Sie verläuft zunächst durch die schüttere Palmeraie, in die sich die Vorstädte hineinschieben. Nach Ebenen die Djebilet-Berge, wohlig geformte Hügel aus graublauem Gestein. Graustämmiger Eukalyptus an der schnurgeraden Straße durch die Ebene von Ben Guerir, die noch im 15. Jahrhundert ein See- und Waldgebiet war. Heute werden hier Phosphate abgebaut, zehn Millionen Tonnen jährlich. In der cremegelben Ebene sitzt das Städtchen so rot wie die allgegenwärtigen Cocacola-Reklamen. Dann wechseln Baumgrün und Bodenrot. Bei Mechra Ben-Abbou überquert die Straße das südliche Ende eines Stausees, der die Wässer des Oum er-Rbia zur Nutzung speichert. Kahles Gehügel, rostrot, strohgelb, bis Settat. Recht wohlhabend wirkt das kleine Städtchen, aber verlockt nicht zur genaueren Inspektion. Ins grüne Land zeichnet dann schon die Wirtschaftsmetropole ihre ersten Spuren, breite Bahnen, besetzt von Reklametafeln, verstreute Industrieanlagen und auch, schämig verborgen, die ersten ›Bidonvilles‹.

Nur eben »Verbindungen«, aber keine für den Reisenden unbedingt sehenswerten Strecken sind auch die nordwärts nach El-Jadida führende P 9 und die von ihr nach knapp 50 Kilometern links abzweigende P 12 nach Safi. Besehenswert sind eigentlich nur die jeweiligen Zielorte. Aber diese wollen wir später auf unserer atlantischen Route berühren.

Die stracks nach Essaouira führende P 10 ist nur wenig unterhaltsamer. Landschaft wie in der spanischen Meseta. Ab und zu ein Marktort, Öl- und Obstbaumkulturen in der Ebene. Das Zementwerk von Asmar stößt graue Wolken

aus, die der Westwind tief herunterdrückt. Wein und Feigen,
Granatäpfel, Pfirsich- und Mandelbäume, lehmgelbe Hütten, grüne Saatfelder und weite Weideflächen. In Chichaoua,
dem Verwaltungszentrum der Haouz-Ebene (Sonntagsmarkt), zweigt eine Straße ab nach Imi n'Tanoute und zu
fast schwyzerischen Bergtälern des Hohen Atlas. Sidi Mokh-
tar, 25 Kilometer auf der P 10 weiter, ist Hauptort des Gebiets
der arabischen Ouled Bousseba, die zugleich mit den Beni
Hillal im 11. und 12. Jahrhundert den Maghrib verheerten,
beduinisierten und arabisierten. Im 13. Jahrhundert machten
sie im Draa-Tal den Meriniden Schwierigkeiten, erst seit
dem 14. Jahrhundert sollen sie hier ansässig sein.

Sanftwelliges Land, in dem schüttere Saatfelder mit unbe-
stellten Brachen wechseln. Das erinnert an Neukastilien oder
gewisse Strecken in Sizilien. Dann die ersten Arganienbäume, die für den Süden Marokkos so bezeichnenden stacheligen, aber pittoresken Gewächse, unvermutet dann der
erste Blick auf den Ozean und das weiße Essaouira.

Die kürzeste, die 250-Kilometer-Verbindung 511 über Imi
n'Tanoute nach Agadir, seit einigen Jahren gut ausgebaut,
führt zunächst durch ebenes, eintöniges Land, schenkt aber
bei der Fahrt durch die westlichen Ausläufer des Hoch-Atlas
abwechslungsreiche und zum Teil grüne Landschaftsbilder.
Es ist das die Strecke, welche Agadir-Urlauber für ihre Ausflüge nach Marrakesch benützen.

Wir können uns Zeit lassen und wählen daher die etwas
schwierigere und längere Straße S 501 südlich über Asni, den
Tizi-n'Test und Taroudannt. Das ist nun wirklich eine der
landschaftlich großartigen Routen Marokkos.

Über Asni ins Tal des Oued Nfis

Die Süd-Ausfahrt aus Marrakesch teilt sich am Rand der
Stadt. Der linke Ast führt ins schöne Tal des Oued Ourika
und weiter ins quellenreiche grüne Bergland von *Oukhaimeden:* ein Halbtagsausflug, den man in heißen Nachmittags-
stunden gern unternimmt, nicht, um nach prähistorischen
Felszeichnungen zu suchen, die hier entdeckt wurden, sondern um sich am Bachgeriesel unter Nuß- und Kastanienbäu-

men zu ergehen. Doch diesmal halten wir uns halbrechts auf der S 501, die nach wenigen Kilometern eine Nebenstraße 507 nach Amizmiz aus sich entläßt.

Hinter Tamarisken Ölbäume, von einem dunkleren Grün als die silberblättrigen der Toscana, auf der roten Erde der Haouz-Ebene. Voraus die Gebirgskulisse des Hohen Atlas, die sich aus einem fernen blauen Schemen zu immer bestimmterer Gestalt entwickelt. Bald beginnt die Straße zu steigen, sacht zunächst, doch schon beim Dorf Tahanaout zeigt der Höhenmesser beinahe tausend Meter. Das Lehmdorf mit hohem rotem Minar und weißem Marabut liegt am westlichen Hang des Gherghaia-(Rheghaya-)Tales, in das sich bald ein schöner Blick auftut. Links zweigt dann die alte schmale Straße nach Oukhaimeden ab. Unsere Route führt durch die Muley-Brahim-Schlucht, die sich der Oued Gherghaia in wasserreicheren langvergangenen Zeiten gesägt hat. Über ihrem grünumbuschten Ausgang Zawiya und Marabut des Heiligen, wo an den Mouled-Tagen ein Moussem, ein Pilgerfest, stattfindet.

Asni, unterhalb dessen sich zwei Bergbäche vereinigen, liegt bereits auf über 1100 Höhenmetern. Ein Oasendorf in einem weiten Felskessel, so ins Grüne versteckt, daß der Durchfahrende vom Ort selbst kaum etwas wahrnimmt. Er wäre ein möglicher Ausgangspunkt für die Besteigung des Djebel Toubkal. Ein fahrbarer Weg führt zum Gebirgsweiler Imlil mit einer ersten Schutzhütte. Aber diesen höchsten Gipfel des Hohen Atlas und Marokkos nimmt man nicht nur so nebenbei mit. Das wäre ein Unternehmen für sich. Wir haben weder die erforderliche Ausrüstung noch die nötige Zeit für Bergtouren, begnügen uns daher mit dem Blick auf das Bergmassiv von der Nähe des Hôtel du Toubkal aus. Abwärts dann durch lockeren Thujenwald mit Macchiagehölz nach Ouirgane. Das herbe Tal mit seiner südlichen Vegetation ist Sommerfrische und wohl auch bei Jägern recht beliebt. Namen wie »Au Sanglier qui fume« oder »Café Le Mouflon« reden von der Tierwelt des Gebietes.

Die Straße folgt auf halbem Hang dem Flußtal des Oued Nfis aufwärts, das sich manchmal schluchtartig verengt, dann wieder grünend weitet. An einer Talkrümmung, wo

ein Bergbach herabrieselt, ein Lehmdorf mit Speicherburg,
dann ein Fotoblick talaufwärts. Unten am Bach kleine Gar-
tenfelder, bunte Berberfrauen beim Waschen, spielende Kinder. Kahle, nur von dunklen Büschen gefleckte Berghänge,
Öl-, Aprikosen-, Pflaumen-, Mandelbäume, dann wieder
eine Schlucht mit dunklem Gestein. Eine einsame Palme
wirkt wie ein Fremdling hier, wo man sich eher an Balkani-
sches erinnert fühlt. Arme, steinige Gegend. Dörfer, nur eine
Handvoll flacher Hütten aus Steinbrocken und Lehm, kleben
am Hang über handtuchgroßen Feldterrassen, im steinigen
Bett des Oued ist gerade Raum für ein schmales Band von
Erlen, Pappeln, Birken, auch einen Olivenbaum. Den Wegweiser zu den Minen von Takhbart (5 km) lassen wir unbeachtet. Dort werden zweitausend Meter über dem Meeres-
spiegel Zink, Blei, Galenit abgebaut. Mehr fesselt uns der
Ausblick auf das Dorf, das sich um die *Kasba Goundarfa*
schart, benannt nach dem Stamm, der seit langer Zeit schon
dieses Durchgangsgebiet bewohnt. Die Festung entstand, als
im späten 19. Jahrhundert die Caids der Goundarfa von der
Zentralgewalt praktisch unabhänig waren. Erst Sultan Muley el-Hassan (1873-1894) flößte dem Stammeschef solchen
Respekt ein, daß er sich unter Übersendung reicher Geschenke der königlichen Armee unterwarf. Voraus auf einer
Anhöhe dann die *Kasba Agadir n'Gouj*. Wenn wir an ihrem
Fuß vorbeigefahren sind, zeigen sich rechts drüben am anderen Talhang die Reste der Ringmauer des einstigen *Tinmal*,
und bald kommt auch die äußerlich sehr wohlerhaltene Ruine seiner alten Moschee in Sicht.

Tinmal

Ein Schild weist, ein Sträßlein führt zum »Monument histori-
que«. Leider ist die Brücke über den Oued eingestürzt. Wir
lassen also den Wagen stehen – das ist kein Risiko in einer
so einsamen Gegend. Der Hirtenbub, der in der Nähe seine
Schafe hütet, wird uns nicht berauben. Zehn Gehminuten
hinauf zu einem wie tot daliegenden elenden Dorf. Ein Köter
kläfft, leiser Singsang einer Mädchenstimme. Kein Mensch
ist zu sehen.

Hier lag also – wir erinnern uns – die Basis des Mahdi Ibn Tumart und das geistige Zentrum der Almohaden vor der Eroberung von Marrakesch. Nachdem sie die Stadt der Almoraviden zu ihrer Residenz erhoben hatten, war es mit der Bedeutung Tinmals schon wieder vorbei. Es behielt zwar das Ansehen eines »heiligen« Ortes, in seiner Moschee ließ sich ihr Stifter, der Kalif Abd al-Mumen, der Dynastiegründer, bestatten, seinem Beispiel folgten seine unmittelbaren Nachfolger, auch Ibn Tumart fand hier sein Grab. Aber Marrakesch war die Stadt des Hofes, des Handels, der Politik und der Geschäfte. Erst ganz am Ende der Dynastie trat Tinmal noch einmal in eine Heldenrolle ein. Als die Almohaden schon ausgespielt hatten, leisteten ihre letzten Anhänger dem merinidischen Statthalter von Marrakesch hier 1276 erbitterten, aber vergeblichen Widerstand. Die Meriniden nahmen die Stadt, plünderten sie, schändeten die Kalifengräber, hinterließen ein Trümmerfeld.

Die spärlichen Reste der Stadtmauern überblickt man am besten von unserer Straße aus. Da erkennt man die zwei Mauerzüge, welche die Hälfte des Talwegs zwischen Gebirge und Flußbett absperrten. Die flußabwärts gelegene, also Marrakesch zugekehrte Mauer war die wehrhaftere, war durch regelmäßige Viereckbastionen verstärkt. Der Verlauf der oberen Mauer läßt sich nicht mehr deutlich ausmachen. Sie verlief in der Nähe der Moschee, hat diese vielleicht gar in ihre Verteidigungsfront einbezogen. Die kümmerlichen Reste einer einst wohl mächtigen Stadtumwallung würden einen Besuch kaum lohnen. Um so mehr tut das die Moschee, die Abd al-Mumen 1153/54 errichten ließ. Auch sie ist Ruine. Nach außen hin wirkt sie durch Restaurierungen recht gut erhalten, doch sind die Tore verriegelt und verrammelt, Steine und Dornsträucher in den Bögen verwehren jeden Einblick. Was uns aber beim ersten Blick auffällt: das, leider nicht in voller Höhe erhaltene, Minar erhebt sich über dem Mihrab. Wir umwandern den Bau, klettern die steinigen Hänge hoch, um den besten Überblick zu erlangen und zu erleben, wie der Bau in der wilden Landschaft liegt.

Und dann naht auch schon freundlich lächelnd ein junger Mann, um uns den Zugang zu diesem vor weiterem Verfall geschützten authentischen Werk almohadischer Baukunst zu öffnen. Obgleich Dach und etliche Pfeiler fehlen, ist das die einzige wirkliche Moschee Marokkos, die wir betreten – nicht am Freitag freilich, denn dann dient das ›Denkmal‹ als Bethaus für die Dorfbewohner – und das einzige Beispiel almohadischer Raum- und Raumdekorkunst, dem wir begegnen dürfen. Die Kutubiya in Marrakesch ist wie die anderen Betsäle der Stadt unserer Neugier verwehrt, die Moschee in Tlemcen liegt auf algerischem Boden, die von Sevilla hat der christlichen Kathedrale weichen müssen, und was von der Bauruine von Rabat blieb, ist heute willkürlich verändert.

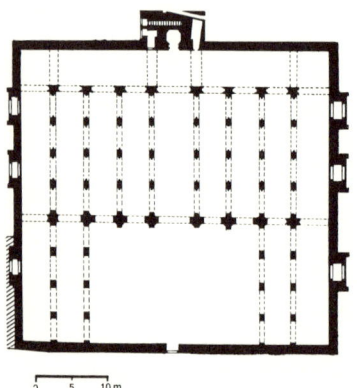

Tinmal
Freitagsmoschee
Grundriß

3   5   10 m

Die Moschee von Tinmal hat noch nichts von der hybriden Ausdehnung der Anlage von Rabat. Sie ist klein, überschaubar und streng. Ihre Außenmauern bestehen aus Stampflehm, während alle anderen Teile aus Backstein aufgeführt sind. Einst liefen neun Pfeilerschiffe senkrecht auf die Qibla zu, doch nur eine Pfeilerreihe des breiteren einstigen Mittelschiffs und die qiblaparallelen Bogenstellungen, die den Hof vom überdeckten Saal und in diesem das Querschiff vor der Qibla sonderten, sind erhalten. Das letztere besaß drei Kuppeln (in der Kutubiya besitzt der entsprechende Bauteil gar deren fünf): außer der vor dem Mihrab noch zwei in den Ecken. (Eine Disposition, die in Nordafrika erstmals in der fatimidischen El-Hakim-Moschee von Kairo auftritt.) Der Grundriß der Moschee stellt sich dar als eine Synthese von Elementen andalusischer Tradition mit solchen des Ostens. Glücklich und klar auch die kubisch-körperhafte Erscheinung (nur die Linksaußenkuppel freilich ist vollständig erhalten) und höchst ausdrucksvoll die Hierarchie der rassigen Bögen. »Einfache, glatt konturierte Hufeisenbogen bilden drei seitliche Begrenzungen der ›gewöhnlichen‹ Schiffe und Riwaqs, doppelte Hufeisenbogen markieren die Hoffassade des Gebetsaals, während phantasievoll gestaltete Zackenbogen das auf den Mihrab führende Schiff und die beiden äußeren Seitenschiffe betonen. Gleichmäßig gezackte Hufeisenbogen schließlich trennen die senkrecht auf die Qibla-Wand stoßenden Schiffe und das Qibla-Schiff« (Propyläen-Kunstgeschichte).

Wir erfreuen uns an den Resten der Stukkatur: das aus Córdoba überlieferte Repertoire wird puritanisch nüchtern verwendet, zugleich um Motive bereichert, die fortan zum festen Bestand maghrebinischen Baudekors gehören werden.

Wir haben mit unserer Schaubegier (und auch manchen, wenn auch nur flüchtigen Messungen) die Geduld unseres Geleiters über Gebühr strapaziert. Doch er läßt sich es nicht nehmen, uns noch zu der versteckten Ecke zu führen, wo eine stattliche Eule, graubraun gesprenkelt, den hellen Tag verschläft. Adrian meint lächelnd: »Wenn ich nicht sähe, daß wir keine Dünnbeine und Langschnäbel haben, dann glaubte ich, du wärst der Kalif Storch und ich dein Vezir.« Und doch: ›mutabor‹ ist das Wort, mit dem wir uns dem strengen Zauber der Vergangenheit entziehen.

Über den Tizi n'Test

Die Straße, die im Tal des Oued Nfis weiter aufwärts führt, hat nun keinen Teerbelag mehr. Eine Biegung und ein Adlerhorst: die Kasba Tagoundafft auf einer Höhe (1600 m), ein heute verlassenes Sperrfort wie eine Ritterburg.

Weite Bergwelt, ein Lehmdorf in einer Talkrümme, steinigkahle Hänge. Vor dem Dorf Idni ein Hotel-Restaurant Alpina, und dann ein Schlagbaum, der die Weiterfahrt verwehrt, wenn der Paß durch Schnee unpassierbar sein sollte.

Während auf uns die Mittagshitze herabprasselt, fällt es
schwer, uns vorzustellen, was das ist: Schnee. In wilden
Kurven über steilen Hängen die Auffahrt zum Tizi n'Test.
Die Straße, erst gelblich-weiß, färbt sich intensiv rot, holpert
über tiefen Abgründen. Das Auto zieht eine lange Staub-
fahne hinter sich her. Dürftige Steineichen und grandiose
Blicke zurück ins obere Nfis-Tal, dann voraus in einen von
steilen Zinnen umgebenen Bergkessel. Eine große Landschaft, aber eine ohne Sensation zunächst. Und darum trägt
der höchste Punkt (2120 m), den die Straße erreicht, keine
Hinweistafel. Die Paßhöhentafel »Tizi n'Test 2093 m« steht
erst dort, wo ein wahrlich atemberaubender Blick, der die
benachbarten Berge umfaßt, hinunterfällt in die fast zweitausend Meter tiefer liegende Sous-Ebene, die im Mittagsdunst
wabert.
  Kurze Rast im Café, das sich nach der Paßhöhe nennt.
Und dann geht es – die Straße hat nun wieder Teerbelag –
in dramatisch-steilen Kehren abwärts in das Sous-Becken,
das, etwa zweihundert Kilometer lang, zwischen Hohem
Atlas und Anti-Atlas dem Ozean zuläuft. Eine fest umrissene
Landschaftskammer mit eigenartigen Verhältnissen. Der An-
ti-Atlas im Süden bestimmt den Grundwasserspiegel, der
Hohe Atlas schickt ihr das frühsommerliche Schmelzwasser.
Die Ebene ihrer ganzen Länge nach durchzieht der Oued
Sous, der nach Kindheit und Jugend als Wildbach im Djebel
Sirouna mit dem Eintritt ins Mannesalter kraftvoll das
Schwemmland durchschneidet, den fünf bis dreißig Meter
tieferen Grundwasserspiegel erreicht und bis zum Atlantik
mitzieht. Auf diesem Grundwasser eigentlich beruht der
Reichtum der Ebene, in der mit Glück Agrumen und Bana-
nen gedeihen. Die jährlichen Schmelzwässer tragen nur se-
kundär zum Haushalt der fruchtbaren Landschaft bei.
  Wie beruhigend, daß Adrian, der auf Tausenden nordafri-
kanischer Kilometer bewährte Fahrer, auch ein erprobter
Bergfahrer ist. Die in die steilen Hänge eingeschnittene Kur-
venstraße ist durch keine Leitplanke gesichert, gibt etwas
erschreckende Blicke in die Tiefe frei. Ein Teehaus an einem
schnurschmalen Wasserfall. Büschelpalmen und dornige
Kräuter beginnen die ockerroten Hänge zu flecken, dann

auch schwarzstämmige kahlgraue Bäume, die man erst auf den zweiten oder dritten Blick erkennt, so sehr haben Hitze-Dürrejahre die sonst ganz dunklen Bäume mitgenommen, in einen Dürreschlaf versetzt, in dem sie die meisten ihrer mäuseohrförmigen Blätter abwarfen. Arganienbäume sind's, die Leitpflanze des Anti-Atlas und des maritimen Maghrib. Ihr Verbreitungsgebiet reicht nördlich fast bis Safi, im Süden bis an den Wüstenrand und hinauf bis über tausend Höhenmeter. So unfreundlich die Stacheln der Argania spinosa (es gibt daneben die Argania sideroxylon genannte Art) unsere Finger empfangen, so angenehm bizarre Gebilde sind die niedrigen Bäume dem Auge. Selten übersteigen sie die Fünf-Meter-Höhe. Ihr Stamm ist gedrungen und gewunden wie bei einem alten Ölbaum, dafür können die ausladenden Kronen einen gewaltigen Umfang erreichen. Die Äste senken sich zuweilen herab bis auf den Boden und laden die schwarzen Ziegen ein, im Gezweige zu weiden. Dunkelledrige Mausöhrlein sitzen als Blätter in den Achseln der Dornen. Arganienbäume bilden keine schattigen Wälder, sondern halten Abstand, verteilen sich auf dem gelblich-kahlen Boden als dunkle Einzelgänger, flecken die zimtfarbigen Hänge und die steinigen Plateaus. So abweisend diese Individualisten sich geben: sie sind weder ungesellig noch unnütz. Brustbeer- und Bohnenbäume, auch Mastix, Thujen und Wacholder dulden sie in ihrer Umgebung, und für Tier wie Mensch liefern sie Schätzbares. Das ›Eisenholz‹ des Stammes (der Ausdruck bezieht sich auf die Härte, nicht auf die hellgelbliche bis lachsrosige Färbung) wird in Meilern zu besonders qualitätvoller Holzkohle gebrannt; die Blätter lassen sich die Dromedare schmecken, noch mehr aber die Ziegen. Oft sieht man diese schwarzen Kletterer mit den bernsteingelben Satansaugen im Geäst weiden. Wenn der Hirte in der Nähe ist, kassiert er seinen Foto-Dirham. Auch die Früchte, die sich aus den Blütenknäueln entwickeln – sie schauen aus wie große Oliven oder kleine unreife Pflaumen – sind von Kamelen, Rindern und Ziegen begehrt. Nachdem die Tiermägen das nahrhafte Fruchtfleisch verdaut haben, werden die ölhaltigen Kerne (zwei bis vier pro Frucht) auf dem Verdauungswege ausgeschieden. Die Hirten lesen sie aus dem

Kot, bringen das gesammelte Gut in eine Presse, unter deren Druck ein bräunlich-trübes Öl in die Behältnisse fließt, das bitterlich-tranig schmeckt wie nach allerhand Rückständen. (Oder bilden wir uns das nur ein, seitdem wir über den Weg oder Umweg der Kerne unterrichtet sind?) De gustibus … aber Olivenöl ist mir doch lieber. Trotzdem hat das Arganienöl in der Küche der Berberfrauen seinen Platz, dient auch als Brenn- und Beleuchtungsmaterial. In den Zelten und Hütten des Anti-Atlas sind noch Öllampen im Gebrauch, wie vor dreitausend oder zweitausend Jahren.

Verbrannter Boden, Oliven, Arganienbäume, in denen die Ziegen knabbern, wie es im Buche steht. Fünfzig Kilometer vor Taroudannt mündet von links die Straße P 32 von Ouarzazate, die die Kasbahstraße unter Umgehung von Marrakesch mit Agadir und über den Tizi n' Taghatin (1886 m) das Draa- mit dem Sous-Becken verbindet, einige schöne Landschaftsbilder und Blicke im Gebiet des Djebel Siroua (2304 m) herzeigt, einige Kasbahs, Mandelpflanzungen und ausgedehnte Arganienbestände. Aber es ist keine der ›großen‹ Straßen, keine, die Sehenswürdiges zu bieten hat – und sie umgeht das, was der Marokkoreisende ja gerade erleben möchte: den Hohen Atlas und Marrakesch. Für die Urlauber am Strand von Agadir freilich bedeutet sie die kürzeste Verbindung zur Welt der Kasbahs, ins Draa- und Dades-Tal, über Ouarzazate nach Zagora und nach Boulmane und Tineghir.

Olivenhaine, Orangengärten hinter Kameldorn- und Opuntienhecken, geschirmt von Thujen und Zypressen, Wein, Mais, Feigen, Aprikosen, Binsen, Gemüsefelder, Bewässerungskanäle um ein Marktdorf mit neuen, im Oberstock vorkragenden Häusern, wie sie im Sousgebiet üblich sind, dann wieder Arganien auf staubfahlem Boden.

Etwa acht Kilometer vor Taroudannt führt links ein Asphaltsträßchen nach Südosten, nach Irherm und von dort – leider nur als Schotterbahn – nach Tafraoute. Eine zunächst eher eintönige Strecke, die einem erst allmählich die seltsam-große und kahle Landschaft des Anti-Atlas erschließt. Sehr bald nach der Abzweigung müssen wir bei der Kasba Freija den Oued Sous auf einer Furt überqueren. Palmen (primitive Palmbäume sind mit Kalk neben die Türen der primitiven Lehmhütten gemalt), dann auf staubdürrem Boden in Dürreschlaf versunkene Arganienbäume. Ein Wegzeiger bedeutet uns nach rechts

»Tiout 5 km«. In Wirklichkeit sind es da etliche tausend Meter mehr auf einer unebenen Piste bis zu dem oasenumgrünten Dorf mit dem Marabut des Sidi Mohammed ben Yahia, beherrscht von einer lehmroten Kasbah. Von deren Dachterrasse aus ein Blick, wie ihn nur der Süden Marokkos bieten kann. Der ferne Wall des Hohen Atlas steht in einem nachmittäglichen Blaugrau, wie wir es von alten Keferloher Krügen so lieben.

Die Straße ist freundlich nur bis Irherm, Verwaltungszentrum der Ida Oukensous, eines Stammes von etwa viertausend Menschen, die in den kleinen Ksour mit mehreren Agadirs (Gemeinschaftsspeichern) aus Stampflehm und Steinbrocken wohnen, die sich vierflügelig um einen Innenhof legen. Im Stammesgebiet wurden seit dem 11. Jahrhundert kleine, aber ergiebige Kupferlager abgebaut und die aus Metall hergestellten Kannen und Krüge bis in den Sudan exportiert. Seit einigen Jahren liegen die Gruben still, echte alte Oukensous-Erzeugnisse werden langsam rar.

Die weitere Strecke bis Tafraoute ist hart für Mann und Wagen. Die Gipfel, welche das Iberkakem-Plateau überragen, tragen ungeschlachte Lehmfestungen: Fluchtburgen, in die sich die Einwohner bei drohender Gefahr zurückziehen konnten. Eine der imposantesten und ältesten liegt am Westrand des Gebiets: der Agadir Tasguent, ein Gemeinschaftsspeicher unter dem Schutz mehrerer Heiliger. Es heißt, diese Weihung gehe auf vorislamische Zeit zurück. Ein heiliger Mann ist noch heute Hüter dieser Freistätte. Über senkrecht abfallendem Fels steht sie empor, aus Bruchsteinen ohne Mörtel und Makel geschichtet, mit winzigen Fensteröffnungen. Die Kundigen geben diesem Bau mit Höfen, Wendeltreppen und Zisternen ein gutes Jahrtausend. Die übereinandergewebten Speicher, die er umschließt, bergen immer noch Mandeln und Gerste, Öl und Honig, Männerwaffen und Frauenschmuck, Gewirk und Geschrift. Die Verträge, die rechtliche Männer miteinander schlossen und noch immer schließen, sind in dem Turmgemach deponiert, das sich nur öffnen läßt, wenn alle zwölf Schlüsselinhaber sich zusammenfinden. Ein Beispiel zeitloser Lebens- und Bauformen. Nicht das einzige in dem Gebiet, aber eines, das sich mit Geduld und stabilem Fahrzeug auf einer relativ kurzen Fahrt von Tafraoute aus erreichen läßt.

Wir ziehen es vor, auf die Holperpiste zu verzichten und diese Anlage später von Tafraoute aus zu besuchen, und erreichen *Taroudannt* am späten Nachmittag. Keine Frage, daß wir hier Station machen. Da brauchen wir nicht erst das Los zu werfen und zu warten, ob das fünfsternige Salomonssiegel nach oben zeigt. Sollen wir der »Gazelle d'Or« gestatten, ein tiefes Loch in unseren Geldbeutel zu reißen? Der Zufall kommt uns zu Hilfe. An den Platz, wo wir dem Auto entklettern, steht ein Hotel, das den Namen der Stadt führt. Äußerlich unansehnlich, aber eine wahrhafte Entdeckung: von einer betagten französischen Dame mit allem Charme und Temperament der gallischen Rasse geleitet, ein Quartier zum Wohlfühlen, zum Liebhaben. Natürlich drängt sich uns ein Führer an, der uns durch die Stadt und auf der Rundfahrt um die Mauern begleiten will, die sich ohne ihn und seinen dürftigen Wortschatz ebensogut absolvieren ließe. Soll er also mitkommen auf der Rundfahrt um die bezinnten Lehmmauern, bis zu zehn Meter hoch, von enormer Dicke, mit fünf Toren und, obwohl in der Almohadenzeit erstmals errichtet, doch im wesentlichen Bestand nur aufs späte 18. Jahrhundert zurückgehend, und dann auch durch die Marktgassen: ein kleines Souk-Viertel, eine schattig-kühle Zuflucht vor der auch noch am späten Tag erbarmungslosen Sonne; mit Gewürzhändlern, die alles verkaufen, was sich zwischen Henna und Safran, Piment und schwarzer Schmierseife, Bimsstein, Knoblauch, Kohel, getrockneten Waranen und noch lebendigen Chamäleons unterbringen läßt. Die Gewerke sind noch streng getrennt: die Keramiker gesondert von den Verkäufern der gelben Babuschen, der Sandalen und der Taschen aus hellbraunem Kamelleder und den Juwelieren, die Frauenschmuck zu vergleichsweise günstigen Preisen feilhalten. Dann gibt es noch die Angebote von »Amethyst« und Fossilien, von Steinmetzen, die – eine Spezialität von Taroudannt – naive Kalksteinreliefs und rohe Figuren meißeln. Wer zäh einen schweren Armreif, eine archaische Silberfibel erhandeln möchte, der findet hier wohl das breiteste und günstigste Angebot.

Taroudannt, einst Hauptort der Sous-Region, eines von den traditionellen Königsstädten entfernten Gebietes, hat immer wieder seine eigene Schwerkraft entwickelt. Schon im 11. Jahrhundert war es Hauptstadt eines schiitischen Fürstentums, das 1056 dem Almoravidenreich einverleibt wurde. In der Zeit der Almohaden dann doch wieder von der Zentralgewalt unabhängig, mußte es 1306 nach Einnahme und Zerstörung die Oberhoheit der Meriniden anerkennen. Bald jedoch waren die Mauern wieder aufgerichtet, und Taroudannt konnte sich als Metropole des Sous erneut zur Geltung bringen, von einer lokalen Oligarchie regiert, deren Vertreter jeweils nur ein halbes Jahr im Amte waren. Damals soll die Stadt dreitausend Häuser gezählt haben. Zugleich entwickelte sich ein ertragreicher Handel mit dem Sudan. Die glücklichsten Tage freilich erlebte die Stadt unter den Saadiern. Mohammed ben Abderrahman, Oberhaupt der Zawiya der Beni Saad und also Stammherr der Saadier-Dynastie, machte Taroudannt zum Zentrum des Kampfes gegen die Portugiesen, die den Hafen des Sous beherrschten. Seine Söhne nutzten Taroudannt als Basis für die Angriffe gegen die Christen, welche endlich 1514 zum Erfolg führten: Mohammed esch-Scheikh nahm Agadir ein. Nachdem er auch Marrakesch erobert hatte, war Taroudannt zwar nicht mehr Hauptstadt, aber immer noch Zentrum des Sous und privilegierte Nebenresidenz, in der sich die Sultane gern und lange aufhielten, die Münzrecht und Handelprivilegien besaß und zu bedeutendem Wohlstand gelangte.

Doch bald nach dem Ende der Saadier kam Unheil über ihre Stadt. Sie hatte Partei ergriffen für Ahmed ibn Mahrez, einen Neffen des gewaltig-tätigen Muley Ismail. Der Sultan schlug den Rivalen, nahm 1687 Taroudannt ein und ließ die meisten Einwohner massakrieren. Die Schließung des Hafens von Agadir für den Überseeverkehr und sein Ersatz durch Essaouira oder Mogador brachten auch den Handel zum Erliegen. Selbst zum bloßen Marktzentrum einer ländlichen Region degradiert, ließ Taroudannt nicht von seiner Frondehaltung. Am Ende des 18. Jahrhunderts wurde in seinen Mauern einer der Söhne Muley Abdallahs zum Gegensultan ausgerufen. Eine Episode nur, aber bezeichnend für den Geist

der Stadt. Noch als ärmliches Nest war sie widerspenstig, war
Boden für Intrigen und Propaganda gegen die alaouitische
Zentrale. Von hier aus leitete im Frühjahr 1913 der »Blaue
Sultan« el-Hiba seinen Widerstand gegen den Mahzen von
Fes und dessen Paktieren mit den Franzosen. In Tiznit ließ
er sich zum Herrscher ausrufen. Dort sei seines Geschicks
gedacht, eines recht bezeichnenden Schnörkels am Rand der
großen Historie.

Taroudannt nennt sich selbst gern das »kleine Marrakesch«.
Es kann keine so eindrucksvollen Zeugnisse der Vergangenheit vorweisen wie die große Stadt, seine Souks sind kleiner,
aber sie sind nicht weniger bunt und lebendig. Und den
Abschied der Sonne auf einem Spaziergang um die Mauern
zu erleben, das ist hier beinahe noch eindrucksvoller. Da
färbt das versinkende Licht die Lehmmauern rosenfarben,
und während das Gestirn in öligem Veilchengold versinkt,
stehen sie für einen kurzen Augenblick wie von innen her
leuchtend hinter den Palmen- und Olivengärten. Dann dor-
ren sie zu geisterfahlen Schemen aus. Wenn dann die Nacht
ihre weißen Lichter angezündet hat, schweigen sie als
schwarze Schatten.

Agadir, Sprungbrett in den Anti-Atlas

Zweimal hat Agadir für Schlagzeilen herhalten müssen. Zum
ersten Mal im Jahr 1911, während des deutsch-französischen
Interessenkampfes um Marokko, als das deutsche Kanonenboot ›Panther‹ im Hafen des damals noch recht unbedeutenden Ortes erschien, um »nötigenfalls den deutschen Untertanen und Schutzgenossen wie auch den beträchtlichen
deutschen Interessen in jenen Gegenden Hilfe und Schutz zu
gewähren« – nämlich den genau fünf damals hier ansässigen
Deutschen und den Interessen der Firmen Mannesmann,
Marx & Co., der Gondafi- und der Atlas-Gesellschaft des
Bankhauses Warschauer. Dieser »Panthersprung« nach Agadir war ein Säbelfuchteln, auf das die französische Öffentlichkeit hitzig reagierte und das beinahe schon den Ersten Weltkrieg ausgelöst hätte. Die Krise wurde beigelegt durch die
Konvention vom 4. November, in dem die Regierung der

Französischen Republik dem Deutschen Reich gegen freie
Hand in Marokko (und Rückzug der deutschen Firmen)
einen Teil des Kongo abtrat.

Eine Episode – fast idyllisch neben dem apokalyptischen
Grauen des 29. Februar 1960, das dem Namen schauerlichen
Zeitungs-Ruhm, dem Ort Vernichtung bescherte. Gegen
23.45 Uhr dieses schwarzen Tages verwandelten Erdstöße
innerhalb von bloß fünfzehn Sekunden die Stadt in einen
Totenacker für fünfzehntausend Menschen.

Dem Ende folgte ein neuer Anfang. Heute, nach mehr als
zwanzig Jahren, hat Agadir nicht nur seine einstige Bedeutung als regionales Verwaltungszentrum, als Handelsplatz
und Ausfuhrhafen für die landwirtschaftlichen Produkte des
Sous, als Industriestadt (Gemüse-, Obst- und Fischkonser-
ven) wieder erreicht, es entwickelte sich auch zu einem Tou-
ristenzentrum: dem bedeutendsten des Landes.

Unter dem Schock der Katastrophe war der Gedanke
aufgetaucht, die Unheilsstätte gänzlich zu verlassen. Doch
dann entschloß man sich angesichts der so vorteilhaften Situation zum Neuaufbau, etwas abseits freilich der alten, wegen ihrer geologischen Schichtungen für seismisches Rütteln
besonders anfälligen Stelle. Nur ein paar tausend Meter südöstlich der alten Kasbah und des Hafens entstand eine Verwal-
tung-, Geschäfts- und Hotelstadt aus Beton, Stahl und Glas,
teils kühn-modern, teils brutal-modernistisch, teils im Aller-
weltsbetonstil, mit geraden, breiten, schattenarmen Straßen,
durch die der Wind den Staub treiben kann, mit Grünflächen
zwischen den in sich geschlosseneren Vierteln auf verschiede-
nem Niveau, mit Autoschneisen und Fußgängerbereichen,
in denen sich schon wieder urbanes Leben entwickelt. Freilich eine Stadt, die das Gegenteil ist der engverwinkelten
Altstädte, eine Stadt, die sich aber durch ihre Menschen und
deren Gewänder (die Trachten der Frauen vor allem) als eine
arabisch-maghrebinische zu erkennen gibt. Wer die orientalische Kulisse einer Medina sucht, dem hat Agadir nichts zu
bieten, wer jedoch eine in den 60er Jahren dieses Jahrhunderts
einheitlich, aber nicht schematisch geplante Stadt kennenlernen möchte, wird einen Aufenthalt mit Rundfahrten und
ausgiebigen Spaziergängen nicht bereuen. Er hat Gelegen-

heit, die interessanten, aber bis auf die Hauptpost nicht leicht
zugänglichen Schöpfungen des Architekten Zevaco aufzu-
spüren, dessen Name uns schon in Sidi Harazem bei Fes
begegnet ist. Seinem von hohen Mauern umgebenen Schul-
zentrum, dem Turm der Feuerwehrkaserne hat man eine
läppische Königskrone mit bunten Glühbirnen aufgesetzt.
Man wird die traditionalistische Bauweise der Moschee und
die von Le Corbusier herkommende Gestaltung des Rathau-
ses dagegenhalten und wird feststellen, daß sich ein knappes
Menschenalter nach der Katastrophe die künstliche Stadt mit
echtem Leben erfüllt, als wäre es schon immer so gewesen,
in der kleine Cafés zum behaglichen Sitzen einladen, sich das
bunte Souvenirangebot aus den Beton- und Glasläden schon
wieder hinausbreitet auf die Gassen, sich auf dem marktarti-
gen Platz neben dem Rathaus abends mit Trommeltänzern,
Eselspantomimen, Stockfechtern und Märchenerzählern ein
Treiben entfaltet, das, gar nicht touristisch aufgeputzt, bei
aller Bescheidenheit an die Djema ef-Fnaa von Marrakesch
erinnert.

Das Agadir aus Beton ist ganz unromantisch und gar
nicht ›orientalisch‹, aber es gehört zur Realität des Landes.
Historische Substanz steckt einzig noch in den Mauern der
Kasbah, einem Adlerhorst 236 m über dem Ozean, den Sultan Mohammed esch-Scheikh als Ausgangspunkt für die
Erstürmung der Portugiesenfestung errichten ließ. Man hat
die Lücken der alten Mauern plombiert. Überm Zugangstor
erinnert eine arabische und niederländische Inschrift an die
Errichtung eines holländischen Handelskontors im Jahre
1746. Ist es Ironie, daß die calvinischen Republikaner, die
keinen König über sich erkannten, den Wahlspruch wählten:
»Vreest God ende Ert den Kooning« (Fürchtet Gott und ehrt
den König)? Der Gott jedenfalls war zum Fürchten. Wenn
wir heute von der Kasbah hinausschauen aufs friedlich glän-
zende Meer, hinab auf die Betriebsamkeit des Hafens, auf
die hellen Betonkuben im Grün der Neustadt, das breite
Verkehrsbänder durchschneiden, auf die grauen Hänge des
Anti-Atlas jenseits der Mündungsebene des Oued Sous, auf
die arganiengefleckten Ausläufer des Hohen Atlas, dann vergessen wir, daß sich hier oben und unterhalb des Mauerringes

menschenwimmelnde Häuser um eine alte Moschee drängten. Kein Stein blieb auf dem anderen, nur krautige Ödnis, ein tiefer Brunnenschacht. Am Hang Andeutungen von Gemäuer.

Experten prophezeien dem Badeort mit seinem ungewöhnlich milden Winterklima eine große touristische Zukunft als Hibernierungsstation für wohlversorgte Rentner und Witwen aus nördlichen Wohlfahrtsstaaten, wie für sonnen- und wasserhungrige Urlauber, die am weitschwingenden Strand, in den Hotels und in der Stadt alles finden, was sie brauchen und wünschen. Man findet alles, nur viel Ruhe findet man nicht – und von Marokko sieht man nur jene Kehrseite, auf welche die Touristikmanager setzen.

Doch auch für den, der nicht nur in der Sonne liegen, der auch etwas vom Lande sehen möchte, ist Agadir (mit vollem Namen Agadir n'Iri, was aufs hohe Alter einer berberischen Speicherburg hinweist) eine brauchbare Basis, Ausgangspunkt für organisierte Bus- oder private Leihwagen-Ausflüge im marokkanischen Süden, nach Marrakesch, nach Taroudannt, nach Goulimine, in die Oase Amtoudi, nach Essaouira oder in die Ausläufer des Hohen Atlas – wie zum Beispiel für die Rundfahrt um den Djebel Lgouz, nach Immouzer-des-Ida-Outanane und zu den »Cascades«: Ein Wasserfall, den man in Island oder Norwegen gar nicht beachten würde, hier ist er ein Ausflugsziel. Für uns ist Agadir Sprungbrett vor allem für eine Tour im Anti-Atlas, nach Tafraoute und ins Tal der Ammeln: zu einer der landschaftlichen Attraktionen des marokkanischen Südens.

Im Anti-Atlas und bei den blauen Menschen

Wege nach Tafraoute

Agadir ist Basis für Fahrten im marokkanischen Süden: in den Anti-Atlas und nach Goulimine, dessen Markt allerdings seine ganze herbe Leuchtkraft gerade in der heißesten Jahreszeit entfaltet. Das lohnendste Ziel im tiefen Süden ist ohne Zweifel der Kessel von Tafraoute und das Tal der Ammeln.

Drei Routen dorthin sind möglich. Die eine, die etwa acht Kilometer östlich von Taroudannt abzweigt, wurde bereits (S. 386) kurz vorgestellt. Die zweite Route führt über Tiznit. Die Autostunde von Agadir bis dorthin ist landschaftlich langweilig. Die Strecke zwischen Tiznit und Tafraoute wollen wir später im Gegensinn befahren.

Die dritte Route, die an landschaftlichen Eindrücken reichste, zweigt in Aït-Melloul in südöstlicher Richtung ab (Wegweiser: Aït Baha). Jenseits des sommermüden Oued Sous eine von dürreschlafenden Arganienbäumen besetzte Ebene. El-Klea (Kolea): Gemüse, Mais, Feigen, hinter Opuntienhecken verstreute Gehöfte mit Zinnenturm, dem Statussymbol der Besitzenden. Das Land verschwimmt im weißen Hitzeglast, in dem sich die Höhen im Süden kaum ahnen lassen. *Biougra* ist, mit neuen Häusern um den Arkadenplatz geschart, ein Marktort ohne Gesicht. Welliges Land dann, schattenlos mit blattlosen Arganien, die die steinigen Hügelhänge sprenkeln, Felsbrocken, dürftige Ansammlungen von Stein- und Lehmhütten in rostfahler Kahlheit. Charakteristische Landschaft des Anti-Atlas.

Ist die Benennung ein Programm oder eine Irreführung? Paßt dieses Bergland eigentlich ins Atlantische System oder ist es ein echter »Anti-«? Die Streichrichtung von WSW nach NNO, vom Atlantischen Ozean zum Mittelmeer, hat es mit Hoch- und Mittel-Atlas gemein, doch gehört es, anders als diese, nicht zur alpiden Faltung, der auch Rif, Apennin, Karpathen und Balkangebirge ihre Entstehung verdanken. Es ist zugleich älter und jünger. Sein Rückgrat bildet Urgestein, Granite und Gneise, über die sich Sandstein und dolomithaltige Kalkschichten gelegt haben. Von Süden her steigt dieser Sockel treppenförmig zu einem Plateau an, welches Erosion so zerklüftet hat, daß Zugang und Überschau schwierig werden. Von Norden her, aus dem Sous-Becken, führen richtige Täler mit malerischen, aber nicht unüberwindlichen Schluchten ins wasserlose Innere. Jeden Regen, der hier fällt, schluckt das poröse Gestein. Wer das Wasser bewahren will, muß Zisternen bauen, und die sind teuer und nicht unerschöpflich. Kein Baum weit und breit. In den Talkesseln neben fahlen Gräsern und Beifußgewächsen Thymian und Lavendel, stacheliger Ginster und unterweltsfarbene Asphodelen. Keine Brunnen, nur hier und da wie zufällig dürftige Quellen – und dann stehen in der schmalen Schlucht rosa Oleander und bienenumbrummtes Keuschlamm, graugrüne Tamarisken. An manchen Hängen kaktusähnliche Wolfsmilchstauden, bleigrün, feindselig gegen Feinde auf der Hut, und doch prachtvoll-plastische Gebilde. Selten nur tupfen breite Arganbäume schwärzliche Schattenflecke. Wo Bewässerung möglich ist, tragen Oliven-, Feigen-, Mandelbäume Frucht. Sie bestimmen neben Palmen das Vegetationsbild im Tafraoute-Tal. Dem Getreidebau hat die Natur Grenzen gesetzt wie der Viehzucht. Nur gerade Gerste bringt dürftige Erträge, ein paar geduldige Schafe finden Futter. Die ganz vereinzelten Rinder sind jämmerlich knochendürr. Die seltene Fleischkost liefern hier die Ziegen, die sich von den Sprößlingen und den Früchten der Arganbäume nähren.

Der Anti-Atlas ist der Mezzogiorno Marokkos: ein abgelegenes, kaum erschlossenes Gebiet ohne Ansätze einer Infrastruktur, menschenarm, bewohnt von seßhaften Schlöh-Berbern, die nicht nur ihren Dialekt, sondern auch ihre archaischen Sitten bewahrt haben. Unter der streng islamischen Tünche tritt ein primitiver Animismus fast unverhüllt zutage: der Glaube an hundertfältig schädliche Geister und an die Baraka, die Segenskraft der Scherifen und Marabuts. Trotz Erzvorkommen im Djebel Sirouna und im oberen Draa-Tal ein kaum entwicklungsfähiges Gebiet. Es gibt Jahr für Jahr Menschen ab: junge Männer, die einen in baren

Dirhams ausrechenbaren Tageslohn einer jahraus, jahrein
gleichen Mühsal vorziehen, die doch nur selten lohnt. Sie
sind bereit, jede Stellung in einer anderen Region Marokkos
zu akzeptieren, auch die Fron und Demütigungen in den
Bergwerken Nordfrankreichs oder Belgiens. Auch – und
gerade auch – aus den von der Natur relativ begünstigten
Talschaften der Ammeln um Tafraoute wandern die Männer
ab, sie aber mit dem erklärten Ziel, einmal als Reiche einen
sorglosen Lebensabend in der Heimat verbringen zu können,
nicht anders als manche Inselgriechen, Dalmatiner, Kalabre-
sen oder Sizilianer.

Aufwärts über eine Hügelschwelle, die einen Moment des
Rückblicks auf die Sous-Ebene gewährt, hinter der schemenhaft die Kette des Hohen Atlas steht, rechter Hand dann ein
steiler gezackter Bergzug und voraus ein Gehügel, das bald
Mittelgebirgscharakter annimmt. Rechts in einer sanften
Mulde lassen wir *Aït Baha* liegen, ein Dorf, das aussieht wie
aus dem Baukasten, pastellbunt, säuberlich und noch wie
unfertig vor der Bergkulisse. Hügelland, steinig-dürr, von
kahlen Arganien betupft, mit handtuchschmalen bräunlichen
Feldterrassen, geschützt von präzise aus dem rohen Kalk-
schiefer gefügten Mäuerchen. Die Straße schlingt sich an den
vielgefalteten Hängen über dem Oued Ait Baha entlang.
Frauen im weißen Umhang, schwere Lasten schleppend. Die
Landschaft wird zusehends gebirgiger und verliert zugleich
an Farbe. Graubraunes gewinnt die Herrschaft. Abseits der
schmalen und windungsreichen Fahrstraße (Vorsicht! Kehren selbst über steilen Abstürzen sind nicht durch Leitplanken
gesichert!) drängen sich winzige Siedlungen auf den Höhen
zusammen wie Stadtabbreviaturen auf altitalienischen Land-
schaftshintergründen. Wo einmal ein Haus weiß oder zitronengelb geputzt ist, leuchtet es weithin im steinigen Rot-
braun. Manche der Gipfel- und Felskegelsiedlungen sind
bekrönt von einem Agadir, einer Speicherburg. Aber die
meisten sind nur noch halb am Leben, ganze Siedlungen sind
so gut wie verlassen und zerbröckeln unter der verwüstenden
Sonne. Ein fahles Pantherfell ist das Land. In die Räude
setzen hitzekahle grauschuppige Arganienbäume ihre Schat-
tenkringel. Wo einem Felsriß Wasser entquillt, sammeln sich

die lastschleppenden Frauen und die Eseltreiber, da sind auch
die Bäume grünbelaubt. Sonst aber hängen selbst die Opuntien nach zwei regenlosen Jahren leer, dürr und durstig wie
lasche Altweiberbrüste. Plattiges Dunkelgestein. Einmal ein
braungesichtiger Mann, der dankbar ist, daß wir ihn samt
seiner Last ein paar Kilometer mitnehmen. Verständigen
können wir uns nur durch Zeichen und freundliches Lächeln.

Um eine der vielen Kehren und in einer weiten Talmulde
erhebt sich ein runder Tafelberg und trägt etwas wie ein
Mini-Orvieto: die ummauerte und in sich geschlossene Siedlung *Ida Ougndif.* Und wieder zerschrundete dunkle Berge,
abweisend-urtümlich, mit pflaumenblauen Schatten und einem ganz und gar ›unklassischen‹ Profil: der klare Kanten
brechende Kalk weicht dem rötlich-rundenden Granit: wir
haben die Rückseite des Djebel Lekst zur Rechten, hinter
dem das Tal der Ammeln liegt, dahin wir unterwegs sind.
Eine Furt, eine Ortschaft, die uns ihren Namen nicht verrät
– und auf schlackenschwarzen Hängen lösen Mandelbäum-
chen zusammen mit dunklen Johannesbrotbäumchen die Arganien ab. Unwirtlich scheint das Land, doch ist es nicht
unbewohnt; steinerne Dreschtennen liegen kreisförmig
hangabwärts, Frauen, hier schwarzverhüllt ganz und gar,
schleppen riesige Bündel Brennmaterial. Steinige Bachbetten
schneiden tief in die Hänge ein, immer bizarrer werden die

Steingebilde. Beim Dreiweg auf der Höhe mündet unsere
Straße in die steinige Piste, die von Irherm herkommt, um
nun als gute Teerstraße in steilen Gegenkehren abwärts zu
führen, angesichts einer kahlen roten Bergwand mit Zacken
und Fingern und Rissen, auf die die Sonne herabprasselt. Es
geht einem grünen Talboden zu: dem Tal der Ammeln. Diese
Straße ist erst in den letzten Jahren ausgebaut worden und
ersetzt die alte Piste, die, ohne das Ammeln-Tal zu berühren,
gleich nach Tafraoute hineinführte.

Tafraoute und die Dörfer der Ammeln

Nicht daß das rostrote Städtchen mit seinen geraden Sraßen,
seinen kleinen Marktplätzen, seinen einfachen Läden für sich
selbst sonderlich sehenswert wäre: wer sich das erhoffte, sieht
sich enttäuscht. Doch ist es der Stützpunkt, von dem aus man
sich die überaus pittoreske Region erfahren und erwandern
kann. Mehrere kleine proper-bescheidene Hotels sind vor-
handen und auch ein dreibesterntes auf der Anhöhe, von
deren Granitkugeln man die Ortschaft überblickt, abendlich-
geruhig vor der Kulisse des Djebel Lekst. Ein Erlebnis, von
hier aus dem Farbenspiel des sinkenden Tages zuzusehen. Die
porphyrrote Bergwand hebt im Abendlicht zu bluten an,
kühlt sich übers Aprikosenfarbige ins Pflaumenviolette ab,
in das sich kaltblaue Schatten einzeichnen, erwärmt sich noch
einmal wie von innen her, rosig überhaucht, um dann fahl
zu verfallen, knochenkühl zu geistern, bis sie sich verdunkelt
und endlich als schwarzer Damm gegen den hellgestirnten
Himmel steht.

Die Oase von Tafraoute kann mit sonderbaren Granitge-
bilden aufwarten. Wie Türme, oder meinetwegen auch wie
gigantische Mainzer Käse, mit denen sich einst ungezogene
Riesen bewarfen, erheben sie sich aus dem lockeren Palmenhain. Die pastellfarbenen Hauskuben des Weilers *Agard Oudad* (Aguerd n'Oudas) umstehen den Schotterfuß eines gewaltigen Felsen-Phallus, des »Fingers«, der sich aus rosigen
Granitblöcken abenteuerlich aufbaut. Oder das Dorf *Adai* an
der Straße gegen Tiznit; mit Markt, Moschee und Minarett,
mit gelben, resedagrünen, lachsrosa Häusern mit weißen

Fensterumrahmungen liegt es einem launigen Granitfels zu
Füßen. Manchmal fühlt man sich von fern an die Meteora-
Landschaft Nordgriechenlands erinnert, nur daß die Palmen
und bunte Dörfer überragenden Felsbildungen keine Klöster
tragen, sondern allenfalls einen Agadir, einen Gemeinschaftsspeicher.

Agard Oudad

Das Tal von Tafraoute ist von Schlöh-Berbern bewohnt,
den Ammeln. Die Angehörigen dieses Stammes gelten als
besonders geschäftstüchtig und sind als Inhaber von Kramer-
läden und Lebensmittelgeschäften in allen Städten des Landes
anzutreffen, fast so wie die Mzabiten in Algerien oder die
Djerbis Tunesiens. Und wie diese wollen sie, wenn sie –
insch'Allah! – ein entsprechendes Vermögen erworben haben, ihren Lebensabend in der Heimat verbringen.

Den Ammeln gehört die ganze Region von Tafraoute,
aber als ihr Gebiet gilt vor allem die Taloase am Fuß des
Djebel Lekst, die durch eine flache Felskulisse vom Tafraou-
te-Kessel geschieden ist. In dem bloß etwa zwanzig Kilometer langen Oasenlauf – behütet und bedroht von den bis
2359 m hohen steilen roten Felshängen – gibt es nicht weniger als 27 Dorfschaften, genau genommen sogar noch einige
mehr. Dörfer, die wie bunte Weihnachtskrippen Bethlehems
an den Schotterkegeln der Granit- und Gneishänge hinaufge-
baut oder ans Bett der Bäche gedrängt sind, die den Feldern
und Fruchthainen vom Berg herab das Lebenswasser zufüh-

ren. Das Tal zu sehen, wenn es im zeitigen Frühling von rosigem Blütenschnee der Mandelbäume überhaucht ist, soll ein besonderes Erlebnis sein, jedoch ist es mir noch nicht zuteilgeworden. Wir sind auch diesmal im Herbst unterwegs, der hier in Nordafrika weniger farbenbunt ist als bei uns daheim, doch auf gut tausend Metern überm Meer nicht weniger farbenfrisch und nuancenreich.

Dem tönenden Farbenspiel, das den jungen Tag heraufführt, lauschen wir von unserer Höhe aus, bevor wir ins Ammeln-Tal aufbrechen. Entlang der Straße die Wegweiser zu den Kripperldörfern, auf denen jeweils die Clanzugehörigkeit der Bewohner vermerkt ist. Bei näherem Augenschein sind es freilich keine Kripperl-Idyllen. Wir holpern zunächst auf *Oumesnate* zu. Ein Ort ohne Gassen oder gar Fahrstraßen. An den fast trockenen Wasserkanälen muß man sich den Weg entlangtasten in den Ort, den nur steilsteinige Pfade durchziehen. Zwischen toten Mauern zwei oder drei Beispiele des traditionellen Ammeln-Hauses. Es unterscheidet sich von den Häusern in anderen Teilen Marokkos. Quadratische, zwei bis drei Stockwerke hohe Bauten um einen sehr engen Innenhof mit einem niedrigen, mit Eckzinnen versehenen Turm. Auf der leicht vorkragenden Dachterrasse in regelmäßigen Abständen Steine, die den Einfluß böser Geister fernhalten sollen. Die Mauern bestehen aus großen Steinen, sind ockergelb oder rosarot verputzt, die wenigen schießschartenartig schmalen Fenster weiß umrahmt, um durch das abstrahlende Weiß einen Kühleffekt zu erzielen, wie die einen meinen, oder um durch seine Helligkeit Insekten nach außen zu locken, wie die anderen glauben. Zwei pfeilerartige Vorsprünge in ganzer Haushöhe rahmen das Eingangstor, die Fenster des Empfangsraumes im ersten Obergeschoß und ein bekrönendes Bogenfeld. Auf diesen Abschnitt konzentriert sich der äußere Baudekor: aus grünlichen Schieferplatten gebildete, in die helle Fläche gesetzte geometrische Motive. An ihre Stelle treten heute oft schon bunte Fayenceverkleidungen. Denn neue Häuser entstehen hier – weiter unten am Hang – erbaut von jenen, die mit vollem Geldsack heimgekehrt sich zur Ruhe gesetzt haben. Der Ort ist wie ausgestorben. Kaum ein paar spielende Kinder, sonst nur Frauen, die sich beim Anblick eines Mannes den dunklen Schleier vors Gesicht ziehen und – dermaßen wohlverschanzt – neugierige Augen machen können.

Tafraoute

Beim Rundgang immer wieder Blicke zum Nachbardorf *Tamalout* mit seiner weißen Moschee, immer wieder Blicke auf Tal und Gebirge. Ähnliche Bilder drüben im Dorf mit der Moschee. Auch in *Tandilt* kaum ein Mannsbild, nur Frauen, die sich in ihr buntgesäumtes Schwarz wickeln und spähen. Der Bergbach springt abwärts zu den grünen Gärten. Oben zerfallen die alten Häuser, tiefer unten neue sorgsam buntverputzt mit blauen Toren. An dem *Marabut des Sidi Abd el-Jebar* sind wir auf der Herfahrt bereits vorbeigekommen, und da es uns sinnlos vorkommt, sämtliche Dörfer zu besehen, schlagen wir die Westroute ein, vorbei an Steinen mit Pistenhinweisen nach *Tamaloukt, Douar Emala Ichalm, Anil Anamer, Didle Anamer* (mit Postamt!) – alle von den Aït Smayoun bewohnt – nach *Duar Azrowado* (Azrou-ou-Ouado). Auch hier: die Lehmbauten, die sich weiter oben an den Hang klammern, verlassend und verfallen, weiter unten neue, buntgefärbte Häuser und Gehöfte, einige mit schönen traditionell ornamentierten Fassaden.

Ein schamhaft völlig schwarz verhülltes Weib weist, als sich die Fremden an einer Wegkreuzung etwas ratlos umsehen, mit wissender Gebärde auf eine Fährte, die von Reifenspuren markiert ist. Wir lassen bald das geplagte Auto stehen und folgen der Spur bis in ein Labyrinth aus Granitwänden und -kugeln, von sandgrauen Euphorbien bestanden. Reiner Zufall, wenn man doch auf die zwei prähistorischen Felsgravuren von Horntieren (sind es nun Ziegen, Antilopen oder Rinder?) stößt. Wer auch die anderen Bilder (bei Adai, bei Timestmate, bei Tizerkine) sehen möchte (auch sie vermutlich aus dem 2. Jahrtausend v. Chr.), muß versuchen, einen jugendlich-belastbaren und zugleich ortskundigen Führer anzuheuern. Das Männlein, das sich als Führer anbietet, weißgewandet, mit Polyglott-Deutsch, weiß freundlich zu erklären, aber hilfreich auf den Spuren der Frühzeit ist er nicht.

Unterwegs nach Tiznit

Noch einmal das Schauspiel des scheidenden Tages. Morgens schauen wir wieder fast fromm gestimmt den morgendlichen Farbspielen der Schöpfung zu, lassen uns mit dem Frühstück Zeit, freuen uns noch einmal am Ortsbild von Adai (eine Skizze möchte man ja mitnehmen!), besehen die bunten Häuser von *Afecha Waday*. Noch sind wir im Ammeln-Gebiet, das lehren die charakteristischen Häuser, während uns die Straße ab- und aufwärts und wieder ab und auf über Hügelschwellen führt, die einen immer neuen Abschiedsblick gewähren auf die rosinfarbene Wand des Djebel Lekst, ferner und fern. In den staubgrauen Tälern jetzt ganz dürre Feldterrassen und abweisend in sich geschlossene Weiler. Eine felsige Schlucht; Frauen, weißverhüllt, die mit Brennstoff hochbeladene Mulis treiben. Die Abzweigung nach *Foum el-Hassan* (die miserable Strecke ist sowieso gesperrt) lockt uns nicht. Kilometer einer Mondlandschaft, und dann am *Col du Kerdous* das atemhebende Aah...: der Vorausblick in die in rötlichem Dunst liegende Ebene von Tiznit, weit, bis dahin, wo im Fernblauen das Meer zu ahnen ist. Rechts rosabläuliche Berge und unter uns ein graugelber Bergkessel. Das kastellartige Paßhotel ist noch unfertig –

eine Bauruine? In kühnen Kehren geht es hinab. Feldterrassen am Hang. Noch einmal die vielfältige Monotonie des
Anti-Atlas. Links tut sich dann der Blick ins *Tazeroualt-Tal*
auf: ockergelb, vom grünen Band einer Palmoase durchzogen. Seinen Hauptort *Tighmi* (Tirhmi), der unter der hochstehenden Sonne döst, lassen wir in seiner Ruhe. Es gibt kein
Eßlokal. Bald links dann eine Piste nach *Sidi Ahmed ou Moussa*
(und weiter nach Illigh).

Das etwa 400 qkm umfassende Gebiet am Oued Tazeroualte (einem
Nebenfluß des Oued Massa) war vom 16. bis ins 19. Jahrhundert
von idrisidischen Marabuts beherrscht, Nachkommen also der ersten
marokkanischen Dynastie und des Propheten selbst. Illigh war damals
im 16. und 17. Jahrhundert Hauptstadt des Tazeroualt-Gebietes und
zeitweilig auch des Sous, Residenz des einflußreichen Marabuts Sidi
Ali Bou Dmia, der hier ein unabhängiges Gebiet beherrschte. Die
Gründer dieser einheimischen religiösen Dynastie und ihre Nachfolger
sind in den Kubbas jener Zawiya bestattet, an der man auf dem
Holperweg nach Illigh vorbeikäme.

Dem schütteren Palmenband entlang führt die Straße
durch eine schluchtartige Enge. Graugrüne Stauden der
Wolfsmilch, Arganienbäume. Während wir kurze Mittags-
rast halten, raschelt es im Gezweige. Etwas sandfarbiges,
spannenlang, mit buschigem Schweif springt und klettert im
Baum, hält inne: eines der hiesigen Eichhörnchen, ähnlich
und ähnlich possierlich wie die Chipmonks, die im Garten
des lieben alten Freundes spielen, drüben, jenseits des Ozeans,
dem wir nun entgegenfahren.

Ein Lehmdorf im hügeligen Land und noch eines: leblos.
Ein trockenes Bachbett, ein Höhenrücken, dann sind es nur
noch zwanzig Kilometer schnurgerade über Bodenwelle
nach Bodenwelle durchs wüstenhaft Ockerfahle nach *Tiznit.*

Tiznit

Neubauviertel, obwohl der Zinnenmauerring aus Stampflehm der alten Stadt viel zu weit um den Körper schlottert.
Der alten Stadt? Aber Tiznit ist ja gar nicht so alt, blickt auf
wenig mehr als hundert Jahre zurück. Es wurde erst 1882
von Sultan Hassan I. (1873-1894) gegründet, als dieser ver-

suchte, den Sous und den Anti-Atlas der Zentralgewalt zu
unterwerfen. Was auch immer dazu beigetragen haben mag:
die Gründung entwickelte sich zum bedeutenden Markt-
und Handelsort, lockte Handwerker zur Ansiedlung innerhalb der fünfkilometer langen Pisé-Mauer mit Türmen an
den Eck- und Knickpunkten, und auch innerhalb des Zingels
gibt es viergetürmte verschlossene Mauervierecke. Was die
Orientierung zunächst verwirrt: daß vom Verkehrskreisel,
wo die Fernstraßen sich bei Tankstellen und Hotels treffen,
eine Fahrstraße zwischen Mauern mitten durch die ›Altstadt‹
hindurch führt bis zum Nordtor, dem Bab el-Khemis, und
weitere in den heute schütter und dürr anzusehenden Pal-
men- und Olivenhain der Oase. Am Khemis, dem 5. Tag der
Woche, am Donnerstag also, entfaltet sich in Tiznit das
Schauspiel eines Marktes. Aber auch ohne ihn ist die Stadt
alltagslebendig. Die Wohngassen wohl sind staubig und still,
aber da ist außerhalb des »dreifachen Tores«, das schlicht-
einladende Restaurant flankierend, die farbenreiche freund-
lich-wohlbestückte städtische Markthalle mit duftendem
Brot und der ganzen Farb- und Aromaskala der Gewürze,
mit Mandeln und Nüssen, Tomaten und Paprika, mit Körben und Geflechten und blutig frischem Fleisch. Innerhalb
der Mechouar-Platz, umzogen von gelb-weiß abgesetzten
Arkaden vor den roten Mauern, mit himmelblauen Tür-
und Fensterläden, mit kleinen, etwas schmuddeligen Hotels,
mit Cafés unter den Lauben, von denen aus sich über Frucht-
saft oder Minzentee der Alltag auf dem Platz teilnehmend-
abgerückt betrachten läßt. Sie sind Treffpunkt der Klein-
stadt-Elegants, Treffpunkt der ›Intelligenz‹ zum Tee. Buben
trotten ergeben zur Schule, nicht ohne das unentbehrliche
bißchen Unfug und Rauferei. Da sammeln sich die Fahrgäste
mit vielen und vielgestaltigen Gepäckstücken um die etwas
asthmatischen Busse nach Agadir oder Goulimine und zu
den Dörfern abseits der ausgebauten Straßen, die man nur
in stundenweitem Marsch erreicht. Ein wuschelhaariges Tou-
ristenpärchen mit hohen Rucksäcken sucht vermutlich eine
Fahrgelegenheit zum etwa 15 km entfernten Strand von *Sidi
Moussa d'Aglou,* der Camping-Gelegenheit bietet und sich
bei jugendlichen Rucksacktouristen einer gewissen Beliebt-

heit erfreuen soll. Wir waren auch draußen: eine menschenleere Ansammlung von eingemotteten Ferienwohnungen
und in Winterschlaf versunkenen Motel-Höfen. Ob hier
jemand überwintern möchte?

An der östlichen Schmalseite des Platzes der Sitz der Provinzialverwaltung, daneben die bescheidene öffentliche Bibliothek, westlich gegenüber der Zugang zu den Souks,
mit langen gelb-weißen Arkadenstraßen und kleinen gelb-
weißen Arkadenhöfen, Allerlei-Läden und dutzenden, die
Schmuck und metallene Souvenirs anbieten, Dolche und
Ketten und mancherlei Ramsch auch, zwischen den gute
alte Stücke gemengt sind, um Interessenten zu fesseln. Und
winzige Geschäftchen mit Silberschmuck. Zwar von gerin-
gem Feinsilbergehalt, aber in den archaisch-phantastischen
herkömmlichen Formen, neuerdings etwas grob gearbeitet.
Stücke aus der Zeit, da hier auch schöngezierte Flinten hergestellt wurden (wir erinnern uns an die Museen in Rabat, Fes,
Marrakesch) sind schon rar.

Etliches Baumgrün und selbst der Friedhof, der sonst immer außerhalb liegt, hat hier innerhalb der Mauer Platz
gefunden. Eines der Marabuts ist fast immer von Frauen
umlagert, alten Bettlerinnen von hexenhafter Häßlichkeit in
blauen Lumpen, die Sprüche murmeln. Blau, das ist die
bevorzugte Farbe hier für Hemd und Hose, für Gandoura
und Djellaba, angeblich, weil es die lästigen Fliegen ver-
scheucht, die Teufelsplage. Auch eine blaue Quelle gibt es
und ein Lokal, das nach ihr heißt, aber wir finden sie fast
leer, voll Abfall und Wegwurf. Vielleicht, daß sie blau aus-
schaut wie der Blautopf, wenn es wieder einmal geregnet
hat. Die Verheerungen, die zwei gänzlich regenlose Jahre
angerichtet haben, sind nicht zu übersehen. Die Bäume des
Oasenhaines sind halbtot, die Opuntien schlaff verhutzelt,
was einst Gemüsebeet war, ist ein staubdürres Viereck.

Ein paar Schritte nur zur Großen Moschee, von der wir
freilich nur die Zinnenmauer wahrnehmen dürfen und das
Minar. Es ruft Erinnerungen an den »sudanesischen Stil«
wach: aus seinem kräftigen Vierkantschaft ragen nämlich
armdicke Balken. Derartiges haben wir in Marokko noch
nicht gesehen. Was denn das bedeute, frage ich den Burschen,

der mir beim Zeichnen über die Schulter schaut. »Wenn die
Seelen der Toten wiederkehren, dann brauchen sie doch eine
Stelle, wo sie sich ausruhen können, nicht?«

Erinnerung an den ›Blauen Sultan‹

Die Moschee ist ein Ort des Gedenkens an den Widerstand
des Maghrib gegen das Protektorat, an eine schon fast verwehte Episode aus Kolonialzeiten, die gleichwohl manches
vom zeitlosen Geist des Landes bewahrt.

Eine Episode, die eigentlich schon in der Zeit begann, da
die Franzosen die ersten Schritte taten, den saharischen Süden
zu besetzen. Der Sultan in Fes war machtlos; die Leute der
Wüste scharten sich daher um einen heiligen Mann, einen
hochgebildeten Asketen, der dazu noch ein Scherif war,
ein Nachkomme Mohammeds. Seine Voreltern waren aus
Arabien nach Mauretanien gewandert, er selbst, Scheik Ma
el-Ainine, hatte sich seit 1895 in die Zawiya Aïn Smara bei
Tindouf (Algerien) zurückgezogen. Von dort aus predigte
er in Wort und Schrift den Heiligen Krieg gegen die Invaso-
ren, und ihn erkoren die Sahara-Stämme zu ihrem Wortfüh-
rer. Um ihre Anliegen dem Sultan vorzutragen, begab er
sich nach Fes, wo das Volk ihn begeistert empfing, der Sultan
Abdelaziz ihn mit Waffen, Munition und Geld versah, damit
er seine Kloster-Residenz gegen einen möglichen französischen Vorstoß befestigen könne. Von ihr aus leitete er den
Krieg der Sahara gegen Frankreich: den ungleichen Kampf
zwischen frommen Rittern des Mittelalters gegen den modern ausgerüsteten imperialen Kapitalismus. Als die Franzosen die Gegend von Tagant und Adrar, die Oasen Atar und
Chinguit besetzten, zog sich die Mehrzahl der Nomaden aus
diesen Gebieten zurück. Der Scheik selbst wählte Tiznit zu
seinem Wohnsitz. Von hier aus unternahm er noch einmal
eine Fahrt nach Fes, um von Sultan Hafid Hilfe zu erbitten,
vom »Sultan des Heiligen Krieges«, den er selbst mit auf den
Thron gehoben hatte. Aber der Herrscher war nicht mehr
Herr seiner Entschlüsse. Er starb im November desselben
Jahres 1912 in Tiznit und hinterließ seinem Sohn el-Hiba die
Aufgabe, weiteren Widerstand zu leisten.

Als die Männer des Südens erfuhren, Sultan Hafid, der
»Fürst des Dschihad«, habe den Protektoratsvertrag unterzeichnet, da fühlten sie sich ihm nicht mehr verpflichtet. Der
Scherif el-Hiba wurde 35jährig am 10. April 1912 (nach dem
gregorianischen Kalender) zum Herrscher Marokkos ausge-
rufen: sein Name erklang erstmals in der rituellen Freitags-
predigt. Von Tiznit aus sammelte er seine Anhänger zum
Widerstand, hierhin strömten ihm Freiwillige in Scharen zu.
Im Sommer schon war er Herr über den Sous, hielten seine
Brüder Taroudannt und Agadir für ihn besetzt, stand der
ganze Süden, bis auf die wenigen von den französischen
Legionären gehaltenen oder von französischen Kreaturen
besetzten Posten, auf seiner Seite. In Marrakesch zog der
›Blaue Sultan‹, im himmelblauen Gewand der Sahar-Leute,
vom Volk umjubelt ein. Aber die feudalen Caids (allen voran
der mächtige Glaoui), die sich vom Zusammenspiel mit den
Kolonialherren handfeste Vorteile versprachen, waren gegen
ihn. Trotzdem zog el-Hiba Ende August an der Spitze von
fünftausend Reitern dem Feind entgegen. Bei Sidi Othman
stießen seine Leute auf die Franzosen. Die Blauen Männer
griffen an, tollkühn, fanatisch – aber ihre Attacken wurden
niederkartätscht. Was nicht schließlich seine Beine zur Flucht
brauchte, hat die französische Kavallerie niedergeritten und
niedergehauen.

Die Katastrophe eines hochherzigen Unternehmens war
nicht nur zufälliges Ergebnis eines taktischen Fehlers. Sie war
vor allem symptomatisch für die wahre Verteilung der Kräfte
zwischen noch lebendigem Mittelalter und gnadenlosem mi-
litärisch-wirtschaftlichem Vormachtstreben der Europäer. In
den Süden jenseits der Berge zurückgeworfen, hat el-Hiba
den Kampf noch bis zu seinem frühen Tode (er starb 1919,
nur 42 Jahre alt) fortgesetzt, dann übernahm einer seiner
Brüder bis 1934 den Krieg gegen die Fremden. Französisches
Militär hielt Tiznit seit 1917 besetzt und hat die Garnison
erst 1956 geräumt.

Sidi Ifni war, seit es die Spanier besetzten, von seinem Hinterland abgeschnitten. Die Grenzen der Enklave waren dicht,
es gab weder Straßen noch Übergänge. Seit der Küstenort
1958 nach Marokko »heimgeführt« wurde, hat das Scherifische Königreich des Maghrib alles getan, ihn an sich zu
binden. Asphaltstraßen – wenn auch schmale – wurden angelegt. Es lockt uns, den so lange verschlossenen Posten heute
zu besehen.

Die rötlich-fahle Tiznit-Ebene lassen wir zurück, erreichen
durch flach-kahles Gehügel die Stelle, wo sich zum ersten
Mal wieder der Blick aufs Meer öffnet. *Mirhleft* liegt, beherrscht von einer bezinnten Festungsmauer, im Staubdunst
um ein schlankes Minarett gestreut. Die Straße quert wiederholt tiefeingeschnittene trockene Bachtäler. Holperspuren
führen da und dort zu kleinen Sandbuchten hinab, zu einsamen Stränden zwischen Felsen, gegen deren tiefen Grund
das Meer in breiten Wellen anschäumt. Faszination der Einsamkeit.

Die Straße zieht sich wellig zwischen Meer und Küstenhü-
geln. Einem Auto zu begegnen, kommt einer Sensation
gleich. So menschenarm, so steinig-fahlgrau zwischen dem
ungeheuren Ozean und einsamen Hügeln zieht sich die Küste
Afrikas bis in den Senegal hinab. *Sidi Ifni* grüßt mit einem
Torbogen, an dem unterm neugemalten »Welcome« das spanische »Bienvenidos« durchschlägt. Sein Schachbrettplan legt
sich über eine Halbinselhöhe, auf der um einen baumgrünen
Rundplatz weiße öffentliche Gebäude gesetzt sind: Rathaus,
Spanisches Konsulat, ein Hotel, von dessen Hinterhof man
auf den weißen langen Strand unterhalb des als Müllkippe
mißbrauchten Steilhangs hinabsieht. Wir zügeln unser Bade-
verlangen.

Lehmrot und Staubgrau. Zwischen graublauen Bergen
kurven wir durch kahles, hartlaubig-stachelig gesprenkeltes
Gehügel auf einer neuen und doch schon wieder löcherigen
Asphaltbahn hinüber in die Ebene von Goulimine. Die direkte Route von Tiznit dorthin läuft zunächst durch eine
öde Fläche den Hügelausläufern des Anti-Atlas entgegen.

Rechts die silbergrünen Ölbäume einer Oase, überragt von
Palmwipfeln. Niedrige Lehmmauern eines Marktortes.
Weite Flächen dehnen sich. Seitab einsame Weiler, an der
Straße einmal ein Blauhemdenmatz, der seine Ziegen in den
Bäumen weiden läßt. Steinige Hänge – und auf dem Tizi
Mighert zeigt der Höhenmesser zu unserer Verwunderung
schon mehr als tausend Meter an.

Die Ladenstraße vom *Souk Tleta-Lakhass* (auch Akhass
oder Ahras transskribiert) durchfahren wir.

Steiniges Hügelland, kaktusgrüne Euphorbia cereiformis,
Arganien, die Leitbäume; die wechselnd immer gleichen
Bilder der Saharanähe. *Bou Izkarn* liegt drunten in einer
breiten Ebene. Eine Wegtafel vor dem Ort verkündet:
114 km nach Foum el-Hassan, 42 km nach Goulimine, 170
bis Tan-Tan. Aber dahin vorzudringen ist uns verwehrt. Wir
sind schon froh, daß uns die wiederholten Gendarmerie-
Kontrollen nicht den Weg nach *Goulimine* abschneiden.

Dieser Weg führt durch wilde Weiten – und doch herrscht
heute hier überall Bewegung und Leben. Blaugewandete
Männer, königlich in ihrer hohen Haltung, das Antlitz im
schwarzen Tuch gegen den treibenden Staub geschützt, bunt-
verschleierte Frauen mit schweren Silberreifen um Hand-
und Fußgelenke (Familientresor) sind auf Lastwagen unterwegs, warten auf den Autobus oder eine Mitfahrgelegenheit.
Durch eine ockerfahle Ebene mit dornigem Gestrüpp, mit
einer kleinen Olivenbaumoase und schüchternen Aufforstungen halten wir stracks auf Goulimine zu, das sich schon
von ferne durch PTT-Relais und Flughafenmasten an-
kündigt.

Fest in Goulimine

Ist es nicht eine Verlockung? Keine zum Einkauf natürlich,
denn was sollten wir da schon erstehen, aber eine für die
gierig trinkenden Sinne, für Augen, Ohren, die vom Staub
gereizte Nase, die tastenden Finger. Ein Markttag in Goulimine ist ein sinnliches Erlebnis. Ein riesiges Areal (und allein
schon dadurch der »größte Markt« des Südens), durch das
man sich hindurchmäandert, vorbei an allem, was andere
Märkte wohl auch bieten. Aber keiner war so intensiv an

schweren Düften und allzumenschlichen Gerüchen, so laut
vom Tonbandgeplärr, nirgendwo waren die Anbieter so
kehlig-lautstark, hat der von dunklen Füßen aufgewühlte
Staub so die Nase gekitzelt. Natürlich offeriert ein klimati-
siertes Warenhaus in einer Großstadt daheim ein dutzendmal
vielfältigeres Angebot, aber doch einer viel gleichförmigeren
Menge. Und ganz ohne Handeln, die Würze jeden Einkaufs.
Der marokkanische Markt bietet wohl immer wieder gleiches: Decken und Teppiche, Frauenkleider jeden Zuschnitts
und jeder Farbe, möglichst großgemustert, blutrot und lavendelblau, giftgrün und orangengelb, Gewürze aller Farben, die in die Nase steigen, Teppiche und Decken wieder
und noch unter den ernsthaften Zeltläden. Über Altwäsche,
die sich zu Haufen türmt, über Berge von abgetragenen
und Stapel neuer Jeans beugen sich die Interessenten. Und
daneben die T-Shirts, die Honigkuchen, Datteln und Feigen,
Kohel und Henna, Popcorn und Babuschen, Geschirr aus
Ton und solches aus Plastik in allen Farben, Hanfseile und
Nylonschnüre und ... und ... und am letzten Rand wahrhaf-
tig ein »Haut den Lukas«, eine Glücksrad-Lotterie und Schaubuden wie auf der Wies'n. Aber die sind nur da, weil heute
ein ganz besonderer Markt abgehalten wird.

Wer an normalen Markttagen in Goulimine ankommt,
dem wird sich, noch bevor er sein Auto geparkt hat, ein
dunkeläugiger Jüngling nähern und – Bonjour Monsieur, ça
va? – sich erbieten, den Fremden zum ›Marché des Cha-
meaux‹ zu führen, dem Kamelmarkt. Dort wechseln heutzutage nicht mehr viele Kamele ihren Besitzer, und auch die
»Blauen Menschen« trifft man hier nur noch selten, die Ka-
melreiter in leuchtend blauer Gandura, den schwarzen
Schleier vor Mund und Nase. Diese »Blauen Menschen« sind
nicht von Natur aus blau und also ein eigener Menschen-
schlag, wie man früher meinte, sondern ihre Haut ist imprägniert durch das Indigo, mit dem sie ihre Gewänder färbten
und das nun wieder auf deren Träger abfärbte. Zwar ist
himmelblau noch immer die beliebteste Farbe für die Tracht
von Männern wie Frauen, doch sind die meisten Stoffe heutzutage chemisch gefärbt, farbecht also, und geben keinen
Farbstoff mehr ab. Zudem haben die Ereignisse um die ein-

stige spanische Westsahara hier manche alte Bindung zerrissen, andere jedoch dafür neu geknüpft. An gewöhnlichen
Markttagen bekommt man nur wenige der blaugewandeten
Reiter zu sehen, und man wird das Gefühl nicht los, es handle
sich um Fotostatisten.

Aber heute ist's anders. Schon unterwegs war uns der
Betrieb auf den Straßen aufgefallen. Bei der Ortseinfahrt
weist uns ein Polizist auf eine staubige Umleitung. Der Ort
ist beflaggt, voll von Gendarmerie und Militär und wimmelt
wie ein Ameisenhaufen. Was ist denn los? »Grande fête,
m'siou, grande fête, le ministre ...« Ich schlage mich zu Fuß
zum Hotel durch. Der geplagte Mann an der Rezeption
bedauert: tout complet. Aber etwas außerhalb, im Hotel
Abaynou – notre dépendance, vous savez – da sind noch
Zimmer frei. Er schreibt Quartier- und Passierschein aus.
Wieder durch ein Labyrinth von Umleitungen, Staublö-
chern, Polizeikontrollen. In langer Schlange marschieren die
Schulkinder unter der Leitung ihrer Lehrer zum Empfang
des Ministers auf, mit Tüchern und Fähnchen. Die Notabeln
des Ortes versammeln sich, man merkt ihnen die Aufregung
an, obwohl sie sie hinter gelassener Miene verbergen möchten. Ein Minister kommt, le ministre! Ob die Kinder eine
Begrüßungshymne anstimmen werden? »Heil sei dem Tag,
heil sei der Stunde ...«? Unser Papierchen ebnet uns den Weg
durch alle Sperren. »Mais dépêchez-vous, s'il vous plaît!« Wir
müssen nämlich die Straße einschlagen, die am Flughafen
vorbeiführt, auf dem der Herr aus Rabat landen wird.

Es gibt keine Blauen Männer mehr? Wir fahren durch ein
kilometerlanges Spalier von dunkelverhüllten Kamelreitern,
die bloßfüßig in leuchtend blauen Gewändern auf ihren
blasiert und hängelippig auf die Menschen herabschauenden
reich geschirrten Tieren sitzen, silberbeschlagene langschäf-
tige Flinten in der Rechten, deren Kolben mit Elfenbein
eingelegt sind. Auch in unserem Hotel, mit einer leicht
schwefeligen warmen Quelle und Schwimmbad, ist alles aus
dem Häuschen. Wo sonst die Autos parken, prunkt jetzt ein
langes schwarz-weißes Zelt, mit gelbroten Seilen verankert,
mit Teppichen und schönen Kissen ausgestattet, mit einem
riesigen Büffet kühler Säfte und Wässer, blanker Gläser und

funkelnder Teekannen auf hohen Dreifüßen. Eine Schlange weißgewandeter und weißbeturbanter Männer tanzt zum Rhythmus der Trommeln, der Chor der buntverhüllten Weiber läßt kopfstimmige Yuyuyuyuyu-Schreie aufsteigen: Ausdruck der Freude und des Beifalls. Wir bekommen zwar freundlich unsere Zimmer zugewiesen (mit einem Wirkwerk an der Wand, das Leonardos Abendmahl eigenwillig ins Überbunte übersetzt, und einem grünäugig durchs Bambusgrün schleichenden Tiger auf dem Boden), aber die Küche steht im Dienst des Festempfanges und schickt uns unter Entschuldigungen nur ein Continental Breakfast: eine riesige Kanne Tee, frisches Fladenbrot, einen Berg bleicher Butterflocken und Schalen mit Orangen- und Kirschmarmelade. »La fête, vous comprenez.«

La fête – von der wollen wir ja etwas haben. Auf also in den Ort! Auf dem Hauptplatz ist die provisorisch errichtete Fontäne schon wieder abgedreht, aber Blaue Reiter auf prächtig geschirrten Dromedaren säumen die Straße zum Festplatz. Polizei hält die Fahrbahn frei, doch an ihrem Rande drängt sichs, schieben wir uns mit durch die bunte, festlich erregte Menge. Rings um den riesigen Platz die offenen roten Festzelte der einzelnen Sippen, Stämme, Familien, mit hohen Kissen und Teppichen ausgelegt, mit Erfrischungen auf Messingtaburetten. In der Mitte der Schmalseite das weiße, mit schwarzen vasenartigen Ornamenten besetzte Staatszelt, in dem später wieder mal »Empfang« stattfinden soll. Unter einem Schattendach die Tribüne für die Ehrengäste und das Rednerpult. Beifall schwillt heran – le ministre! Nach blumigen Grußadressen – bismillah – die große Rede voll Patriotismus und Königstreue, mehrfach durch Beifall unterbrochen. Immer wenn der Name der Scherifischen Majestät genannt wird, steigt das schrille Freuden–Yuyuyuyu der Frauen auf. Eine dunkelhäutige Alte mit goldglitzernd durchwirktem Umhang, mit schweren Silberreifen um die Gelenke, schwenkt begeistert die rote Fahne mit dem grünen Salomonsstern.

Nach der Pflicht die Freude. Im Festzelt werden den Gästen Erfrischungen gereicht und vor dem Ehrensitz des Ministers lösen die Folkloregruppen einander ab: die paukenden

Männer, die rotgewandeten jungen Frauen, die sich zu nä-
selnden Falsettgesängen wiegen, der Guedratanz, den eine
Schwarzverschleierte auf den Knien vorführt (hier aber nicht
bis zum trance-artigen Ende, sondern nur als Probierhappen),
ein Kriegstanz weißbemantelter Männer zum aufreizenden
Rhythmus der Handtrommeln, Blaue Menschen, die den
Dolchtanz vorführen. Und während ein erster Windstoß
Staub aufwirbelt, beginnt die ›Fantasia‹, das Reiterspiel, das
aus nichts anderem besteht als darin, daß eine Handvoll
Männer im vollen Galopp auf das Zelt der Ehrengäste zu-
prescht und, während die Vorderlader knallen, die Tiere
mit hartem Ruck auf der Hinterhand herumreißt. Bei den
meisten Veranstaltungen währt es lange, bis ein solcher Lauf
stattfindet. Aber hier sind heute so viele Reitergruppen aus
dem weiten Süden versammelt, daß eine Salve der anderen folgt, der Staub des einen Galopps sich noch nicht gelegt
hat, wenn eine neue Mannschaft neuen aufwirbelt. Die sich
zum Sturm steigernden Böen tragen das ihre dazu bei, das
Schauspiel in einen Schleier zu hüllen, der Nasen, Rachen
und Augen reizt. Vergebens versteckt man das Gesicht hinter
Tüchern. Afrika ist hier hautnah, der heiße Atem der Wüste
weht uns an.

Le ministre ist schon aufgebrochen, auch wir warten das
Ende der Darbietungen nicht ab. Zu stark lockt das Thermal-
schwimmbecken beim Hotel.

Die 39. Provinz

Die heutigen Landkarten Marokkos müssen um gut ein Drit-
tel länger sein als die aus der Zeit vor 1976, die nur das Gebiet
zwischen 36° und 27° 40′ nördlicher Breite und 1° und 13°
östlicher Länge abzubilden brauchten. Nunmehr hat eine
Karte auch pflichtschuldig noch das Gebiet darzustellen, das
von 1900 bis 1958 »Rio de Oro« hieß, einen fast regenlosen
Wüstenrand und Küstenstreifen zwischen 27° 40′ nördl.
Breite und dem 21. Breitengrad, ein 266 000 qkm großes
Gebiet, bewohnt von höchstens 200 000 Menschen (andere
Quellen geben nur 80 000 an), jedenfalls eine Fläche wie die
Bundesrepublik Deutschland und Belgien zusammen, aber

bestenfalls mit weniger (zu 95 Prozent analphabetischen) Einwohnern als Saarbrücken oder Kassel. Kann man da von Bewohntheit überhaupt reden – und von Volk?

Im nördlichen Teil des von Wadis zerschnittenen öden Plateaus rackerten die wenigen Einwohner den raren kleinen Oasen mühsam ein paar Datteln und Körnerfrüchte ab, die an der Küste lebten vom Fischfang. Ab und zu verirrten sich neugierige Touristen von den Kanarischen Inseln nach El-Aïoun (Laayoune), dem Sitz der Verwaltung, um auf ein oder zwei Tage die Weite afrikanischer Wüste zu kosten.

Als 1958 das ehemalige Französisch-Westafrika als autonome Republik in die Comunauté Française eintrat – seit dem 28. 11. 1960 ist es als Islamische Republik Mauretanien selbständig –, da wollte Franco Spaniens letzte fast menschenleere Kolonie enger an Madrid binden und verlieh ihr unter dem Namen »Sáhara Occidental« den Status einer Überseeprovinz. Um 1970 waren hier mehr spanische Soldaten stationiert, als das Gebiet Einwohner zählte. So öde das Land war, in seinem Boden lag ein Schatz: Phosphate. Als die Spanier diese abzubauen begannen und dabei immer reicher wurden (im Gegensatz zu den Nomaden, die als Arbeiter in die Bergbaustädte strömten), erst da begann Widerstand – geschürt durch die Nachbarn, die allesamt auf die Bodenschätze scharf waren.

Schon 1973 bildete sich die »Polisario«, die Volksfront für die Befreiung des Rio de Oro, und unternahm – damals von Libyen finanziert – ihre ersten Aktionen gegen die spanischen Kolonialherren, im Namen eines fiktiven »Saharischen Volkes«. Aber selbst die UNO forderte Spanien auf, eine Volksabstimmung in seiner umstrittenen Kolonie durchzuführen – einem riesigen Landstrich, in dem bestenfalls zehntausend Menschen notdürftig lesen oder schreiben konnten. Spanien lehnte das Ansinnen ab: ein solches Volk sei nur ein Vorwand für fremdgesteuerte Organisationen wie die Polisario, es gäbe kein »saharisches Volk«.

Marokko fühlte sich mit dem westafrikanisch-saharischen Süden durch historische Bande verbunden – und der Internationale Gerichtshof in Den Haag hat diese Bindungen unterm 16. Oktober 1975 anerkannt.

Das war grünes Licht für Marokko. Während der General-
ísimo im Koma lag, begann König Hassan am 6. November
1975 den »Grünen Marsch«, für den er auch mit der Zustimmung der heimlichen und unterdrückten Opposition rech-
nen konnte. Unterm grünen Banner des Islam, den Koran
in Händen, zogen 350 000 »friedliche Eroberer« in Richtung
Tarfaya. Ein Unternehmen, so mittelalterlich wie ein Kreuzzug, doch der neubegierigen Welt durchs staatliche Fernsehen auf den heimischen Bildschirm übertragen. Nur acht
Tage später wurde in Madrid ein Abkommen zwischen Spanien, Marokko und Mauretanien unterzeichnet: die spanischen Truppen sollten abziehen, die ehemalige Kolonie bis
zum 28. 2. 1976 zwischen Marokko und Mauretanien geteilt
werden. Die Polisario – jetzt als verlängerter Arm Algeriens
(in Algier wurde sogar eine Exilregierung für den »Staat«
Sahara gegründet) – wollte den Madrider Beschluß nicht
anerkennen, konnte jedoch auch nicht verhindern, daß von
spanischem Militär gedeckt viertausend marokkanische Soldaten El-Aïoun besetzten. Seit Ende 1975 herrscht Kriegszustand zwischen der Polisario, die aus dem »Volk«, das sie
zu vertreten vorgibt, bejammernswerte Flüchtlinge machte,
und dem Königreich Marokko. Er zwang die spürbare, aber
unformierte Opposition an die Seite des Königs, wollte sie
nicht als Verräter an Staat, Volk und Gott dastehen. Als am
10. 7. 1978 der Ministerpräsident Mauretaniens stürzte und
die neuen Machthaber einen Waffenstillstand mit der Polisario schlossen, da besetzte Marokko auch die südlichen Teile
der »Westsahara«. Das wirtschaftliche Ziel war, sich durch
den Besitz der saharischen Minen an die erste Stelle der
Phosphatförder- und Exportländer zu katapultieren. Der
frohgemute Slogan »Unser Erdöl heißt Phosphat« erwies
sich allerdings als Fata Morgana. Die Weltmarktpreise sind
gefallen, die Guerilleros haben die Förderanlagen lahmgelegt
und die Transportbänder zu den Häfen unterbrochen. Der
»Grüne Marsch« – immer noch auf bunten Plakaten gepriesen
– hat bisher nur Opfer gekostet.
    Kämpfe das alles, weit dahinten, von denen das satte Mit-
teleuropa kaum etwas hört oder zur Kenntnis nimmt. Aus-
sichtslose Kämpfe, denn wer spricht noch von siegen? Auch

Überstehen wäre nicht alles. Selbst wenn die Armee des Sultans der Polisario Herr würde (aber im Menschenleeren sind Guerilleros immer überlegen), so kostete der Wiederaufbau der zerstörten Anlagen noch Milliarden. Ein Krieg ohne Hoffnung, der bisher viel mehr Blut und Leben als amtlich verlautbart gefordert hat und in unseren Zeitungen zu erfahren ist.

Eine Sperrlinie hindert den bloß neugierigen Touristen, das Kriegsgebiet zu besuchen. Dort könnten ihm ohnehin keine Reiseführer mit Hinweisen nützen, denn dort gibt es nichts zu besehen. Unter dem unbarmherzigen Strahl der ihre Himmelsbahn ziehenden Sonne flirren die Ebenen, die Wadis, die Berge. Und wenn das Gestirn sein Abendfarbenspiel veranstaltet hat, fällt die Nacht herein und hängt sich Sterne wie unzählbare silberne Christbaumkugeln ins tiefe Blau. Das erschütternd-unvergeßliche Erlebnis der Wüste – man muß es nicht ausgerechnet in diesem Stück Sahara suchen.

An der Küste der Portugiesen

Von Agadir nach Mogador

In *Agadir* blieb nichts von der Festung, die im Jahre des Herrn
1505 der portugiesische Edelmann João Lopes de Sequeira
um eine meernahe Süßwasserquelle errichten ließ und die er
›Santa Cruz de Cap de Guer‹ taufte, die andere aber auch
›Santa Cruz de Narba‹ oder einfach ›Agoa de Narba‹ nannten. Nach 8 Jahren erwarb die Krone Portugals diese Privat-
gründung, ließ sie durch ihren Statthalter Don Francisco de
Castro fortifikatorisch ausbauen, unterwarf die berberischen
Nachbarn und förderte zugleich den Handel mit ihnen. Spanischen, französischen, genuesischen Kaufleuten schien das
Geschäft so lohnend, daß sie willig die Zoll- und anderen
Abgaben entrichteten. Allein die Anwesenheit der Christen
war den Moslems ein Dorn im Auge. Im Kampf gegen sie
legitimierten sich die saaditischen Schorfas für die Oberherr-
schaft des Maghrib. Seit 1531 traf der eigentliche Gründer der
Dynastie, Mohammed esch-Scheikh, seine Vorbereitungen
zum Angriff. Eine erste Offensive wurde 1533, eine zweite
ein paar Jahre später abgewehrt. Erst am 12. März 1541
konnte der Sultan als Sieger nach blutigen Gefechten in die
Festung einreiten. Ein Erfolg, der das Prestige des Saadiers
so steigerte, daß sich ihm die Sympathien der meisten moslemischen Bruderschaften zuwandten und es ihm endlich,
nicht ohne weitere Kämpfe, gelang, den gesamten westlichen
Maghrib unter seinem Banner zu einen. Agadir blühte dann
ein Jahrhundert lang als Hafen des Sous-Gebiets, vor allem
des Rohrzucker-Exports. Doch als um die Mitte des
17. Jahrhunderts das Zuckerrohr aus dem portugiesischen
Brasilien und den spanischen Antillen den europäischen
Markt eroberte, sank das Exportvolumen ab. Trotzdem war
der Hafen noch interessant. Beweis dafür die holländische
Faktorei und das Bemühen der Dänischen Handelskompanie,
unter Ausschaltung aller Konkurrenten sich hier das Handels-
monopol zu sichern. 1551 hatte sie ihr Ziel erreicht, zog aber

kaum Gewinn davon. Im darauffolgenden Jahr ließ zwar Muley Abdallah el-Ghalib (1557-1574) die Kasbah für eine Besatzung von zweitausend Söldnern ausbauen, weil er die Rückkehr der Portugiesen befürchtete, doch wenige Jahre später würgte sein Sohn Mohammed ben Abdallah (1574-1576) den Hafenverkehr von Agadir zugunsten seiner Neugründung Essaouira/Mogador ab. Um 1919 fand ein Reisender in Agadir nur noch ein Dutzend Häuser bewohnt.

Das Agadir von einst ist vergangen, das von heute zeichnet durch Industrieanlagen noch lange seine Spuren in die Küstenlandschaft. Bald nach dem Staubwolken ausstoßenden Zementwerk ein wunderschöner Blick vorwärts auf die uns erwartende Küstenstrecke. Weit draußen Cap Rhir mit dem weißen Punkt seines Leuchtturms. Wunderschöne Blicke auf die buchtenreiche Küste. Tarhazoute: Camping, breiter heller Strand, auf dem Buben fußballern, der Ort mit dottergelbem Minar, an den Hängen Arganien, von Meerwind gekrümmt, und graugrüne Euphorbien und immer wieder zwischen Felsnasen und flachen Klippen sonnige Buchten, die zum Baden verlocken, Fischerboote im Meer.
Überall am Hang des Cap Rhir, des weit ins Meer hinausstoßenden Atlasausläufers, Höhlen. Einige von ihnen waren schon in ferner Vorvergangenheit von Menschen besiedelt. Man fand Steinwerkzeuge und zahlreiche Muschelschalen. Den Neolithikern waren also Meeresfrüchte Alltagskost. Dann wieder weite Strandeinsamkeit mit weißen Wogenkämmen, Sanddünen mit entsprechendem Bewuchs oberhalb der Steilküste, an die die weißen Rosse des Poseidon herandonnern. Bei Tamri mündet der Oued Asif Ait Ameur ins Meer. Im Talboden ausgedehnte Bananenplantagen, glänzend grüner Gegensatz zu den stacheligen Wolfsmilchgewächsen, feist und üppig und zugleich lappig wirkend. Im Ort, der flach und weiß unter den Hängen liegt, kaufen wir ein Kilo Bananen: sie sind nur fingerlang, dottergelb und riechen viel intensiver nach Banane und schmecken süßer und voller als die, die wir bei uns daheim bekommen. Noch einmal eine Meeresbucht, dann hebt sich die Straße hinauf ins Land, in fahles Hügelgelände, arganiengesprenkelt, weiße Häuser und staubgraue Gehöfte hineingetupft. Ziegen wei-

den in den Bäumen und die Buben winken, pfeifen und
wollen, daß man die Tiere, gegen ein Trinkgeld natürlich,
fotografiert. Aber wir haben in den letzten Tagen so viele
Ziegen in so vielen Arganien gesehen ... Kalkig-fahle rötliche Böden, Zisternen, steinige Bachbetten. Eine Frau, rotge-
wandet, mit goldglänzenden Tüchern. Arganien, die hier
dichter stehen, größer und grüner, als wir sie bisher sahen:
die Feuchtigkeit des nahen, aber unsichtbaren Meeres wirkt
sich aus. *Tamanar* bietet uns nur seine Außenseite aus roten
Betonkuben, das Zentrum mit Post, Gericht, Schulen usw.
bleibt rechts liegen.

*Der Ort ist das Verwaltungszentrum des Guellouli-Stammes im
Gebiet der »Ha-Ha«-(Ihahan-)Berber, die das Tamazight (Tama-
schek) der Schlöh sprechen. Das Gebiet soll einst blühend gewesen
sein, übersät mit einem Dutzend sich selbst verwaltender Städtchen
mit jeweils einigen tausend Einwohnern. Die spätmittelalterlichen
Geographen versehen sie mit pauschalen Bezeichnungen wie »gast-
freundlich«, »diebisch«, »wohlhabend«, »freiheitsliebend«, »grausam
und blutdürstig«, rühmen die Schönheit der Frauen und das würdige
Alter einer Moschee. Im 14. Jahrhundert kämpften diese Gemeinwesen
wacker gegeneinander, im 16. bestanden sie noch, im 19. waren sie
schon verschwunden oder zu öden Flecken von einem oder anderthal-
bem Dutzend Feuerstellen geschrumpft. Homo homini lupus.*

Voraus der graugrüne Rücken des Djebel Amsitten mit
seinem Beobachtungsturm. Die Fährte nach Souk et-Tnine
Imi n'Tlit (Imintlit) ermöglicht einen Abstecher dort hinauf,
wo sich ein weites Panorama übers Haha-Gebiet und zum
fernschimmernden Meer auftut. Auf einem kleinen Umweg
erreicht man wieder die Hauptstraße vor *Smimou,* das sich
weiß ins Grüne bettet. Das Gehügel flacht sich ab zur weiten,
mit Arganien-, Öl- und Feigenbäumen bestandenen Küstenebene. Rechts lassen wir den Flugplatz von Essaouira liegen,
die Umgehungsstraße zu den Routen nach Safi und Marrakesch.

Beim Leuchtturm zweigt die Straße ab, die sich bei Ou-
nara in die Routen nach Marrakesch und Safi gabelt, unweit
des Marabut des Sidi Megdoul, des Stadtpatrons von Essaouira, nach dem die Stadt im 11. Jahrhundert den Namen
Amogdul getragen hat.

Die Neustadt von *Essaouira* mit dem erfreulichen Bau der Provinzialverwaltung und dem neumaurischen Rathaus nehmen wir kaum wahr, weil das Meer unseren Blick bannt. Eine feinsandige Bucht schwingt in weitem Bogen ein, an ihrem Ende stößt Betürmtes halbinselig vor, eine gestreckte Felseninsel zackt vor dem Horizont.

Wie selbstverständlich leitet der Boulevard Mohammed V zu den Türmen über dem Fischereihafen, mit dem die Halbinsel am weitesten in die See hinaussticht. Blaue und rosarote oder resedagrüne Boote, stattliche Kutter zur Reparatur aufgebockt, Fischer, die ihre rostfarbenen Netze flicken. Geschäftigkeit ohne Hast. Ein paar rohe Tische und Bänke sind aufgeschlagen, mit breitem Lächeln lädt man die Fremdlinge heran, damit sie für lächerliche paar Groschen ihren Appetit auf fangfrische Fische stillen. Das Hafentor und das Zollgelände mit Schmuckdetails eines seltsamen Maghrib-Barock bewahren im wesentlichen die Züge, welche die Portugiesen ihnen aufprägten.

Der Eingang in die ummauerte Stadt redet gleichfalls iberischen Dialekt und ist Auftakt für eine ungewöhnlich regelhafte Stadtanlage. Eine lange Hauptachse – sie ändert ihren Namen von Avenue Oqba ben Nafii zu Avenue de l'Istiqlal und erreicht schließlich als Rue Mohammed Zerktouni das Nordtor, das Bab Doukhala – durchläuft diese

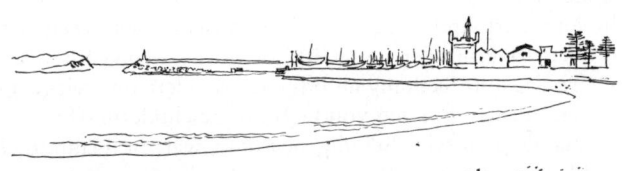

Altstadt und wird einmal und noch einmal beim regelmäßig-symmetrischen, von Arkaden umzogenen Markt von wiederum durchlaufenden Querachsen geschnitten. Diese in Marokko etwas befremdliche Regelmäßigkeit (die Stadt dankt sie einem französischen Stadtplaner der 2. Hälfte des 18. Jahrhunderts namens Théodore Cournut) ist erfüllt von einem ganz marokkanisch-orientalischen Handel und Wandel, der doch seine eigene Note bewahrt. Ohne die schroffe Härte der Berge und ohne die harten Kontraste der Oasen scheint sie auf ein angenehm-bekömmliches Maß gemildert, so wie sich auch das Klima hier durch den Einfluß des Meeres durch mildes Gleichmaß auszeichnen soll: ohne sengende Sommerhitze und ohne schneidende Winterkälte.

Ist es ein bloßer Zufall, daß der einschichtige Spaziergänger auf seinem Weg über die gemüsebunten Märkte, durch die pastellfarbigen schattigen Altstadtgassen, in denen man nicht übler haust als in den vielbesungenen Quartieren von Neapel, nicht ein einziges Mal mit dem üblichen »Hallo, komm guck mal …« in eine Souvenirboutique eingeladen wird? Man hat hier seinen Stolz, wechselt mit dem Fremden nur freundlich distanzierten Gruß. Essaouira hat einen bald gewonnen – und nach den Touristenburgen und den Betonkästen von Agadir fühlt man sich zum Bleiben verlockt. Mit seinen etwa vierzigtausend Einwohnern ist der Ort groß genug, um immer etwas Interessantes zu bieten, aber doch nicht so groß, daß man sich darin verlieren könnte. Wir einigen uns bald auf die Bezeichnung »ein freundliches Städtchen« und finden es ideal für ein paar Bade- und Ruhetage. Und dabei fragt sichs, ob die Vergangenheit der Stadt Freundlichkeit im Umgang mit der Welt lehren konnte. Eine gewisse Weltläufigkeit schon eher. Die der Halbinsel vorgelagerten Inseln müssen den Phönikern als geradezu idealer Ankerplatz erschienen sein, und Keramikscherben, die man dort fand, reden von ihrer Anwesenheit bereits im 7. oder 6. Jahrhundert vor Chr., obwohl sie zunächst wohl noch keine feste Siedlung unterhielten, sondern nur gelegentlich erschienen, um den von Herodot geschilderten Tauschhandel abzuwickeln. Ständig bewohnt war die Hauptinsel wohl erst seit dem ersten vorchristlichen Jahrhundert.

Eines der berühmtesten Produkte Phönikiens war der Purpur, und es müssen Punier gewesen sein, die entdeckten, daß sich auch hier die Murexschnecken fanden, aus denen der kostbare lichtbeständige Farbstoff gewonnen wurde. Purpur wies seinen Träger als Angehörigen der Oberschicht aus. Römische Ritter hatten das Anrecht auf einen schmalen, die Senatoren auf einen breiten Purpurstreifen an der Toga, der Imperator auf einen ganz purpurnen Mantel. König Juba II. von Mauretanien ließ hier eine Purpurfabrik anlegen, deren Erzeugnisse ihrer Qualität wegen in Rom besonders geschätzt waren. Wir erinnern uns an Suetons Bericht, daß der prachtvolle Purpurmantel, den des Juba Sohn Ptolemäus bei seinem Besuch am kaiserlichen Hof trug, den wahnsinnigen Caligula zum Mord an seinem Vetter und Gastfreund reizte. »Purpurinseln« hießen damals die Eilande vor der Halbinsel, deren Ankerplatz im 11. Jahrhundert den Namen Amogdul führte, der auf Karten des 14. Jahrhunderts als Mogador erscheint. Mogador, so hieß dann auch die kleine Festung, die König Manuel von Portugal 1506 anlegen ließ, die aber nach wenigen Jahren an die Saadier fiel. Muley Abd al-Malik (1576-1578) ließ die Festung instand setzen. Die Stadt selbst hat erst der Alide Sidi Mohammed ben Abdallah (1757-1790) durch seinen Gefangenen, den Südfranzosen Cournut, planen und anlegen lassen: als Rivalin des widerspenstigen Agadir, als Hafen für Marrakesch und sein Hinterland, der europäische Händler anlocken sollte. Ihnen wurde 1764 Zollfreiheit gewährt. Zugleich ward eine jüdische Kolonie angesiedelt, die sich vor allem des Englandhandels annahm. Sie bekam ihr eigenes Mellah-Viertel im Nordwestquartier, das sich auch heute noch ein wenig von den anderen, den arabischen Vierteln unterscheidet: einfacher sind die Türumrahmungen, größer die Fenster im Oberstock, und am Sabbat ist es hier merklich stiller als in den Gassen der anderen Stadtviertel – und auch manche Werkstätten an der *Kasba-Skala* sind an diesem Tag geschlossen.

Diesen Teil der Stadtbefestigung wird auch der besuchen, der sich für Essaouira nur ein paar Stunden Zeit nehmen kann: Eine fast zweihundert Meter lange Plattform, zwischen deren Zinnen heute grünspanige Kanonen aus Barcelona,

Sevilla, Den Haag, mit Wappen, Emblemen geschmückt,
die Aufforderung »Vigilate Deo Confidentes« verschlafen
und wie müde Eidechsen aufs Meer hinausstarren, dessen
dunkle Wogen an den schwärzlich-zerrissenen Klippen in
salzweißer Gischt zerstäuben. Eindrucksvoll besonders der

Blick von der Nordbastei aus. Drunten in den dunklen Kasematten und Arsenalgewölben werken heute die Drechsler
und Kunstschreiner, für die Essaouira berühmt ist. Schalen
und Schüsseln, Becher und Tabletts aus Stamm- und Wurzel-
holz der Thuja entstehen hier, Schatullen und Taburetts,
Schreine und Truhen, Spielbretter und Tischplatten, eingelegt mit Akazien- und Zitronenholz, mit Perlmutt und Sil-
berfäden. Wie schade, daß gegen Ende der Fahrt unsere
Koffer nur noch Platz für ein paar schöngemaserte Serviet-
tenringe bieten, in die ein zierliches Silbergeranke eingehäm-
mert ist. Der herbe Ruch des Holzes mischt sich mit dem
salzigen Hauch des Ozeans. Eine überwölbte Gasse (Rue
Khaled bel el-Oualid), ein dunkler Tunnel, der Seitenstollen
entsendet, führt durch die Kasbah zurück zum Platz vor
Zollgebäude und Hafentor, das trotz der Halbmonde und
arabischen Inschriften die ferne Verwandtschaft mit dem
Torre de Belém nicht verleugnet.

In den cremeweißen Fassaden der Altstadthäuser sitzen die
himmelblauen Türen in ocker- oder zitronengelben Rahmen. Der Atem des weiten Meeres erfüllt auch die Gassen-

enge. Überall verbinden sich hier die Gegensätze und gleichen sich aufs freundlichste, Vergangenes lebt bis in die
Gegenwart, das Heute bewahrt Uraltes. Sollte ein solcher
Ort nicht fesseln? Sympathie ist ein dünnes Wort für Bezau-
berung. Sympathie jedenfalls erweckt Essaouira auf den ersten Blick, und sie vertieft sich von Tag zu Tag.

*Wer nicht nur durcheilt, wird das kleine wohlgeordnete Museum
aufsuchen, sich an manchem schönen Gegenstand erfreuen und einige
Belehrung davontragen. Es wurde am 24. Oktober 1980 anläßlich des
1. Musikfestes von Essaouira eröffnet. In den schönschattigen Patio ist
eine barock ausladende Treppe eingebaut. Im Erdgeschoß in drei
Vitrinen Geräte und Musikinstrumente der drei in Essaouira vertrete-
nen moslemischen Bruderschaften, nämlich der Aissaoua, der im
17. Jahrhundert gegründeten Hamadscha (deren Zawiya sich in der
Rue Ibn Khaldun befindet) und der Gnaoua, welche einzig Nachkommen schwarzer Sklaven aufnimmt. In drei weiteren Vitrinen Instru-
mente der arabischen und der berberischen Volksmusik und der Kunst-
musik aus Andalusien: ein-, drei-, fünfseitige Luths, Rohrflöten,
Tamburins, Trommeln. In den weitläufigen Räumen des Obergeschos-
ses Proben des einheimischen Kunstgewerbes (vor allem der Schreiner-
und Intarsienkunst), Werkzeuge der Handwerksmeister, ein Überblick über die Grundzüge ihres Motivschatzes, der auf bemalten
Möbeln und Holzdecken wiederkehrt. Dazu rotgrundig archaische
Teppiche der Ouled Bou Sbaa, mit magisch bannenden Zickzackmu-
stern. Dazu wie in allen Museen: gezierte Waffen und der stets
faszinierende Silberschmuck: Ringe, Ketten, Reifen und riesige
Fibeln.*

Über Safi nach El-Jadida

Unmittelbar an der Küste führt keine Straße entlang. Wir
müssen zunächst landeinwärts fahren durch eine sacht anstei-
gende Dünenlandschaft. Hier baut man die graue Tonerde
ab, die auf den Märkten des Landes als Haarwaschmittel
angeboten wird. Thujen, Kiefern, Robinien, Ginster, Wacholder. Eine Ausbuchtung der Straße lädt zum letzten Blick
auf Meer und Mogador, dann wechseln Öl- und Arganienbäume auf den Hügeln ab. Kamel und Esel, zusammen vor
den einfachen Pflug gespannt, ziehen die Furchen in die
dunkle Erde.

*Wir durchfahren das Gebiet der Chiadma/Skiatma, die seit dem
16. Jahrhundert hier im Zentralbereich der Regraga-Berber von der
Masmouda-Gruppe siedeln. Abseits unserer Route, auf küstennäherer
unbequemer Piste erreichbar, Örtlichkeiten, die jährlich Ziel eines
tagelangen Wallfahrtsfestes sind.*

*Eine seltsame Geschichte. Es heißt, die Regraga seien Monotheisten
schon vor dem Islam gewesen. Jesus (Sidi Aíssa) hätten sie als den
Vorläufer eines künftigen Propheten verehrt, des im Johannesevange-
lium (16, 7/8) verheißenen »Beistands« (Luther übersetzt »Tröster«),
des Heiligen Geistes, des Parakletos. Arianische Rückstände?*

*Eine kaum merkliche Verschiebung und aus dem Paraklet wurde
»Periklytos« (der Erlauchte), was nun genau der Bedeutung des arabischen »Mohammed« entspricht. Die Legende berichtet: Auf die Kunde
vom Auftreten des Propheten in Arabien machten sich sieben Männer
aus dem Stamm nach Mekka auf. Im Hof der heiligen Moschee
wandten sie sich an eine Gruppe von Leuten mit der Frage, wo sich
der Abgesandte Gottes befinde. Kopfschütteln. Niemand verstand die
fremde Sprache. Nur einer trat hervor und antwortete in ihrer Zunge
»Ich bin es, kommet zu mir!« Es war Mohammed, der Prophet. Auf
der Stelle wurden die sieben Pilger Moslems und verbreiteten nach
ihrer Heimkehr den Islam bei den Masmuda-Berbern und im ganzen
Maghrib. Das jährliche Fest folgt den Missionswegen der Sieben
durchs Skiatma-Gebiet. An der Grabstelle eines jeden findet ein Moussem statt. Als bedeutendster gilt der an der Zawiya Akermoud, wo
die Gräber gleich zweier Regragaapostel verehrt werden.*

Kahle helle Hügel, durch die der Oued Tensift seine Kehren genagt hat. Grünes wird rar, die Arganien werden selten.
Der Boden hält hier das Regenwasser nicht, weshalb man
allenthalben Zisternen zum Sammeln des kostbaren Nasses
angelegt und Steinmauern errichtet hat, damit der Wind
vom Meer die Erdkrume nicht wegwehe. Eine Landschaft,
die mich an Malta erinnert. Adrian meint: eher noch an den
sizilischen Süden zwischen Marsala und Selinunt. Das nur
ein paar Kilometer entfernte Meer scheint so weit weg! Wir
treffen es erst wieder vor Safi.

Vor diese Stadt haben die Planer eine Industriezone gelegt,
eine Anlage zur Aufbereitung von Superphosphat, zur Gewinnung von phosphorsaurem Ammoniak und Schwefel-
säure. Und dann sendet auch noch ein Zementwerk seine

staubigen Schwaden in die Luft. Nicht weniger in die Nase steigen die Dünste aus den Fabriken zur Verarbeitung von Sardinen. Man sagt uns, Safi sei der weltgrößte Sardinenhafen, achtzigtausend Tonnen Fisch würden hier zu Konserven verarbeitet. Die Stadt mit beinahe hunderttausend Einwohnern ist voller Aktivität und wächst munter ins hügelige Umland hinaus.

Safi ist kein Ort, der zu einem Badeurlaub einlädt, wohl aber zu einem langen Spaziergang durch die lebensvolle Medina. Kaum denkbar, daß an dieser Stelle nicht bereits die Phöniker ein Kontor angelegt hätten. Nur: Zeugnisse für ihre Anwesenheit hat der Boden noch so wenig freigegeben wie römisches Mauerwerk. Der Name Mysokaras, das nach Ptolemäus zwischen Cap Bedonza und der Mündung des Oued Tensift lag, geistert vage im Raum. Als »Afsi« wird der heutige Ort zum ersten Mal im 11. Jahrhundert genannt, war bald ein wichtiger Hafen der einheimischen Küstenschiffahrt, aber den europäischen Handelsschiffen bis zum 15. Jahrhundert verschlossen. Ibn Khaldun erwähnt das Ribat, die Klosterburg von Afsi. Gegen 1480 wohl haben die Portugiesen hier Fuß gefaßt, eine Faktorei errichtet und durften sich als die Herren betrachten. Der Merinidensultan war weit weg, der einheimische Machthaber war an der lukrativen Zusammenarbeit mit den Lusitaniern interessiert und am Profit beteiligt. Da in Afsi/Safi auch die Waren aus Guinea (Gold und Sklaven) umgeschlagen und gegen marokkanische Erzeugnisse getauscht wurden, war der Gewinn beträchtlich.

Geld und Macht verderben den Charakter und säen Zwietracht. Zwietracht brach denn auch zwischen zwei Männern aus der herrschenden Farhoun-Sippe aus und sie wandten sich an die Christen. Der eine an den König von Kastilien, der andere an den von Portugal, und dieser befahl dem Admiral Don Diego de Azambuja, seinem Statthalter in Mogador, 1508 Safi zu besetzen. Ein Versuch der Moslems, die Portugiesen wieder zu vertreiben, schlug fehl. Diese umzogen die Stadt mit einer Mauer und stießen von Safi aus in Raubzügen bis vor die Mauern von Marrakesch vor. Aber als Agadir gefallen war, mußten sie 1541 auch Safi aufgeben.

Bevor sie abzogen, haben sie die Festungsmauern geschleift. Nach wenigen Jahrzehnten waren sie wieder da: als der Sultan nämlich den Hafen dem Handel mit Europa öffnete. Aber damals waren auch die Franzosen auf dem Plan. Seit 1577 residierte in der Stadt ein französischer Konsul, 1631 und 1635 unterzeichneten hier der Sultan al-Walid (1631-1636) und der von Louis XIII. bevollmächtigte Chevalier de Razilly Freundschafts- und Beistandsabkommen. Safi wurde für kurze Zeit Marokkos wichtigster Hafen, stand in engem Austausch mit Marseille, später auch mit den Niederländern und England, schließlich konnten 1751 gar die Dänen den Safi-Handel als ihr Monopol betrachten. 1767 unterzeichnete der Duc de Choiseul einen Handelsvertrag mit dem Sultan, der Frankreich bedeutsame Vorteile einräumte. Damals nahm am Ort der Konsul Chénier Frankreichs Interessen wahr, der Vater des Dichters André Chénier, Mitglied des Konvents, Opfer Robespierres und Held von Giordanos Oper.

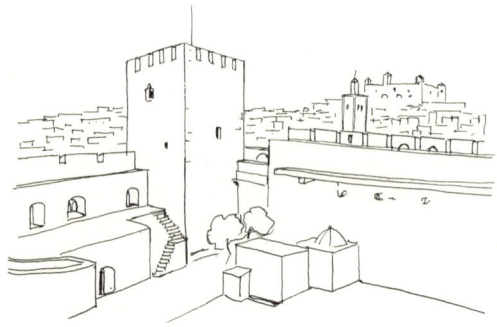

Das *Dar-el Bahr,* das »Meerschloß«, von den Portugiesen im frühen 16. Jahrhundert errichtet, ist nach Umbauten und Verfall nun zur Sehenswürdigkeit mit Fotoverbot ergänzt und restauriert. Über dem Zugangstor der quadratischen Burg von etwa sechzig Meter Seitenlänge das portugiesische Wappen: die sieben Burgen und die fünf Schilde mit den fünf Silbermünzen und der Schild mit der Armillarsphäre. Ein Viereckhof, in den sich ein kleines Heiligengrab einschmiegt. Eine Rampe führt hinauf auf die Mauerkrone, auf der alte Kanonen von langvergangenen Tagen träumen. Vom Südturm weiter Blick aufs Meer, auf den nördlich gelegenen alten Hafen, auf die verschüttete alte Einfahrt ins Arsenal, auf die Klippenküste des Ribat-Viertels, durch das wir einfuhren, über die Medina bis zur hochthronenden Kechla-Festung.

Jenseits der verkehrsreichen Durchgangsstraße, nur etwa hundert Schritte an der von Bäumen teilweise verdeckten Südmauer der Medina entlang, führen links ein paar Stufen abwärts in eine bogenüberwölbte Gasse zur im 15. Jahrhundert an der Stelle der portugiesischen Kathedrale (Safi war damals Bischofssitz) errichteten Großen Moschee. Sie ist uns natürlich verboten, aber vom einstigen Dom blieb ein Rest: der *Chor der Bischofskirche,* ein Zeugnis des manuelinischen Stils, benannt nach König Manuel I., dem Glücklichen (1495-1521), als Portugal voll war vom Gewürzduft und Gold seiner Besitzungen über See und als seine Künstler, wie berauscht von den fremden Fernen, die manieristisch ausblühende Spätgotik zu monströsem Reichtum steigerten. Was wir hier im schwachen Kunstlicht wahrnehmen, läßt sich zwar nicht mit Belém, Tomar, Coimbra oder Batalha vergleichen, denn es ist eher bescheiden bis auf die ausladenden Wappenschlußsteine mit der Armillarsphäre, den Kastellen, den Schlüsseln Petri, aber in Form und Geist verwandt den Schöpfungen im Mutterland. Das berührt uns im ›Mohrenland‹ als vertrauter Gruß der europäischen Kunst.

Ein Gang durch die Marktgassen der Medina mit ihren ganz dem täglichen Bedarf dienenden Läden und dem Jungvolk in schnittigen Jeans lädt – obwohl diese Bilder nach Wochen im Lande schon so vertraut sind – doch immer wieder zum Schnuppern und Schauen ein. Außerhalb dann, beim Bab Chaba, die Märchenerzähler und Fakire. Da tut sich fast so etwas wie eine kleine Djema ef-Fnaa auf. Eine Hügelstufe höher der Andenkenmarkt mit den ziemlich enttäuschenden Erzeugnissen der Safi-Keramik: Schalen und Schüsseln, Krüge und Vasen, die – oder täuscht mich die Erinnerung? – von Jahr zu Jahr immer farbenfader und touristenkitschiger degenerieren. Wem noch Safi-Keramik

im Dar-Si-Said-Museum von Marrakesch in Erinnerung
steht, der erschrickt, in wie kurzer Zeit Gestaltungskraft
und Geschmack verkommen können in einem Land, dessen
Handwerk doch Formenschatz und Traditionen bis an die
Grenze der Sterilität zu konservieren versteht. In viel zu
vielen Geschäften und kilometerlang an Straßenrändern wird
angeboten, was von hier stammt. Daß es sich dabei – ach! –
wirklich um garantiert handwerkliche Erzeugnisse handelt,
davon kann man sich weiter oben im *Töpferviertel* überzeu-
gen. Da wird der Ton noch mit den Füßen getreten, werden
die Gefäße auf der Scheibe von den Meistern hochgeformt,
im Freien getrocknet, da erhalten sie von Freihandmalern
ihren Farbdekor, werden sie in den herkömmlichen Öfen
gebrannt, die wie in vorindustriellen Zeiten mit Robinien-,
Eukalyptus- und Ölzweigen beheizt werden. Die Prozedur
ist die alte, die Muster halten sich an die Tradition, und doch:
die Produkte scheinen uns weniger dem Geist der würdigen
Alten zu entsprechen als dem der zudringlichen Buben, die
sich erbieten, den Fremden auch zu den verehrtesten Marabuts der alten Stadt zu führen und den Weg zur *Kechla* zu
weisen, der alten Portugiesenfestung auf der Höhe, die wir
schon von der ›Meerburg‹ aus erblickten. Immer wieder
verändert, mit überdachten Zinnentürmen, mit portugiesischen Wappenemblemen, mit einigen Resten islamischer Dekoration aus dem 18. Jahrhundert bietet sie vor allem einen
prächtigen Blick über die alte Stadt und auf atlantische Meeresweite. Meeresweite. Von Safi aus ist Thor Heyerdahl mit
seinem Papyrusfloß Ra und Ra II zur Fahrt übers große
Wasser aufgebrochen, auf den Spuren der Seefahrer einer
dunklen Vorzeit.

Safi hat noch mehr zu bieten, nämlich auch einen funktionierenden Campingplatz, der dem der Hotelsuche müden
Landfahrer angenehme Rast gewährt. Und nicht zuletzt ist
es Ausgangspunkt für neugierige Ausflüge, wie zum Beispiel
nach *Kedima* (30 km südlich, jenseits der Industriezone), einem kleinen »Centre balnéaire« mit Umkleide- und Dusch-
kabinen und Ferienwohnungen. Schon bevor man die Bucht
erreicht, bietet sich von der Höhe steiler Klippen ein Blick,
der an die portugiesische Algarveküste erinnert. Abseits Re-

ste einer zerstörten Befestigung mit Zinnenmauern. Das ist
die nördliche Grenze für das Fortkommen der Arganienbäume: Abschied vom Süden.

Auch nördlich von Safi eine ›Algarveküste‹, über deren
Einsamkeit sich die Straße hinzieht. Vom Abbruch der Klippen fällt der Blick hinaus in die verschwimmenden Weiten
des Ozeans. Steilküste, die sich dann sänftigt, Felder, von
Steinmauern gegen den Meerwind gedeckt, weiße Marabuts
über dem Blau des Meeres. Wolkenlandschaften türmen sich
vom Horizont heran, setzen Kaffeebraun gegen Milchweißes
und zeigen dahinter wie verstohlen verweintes Blau. Garten-
felder, von Schilfrohr und dürrem Eukalyptus umzäumt,
senken sich sacht dünenab, ja wagen sich selbst bis ans Meer
und bringen Mais und Weizen, Rettiche und Karotten, Rüben, Auberginen und Fenchel hervor. Zwischen Plastiktreib-
häusern für Tomaten und Frühkartoffeln, sie vermehren sich
von Jahr zu Jahr, tritt der alte Felsboden zutage.

Über einer malachitgrünen Lagune vor dem kühlen Blau
des Meeres eine Badeniederlassung: *Ouladiya*. Modern und
doch wenig einladend. Reste einer Kasbah aus dem
17.Jahrhundert, grünende Umgebung, Salinen. – Dünen,
Wälder, Lagunen immer wieder links unseres Weges, der
am Fuß der Küstenhügel entlangzieht. Immer wieder die
gleichen Landschaftsmotive: das saftige Grün der Felder, das
gelbliche der Opuntien, das graue der Agavenschwerter, das
silbrige der Olivenbäume, der Tamarisken, der Eukalyptus-
wipfel, das dunkelledrige von Johannisbrotbäumen. Schafherden, trippelnde tapfere Esel, ein weißes Marabut: Bilder,

die sich zu immer neuen Kombinationen variieren. So
nimmt die an sich wenig abwechslungsreiche Strecke uns
doch durch sanften Reiz gefangen.

29 km vor El-Jadida die ganz neue »plage« von Sidi Abbed
und 11 km weiter (18 km vor Jadida) ein ganz neuer Hafen
– Jorf Lasfar – für Export des Phosphats, das in einem gleichfalls ganz neuen Werk verarbeitet werden soll. Eine neue
Umgehungsstraße ist im Bau.

El Jadida – Festung Mazagão

Oft veränderten an dieser Küste die Städte Gesicht und Namen. An der Stelle des heutigen Jadida, der »Neuen«, lag
einst wohl das alte phönikische Handelskontor Rusibis, das
vielleicht der Punier Hanno begründet hat. Die Siedlung
bestand noch zur Römerzeit, Ptolemäus und der ältere Plinius erwähnen sie. Im Jahr 1502 legten schiffbrüchige Portugiesen hier ein kleines Fort an, von den Einheimischen El
Brija el-Jedida oder kurz el-Jadida genannt. Als die Portugiesen hier vier Jahre später auch eine Stadt gründeten, gaben sie
ihr den Namen Mazagão. Diese Ansiedlung, mit mächtigen
Mauern versehen, entwickelte sich bald zu einer der wichtigsten Faktoreien an der atlantischen Küste. 1562 hat der Saadiersultan Muley Abdallah vergeblich versucht, den Ort
einzunehmen. Zweieinhalbtausend Mann verteidigten die
Festung. Nach dem Aussterben des Hauses Avis kam sie mit
Portugal und all seinem Besitz an den habsburgischen König
im Escorial und gelangte erst 1640, als sich Portugal wieder
von Spanien getrennt hatte, an die Portugiesen zurück und
blieb – immer wieder umkämpft – bis 1769 in ihrem Besitz.
Als sie vor Sidi Mohammed ben Abdallah die Festung räumen mußten, haben sie die Bevölkerung evakuiert und den
Mauerring gesprengt. Der Eroberer ließ die Häuser plündern
und niederbrennen. Das einst geschäftige Mazagão lag in
Ruinen bis Muley Abderrahman, der Enkel des Eroberers,
el-Jadida, die »Neue«, wieder aufbauen ließ, sie mit Berbern
(Doukkala) und mit Juden aus Azemmour besiedelte und sie
mit einer neuen Mauer umziehen ließ. 1890 wurde dieser
Festungskranz ausgebaut, aber da war derartiges eigentlich

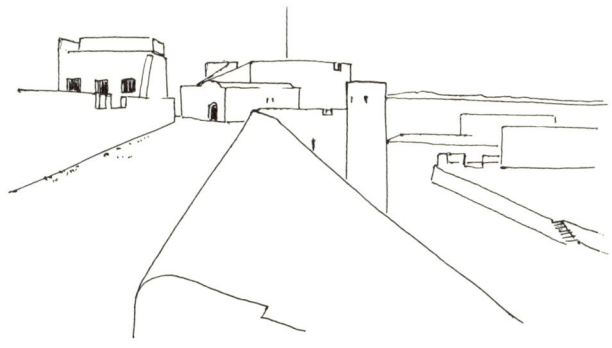

schon überholt. Unter dem französischen Protektorat nahm
die Stadt – nun wieder den alten portugiesischen Namen
französierend als Mazagan annehmend – einen steilen Aufschwung und wurde zum mondänen Seebad mit Post und
Hotels, Stadttheater und Pferderennbahn, Strandpromenade
und Kasino. Noch heute ist diese Kuratmosphäre spürbar,
doch überwiegt entschieden das marokkanische Kolorit.
Zwar ist Mazagan – seit der Unabhängigkeit wieder el-
Jadida – immer noch eines der beliebtesten, weil klimatisch
angenehmsten Seebäder Marokkos, denn selbst im Sommer
klettert das Thermometer nur ausnahmsweise über 30 Grad,
doch wer hier nicht Ferien macht, wird die Seebadatmo-
sphäre bestenfalls auf einem kleinen Spaziergang einschnup-
pern. Zu besichtigen gibt es in der Neustadt nichts; dem
Durchreisenden ist einzig die von Wällen und Bastionen
umschlossene Portugiesenstadt besuchenswert, das aber in
hohem Maß, versetzt sie doch mitten hinein ins Mazagão
von einst.

Gleich hinter dem neu durch den Festungswall gebrochenen Tor steht die schmucklose, fast scheunenhafte einstige
Maria-Himmelfahrts-Kirche. Die kurze Rua de Carreira
führt geradewegs zum alten Hafen. Nach hundert Schritten
links ein weißer Fünfeckturm, die *Torre Dacadeira,* jetzt Minar einer kleinen Moschee geworden. Häuser und Hausfronten, die an die iberische Halbinsel erinnern. Auch abseits
der Hauptstraße gibt es Plätzchen und Winkel, die im afrikanischen Marokko eben wegen ihrer Anklänge an Euro-

päisches die Aufmerksamkeit fesseln. Sind Touristen wirklich so sonderbare Wesen, daß sie aus Europa nach Afrika fahren, um sich dann dort vom besonders Europäischen beeindrukken zu lassen? Nein, die Erinnerungen an Alteuropäisches, sie nehmen wir nur wahr als eine besondere Farbe im bunten Bild unseres Reiselandes.

Kein Zweifel: die *Portugiesische Zisterne* ist mehr als ein bloß eindrucksvoller Farbtupfer. Eine unterirdische, fast quadratische Halle (34 mal 33 Meter). Fünf mal fünf stämmige Rundpfeiler tragen Kreuzrippengewölbe. Der Raum entstand 1541 als Vorratsspeicher, diente später bei Belagerungen als Zuflucht für Frauen, Kinder und Greise, zwischenhinein auch einmal als Wasserreservoir. Man hat die Halle mit einem Ziegelpflaster ausgelegt, in dessen vertiefter Mitte sich Regenwasser sammelt, so daß sich die kreisrunde Lichtöffnung in der Mitte spiegelt, dank künstlicher Beleuchtung auch das System der Gewölbe. Im Vorraum der ›Zisterne‹ steht ein Modell der Portugiesenstadt des 16. Jahrhunderts, und wir erkennen, daß sich trotz Zerstörung und Neugründung doch nicht gar so viel verändert hat. Man kann in einer halben Stunde den ganzen Kranz der Bastionen abschreiten; unverzichtbar jedenfalls ist der Besuch der Engelsbastei mit den Blicken über den von Molen umfaßten Vorhafen (deutsche Kriegsgefangene haben sie errichtet), auf das barocke Perspektivenspiel der Wälle, über die Dächer und Türme der Altstadt, auch in den einstigen Südgraben, in dem malerische Schiffchen angelegt haben.

Von der ehemaligen Heiliggeistbastei (der südwestlichen des Festungsvierecks) schauen wir über die Neustadt, sehen das Menschengewimmel auf dem südwärts verlaufenden Boulevard. Heute ist Sonntag, also Markttag, der das sonst verhüllte Leben in aller Farbenfrische zeigt.

Vexierend: man ist doch an der Westküste, der Atlantik müßte also im Westen liegen – aber Jadida – in einer Einbuchtung der Küste – schaut nach Osten. Es dauert einige Zeit, bis man die Orientierung findet.

Neustadt und Strandpromenade ziehen sich dahin. Durch die Dünen und das Ufergehölz aus Eukalyptus, Mimosen- und Weidenbüschen und allerhand Macchiengewächs führt eine meernahe Straße. Wir können der Badeverlockung nicht widerstehen, obwohl wir wissen, daß der Atlantik kälter sein kann als der See daheim im Sommer ... Und wir merken, daß auch die schöne Sanftheit des Strandes täuscht. Im Wasser verbergen sich da und dort scharfkantige Felsbarrieren. Vorsicht!

Straßen nach Casa

Azemmour liegt nicht am Meer, sondern am linken Ufer des Oued Oum er-Rbia, kurz bevor dieser längste Strom Marokkos in den Ozean mündet. In seinem windungsreichen Verlauf von der Quelle im Mittleren Atlas (bei Kenifra haben wir an seinem Ursprung gestanden), muß er sich manches gefallen lassen: er wird mehrfach angezapft, in seinem Unterlauf durch etliche Talsperren gezügelt, welche die Überschwemmungsgefahr gebannt haben, Elektrizität gewinnen und kostbares Wasser speichern, aber auch den einst blühenden Alsen-Fang zum Erliegen brachten. Die von der Moderne kaum berührte Kleinstadt besitzt keinerlei touristische Einrichtungen, aber eine ummauerte Medina, die sich am Fluß entlangzieht und mit zwei Toren zum Wasser öffnet. Nur das Kasbah-Viertel bewahrt noch in Mauerfügung und manchen Details, wie Fensterumrahmungen, eine Erinnerung an das halbe Jahrhundert (zwischen 1486 und 1541), da hier die Portugiesen als Herren Handel trieben. Der schönste Blick auf das weiße Städtchen mit seinen lehmbraunen Mauern bietet sich von der Brücke über den Fluß.

Nach Azemmour teilt sich die Straße. Die P 8, breiter und daher »schneller«, aber auch verkehrsreicher, führt durch sanftwelliges Bauernland und einige größere Marktorte, in denen sich schon die Nähe der Großstadt spürbar macht. Das ist eigentlich eine Strecke für den Frühling. In den Wiesen und an den Rainen blüht es dann mohnrot, dottergelb, veilchenblau, schaumrosa, hauchweiß und fliederlila und kräftig orangefarben: eine Festpracht, die nur zu bald verwelkt. Dieser Weg nach Casablanca reißt auch die ganzen Kontraste auf, die die große Stadt zerreißen; er verbirgt nicht die Bidonvilles, die tristen Hüttenslums aus Abfallholz, Blech und Plastikbahnen, ohne Wasser, Gas und Strom, stinkend, schlammig-staubig – Herde von Krankheit und Kriminalität, die der Fremde nicht wahrnehmen soll – und gleich dabei ein Wegzeiger, der die Autos zum Airport Mohammed V weist, und links ein riesiger Kubus aus Stahl und dunklem Glas: das Kernforschungszentrum.

Die meernähere S 130, schmaler, weniger befahren (vor allem von Lastautos gemieden) führt durch Dünen und mit ihren Abzweigungen immer wieder zu Badestränden und Campingplätzen: Sidi Rahal, Bir-Retma, Dar Bouazza und wie sie heißen: Naherholungsgebiet der Großstadt.

Auf einer Klippe im Meer das weiße Heiligtum des Sidi Abderrahman, umgeben von Gräbern der Pilger, die auf dieser Felszacke den Heiligen um Hilfe anflehten und ihm einen Streifen von ihrem Gewand, eine Haarsträhne opfern wollten, auf der Wallfahrt aber starben. Alter Volksglaube neben modernen Reklametafeln.

Knapp tausend Meter weiter noch tiefere Vergangenheit: die Steinbrüche von Sidi Abderrahman gaben neben Resten einer altsteinzeitlichen Niederlassung 1955 ein fossiles Kieferfragment mit zwei Backenzähnen eines Menschen der Frühzeit frei, den die Wissenschaft Atlanthropus getauft hat. Für die Fachleute eine Sensation, für den Laien ein Beleg, daß die Umgebung der modernsten Stadt Marokkos schon in grauester Vorzeit besiedelt war.

Wer auf der Küstenstraße nach Casablanca einfährt, vermutet ein Nur-Ferien-Gebiet, ein Super-Miami. Der Boulevard de la Corniche zieht entlang an Badeanstalten, Clubs, Restaurants, Hotels. Vom Verkehrskreisel hinterm Felskap Ain Diab zweigt eine Straße rechts ab ins noble Anfa-Viertel mit den weißen Villen der Reichen. Ein Traumland verwöhnten Ferienlebens der happy few, in dem doch unterschwellig schon etwas spürbar ist von den schroffen Gegensätzen, die Casablanca bis zum Bersten füllen.

Weiter an der Küste entlang, am Leuchtturm von El-Hank und an dem vorbei, was von den Mauern der alten Medina erhalten ist, führt die Straße zum Hafen und ins Zentrum des Casablanca des 20. Jahrhunderts.

Der Hügel von Anfa, einst ein phönikischer Stützpunkt, ist heute einer der reichen westlichen Außenbezirke. Hier trafen sich im Januar 1943 Roosevelt und Churchill und erklärten als Kriegsziel die bedingungslose Kapitulation Hitler-Deutschlands. Diese Konferenz von Casablanca war auch für die Geschichte Marokkos von Bedeutung: Sultan Mohammed V. traf mit dem amerikanischen Präsidenten zusammen und gewann dessen Versprechen, daß Amerika sich für die Unabhängigkeit des Landes einsetzen werde.

In den Vierteln der Reichen mit weißummauerten und umgrünten Villen wässern dunkelhäutige Diener den Rasen, schieben den Mäher, stutzen die Stauden, harken die Wege, und bevor die Schule anfängt, geht es zu wie in einem Nobelvorort von Hamburg oder Paris – nur noch etwas exklusiver. Reinliche Bonnen geleiten die lebhaften Kinder zur Schule, wenn es nicht die Mütter selbst sind, die ihre Lieblinge in sündteuren, in Marokko eigentlich unerschwinglichen Luxusautomobilen hinbringen und mittags wieder abholen.

Im Mittelalter lag hier eine kleine berberische Stadt, wenig bedeutend, denn ein Naturhafen fehlte ihr. Immerhin trieb sie bescheidenen Handel und bot notfalls den Korsaren einen Unterschlupf. Die Portugiesen haben sie 1468 gründlich zerstört. Nahe den Ruinen bauten sie 1575 ein Fort, das sie Casa branca nannten. Erst nach dem Erdbeben, das am 1. November 1755 Lissabon zerstörte, gaben sie diesen Stützpunkt auf und Sultan Mohammed ben Abdallah ließ 1757 wieder eine Stadt bauen, nach der weißen Festung Dar el-Beida genannt, was die Spanier dann mit Casa blanca übersetzten. Bereits 1830 legten hier europäische Schiffe an, seit 1862 gab es eine regelmäßige Verbindung mit Marseille, die Stadt reckte sich, aber blieb doch bescheiden im Vergleich zu dem, was ihr noch bevorstand. Um 1900 schätzte man zwanzigtausend Einwohner, noch 1907 bestand sie einzig aus dem heute ›Alte Medina‹ genannten Viertel, zur einen Hälfte mit steinernen Häusern, zur anderen mit Schilfhütten bebaut.

Damals begann eine französische Firma mit dem Bau eines künstlichen Hafens – nicht ohne anfänglichen Widerstand der konservativen Einheimischen. Europäer wurden ermordet, die französische Armee griff ein – und damit begann ein jäher Aufstieg. General Lyautey bestimmte 1912 die Stadt zum großen Hafenplatz. Eine Neustadt für die immer zahlreicher herbeikommenden Franzosen sollte entstehen. Das sprunghafte Wachstum läßt sich an ein paar nüchternen Zahlen illustrieren: 1912 bereits 60 000 Einwohner, 1936 263 000, 1952 682 000, 1960 ist die Millionengrenze erreicht, 1970 (geschätzt) 1,6 Mio., 1975 zwei Millionen. Heute ist Casablanca die drittgrößte Stadt Afrikas, die größte im Maghrib; viermal so volkreich wie Fes oder Marrakesch, beherbergt sie gut 10 Prozent aller Einwohner des Landes und die Hälfte seiner Industrie, seines Kapitals. Bis zum Ende des Protektorats lebten etwa 160 000, das heißt vierzig Prozent aller Europäer des Landes in Casablanca, 1960 gab es immerhin noch 115 000 Ausländer (darunter 77 000 Franzosen, 16 000 Spanier, 8000 Italiener, 5000 Algerier) und 73 000 marokkanische Juden.

Die nachkoloniale ›Orientalisierung‹, der katastrophal-wilde Zuzug von Marokkanern aus dem Süden und Osten des Landes, hat die Stadt vor kaum lösbare Probleme gestellt. Ist Marokko ein Land farbiger Kontraste, so ist seine größte Stadt, seine unbestrittene Wirtschaftmetropole, ein Herd gefährlich tiefer sozialer Spannungen.

Eine solche Stadt durchkämmt man nicht nach Sehenswürdigkeiten. Hier gibt es nichts, was man ›gesehen haben muß‹. Was auf den ersten Blick auffällt, sind die amerikanisierten Hochhäuser, zu denen die alte Medina einen pittoresken Gegensatz bildet. Aber diese Medina ist ja nicht ›alt‹ wie die von Fes oder Marrakesch und nicht einmal sehenswert – allenfalls für den, der die Königsstädte nicht zu sehen bekommt. Der mag hier wähnen, eine »orientalische« Stadt zu erleben.

Von der Place Mohammed V, die früher einmal Place de France hieß, beginnt gleich links hinter der Moschee die jüdische Mellah. Wer erläge nicht, selbst wenn er sich abgebrüht genug wähnt, der Faszination der Fremde, auch wenn sie sich so trivial und in so schäbiger Tristesse darstellt. Schärfsten Kontrast zu diesen engen, sanitär katastrophalen Gassen stellen die breiten Boulevards der Neustadt dar mit den blank spiegelnden Banken, den Büros der Fluggesellschaften, den Luxusläden aller teuren Firmen von Paris.

Die weite Grünfläche des ›Parks der Arabischen Liga‹ durchschneidet der Boulevard Muley Youssef. Im Nordostwinkel des Parks die beton-gotische Kathedrale Sacré-Cœur mit Glasfenstern, die man nur zur Stunde des Sonntagsgottesdienstes zu sehen bekommt, denn sonst ist die Kirche verschlossen. Die Place des Nations Unies mit ihrer opulenten Fontäne umstehen einstiges Theater, Justizpalast und Präfektur (Rundblick vom Turm!) im neoislamischen Stilgewand. Modern interpretierte islamische Tradition zeigt auch die ›Neue Medina‹ (auch schon wieder übervölkert), mit Moscheen und dem 1952 vollendeten Sitz des Paschas. Das alles ist Casablanca, aber nur ein Teil, wie die Restaurants und exklusiven Sportclubs an der Corniche, wo blasierte Jünglinge und olivblasse Herren ihren mandeläugigen Freundinnen aus schnittigen Wagen helfen und sie zu Sporting und Drink überm blauen Meer führen, das mit weißen Kämmen gegen die Küste anbrandet.

Viel wirklicher – natürlich der Touristenneugier entzogen – sind die dumpf-heißen, billig-staubgrauen Vorstädte und die erschreckenden Bidonvilles, wo ärger als Ratten alle die hausen, welche der Ruf von Casas Reichtum aus dem Land angelockt hat. Weder der nüchtern-häßliche Export- und Umschlaghafen noch die Industrie (Nahrungsmittel, Zuckerraffinerien, Textil- und chemische Fabriken sowie Montage-Betriebe), die entlang und zwischen den nördlichen Ausfallstraßen angesiedelt ist, können alle diese Zuzügler beschäftigen. Ekel-graues, hoffnungsloses Elend neben protzigstem Reichtum: Spannungen, die sich in Gewalttätigkeit oder auch gewaltlos in fingerfertiger Dieberei entladen. Der abenteuerliche Geruch von Unterwelt, den Tanger einst genoß, hat sich über Casablanca gelegt – aber auf eine triste und triviale Weise.

Wer betucht genug ist, in einem der eleganten Hotels für ein paar Wochen Quartier zu machen, der findet dieses

Zentrum von Handel, Wirtschaft und Verkehr einen bequemen Ausgangspunkt für Ausflüge ins Land. Casa (so heißt
es im Mund der Leute hier) besitzt neben seinem internationalen auch einen nationalen Flughafen mit Verbindungen zu
allen wichtigen Städten Marokkos und ist Ausgangspunkt
guter Straßen ins Landesinnere.

Wir haben Wind, Sand und Sterne Marokkos erlebt, sahen seine lavendelblauen, hartgoldenen, sanftgrünen Gebreiten, seine ockerbraunen und fliederfarbenen Berge, seine bläulichweißen und seine rostroten Städte mit den verhüllten hellhäutigen und den tatowierten bräunlichen Frauen, den in kamelbraune Gewänder gehüllten dunkelschönen Männern, den schwarzlockigen jungen Leuten, die dem Touristen so oft die Freude verderben konnten. Unter der sinnlich-harten Strenge des Islam erlebten wir etwas vom weisen Hingegebensein des Menschen und seinem Gebundensein an die karge Umwelt, seine brennende Frömmigkeit und sein hoffnungslos-dreistes Überspringen aller Grenzen. Noch im Traum mischen sich die Farben: cremeweiß und porphyrener Ocker, türkises Himmelsgrün mit dem Blauviolett der Bergketten, steht Paprikarot neben smaragdenem Email, schreit Gelbes im lichtgeschlitzten Dämmer einer Gasse. Und dann kommen die staubgrauen und ockerwarmen Brauntöne herauf, welche die klaren Farben erst zum schamlosen Glühen bringen.

Casablanca mit seinen schneidenden Gegensätzen von heute und den Problemen von morgen ist wohl der rechte Ort für einen zagenden Abschied von diesem so farbiggegensätzlichen weiten Land.

Aber Casa soll doch nicht der letzte Punkt unserer Fahrt bleiben. Einen Tag haben wir noch, um zurückzutauchen. Wenig mehr als eine Stunde, und wir halten noch einmal Umschau im Museum von Rabat mit den prähistorischen Zeugnissen, den phönikischen Scherben, der Büste Jubas, den römischen Mosaiken. Noch einmal begegnen wir dem Hassanturm und den almohadischen Toren, dem romantischen Zauber der Chella. Während wir im maurischen Café der Kasbah über die Flußmündung hinüberschauen auf das helle Salé, denken wir zurück an die Zedern des Atlas, an die schwarzen Zelte der Nomaden, an die phantastischen Lehmburgen südlich der Schneeberge, an die Flußoasen mit ihren schlanken Palmen, an die riesigen Sternbilder am nächtlichen Himmel und an die Sternmuster an den Wänden der alten Koranschulen und der patrizischen Häuser, an Elendshütten und Betonkästen, an bescheidene Händler und Gassenlungerer ohne Zukunft, an blinde Bettler und weißgewandete Fromme, an schwarze Bauern und verhüllte Frauen, an Weite der Wüste und den Dämmer enger Gassen. Das in jeder Hinsicht »westlichste« Land der islamischen Welt schien uns manchmal wie der Hintergrund für ein Märchen Scheherazades, aber wir haben auch seine düstere Härte erlebt (auch Märchen sind grausam) und einen Problemfall aus der Welt von heute.

Anhang

Zeittafel

60. Jahrtausend v. Chr.: Erste Spuren menschlicher Existenz

40.-15. Jahrtausend v. Chr.: Spuren des Rabat-Menschen (Atlanthropus)

2. Jahrtausend v. Chr.: Felsgravuren der berberischen Urbevölkerung

Um 1100 v. Chr.: Angebliches Gründungs-Datum von Lixus

7. Jahrhundert v. Chr.: Erste archäologische Zeugnisse für die Anwesenheit von phönikischen Kaufleuten

6. Jahrhundert v. Chr.: Karthagische Handelsniederlassungen an der atlantischen Küste

1. Jahrhundert v. Chr.: Königreich der Mauri, seit König Bokchos (gest. 81 v. Chr.) auch im Besitz Westnumidiens (d. h. Westalgeriens), steht seit dem 1. Jahrhundert n. Chr. unter römischer Oberhoheit

40 n. Chr.: Caligula läßt den letzten König Ptolemäus hinrichten. Nordwestmarokko wird römische Provinz Mauretania Tingitana

682: Der arabische Feldherr Oqba ben Nafi (Gründer von Kairouan in Tunesien) erreicht den Atlantik
Nach wiederholten Aufständen beugen sich die Berber der Herrschaft der Araber

711: Der Islam erobert von Marokko aus den Süden der iberischen Halbinsel

Die Idrisiden

Idris I.	788-792
Idris II.	803-829
Mohammed	829-836
Ali	836-848
Yahia I. und II.	859
Ali	859
Yahia III.	880-904
Yahia IV.	904-921
Ali, Kalif von Córdoba	1016

Anfang 10. Jahrhundert: Die Dynastie der Idrisiden erliegt den feindlichen Fatimiden, die im 10. Jahrhundert über Nordafrika herrschen

1036: Abdallah ben Yasin begründet die Herrschaft der Almoraviden

Die Almoraviden

Yahia ben Omar	1055-56
Abu Bekr ben Omar	1087-88

Er gründet 1062 Marrakesch

Yussuf ben Taschfin	1061-1107
Ali ben Yussuf	1107-43

Hochblüte der Kultur, gegen die sich Widerspruch meldet. Der Mahdi Ibn Tumart gründet 1125 das erste Kloster der Almohaden

Taschfin ben Ali	1143-45
Ishak ben Ali gefallen	1147

Die Almohaden

Abd al-Mumen	1130-63

Nimmt den Titel Kalif an

Yussuf	1163-84
Yaqub al-Mansur	1184-99

1195 Sieg bei Alarcos über Alfons VIII. von Kastilien

An-Nasir	1199-1213

1212: Niederlage bei Las Navas de Tolosa im Kampf gegen die Christen. Die Beni Merin beginnen, nach der Herrschaft zu streben

Al-Mustansir	1213-24
Yahia	1227-29
Al-Mamun	1229-32
Ar-Raschid	1232-42
As-Said	1242-48
Al-Murtada	1242-66

Die Meriniden besetzen erstmals Fes

Abu Debbus	1266-69

1269 Die Meriniden erobern Marrakesch

Die Meriniden

Abu Yussuf Yaqub	1258-86
Abu Yaqub Yussuf	1286-1307
Abu Rabia	1308-10
Abu Said Othman	1310-31
Abu el-Hassan	1331-51

1340 Niederlage gegen die spanischen Ritter am Rio Salado

Abu Inan	1348-58
Es-Said	1358-59
Abu Salim	1359-61
Abu Omar	1361
Abu Zayan	1361-67
Abd el-Aziz	1367-72
As-Said II.	1372-74
Abu l'Abbas	1374-84
Mussa	1384-86
Abu Said III.	1398-1420

Meriniden, Fortsetzung

Abd el-Hak	1420-65

Nach dem gewaltsamen Tod des letzten Meriniden übernehmen die Fürsten aus dem Geschlecht der Beni Ouattas den Sultanstitel an

Mohammed as-Saih	1472-1505

1492 erobern die Spanier Granada, den letzten Rest islamischer Herrschaft auf ihrer Halbinsel

Abu Abdallah Mohammed

	1505-24
Abu l'Abbas Ahmed	1524-48/50

Die Saadier

Mohammed ben Ahmed el-Kaim

gest.	1517
Ahmed el-Aredsch	1555
Mohammed esch-Scheikh	1557
Muley Abdallah	1557-74

Mohammed al-Mattawakil

	1574-76
Abd al-Malik	1576-78
Ahmed al-Mansur	1578-1603

1578 Dreikönigsschlacht am Oued el-Kebir, aus der Ahmed als al-Mansur, als Sieger, hervorgeht. Durch seine Kriegszüge in den Sudan wird er auch der ›Goldene‹ genannt

Abu Faris	1603-08

Mohammed esch-Scheikh

al-Mamun	1608-13

Seit 1609 kommen die aus Spanien vertriebenen ›Morisken‹ ins Land

Muley Zidan	1613-27
Abd al-Malik	1627-31
Al Walid	1631-36

Mohammed esch-Scheikh

es-sghir	1636-54

Saadier, Fortsetzung

Ahmed el-Abbas   1654-59
  1666 Die aus Yanbo in Arabien
  eingewanderten Alouiten setzten sich im Tafilalet fest und
  erobern von hier aus die Macht

Die Alouiten

Muley Raschid   1666-72
Muley Ismail   1672-1727
  Der energisch-große Kriegs-
  und Bauherr (Meknes), dessen
  Tod Marokko in eine schwere
  Krise stürzt
Muley Abdallah   1728-57
  1757 Vertreibung der Portugie-
  sen aus El-Jadida
Sidi Mohammed   1757-90
Muley Jasid   1790-92
Muley Sliman   1792-1822
Muley Abderrahman   1822-59
Mohammed IV.   1859-73
  Besetzung Tetuans durch spani-
  sche Truppen
Muley Hassan   1873-94
Muley Abdelaziz   1894-1908
  1894 Er vermag den Vor-

Alouiten, Fortsetzung

  marsch der Franzosen in der Sahara nicht aufzuhalten
  1904 Die Franzosen beginnen
  mit der ›friedlichen Durchdringung‹
  1906 Algeciras-Konferenz
  1907 Invasion französischer
  Truppen
Muley Hafid   1908-12
  1911   Marokko-Kongo-Ab-
  kommen
  1912 Französisches Protektorat.
  Marschall Lyautey französischer Generalresident
Muley Yussuf   1912-27
  1925/26 Aufstand unter Abd el-
  Krim
  1956 Marokko erhält seine Unabhängigkeit. Spanien behält
  im Norden des Landes Ceuta
  und Melilla
Hassan II.   seit 1961
  1975 Marokko besetzt mit dem
  friedlichen Grünen Marsch einen Teil, später auch den Rest
  der Spanischen Sahara

Abbildungsnachweis: *Farbtafeln:* Astrid Fischer, München 4, 13; Bilder-
berg (Klaus D. Francke) Hamburg 2, 5, 6, 7, 8, 10, 15; Alfred Renz,
Rottach-Egern 1, 3, 9, 11, 12, 14, 16, 17, 18; Service de documentation
photographique de la Réunion des musées nationaux, Paris: Delacroix-
Skizzenbuch »Du Maroc« des Louvre RF 1712 bis, fol. 17v, 18r, 23v, 24,
25. *Einfarbige Tafeln:* Klaus D. Francke, Hamburg 6, 7, 8, 11, 12; Alfred
Renz, Rottach-Egern 1, 9; M. Terrasse, Paris 2, 3, 4, 5; Annemarie und
Dr. Karl Heinz Striedter, Hofheim/Ts. 10, 13, 14. Die Landschafts- und
Städtezeichnungen im Text stammen vom Autor, die Grundrisse und
Stadtpläne zeichnete Peter Langemann, die Ausfaltkarte Alfred Beron,
beide in München.

Bibliographische Hinweise

Im folgenden keine – auch nur entfernt vollständige – Bibliographie, sondern einige Werke, denen sich der Autor besonders verpflichtet weiß und die ihrerseits meist umfangreiche Literaturhinweise bringen.

Adam, A., Germa, P., u. a.: Le Maroc, Paris 1969

Adam, J. A., u. a.: Architektur der Vergänglichkeit: Lehmbauten der Dritten Welt, Katalog Neue Sammlung. München 1981

el-Alami, M.: Mohammed V, Histoire de l'Indépendance du Maroc. Salé 1980

el-Alami, M.: Allal el-Fassi, Patriarche du Nationalisme Marocain. o. O. 1972

Ansperger, F.: Auflösung der Kolonialreiche, dtv-Weltgeschichte des 20. Jhs., 4. Aufl. München 1981

Aschbacher, H.: Marokko (Goldstadt-Reiseführer). Pforzheim 1967

Bennani-Smirès, L.: La cuisine marocaine. Casablanca 1980

Bertrand, A.: Tribus Berbères du Haut Atlas. Lausanne 1977

Brignon, J., Amine, A., Boutaleb, B., Martinet, G., Rosenberger, B., und Terrasse, M.: Histoire du Maroc. Paris–Casablanca 1967

Bruggmann, M., Hugot, H. J.: Marokko. Luzern 1979

Burckhardt, T.: Art of Islam. Language and Meaning. London 1976

Burckhardt, T.: Fes, Stadt des Islam. Olten 1960

Burckhardt, T.: Die maurische Kultur in Spanien. München 1970

Carcopino, J.: Le Maroc antique. Paris 1943

Canetti, E.: Die Stimmen von Marrakesch. München 1978

Cianetti, F.: Ansichten der Stadt Fes, in ›du‹, Heft 4, 28. Jg. 1968

Därr, E.: Marokko. Vom Rif zum Antiatlas. o. O. 1981

Dethier, J. (Hrsg.): Lehmarchitektur. Die Zukunft einer vergessenen Bautradition. München 1981

Eberhardt, I.: Sandmeere. Berlin 1981

Euloge, R.: Ceux des Hautes Vallées. Marrakesch o. J.

Gaudio, A.: Maroc du Nord. Cités andalouses et montagnes berbères. Paris 1981

Gaudio, A.: Fes, Joyau de la civilisation islamique. Paris 1982

Glubb-Pascha, J.: Das Weltreich der Araber. Oldenburg 1963

Helfritz, H.: Berberburgen und Königsstädte des Islam. Köln 1970

Horn, H. G., und Rüger, Chr. B. (Hrsg.): Die Numider. Reiter und Könige nördlich der Sahara. Köln–Bonn 1979

Hill, D., Golvin, L.: Islamic Architecture in North Africa, London 1976

Hoag, J.: Architektur des westlichen Islam. Ravensburg 1965

Hoag, J.: Islamische Architektur. Stuttgart 1976

Kitamura, F. u. K.: Marokko. Zwischen Tradition und Wandel. Bern 1976

Kühnel, E.: Maurische Kunst. Berlin 1924

Le Tourneau, R.: Fes in the Age of the Marinides. University of Oklahoma Press 1961

Maazouzi, M.: L'Algérie et les étapes successives de l'amputation territoire marocain. Casablanca 1976

Maroc (Guide Michelin). Paris 1978

Marokko (Guide Bleu). Paris 1982

Marokko: Merian, 16. Jg. Heft 9, 1963; 28. Jg. Heft 12, 1980 (1975)

Mensching, H.: Marokko. Die Landschaft im Maghrib. Heidelberg 1957

Mensching, H., Wirth, E.: Nordafrika und Vorderasien. Frankfurt a. M. 1973

Moscati, S.: The World of the Phoenicians. London 1973

Ollier, C.: Marrakech médine. Paris 1979

Renz, A.: Geschichte und Stätten des Islam. München 1977

Strelocke, H.: Marokko. Stuttgart 1979

Terrasse, M.: Histoire du Maroc. Casablanca 1949

Talbi, M.: Ibn Haldun et l'Histoire. Tunis 1973

Sourdel-Thomine, J., Spuler, B.: Die Kunst des Islam (Propyläen-Kunstgeschichte Bd. 4). Berlin 1978

Wrage, W.: Die Straße der Kasbahs. Radebeul o. J.

Register

Spanien o Córdoba

o Sevilla

ATLANTISCHER
OZEAN

MITTELMEER

Gibraltar
Algeciras

Tanger

Ouida

Loukos

RHARB

Seboú

SAIS

Rabat

Bou Regreg

Fes

Meknes

Moulouia

Casablanca

Grou

Oum er Rbia

TADLA

MITTLERER ATLAS

Safi

Tensift

Figuig

Ziz

Marrakesch

Souss

HOHER ATLAS

TAFILALET

Agadir

SOUS

Draa

Rheris

Guir

ANTI-ATLAS

DJ. BANI

Draa

0   200km